开心妈妈孕育宝宝有妙招·让你的宝宝赢在起跑线上

胎教早教百科

准妈妈必知的1000个胎教早教细节

妇产医师 邢小芬/编著

浙江科学技术出版社

图书在版编目（CIP）数据

胎教早教百科：准妈妈必知的1000个胎教早教细节／邢小芬编著. —杭州：浙江科学技术出版社，2012.10

ISBN 978-7-5341-5026-5

Ⅰ.①胎… Ⅱ.①邢… Ⅲ.①胎教—基本知识②早期教育—基本知识 Ⅳ.①G61

中国版本图书馆CIP数据核字（2012）第235364号

书　名	胎教早教百科：准妈妈必知的1000个胎教早教细节		
编　著	邢小芬		
出版发行	浙江科学技术出版社 杭州市体育场路347号　邮政编码：310006 联系电话：0571-85058048 E-mail：zkpress@zkpress.com		
排　版	北京天马同德图书有限公司		
印　刷	北京建泰印刷有限公司		
经　销	全国各地新华书店		
开　本	710×1000　1/16	**印　张**	25.75
字　数	390千字		
版　次	2016年5月第2版		2016年5月第1次印刷
书　号	ISBN 978-7-5341-5026-5	**定　价**	35.00元

责任编辑　王　群　王巧玲　　**责任美编**　孙　菁

责任校对　宋　东　刘　丹　　**责任印务**　徐忠雷

前言 FOREWORD

胎教是什么？或许对很多年轻的夫妇来说这是一个模糊的概念。是听一段优美的音乐，陶冶孩子的情操？还是保持愉快的心情，让宝宝有个好性格？其实，胎教在我国古代就已经成形，古籍医学著作《黄帝内经》、《千金翼方》中就多次提出养胎和护胎的知识。古人认为，胎儿在母体中是能够受母亲言行的感化的，因此要求孕妇守礼仪，给胎儿良好的影响，这就是古人认为的胎教。

然而，现代的胎教含义已延伸。通俗的讲，胎教是通过外界刺激、母体精神和情绪、膳食营养、生活起居等因素对胎儿生长发育所产生的影响。它包括了孕期生活的点点滴滴。

十月怀胎，我们每时每刻都在对胎儿进行良好的胎教。因为我们期待未来的宝宝是最聪明、最能干的。宝宝的聪明与在否很大程度上取决于是否进行了科学的胎教和早教，早教是胎教的延续，父母能否掌握科学的胎教和早教方法并运用到宝宝身上，是决定宝宝将来一生的发展轨迹的主要部分。

那么，如何正确地进行胎教和早教呢？本书以全面提升宝宝综合能力为宗旨，从三大方面为父母们阐述了胎教早教的诸多细节问题。

胎教概念：解析了胎教是什么？胎教的依据、作用、注意事项、胎教与优生的关系，为父母们释疑解惑。

孕期胎教：分别概述了孕早期、孕中期、孕晚期三个不同时间段的胎教内容，详细地论述了语言胎教、运动胎教、情绪胎教、触觉胎教、环境胎教、艺术胎教等不同的胎教形式对胎儿的良好影响。

早期教育：根据宝宝在0～12个月身体与能力发展的状况进行视觉能力训练、动作能力训练、触觉能力训练、语言能力训练等能力的培养，让宝宝得以全面的发展。

最后，希望本书能够对正在孕育或养育宝宝的父母们有一定的帮助和指导作用，这将是我们最大的欣慰！

编　者

2012年9月

上篇 胎教篇

第一章 解析胎教

第二章　优生的基础知识

第三章 胎教宜忌

第四章 孕早期胎教指导

第五章　孕中期胎教指导

下篇 早教篇

第一章 早教是胎教的延续

第二章　0~1个月宝宝

第三章　1~2个月宝宝

第四章 2～3个月宝宝

第五章 3～4个月宝宝

第六章　4～5个月宝宝

第七章　5～6个月宝宝

第八章　6～7个月宝宝

第九章　7～8个月宝宝

第十章　8～9个月宝宝

第十一章 9～10个月宝宝

第十二章 10～11个月宝宝

第十三章　11~12个月宝宝

上篇

胎教篇

第一章 解析胎教

第一节　胎教知识早知道

细节01 什么是胎教

所谓胎教，是指通过一些人为的措施，使胎儿在生命的初始就受到良好的教育，从而使胎儿身心得到更好的发展，帮助宝宝日后成为既健康又聪明的人。

胎教是“胎”和“教”两个方面综合而成的一门学问。

细节02 如何正确理解胎教

胎教这种教育方式不同于出生后的教育，不是教胎宝宝唱歌、说话、算数……胎教主要是指导准妈妈为自己及胎宝宝创造一个良好舒适的怀孕环境，保持健康的心理状态，通过与胎宝宝的讯息传递，积极主动地对胎宝宝进行良性及温和的信号刺激，激发胎宝宝的大脑和神经系统的潜能，为宝宝出生后的继续教育奠定良好基础。

由此可知，胎教包含对准妈妈的教育和对胎宝宝的刺激两方面。我们应该把胎教列入优生保健的一环，而不应该将胎教冠以“教育”之名。因为胎教强调的就是如何营造一个良好的怀孕环境，并给予胎宝宝适当的刺激，以期望生下的宝宝聪明健康。对胎宝宝的种种刺激属于生理学的范畴，不属于教育学的范畴。

细节03 胎教从什么时候开始

医学研究结果表明，胎儿的神经系统在第4孕周时已经开始建立；第8～11孕周时，胎儿有了压触觉；第16～19孕周时，胎儿的听力形成；从孕第20周起，胎儿视网膜形成，开始对光线有了感应。因此，选择胎教的方法应与胎儿的发育程度相符合。当胎儿的触、视、听、味觉等都发育到一定程度时，有针对性地进行各种合适的胎教，有助于促进胎儿的身心健康发育。

细节04 什么是广义胎教

广义胎教是指对准妈妈和胎宝宝的保健教育。由于胎宝宝的身体器官处于形成和生长发育过程中，因此容易受外界影响而发生变化，即中医所谓的“形象始化，未有定仪，因感而变，外象而内感”。这里所说的受外界影响，主要指受母体精神、饮食、寒温等方面的影响。母体的身心是否健康，对胎宝宝的成长，包括智力与体质的发育，具有决定性的作用。因此，广义胎教有利于准妈妈和胎宝宝身体健康和精神健康，有利于保胎、养胎和护胎等保健措施的实行。

细节05 什么是狭义胎教

狭义胎教相对于广义胎教来说，偏重于品德、精神与性情的培养和教育方面。狭义胎教主要指通过采取一些措施与方法，让准妈妈置身于美好的事物、环境和氛围中，使准妈妈品德高尚、精神饱满、心情舒畅，让准妈妈的变化通过“外象而内感”的作用，促进胎宝宝智慧、情绪、品质等面的良好发育。因此，狭义胎教实际上是在广义胎教的基础上，对准妈妈和胎宝宝的精神世界进行优化和美化，在胎宝宝个性的形成和人格完善方面，具有举足轻重的作用。

细节06 胎教分哪几个阶段

胎教作为一个完整的教育体系，可分为四个阶段：第一个阶段是胎教的前期准备阶段，包括心理上和物质上的准备；第二阶段是从受精到妊娠5个月，这一时期是胚胎发育、胎儿器官细胞迅速分化和形成、大脑开始初期发

育的阶段。这个阶段的胎教以保持孕妇良好的情绪为主要目标；第三个阶段是从妊娠5个月到出生前。这个阶段，是胎儿大脑迅速发育，直到比较完善的阶段。这时，胎儿不仅能接受刺激并作出反应，而且具有初步的学习能力，并能形成最初的记忆，所以此阶段应以积极胎教为主要目标；第四个阶段是从临产到胎儿娩出。这时成熟的胎儿经历产程的考验而来到世间，尽管时间短暂，但对胎儿完成出生前的最后发育意义重大，影响深远。这个阶段，应以全力保护胎儿顺利降生为主要目标。

细节07 为什么说胎教是早教的开始

一般人认为，教育是从孩子出生后开始的，其实不然，应该是从胎儿期就已经开始了。根据胎儿与母亲的“母子相系”原理，我们知道，准妈妈对胎儿的影响非常大。不仅准妈妈的身体状况会影响胎宝宝的发育，而且准妈妈的一言一行都会影响胎宝宝的正常发育，因此从准妈妈孕育胎宝宝的那一刻起，胎宝宝其实就已经在接受教育了，而且这种教育对胎宝宝的影响非常大。如：当准妈妈遭受精神刺激，情绪不安时，分泌出来的激素使血液中化学成分发生变化，从而通过胎盘影响胎宝宝的生长发育；当准妈妈因体力或其他原因情绪不稳时，胎宝宝也会受到准妈妈行为的影响，表现出烦躁不安。

细节08 胎教的前提是什么

就胎教效果而言，母亲对待胎教的态度以及在实施胎教中所怀有的情绪是极为重要的。如果母亲缺乏温柔的亲情，即使环境再好，胎教的知识、方法再多，对胎儿也不会有良好的刺激。胎儿与母亲是心心相印的，母亲怀孕时的情绪对胎儿会留下影响，这甚至在出生后仍会左右他的意识。

很显然，胎教的前提是必须抱有一种亲情，即需要从内心深处盼望着孩子的诞生，并将这种盼望贯穿在整个怀孕期间，而这种感情的存在能使胎教获得最佳效果。

细节09 胎教的内容有哪些

（1）孕妇的情绪须尽量处于稳定的状态，并保持轻松愉快的心情。

（2）对胎儿施以触摸式的或轻轻拍打式的“呼唤”刺激，通过这些刺激让胎儿经常与外界取得联系。

（3）用特定的音乐声波，对胎儿进行反复的听觉刺激，并不断强化这种音乐刺激，促使胎儿大脑神经细胞之间的突触联系发育更快、数量更多，为信息贮存场所的广泛建立，创造一个先天良好的物质基础。

（4）通过呼唤胎儿，用柔和的声音刺激胎儿听觉系统的发育，进一步巩固外界刺激对胎儿的影响，以促进胎儿语言能力和智能的发展。

细节10 胎教的可行性体现在哪里

生活在母亲子宫里的胎儿是个能听、能看、能感觉的小生命。孕妇和胎儿之间存在着相互沟通、相互作用的三条信息系统，它们是：

生理信息传递系统——胎儿的存在促使母体分泌种种激素，以维持妊娠的需要。另一方面，母体也在积极地向胎儿传递生理信息，如母亲情绪不安时所分泌出来的激素可使胎儿产生不安反应，如胎动异常、心动过速等。

行为信息传递系统——行为也是一种不说话的语言。人们通过观察发现，每当胎儿感到不适、不安或意识到危险临近时，就会拳打脚踢向母亲报警；而当母亲极度疲劳或气愤时，其心情也会自然而然地传递给胎儿，使胎儿受到母亲行为的暗示，这也会影响到胎儿的健康和发育。

情感信息传递系统——孕妇和胎儿间具有心灵情感相通的关系，彼此可传递情感信息。

总之，胎儿与母亲血肉相连，这就为胎教的顺利实施奠定了理论基础。

细节11 科学的胎教观

常常听到一些父母抱怨“我们当初积极胎教，又是唱歌又是听音乐，忙活了半天也没有生出个神童来”。言语之间流露着对胎教的失望。

任何父母都对孩子寄予一定的希望，这是很正常的。问题的关键在于前面提到的这些父母对胎教抱有不切实际的奢望。要知道，胎教的目的只是使

未出世的宝宝具有良好的遗传素质，为出生后的发展提供良好的条件。

胎教受诸多因素的影响和控制。准妈妈的身体素质、自身修养以及所处的环境和胎教的实施方法等因素，都会影响胎教的效果。

我们应以科学的态度审视胎教，相信胎教但绝不将胎教神化；肯定胎教的效果，但绝不夸大胎教的作用；保留对胎教的认识，但不拒绝对胎教的尝试。总之，要以科学的态度看待胎教，科学地实施胎教，从而使胎教发挥最大功效。这便是科学的胎教观。

细节12 “有意胎教”和“无意胎教”是怎么回事

有意胎教是指有意识、有目的和有计划地在怀孕期间，采用某些方法、创造某些条件，让孕妇和胎儿的身心得到调养。无意胎教是指没有特意采取某些方法、创造某些条件，但某些日常生活中的情况也能够使孕妇和胎儿的身心得到调养，在无意中产生了有意的效果。在实际生活中，还是无意胎教所占的比例大。

有些孕妇虽然文化水平不高，甚至对胎教也一无所知，未曾有意地去创造某些条件，而是随心所欲，毫无胎教目的地去实现自己的某种愿望与爱好，然而，在其自然的生活当中却意外地收到胎教的效果，生下的孩子与经过精细施以胎教者所生的孩子，在体质、智力等方面基本或完全一样，或更优于有意进行胎教者所生的子女。在现实当中，由于孕妇的精神、意向、习惯、爱好等在成年以后已基本定型，因此即便是有意也较难在孕期内强行加以改变。这就需要孕妇在孕前多读一些有关胎教的书刊，增加文化知识，提高个人修养与文明程度，力争使无意胎教转变为有意胎教。虽然有的孕妇收到了“无心插柳柳成荫”的效果，但这其中毕竟带有盲目性，不能和有意胎教相提并论。

细节13 胎教的原则有哪些

自觉遵循胎教的基本原则，是胎教成功的前提和保证。胎教原则是人们进行胎教时必须遵循的准则，它反映了胎教的客观规律，同时也是千百年来胎教实践经验的概括和总结，贯穿于胎教的整个过程之中，对具体的胎教活动起着极为重要的指导作用。

（1）自觉性原则 自觉性原则要求孕妇在正确认识胎教的重要意义的基础上，主动学习和运用胎教方法，有目的、有计划地进行胎教。

（2）及时性原则 胎教过程具有不可逆转性，因此胎教必须尽早、及时地进行，否则错过了最佳的胎教时机，就难以弥补。一般来说，胎教的最关键时期是怀孕5~7个月。

（3）科学性原则 以科学的教育学、心理学、生理学和优生学等理论为指导，根据胎教过程的基本规律，恰当地选择胎教方法，引导胎儿在母体内更顺利、更健康地成长。

（4）个别性原则 根据孕妇本人及其家庭的具体情况，选择适宜的方式、方法。由于孕妇在智力、能力、气质、性格等许多方面都存在着个体差异，所以，胎教的途径和手段也应该随之而异。此外，家庭经济状况、文化背景和生活情趣等也会给胎教活动带来一系列影响。遵循个别性原则，能够扬长避短，收到较好的效果。

第二节　胎教的作用

细节01 10个月胎教比10年教育更重要

如今，很多父母都相信，有效的胎教可以成就聪明又健康的宝宝，并将此作为进行胎教的主要理由。大量研究成果表明，胎教是有科学根据的。一直以来人们都认为“人类智力有80%受到遗传因素的影响”，但最近美国的一个研究小组通过长期的观察和实验得出了“人类智力只有48%受遗传因素影响，其余52%与胎内环境有关”的论断。

此外，英国著名生物医学博士诺塔尼茨也指出：孩子后天所患的肥胖症、糖尿病、癌症和心脏病等各种疾病，都与胎内环境有关。由此我们可以得出结论：没有任何东西可以取代胎儿期对人一生的健康所起到的重大的、决定

性的影响。

我们应当清楚地意识到，一旦错过胎教的好时机，就再也没有挽回的可能了，毕竟宝宝的出生是一个不可逆转的事实。但怀孕后才开始胎教并不是十分正确的做法，只有在制订怀孕计划时就包括胎教计划，才能使胎教达到最佳、最明显的效果。

细节02 胎教和智力有什么关系

研究显示：孩子智力的发展，有50%在4岁以前（包括胎宝宝时期）获得，30%在4～8岁之间获得，另外的20%是在8岁以后完成。可见，即使胎教做得再充分，智力发展仅仅完成了不到50%。另外，胎宝宝出生后必须继续进行“教育”，如果受过胎教的宝宝出生后不继续给予训练，胎教的影响会在出生后6～7个月时消失。但是必须承认的是，胎教确实能够激发胎宝宝的潜能。

细节03 胎教影响宝宝的一生

良好的胎教，对宝宝有许多好处，例如经过系统胎教的宝宝，出生后不易哭闹，情绪稳定，智商也比较高。而现在流行的音乐胎教，更印证了常听优美和谐的音乐，可刺激脑部分泌激素，增进身体的免疫力，而所释放出的脑啡呔会使身心感到舒畅，所以说胎教在一定程度上可以影响宝宝的一生。

细节04 胎教对宝宝的好处

实施了胎教的宝宝，突出的特点是：情绪稳定、社交能力强。比如在啼哭时给予安慰，马上哭声减小，多数停止哭泣，并且追寻声源。吃奶后入睡快，清醒时目光亮而有神。手的伸张、抓握能力强，四肢活动有力，肌力强，抚摩肢体，即高兴地挥动四肢。扶坐时颈部肌张力强，俯卧抬头灵活。对音乐明显喜爱，听到便不哭了。胎教的效果可以在刚出生的宝宝身上显现出来，日后再放手创造良好的教育环境，宝宝就会成为学习的“天才”。

细节05 受过胎教的孩子爱学习

受过胎教的宝宝学习兴趣高，喜欢听儿歌、故事，喜欢看书、看字，不少孩子在还不会说话时，就拿书要妈妈教，学习汉字的能力惊人。智能得到超常发展，容易接受新的知识。同时，宝宝的记忆力较同年龄的孩子好，记忆的速度也较快。

细节06 胎教会影响孩子的性格

准妈妈的子宫是胎宝宝所接触的第一个环境，小生命在这个环境里的感受将直接影响到胎宝宝性格的形成和发展。如果妈妈怀孕期间，家里充满和谐、温暖、慈爱的气氛，那么胎宝宝幼小的心灵将受到同化，意识到等待自己的那个世界是美好的，进而可逐步形成热爱生活、果断自信、活泼外向等优良性格的基础。反之，倘若夫妻生活不和谐，不美满，经常吵架、打骂，甚至充满了敌意的怨恨，闹到要离婚的程度；或者准妈妈不欢迎这个宝宝，从心理上排斥、厌恶，那么胎宝宝就会痛苦地体验到周围的这种冷漠、仇视的氛围，随之形成孤寂、自卑、多疑、怯弱、内向等性格。显然，这对胎宝宝的未来会产生不利的影响。

细节07 受过音乐胎教的孩子乐感很强

经过音乐胎教训练的孩子乐感较强，易喜欢音乐。音乐是启发智慧的一把金钥匙，日本著名小提琴手铃木镇一就是用音乐训练培育出许多高智儿的。这是因为音乐优美的韵律，激发了孩子大脑的发育，开发了智力，提高了智商。手指的活动也会刺激大脑的发育，具有开发大脑的功能。

细节08 胎教可以促进宝宝的大脑发育

人类的脑神经细胞非常细密复杂，因此仅有神经网的形成是远远不够的。神经细胞如果裸露，传达信息时不仅会遗漏，而且传达信息的速度也会变慢。

如果将神经细胞的周围包起来，信息便可以迅速准确地传递出去，这在大脑生理学上被称为髓鞘化。

神经细胞一旦髓鞘化，信息传达的速度会比之前提升近100倍。总之，

脑部发达的程度完全取决于髓鞘化完成的多与少。

髓鞘化时不可缺少的就是神经胶质细胞。

胎儿出生之后，由于神经胶质细胞增加，并逐渐髓鞘化，脑的重量也迅速增大。虽然脑在胎儿时期即已开始髓鞘化，却只是完成少部分而已，神经胶质细胞也不多。在脑部发育的重要时期，母亲所摄入的任何不良物质，都会经脐带到达胎儿的脑部，阻碍脑部的发育。

智力发展包含着许多复杂的因素，智力以脑组织正常发育为物质基础。首先得保证孩子的大脑是完好的，功能是正常的，再加上后天的教育，才会使孩子获得较高智力。因此，实施胎教，孕妇就必须处于一种良好的心理状态，注意营养，使胎儿生长发育有一个良好的内外环境。

胎教是有意识地对胎儿进行教育，在大脑形成期给予充分的营养和适当的信息诱导。适宜的开发，大脑越发达大脑皮质的沟回相应地也就会越多，孩子也就越聪明。相反，则孩子出生后就会表现发育迟缓、智力低下。

细节09 胎宝宝美好的心灵可以通过胎教培育

胎儿的心和大人的心并不完全相同。虽然称之为“心灵”，却因为母亲的生活方式不同而区分为“好的心灵”或“坏的心灵”。如果准妈妈能以平静的心情过日子，就可以培养胎儿优异的心灵。

母亲心情最稳定的情况是什么时候呢？一言以蔽之，就是“满足的时刻”，包括食欲获得满足，爱情、亲情、生活获得满足等。所有这些舒适的状态，腹中的胎儿也一样能感觉到。当他能感到舒适、愉悦的时候，心灵便获得发展。

因此，胎儿的心灵可以通过胎教进行培育。

细节10 受过胎教的孩子多继承父母的优点

实施胎教的父母多以良好的品性来诱导胎儿，使胎儿在成长和发育过程中，接收的都是父母优秀品性方面的信息，受到良好的鼓励。另外，胎儿本身具有巨大的潜能，胎教开发出胎儿的潜在优良品性越多，也就会越多地表现出一些优点来。未实行胎教的父母无意间难免会给胎儿输入不良的影响，就可能会诱发胎儿产生缺点。

细节11 胎教对准妈妈有什么好处

（1）提高个人修养 胎教强调胎宝宝会受到准妈妈言行的影响，胎宝宝会依据准妈妈的生活习惯而开始养成一些习惯。人们都知道，每一个人都有不同的生活习惯，养成好习惯会使人终身受益，一旦养成坏习惯，想改却很困难。因此，胎教要求准妈妈对生活习惯、学习知识、修养、爱好……都要注意调整与提高，以便给胎宝宝一个良好的身教。在这层意义下，胎教会将准妈妈潜移默化地塑造成一位知识丰富、品格高尚的女性。

（2）充实生活 准妈妈常常有孤独的感觉。尤其是离开工作，加上怀孕期间身体上的诸多不适，导致生活范围局限、内容无聊，除了在家里看电视、玩电脑、看漫画、种花……就不知道可以从事哪些活动了，使生活显得异常无趣，久而久之人也会变得呆板僵化。倘若，准妈妈将胎教加入到日常生活中，不仅能使生活变得丰富多彩，还可以使脑部难以忍受的妊娠反应减轻不少。如此良性循环下去，胎宝宝也会感觉到外面的世界是如此多彩美丽。

（3）搭建亲子互动的桥梁 在宝宝未出生之前，经由胎教的实践，可培养准妈妈对胎宝宝的爱与关怀，进而期待胎宝宝出生后，能延续这份爱与关怀，给予宝宝最好的教育与照顾，为以后的亲子互动搭建桥梁。

第三节 胎教的依据

细节01 胎教的理论基础

近年来国内外大量科学研究已证明，胎儿在母亲子宫腔内是有感觉、有意识、能活动的一个“小人”，并能对外界的触、声、光等刺激发生反应。孕妇的思维和联想所产生的神经递质，也能传入胎儿脑部，给胎儿脑神经细胞发育创造一个相似的递质环境。胎教就是根据这些理论基础，在孕期通过调节和控制母体的内外环境，提供良性刺激，避免不良刺激，促进胎儿身心的健康和智力发育。

细节02 现代胎教的理论构成

（1）胎教的教育学理论 胎教的教育学理论认为，胎教实质上是对胎儿开展的超早期教育，是人一生中所接受的全部教育中最基础的部分。因此这种理论重视孕妇在胎教过程中的主导作用，主张胎教必须从孕妇自身做起，认为提高孕妇的文化、道德修养，培养孕妇良好的行为习惯和审美情趣是胎教的关键。

（2）胎教的心理学理论 这种理论强调暗示、期望、焦虑、应激等心理现象对胎儿生长发育的影响，注重用心理学的有关原理去分析、研究孕妇的心理变化和胎儿心理的发生、发展规律，主张教给孕妇必要的心理科学常识，使之能够把握自己的心理活动，以愉快的情绪和积极的心态去对待胎教。

（3）胎教的生理学理论 这一理论倾向于把胎教过程看作是一种生理过程，重视胎教生理机制的探讨，认为一切来自母体外部的社会心理因素，都首先引起母体内部的生理变化，进而再影响胎儿的生长发育。因此，胎教的主要任务就是为胎儿创造出一个良好的生物化学环境和生物物理环境，如保证孕妇血液循环、正常的内分泌和子宫内温度、压力等的衡定。

（4）胎教的优生学理论 从优生优育的观点出发，认为制约和影响胎儿生长发育的因素很多，而胎教实质上就是对这些因素进行人为的控制，以消除不良刺激对胚胎和胎儿的影响，使之得到更顺利、更完善的发展。具体地说，像合理营养、预防疾病、谨慎用药、忌烟戒酒、节制性交、保持心情愉快、避免强烈振动、远离射线和毒物等均属于胎教范围。胎教的优生学理论，实际上是运用教育学、心理学、生理学、医学、卫生学等多种学科的知识，对胎教进行综合研究，代表了胎教理论发展的方向。

细节03 胎宝宝能通过心电感应与父母沟通

也许你难以相信，胎儿具有大人已经失去的心电感应能力。

胎儿利用心电感应能力与父母沟通。胎儿还在母亲肚子里时就寻求与父母沟通，同时发送心电感应。可遗憾的是，父母通常没有察觉到这一点，因此胎儿无法获得对应的回应。

胎教的重点，就是让胎儿与父母的心意互通。

3～4个月胎儿的心灵已经产生作用。心灵的作用就是借着心电感应与人沟通。胎儿期可说是人类的一生中心电感应能力最强的时期。在这个时期，母亲只要用手贴着腹部，让脑波与胎儿心灵的波长吻合，即可与胎儿开始沟通。“我是妈妈。我好爱你喔。你今天好不好啊？你一定要顺利成长喔！”只要经常传送这些充满爱的意念，胎儿就会感到满意，进而发育为心绪平和的孩子。

细节04 胎宝宝看得见

据研究发现，从怀孕第4个月起，胎儿就对光线十分敏感。母亲进行日光浴时，胎儿就能够感觉到光线的强弱变化。胎儿在6个多月时就有了开闭眼睑的动作，特别是在孕期最后几周，胎儿已能运用自己的感觉器官了。当一束光照在母亲的腹部时，睁开双眼的胎儿会将脸转向亮处，他看见的是一片红红的光晕，就像用手电筒照在手背时从手心所见到的红光一样。现代医学用超声波观察发现，光线一闪一灭照射孕妇腹部，胎儿心率即出现明显变化。

细节05 胎宝宝的听觉

出生几天的宝宝哭闹是常有的事，如果妈妈把宝宝抱在左胸前，宝宝很快就会安静下来。这是因为，胎宝宝在母体内时就已经习惯了倾听妈妈心脏的跳动声及血流声。出生后，宝宝耳朵贴近妈妈胸前，这种声音把宝宝带回到在子宫里宁静的日子和安全的环境中，这种早已体验过的安全感是胎教可行的充分说明。

研究表明，4个月的胎宝宝就有了听觉，对准妈妈子宫血管里的血流声、肠道气体的咕噜声、猛烈的打雷声等都有反应，胎宝宝还特别爱听父母的讲话声、唱歌声及柔和的乐曲声。6个月时，胎宝宝的听力几乎和成人差不多了。外界的声音都可以传到子宫里，但胎宝宝喜欢听节奏平缓、流畅、柔和的声音，讨厌强烈快节奏的声音，更害怕各种致命的噪声。所以，准妈妈要注意这一点。

细节06 胎宝宝的触觉

胎宝宝的触觉发育较早，当胎动出现时，隔着母体触摸胎宝宝的身体，胎宝宝就会做出反应。也就是说，人的触觉发育早在胎宝宝时期就已经开始，而这一点也是证明抚摸胎教有益于胎宝宝触觉潜能开发的有利证据。

细节07 胎宝宝有非凡的记忆力

胎儿的记忆力是惊人的。胎儿就像一台不断储存信息的计算机，各种刺激信息都会被存入，特别是反复的刺激。胎儿不但会有记忆，还会产生固定的条件反射，对胎儿出生后的发育起到很大的影响。英国莱塞特大学的研究人员做过一个试验，他们要求参加试验的准妈妈在分娩前3个月，每天听半小时她自己喜欢的音乐，包括古典音乐、流行音乐等。在11名婴儿1岁生日的时候，研究人员在播放音乐的扩音器旁摆放数盏闪光灯，当婴儿望向不同的闪光灯时，便有不同的音乐播放出来。结果婴儿很快便明白了其中的关系，他们望向代表他们在母体内听过的音乐的闪光灯的次数明显多于其他闪光灯。这证明婴儿出生前3个月已有能力记得一些简单的东西。

细节08 胎宝宝的反射活动

胎儿医学测知，人在胎儿期已具备逃避反射、防御反射、吸吮反射、刺激性呼吸反射等动作能力。例如，当母亲猛然饮水时，胎儿会有剧烈的踢蹬运动，表示有水的感觉了；如母亲进入声光柔和的房间，胎儿也会保持安静，表示适应；而母亲进入嘈杂和阴冷的地方，胎儿就会用激烈的胎动来表示厌恶和不满；孕妇不安时，胎儿的血氧量就降低；孕妇情绪激动时，胎儿也会出现多方面的混乱运动。

国内外大量的科学研究已经证明，胎儿在子宫腔内是有感觉、有意识、能活动的一个小生命，既然胎儿有听力、视力，又有记忆力，那么，进行胎教、促进胎儿发育完全是可能的。胎教就是根据这些理论基础，在孕期调节和控制母体的内外环境，有针对性地、主动地给予各种有益的信息刺激，促进胎儿身心和智力健康地发育。

细节09 胎宝宝会喝水

我们知道，胎儿所需要的氧气及营养物质是由胎盘和脐带供应的。他自己既不用费劲儿吃东西，也不必劳神呼吸。那么，他用不着喝水吗？事实上，他每天除了舞拳踢腿锻炼肌肉和骨骼、练习呼吸动作以外，同时也在积极地锻炼喝水的能力。

据医学科学研究人员介绍，胎龄满3个月时，胎儿就能够喝水。当然，他所喝的水是就地取材，饮用羊水。他所饮入的羊水中的蛋白质，通过肾脏分解，排入羊水；而饮入的羊水中混杂的脱落的上皮组织等物质，则形成胎粪。但你不用担心羊水被污染，羊水大约每隔3小时就要更换一次，既无细菌也没有灰尘。

至于胎儿每天喝水的量，目前还不能作出精确的估计，有人说1天可达500毫升。那么，胎儿为什么要喝水呢？究其原因，恐怕是一种生存本能——为了训练自己的生活本领，锻炼口腔吸吮能力，为出生后使用口唇吃奶做好准备。

细节10 胎宝宝会做梦

1968年，比利时一位女医生对100多位孕妇进行了试验，在她们的头部通上12个电极，连在一个电子设备上。这种设备能检查出大脑的8种主要活动，其中包括做梦。又在下腹部接上电子设备，记录胎儿的运动情况。结果观察到，就在母亲开始做梦的同时，已经有8个月的胎儿跟妈妈有同样的特点，身体停止活动，眼珠迅速转动，这说明胎儿也在做梦。

从上述情况来看，一些科学家认为：孕妇在怀孕过程中，能把她所想、所闻、所见到的一些事情变成思维信息，不知不觉地传给胎儿。所以，对胎儿进行教育是很有道理也是很必要的。

第四节　男方在胎教中的作用

细节01 男方在胎教中有什么作用

男方在胎教中的作用分为两类："受孕胎教"和"协助胎教"。

(1) 受孕胎教　准备怀孕前，丈夫应努力地优化一切条件，要把自己的身体调整到最好状态，做任何事时都要有孕育杰出下一代的考虑。在丈夫身体健康、心旷神怡时孕育的孩子，出生后身体结实、头脑发达的概率相对较高。

(2) 协助胎教　妻子怀孕后丈夫所要做的协助胎教同样重要。丈夫的帮助与照顾会使妻子的心情变得安定，这是任何东西都不可代替的"灵丹妙药"。妻子安定的情绪将给胎宝宝带来良好的影响。

细节02 为什么说胎教是准爸爸不可推卸的责任

有些家庭把胎教看成是准妈妈一个人的事情，忽视了准爸爸的作用。从某种意义上说，聪明健康的小宝宝的诞生，在很大程度上取决于准爸爸，如果准爸爸与准妈妈一起参与胎教，就能让准妈妈感觉受到重视与享受夫妻情爱，也能让胎宝宝感受到浓浓的父爱，这对于孕育一个健康聪明的宝宝来说具有非常重要的意义。

所以，胎教不仅是准妈妈的职责，而且也是准爸爸不可推卸的重要责任。女性怀孕以后，除了在很长一段时间内要继续工作、学习、处理家庭日常事务外，还要孕育下一代，这无疑会使她们在心理、生理、体力与体态等方面发生很大变化，给她们增加很多负担。准爸爸是准妈妈最亲密的人，要充分意识到自己的责任，及时准确地进入角色，与准妈妈一道担负起胎教的重任，在参与胎教的过程中付出博大深厚的父爱，用爱心滋润胎宝宝，使自己无愧于"父亲"这个光荣神圣的称号。

细节03 准爸爸该怎样与胎宝宝聊天

准爸爸与胎宝宝的聊天，不一定拘于某种形式，其内容宜丰富一些，诸如问候胎宝宝——“宝宝你今天感觉怎么样？有没有淘气踢妈妈的肚子呀”、安慰胎宝宝——“宝宝乖，刚才妈妈不是有意责骂你的”或批评胎宝宝——“宝宝不乖，不该和妈妈闹脾气”等，这些都可以当做聊天内容。

另外，在与胎宝宝说话时要善于揣测准妈妈的心理活动，仔细琢磨一下准妈妈需要听什么话。要通过妻子良好的心理感受来产生积极的胎教效应。

细节04 准爸爸与胎宝宝聊天有什么好处

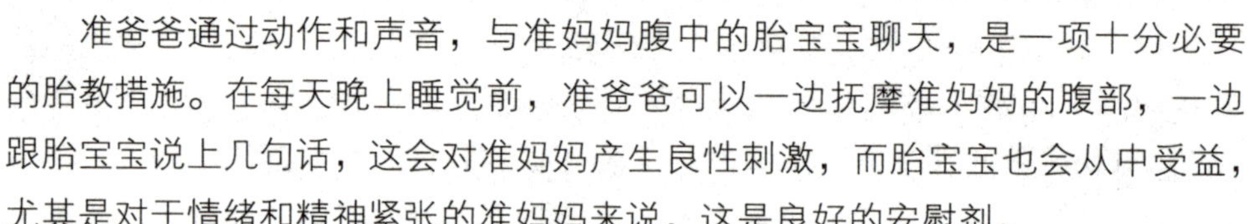

准爸爸通过动作和声音，与准妈妈腹中的胎宝宝聊天，是一项十分必要的胎教措施。在每天晚上睡觉前，准爸爸可以一边抚摩准妈妈的腹部，一边跟胎宝宝说上几句话，这会对准妈妈产生良性刺激，而胎宝宝也会从中受益，尤其是对于情绪和精神紧张的准妈妈来说，这是良好的安慰剂。

细节05 准爸爸怎样给胎宝宝讲故事

准爸爸给胎宝宝讲故事时，要把未出世的胎宝宝当成懂事的大孩子一样看待，最关键的是要争取妻子的积极参与，通过妻子的心理感受，来转化为教育因子作用于胎宝宝。故事内容宜轻松愉悦，娓娓动听，切勿讲授使妻儿产生恐惧心理的故事。

细节06 胎宝宝喜欢爸爸的声音吗

科学家给一组8个月的胎宝宝听低音大管乐曲，发现他们的胎动大大加强，因此得出结论：胎宝宝最容易接受低频率的声音。后经跟踪试验也发现，这组胎宝宝出生后只要一听到类似这种声音的男子声，都会有积极的反应，或停止哭闹，或露出笑容。因此，准爸爸无论多忙都要尽量抽出时间唱歌给胎宝宝听。准爸爸可以自己一个人唱，也可与准妈妈一起哼唱。准爸爸那富有磁性的嗓音对胎宝宝是一种良好的刺激，能促进胎宝宝大脑的发育，同时也可与胎宝宝建立感情通道。

细节 07 准爸爸如何给胎宝宝播放音乐

音乐在胎教中占据重要地位，准爸爸给胎宝宝听音乐时，在选择音乐种类上最好先取得准妈妈的同意，至少选的是准妈妈比较喜欢听的，否则很容易引起准妈妈的负面情绪，这对胎宝宝也会造成不良影响。

另外，还需要根据胎宝宝的胎动频率选择音乐。如果胎动频繁，应放一些柔和轻松的曲子；如果胎动较弱，则放一些雄壮有力且又节奏感较强的音乐。

细节 08 丈夫如何帮助妻子感受生活

除了听音乐外，妻子还可作画，观看艺术表演，以提高艺术修养。同时，丈夫要鼓励妻子加强“专业”学习，特别是妊娠后期妻子还可与胎宝宝一起学习，如看看儿童读物，读读外语等。

细节 09 丈夫该怎样关注妻子的体重增长

体重增长的快慢，是评估准妈妈及胎宝宝健康与否的标准之一，准爸爸需意识到这一点，并做好为妻子测量并记录体重的工作。从妻子怀孕 28 周开始，可每周测量一次体重，一般每周可增加 500 克。准妈妈体重过重或不增加，都是不正常的表现，应到医院请医生检查，帮助找出原因。

第五节　斯瑟蒂克胎教法

细节 01 什么是斯瑟蒂克胎教法

美国一对普通夫妇生下的宝宝竟然都是智商高达 160 以上的天才，他们所采用的胎教方法一时之间成为人们议论的话题。根据这对夫妇的名字，此胎教法被称为斯瑟蒂克胎教法，其主要内容是对胎宝宝说话并通过卡片教授胎宝宝文字与数字。

斯瑟蒂克胎教法的中心思想是：只要父母以对宝宝的爱为基础制订完全的怀孕计划，并积极地将其付诸实践，每对夫妇都可以生下聪明伶俐的宝宝。

细节02 胎宝宝在子宫里就开始学习了吗

身为机械工人的父亲和平凡的母亲所生下的4个女儿智商都超过了160，这一事件一时之间几乎震惊了整个美国。它意味着有某一因素能够超越遗传，对人类的智商起到决定性的作用。

斯瑟蒂克夫妇看重的东西就是宫内教育。"孩子在出生前就开始学习了。"虽然每个人都知道这句话，但是究竟应该怎样对胎宝宝进行教育却是一个不折不扣的难题。对于这一点，斯瑟蒂克夫人的心中却有着明确的答案。

细节03 如何进行有效的子宫对话

准妈妈应该以比做任何事都积极的态度来对待与胎宝宝的谈话，尽管人们认为养育小孩的妇女应该把自己变成话匣子，但按照胎教的理念，这个时间范围应该扩大到怀孕阶段。在对话的过程中，应该把自己在日常生活中所遇到的事情非常详细地说给胎宝宝听，争取用语言把自己的感受全部表达出来。

斯瑟蒂克夫人怀孕时，会不停地和自己的孩子对话。对话的直接目的并不是让孩子进行某种学习，而是要表达自己对孩子的爱意。

在孩子出生以后，她一直坚持用深情的声音呼唤孩子的小名，不仅如此，她还为她们唱歌、讲故事、哄她们玩。

细节04 准妈妈要将所见所闻描述给宝宝吗

将日常生活中产生的所有想法和感觉都说给胎宝宝听，会明显提高其智力。

比如"硬梆梆的"、"软绵绵的"、"甜丝丝的"……准妈妈可以把这些通过感觉器官接受到的信息直接表达出来，这样可以使胎宝宝很快对其产生认识，并达到使胎宝宝自身的感觉变得更加灵敏的效果。

细节 05　如何通过散步让宝宝了解周围的环境

在散步或者逛街时，准妈妈可以把周围的景象描述给胎宝宝。比如天上的云朵、玩耍的孩子、橱窗里漂亮的衣服和在道路上穿梭的汽车等，都可以是描述的对象。准妈妈若能饶有兴致地观察，就可以给胎宝宝带来感官上和认识上的刺激，从而让其得到丰富的间接体验。

散步时速度过快或是时间太长很容易带给人疲劳的感觉。因此，准妈妈最好能做到闲庭信步。散步的最佳时段是上午 10 点到下午 2 点，因为这段时间内宫缩较少，身体状况比较稳定。

第六节　胎教的注意事项

细节 01　胎教要从什么时候开始

有些家长认为，胎教要等到怀孕后再开始，其实，这种思想就有些落伍了。我国古代的先人们已经总结出了很多经验。从广义上来说，胎教应该从择偶时就开始。择偶时就应该为下一代着想，要选择那些形象、教养、性格、气质、思想品德、健康状况等都比较好的对象，因为父母在各个方面都对子女有深刻的影响。从狭义上来说，胎教应该从新生命诞生前的 3 个月开始。妊娠是精子和卵子的结合，新生命在此刻宣告开始。而精子和卵子的发育和成熟在此之前就已经开始。科学研究显示，精子从精细胞分裂、形成到成熟大概需要 90 天，那么，要使得精子质量最佳，孕育出健康的后代，胎教必须在孕前的 3 个月时开始。女性子宫内的温度、压力决定着胎宝宝生长的环境，良好的环境也需要提前创造。俗话说“好的开始等于成功的一半”。当然，这并不是说其他时期的胎教不重要，事实上，产前各个时期的胎教都不可忽视。

细节02 对待胎教要有冷静的头脑

现在准备养育宝宝的父母常感困惑——社会上种类繁多的“方案”不断描述着照此培养出的宝宝如何“超常”、“早慧”，使年轻的父母们不甘心让自己的宝宝落伍，也纷纷解囊参加培训或购买“方案”。其实这些“方案”中有一些就是打“科学”、“专家”的旗号在误导父母们，有的指导思想就是遗传决定论，有的明显违背儿童发展的自然过程，有的只是为了经济目的。因此建议父母在准备怀宝宝之前，应从正规的专业机构及渠道学习一些有关儿童发展方面的知识，包括孕期心理卫生、儿童心理与教育学及胎教早教的有关常识。这能使自己做到心中有数，保持冷静的头脑，善于识别和选择适合自己的方法。

细节03 受孕瞬间如何关注胎教

祖国传统医学认为，男女交合时必须心情良好，才能为孕育优良后代打下良好的基础。在选择好的最佳受孕日里，下班后夫妻双方应早些回家，共同操持家务，在和谐愉快的气氛中共进晚餐。饭后最好夫妻单独待在一起，播放一些抒情优美的轻音乐，一边听一边进行感情交流：体会对方的情感和需求，同时也表达自己的感受。也可以共同回忆恋爱中的趣事，憧憬未来的家庭和孩子。当夫妻双方在情感、思维和行为等方面都达到高度协调时同房。

在同房的过程中，夫妻双方都应有美好的意念，要把自己的美好愿望转化为具体的形象。带着美好的愿望和充分的激情进入“角色”，极大限度地发挥各自的潜能。可运用一些手段以增强双方的性感，使性欲达到高潮。女性达到性高潮时，血液中氨基酸和糖原能够渗入阴道，使阴道中的精子获得能量而加速运行，从而使最强壮、最优秀的精子与卵子结合。

细节04 胎教要适度进行

到目前为止，我国关于胎教失败的例子还极少见到。但有些情况也引起了相关专家的重视。比如有的妈妈在心理咨询中反映，经过音乐胎教后，自己的宝宝虽然聪明活泼，但精力过盛，总是不爱睡觉。当专家问起具体胎教方法后，才得知准妈妈孕期工作较忙，又不愿放弃胎教的机会，所以每日抽

空将胎教器置于腹部。有时准妈妈因疲劳很快入睡了，而胎教器仍不断地刺激胎宝宝，这有可能干扰胎宝宝的生物钟，因此出现了胎宝宝出生后精力过剩的现象。所以，胎教应该适度进行。

细节05 胎教要"因时制宜"

科学研究结果表明，胎宝宝发育到第4周时，就已经建立起神经系统；第8～11周时，胎宝宝有了触觉反应，这时可以通过轻轻拍打、抚摸母体腹部来促进胎宝宝感知系统的发育；第12～15周胎宝宝已有了自己的情感，能够同时感受妈妈的喜怒哀乐等情感；第16～19周时，胎宝宝的听力形成，他能听到妈妈唱歌的声音和爸爸对他的低声细语，也能听到妈妈心跳和血液流动的声音；第20周时，胎宝宝有了视觉感知，能对外界的光线做出反应，并能对自己喜恶的光线做出选择。胎宝宝的大脑在妊娠6个月时就已经具备了140亿个细胞，这是一生中所需的全部脑细胞数量，其后的任务则是如何提高脑细胞的质量。

由此看来，教育要从胎儿期开始，而且要根据胎儿的发育状况有针对性地进行，才能使胎教达到最理想的效果，否则很可能适得其反。因此，在胎宝宝期就实施合理且科学的胎教显得尤为重要。

细节06 如何看待"胎教可以培养神童"

我们提倡胎教，并不是因为胎教可以培养神童，而是胎教可以使个体的素质潜能得到更早地发掘，让每一个胎宝宝的先天遗传因素获得最大的发挥。因此，经过胎教的宝宝只是有可能成为小天才而已。但有一点可以肯定，胎教有利于胎宝宝智慧、个性、感情、能力等方面的发育，有利于胎宝宝出生后在人生道路上的发展。我们有理由相信，如果把胎教和出生后的早期教育很好地结合起来，人类的智能将更加优秀。

细节07 怎样做到科学地实施胎教

（1）从生活起居上讲　孕妇在怀孕期间，生活要有规律，要讲卫生，注重保健，饮食要均衡，忌烟戒酒，行动要安稳舒畅，注重科学的生活方式，常到郊外游玩，欣赏自然风景，保持充足的睡眠。

(2) 从生理上讲 孕妇在怀孕期间，要常请医生检查身体及胎位，指导调养，了解孕期的生理变化，注重身体健康，预防疾病，谨慎用药，节制性生活。

(3) 从心理上讲 孕妇在怀孕期间，心态要平和，情绪要愉快，要尽量避免抑郁、悲伤、烦躁、惊恐和愤怒等不良情绪。

(4) 从认识上讲 孕妇在怀孕期间，对胎儿进行胎教时要充满爱心，尊重科学，掌握必要的胎教知识，和丈夫密切配合，循序渐进，避免急躁情绪，努力和胎儿沟通，耐心而满怀爱心地陪伴胎儿成长。

第二章　优生的基础知识

第一节　优生知识储备

细节01 什么是优生

“优生”一词由英国人类遗传学家高尔顿于1883年首次提出，其原意是“健康的遗传”。他主张通过选择性的婚配，来减少不良遗传素质的扩散和劣质个体的出生，从而达到逐步改善和提高人群遗传素质的目的。通俗地说，优生的“生”是指生育，“优”是优秀或优良，优生即是生优，就是运用遗传原理和一系列措施，使生育的后代既健康又聪明。

就整体而言，优生大致包括：

(1) 优生宣传教育。使未婚青年树立正确的恋爱婚姻观，禁止近亲结婚，选择配偶时除了以爱情为基础外，还应注意到对方家庭、家族有无遗传性疾病等问题。

(2) 进行婚前检查。把好生育优秀后代的第二关，防止遗传病延续。

(3) 确定最佳生育年龄，选择最佳生育时机。

(4) 孕期优境养胎。

(5) 重视母子情感沟通，对胎儿进行优教，培养健康聪明的下一代。

细节02 如何调整孕前和谐的心理

对于新婚夫妇来说，心理环境的内容十分丰富，包括夫妻彼此在气质上的互补和性格上的协调等等。和谐的孕前心理环境有这样几个鲜明的特征：

（1）夫妻善于主动调节相互之间的心理平衡，当一方由于气质上的或性格上的原因失去正常的心理状态时，另一方善于引导对方摆脱困境。

（2）善于安排适宜的生活节律，以消除某种容易导致心理失调的因素。

（3）彼此都善于在特定情况下，加大自身处理与对方关系中的“容忍度”，平常尚可能要进行适当争论的非原则性问题，可先容忍下来，留到以后适当的时机解决，也可借其他方法使之自然消化。

细节03 月经期卫生与优生有什么关系

月经期注意卫生有利于女性身体健康和受孕。不注意月经期卫生，会引发疾病，除身体受损外，也会妨碍受孕，甚至使女性失去生育能力。做好月经期卫生要注意以下几点。

（1）保持清洁，预防感染 女性生殖道外口距肛门较近，而大便中又含有很多致病菌，容易引起生殖器感染，特别是月经期，如果生殖道下部不清洁，更容易造成上行性感染而引起盆腔炎，影响生育。所以，要每天清洗外阴、会阴处，卫生巾要勤换。月经期应禁止性交，以免带入细菌引起炎症。

（2）适当休息，避免过度疲劳 女性在月经期容易疲劳，抵抗力降低，应避免过度劳累。适当休息和轻微劳动可促进盆腔血液循环，使月经血流通畅，还可减轻或消除腹胀、腰酸等不适，对身体有利。

（3）避免湿冷 月经期间，由于全身抵抗力降低，容易感冒，所以要注意保暖，避免寒冷刺激，特别要防止下半身受凉。淋雨、用冷水洗脚、洗冷水澡、光脚等，易引起盆腔脏器的血管收缩，使经血过少甚至出现月经不调，影响生育。

（4）忌食刺激性食物 月经期间要吃新鲜、易消化的食物，忌食生、冷、酸、辣等刺激性食物。要多饮水，保持大便通畅。

（5）避免情绪波动 月经期女性情绪容易波动，但如果情绪波动太大，中枢神经系统功能紊乱，会引起月经失调，甚至发生闭经，进而影响生育。

细节04 胎儿的性别是由什么决定的

人类的染色体共有23对，其中22对为常染色体，1对为性染色体。性染色体有两种：X染色体和Y染色体。女性的是2条X染色体，即XX染色体，男性的是2条不同的性染色体，一条是X，一条是Y，即XY染色体。由于女性的性染色体是XX，只能形成一种卵子，即含一条X染色体的卵子；男性的性染色体是XY，可形成两种精子，即含X染色体的精子或含Y染色体的精子。含X染色体的精子与卵子结合形成XX合子，发育成女孩；含Y染色体的精子与卵子结合形成XY合子，发育成男孩。在受精时两种精子与卵子的结合是随机的，机会均等，也就是说形成XX合子与XY合子的机会各有50%。因此，下一代中男女比例大致相等。

上述XY机理说明了两个问题：一是性别是在受精（受孕）的那一瞬间就决定了的，此后孩子的遗传性别无法改变，无论准妈妈服多少中药、西药都无济于事，反而可能导致胎儿畸形或危及准妈妈的生命。二是在性别上起决定作用的是精子，一个卵子发育成男孩还是女孩，取决于使之受精的精子是含Y染色体还是含X染色体。男性每次射精排出几亿个精子，其中X精子和Y精子各半，至于是哪种精子能与卵子结合，完全是随机的。不过，人们发现碱性环境有利于Y精子的活动；在酸性环境中，X精子更为活跃。人们还发现，接近排卵期怀孕，生男孩的机会多；受孕离排卵期越远，生女孩的机会越多。

细节05 如何做到有计划地怀孕

有计划地怀孕不仅可以有效地防止畸形儿的出生，还会让夫妻二人在所有亲朋的祝福中，愉快地度过每一天。

年轻的新婚夫妻或许会因为没有采取避孕措施而意外怀孕。没有计划的怀孕虽然也可以说是喜事，但有时也会增添烦恼和负担。也许家庭的经济情况还没有到十分宽裕的地步，或者怀孕是在身体欠佳、服用药物或是酒精中毒时发生的，这些都容易导致不理想的结果。

在这种情况下怀孕，准妈妈将会战战兢兢地度过接下来的10个月。这种不安的感觉不仅对准妈妈有害，对胎宝宝也同样是有害的。

细节 06 为什么婚后不宜马上怀孕

现实生活中，许多青年结婚后不采取避孕措施就怀孕了。其实，这样做是弊大于利。有很多人认为，婚姻是爱情的坟墓，这是指婚后的生活不再像恋爱期间丰富多彩，充满诗情画意。特别是有些妇女一怀孕，家庭琐事多起来，生活也就由此变得平淡无味了。如果婚后不马上要小孩，可以使夫妇双方进一步增进了解，培养感情，让婚前的恋爱情感延续，这对双方感情的培养是极为重要的。

新婚夫妇虽说结婚时买了许多家具、电器、衣服等，可在经济上大都仍然很拮据，父母经济条件不好的就更困难了。加之刚成家，自我管理较差，缺这少那是家常便饭，如果没有小孩，这点事情都好对付。

新婚夫妇，风华正茂，如果婚后马上要小孩，沉重的家庭负担会使他们身心劳累，于事业无益。如果不立即要小孩，可以利用这段时间潜心研究，努力学习，事业更会有所成就。特别是可以利用这段时间，双方共同努力，积蓄一笔钱，对稳定家庭和小宝宝的健康成长都将有较好的保障。

细节 07 受孕的最佳姿势是什么

怎样使精子比较容易进入宫腔？性交时的体位与受孕有密切关系。最普遍的性交方式是女方仰卧，男方俯在女方的身体上，这种方式对受孕是十分有利的。女方的阴道口朝上，形成一个杯形。为增加受孕机会，女方可在臀部下面垫个枕头，使骨盆向上方倾斜，会使精子更易通过阴道进入子宫。男方在射精后阴茎在阴道中多停留一会儿，以使更多的精子到达宫腔，女方则最好继续保持仰卧 20～30 分钟。夫妻也可以采用另一种性交方式，女方面朝下俯卧，用双胯支撑或用枕头支撑，男方的阴茎从女方的后位进入阴道，射精后精子可沉积在宫颈附近。对于后位子宫的妇女，这种方式可能更有利于受孕。

如果你想怀孕，那么在性交过程中不利于精子到达宫腔的任何做法均应放弃，如在射精后，女方不应马上站起来，因为精液可能会流出来而影响受精。同样道理，站立式、坐式性交均会使精液流失，应该避免采用。水中性交可能会把氧化的水引入阴道而杀死精子。热水会提高男性体温，使精子数量减少。

细节 08 女性的最佳生育年龄是何时

一般认为，女性的最佳生育年龄在25～29岁。这个时期的身体状况及社会经验都是女性生育的黄金时期。此时身体发育成熟，激素分泌旺盛，胎宝宝发育环境好，对胎宝宝的生长发育有利。同时孕妇的胎位异常率和手术率均低于其他阶段，妊娠高血压综合征的发生率也低，母亲和宝宝的身体健康都可以得到保障。

细节 09 如何找到自己的最佳生育时机

（1）应从新婚起测量基础体温　每天清晨起床前，女方应先用体温计测量一下基础体温。在坚持每天测量的基础上掌握体温下降和复升的时间，以确定排卵日期。

基础体温测量方法如下：

1）早上醒后，在身体不做任何动作的情况下，用温度计测出口腔温度。

2）将测出的体温数标在基础体温图表上。

3）用线把1个月的体温数连接起来，形成曲线，由此曲线判断出是否正值排卵期。

（2）注意每日要在同一时间进行测量　正常情况下，从月经开始那一天，到排卵的那一天，因孕激素水平较低，一直处于低体温，一般为36℃、36.5℃；排卵后，卵泡分泌孕激素，基础体温上升到高温段，一般在36.8℃左右。从低温段到高温段的几日，可视为排卵日，这期间性交，容易受孕。

细节 10 怀孕的最佳时刻你知道吗

科学家根据生物钟的研究表明，人体的生理现象和机能状态在一天24小时内是不断变化的，早7点至12点，人的身体机能状态是上升趋势；下午1点末至4点，是白天里人体机能的最低时刻；下午5点再度上升，晚上8点后又急剧下降，普遍认为晚上9～10点同房受孕是最佳时刻。

细节 11 如何测算女性的排卵期

正常育龄女性每个月来1次月经，从本次月经来潮开始到下次月经来潮第1天，称为1个月经周期。女性的排卵期一般在下次月经来潮前的14天左右。卵子自卵巢排出后在输卵管内生存1～2天，以等待受精；男性的精子在女性的生殖道内可维持2～3天的受精能力，所以将排卵日的前5天和后4天，连同排卵日在内共10天称为女性排卵期。测定女性排卵期的方法很多，而女性能够自已掌握的方法主要有测量基础体温以及观察宫颈黏液分泌等。

细节12 你知道怀孕期间的这些数字吗

在怀孕当中，有一些数字是孕妇应该知道的：

（1）胎儿在母体内生长的时间：40周即280天。

（2）预产期计算方法：末次月经首日加7，月份加9（或减3）。

（3）妊娠反应出现时间：妊娠第4周左右。

（4）妊娠反应消失时间：妊娠12周左右。

（5）首次产前检查时间：停经后3个月内。

（6）自觉胎动时间：妊娠16～20周。

（7）胎动正常次数：每12小时30～40次左右，不应低于15次，早、中、晚各测1小时，将测得的胎动次数相加乘以4。

（8）早产发生时间：妊娠28～37周内。

（9）胎心音正常次数：每分钟120～160次。

（10）过期妊娠：超过预产期14天。

（11）临产标志：见红、阴道流液、腹痛，每隔5～6分钟子宫收缩一次，每次持续30秒以上。

（12）产程时间：初产妇12～16小时，经产妇6～8小时。

细节13 什么是生物钟优生法

孕育一个健康聪慧、智力超群的孩子，是天下父母梦寐以求的。为达到这一目的，优配婚偶，加强孕期保健、注重胎教及后天的培养教育显然重要，而实行生物钟优生更是至关重要的。

人体内存在近百种生物节律，人体的一切生理活动（包括生殖），都受这些节律的调节和制约。其中，对人体影响最大的是“人体生物三节律”，即智

力、情绪、体力，它们分别以33天、28天、23天为周期，呈正弦曲线变化。这三个节律从人一出生便开始，直到生命终结，影响着人的一生。

人体每个月生物钟的运行有高潮期、低潮期和临界期。当这些生物钟运行到高潮期时，人体处于最佳状态，人表现出心情愉悦，情绪高涨，体力充沛，抵抗力强，头脑灵活，思维敏捷，记忆力强，办事得心应手。而在生物钟低潮期，人表现出智能和体能下降，情绪不振，容易疲劳，思维迟钝，易出差错。在生物钟的临界期，则是一个稳定的时期，机体处于调整过渡状态，协调性差，不利于健康及智能、体能的发挥。专家学者证实，如能巧妙地运用人体三种生物钟，就能达到优生的目的，孕育出智商高、身体壮、素质好的孩子。

细节14　女性自慰对优生有什么影响

女性阴道黏膜比较脆弱，在异物的刺激下容易发生充血、水肿及黏膜损伤，从而为病菌的侵入大开方便之门。

种种不洁的手淫行为，往往容易导致阴道炎、宫颈炎、子宫内膜炎以及输卵管炎，严重者还可以引起腹膜炎、败血症等病症反复发作，输卵管内膜及肌层均可因创伤而导致瘢痕形成、黏膜纤毛坏死，这最终会造成输卵管梗阻及蠕动功能障碍，婚后可严重影响卵子、精子的运行及受精卵着床，导致不孕或宫外孕。

第二节　孕前检查很重要

细节01　为什么要做孕前检查

谁都可能患有自己不知道的疾病，因此孕前检查非常必要。怀孕之前未来的爸爸妈妈应一起去做孕前检查，查看夫妻两人是否患有会对胎宝宝产生不良影响的疾病。在接受这些检查之后，如果患有某些疾病，应治愈后再怀孕。

细节02 为什么常规体检不能替代孕前检查

常规体检以最基本的身体检查为主，主要包括肝功能、肾功能、血常规、尿常规、心电图等检查。孕前检查主要检测生殖器官以及与之相关的免疫系统、遗传病史等。特别是在法律不再要求婚检的今天，孕前检查能帮助你孕育一个健康的宝宝。

细节03 进行孕前检查有什么好处

孕前检查有助于生育健康的后代。通过孕前检查可以查出如夫妻有一方是遗传病携带者，虽然本人不发病，但是所生的宝宝有发病的可能。医生可以根据这种遗传病的遗传规律和方式，估计所生宝宝的发病率有多大，对男女双方进行指导，告诉本人正确的解决方式。这样可以减少智力有问题或身体不健康的宝宝出生，减轻家庭和社会的负担，防止这些遗传病在家庭中继续延续。

孕前检查可以细致了解男女双方的健康状况，避免某些不幸发生。例如发现一方患病可以及早治疗；发现患了有碍生育的遗传病，可劝阻不要生育；对有生理缺陷、影响正常性生活者，可以通过手术或药物进行治疗，避免影响夫妻感情，造成家庭纠纷。

细节04 孕前检查的主要内容是什么

孕前检查包括对男女双方疾病史的了解和进行系统的体格检查。

（1）家族史 对三代以内直系、旁系亲属的健康情况的询问，尤其是遗传病、精神病和传染病史等。

（2）血缘关系 了解是否近亲婚配，如果是，则不可以结婚。

（3）健康状况 患有心、肝、肺、肾病或高血压急性期，待病情痊愈后方可结婚。患有先天愚型、严重的精神病、麻风病、梅毒和红斑狼疮者应该禁止结婚。

（4）生殖器官 判定是否有严重的生殖器官的畸形和异常。患有无法矫正的生殖器畸形的人，不宜结婚，因为这些患者婚后不能进行正常的性生活会造成婚姻不协调。

细节 05 TORCH 是什么

TORCH 的检查项目包括风疹病毒、弓形虫、巨细胞病毒、单纯疱疹病毒体。正常为阴性，如果是阳性，则应在产科医生指导下怀孕。

TORCH 对胎宝宝的影响可能是致命的，如果准妈妈患上了风疹，本人虽然仅仅出现类似感冒的轻微症状，却会给胎宝宝带来致命的影响。

在受孕后的头 3 个月感染风疹很容易导致流产。即使没有流产，50% ~75% 被感染的准妈妈也会生下死婴或有严重畸形的宝宝。

在受孕前进行风疹抗体检查之后，如果结果是阴性就要进行预防接种。接种之后至少 3 个月后再怀孕。

细节 06 孕前进行生殖系统检查有什么意义

通过白带常规检查筛查滴虫、霉菌、支原体和衣原体感染，阴道炎症以及淋病、梅毒等性传播疾病。如患有性传播疾病，最好先彻底治疗后再怀孕，否则会有流产、早产等危险。

细节 07 为什么要进行血型检查

为了预防产妇分娩时出现大出血，孕期常规都事先检查准妈妈血型。另外，如果准爸爸的血型是 A 型、B 型或 AB 型，准妈妈是 O 型，生出的小宝宝有“ABO”溶血的可能性。

如果准妈妈为 Rh 阴性血型，既往有胎婴儿 Rh 溶血史者，在产前要预备好 Rh 阴性的血液，以备新生儿发生 Rh 溶血症换血治疗时用。

细节 08 为什么孕前宜进行口腔检查

医学研究发现，孕期许多常见病的发生都和准妈妈的口腔问题有关，比如以下几种口腔常见病。

（1）牙龈炎和牙周炎　孕期体内的雌性激素，尤其是黄体酮水平会有所上升，从而使牙龈中的血管增生，血管的通透性增强，所以极易诱发牙龈炎，即“妊娠期牙龈炎”，严重时可引起牙齿松动脱落。

(2) 蛀牙 蛀虫不但会诱发急性牙髓炎或根尖炎，还会增加小宝宝患蛀牙的可能性。

(3) 阻生智齿 阻生智齿是指口腔中最后一颗磨牙（俗称“后槽牙”），由于受颌骨及其他牙齿的阻碍，不能完全萌出，造成部分牙体被牙龈覆盖。阻生智齿的牙体与牙龈之间存在较深的间隙（医学上称为“盲袋”），容易积留食物残渣，导致细菌滋生，从而引起急、慢性炎症。所以，孕前应该进行口腔检查。

细节09 为什么孕前要进行弓形体检查

如果家里养了宠物，如猫、鸟，最好去做弓形体检查。弓形虫主要是通过猫类而使胎儿受到感染的。尽管感染的时候不会有任何症状，被感染者可以像平时一样正常生活，但其后遗症相当严重。

如果准妈妈感染了弓形虫，就有可能导致流产、早产、胎死宫内等，还有可能造成胎宝宝的中枢神经先天缺陷，如脑积水、小脑畸形、脉络膜视网膜炎等。

细节10 为什么女性要进行贫血检查

胎宝宝是从母亲的血液中获取必需物质。若母体贫血，那么胎宝宝就无法获得充足的营养。

准妈妈贫血可能导致早产、难产，生出低体重婴儿，婴儿发育迟缓。严重的还会导致新生儿死亡。所以准妈妈的营养状况是新生儿的健康基础。所有已婚女性都要在怀孕之前进行检查，发现问题要及时接受相关的治疗。

第三节 遗传及遗传病

细节01 什么是遗传

数亿万个细胞共同组成了人体，而人的生命却是由一个受精卵细胞经过

分化产生的。所有的细胞都有细胞核，细胞核内有一种颜色较深且大小、数目、形态都很恒定的物质，叫染色体。生物的遗传信息就贮存在染色体里面。人们发现，不同种类生物的染色体数目和形态结构各不相同，而在同一种生物中，其染色体的形态结构和数目则是相对不变的，因此从科学的角度看便产生了遗传现象。人的染色体共有23对（46条），在总数为46条的染色体中，有44条男女均相同的染色体，称之为常染色体；另外2条男女均不相同的染色体则称之为性染色体。男性的性染色体为XY，女性的性染色体为XX。人类细胞染色体的数量，都是23对（46条），可是唯独在生殖细胞即精子和卵子里，却只有23条染色体。

精子和卵子的形成通过减数分裂过程，把正常带有46条染色体的细胞减数分裂为只有23条染色体的成熟精子和卵子。而当精子和卵子结合为受精卵时，则又恢复为正常的46条染色体。可见这46条染色体一半来自父亲（23条），一半来自母亲（23条），即携带有父母双方的遗传信息。这些遗传因素决定了胎宝宝的特征。如此循环往复，来自双亲的各种特征才得以一代又一代地传递，使人类代代复制着与自己相似的后代。

细节02　遗传的重要性

孩子的健康状况、智力状况等都与遗传因素有关，但遗传并不是决定孩子一生的决定性因素，也会受到一些客观因素的影响。例如，孩子的身高，除了遗传因素外，与孕期营养、孩子出生后的营养状况也有着非常大的关系。所以说，如果家长对遗传知识多一些了解，就可以在孕育和养育孩子的过程中采取一些积极的做法和预防。

细节03　孩子的智力是怎样遗传的

智力的构成是一个相当复杂的问题，它的产生、发展，完善都离不开大脑这个物质基础。而大脑的生长发育又受先天遗传因素和后天教育因素的双重影响。在正常人群中，遗传对智力的影响是十分明显的，有人认为智力的遗传因素约占60%，遗传因素是个体间智力差异的主要原因。统计资料表明，双亲智力正常者，其子女的智力正常；若双亲一个智力低下、一个智力正常者，其子女中有64%的智力正常；双亲一个智力低下、一个智力缺陷，其子女只有10%的智力正常；父母两人智力都有缺陷的，其子女只有4%的可能智力正常。

细节04 造成孩子智力低下的非遗传因素有哪些

造成智力低下的非遗传因素主要有：准妈妈在怀孕期间患有风疹、水痘等病毒性疾病，妊娠期间受到过放射线过度照射，患妊娠毒血症及其他全身性的疾病，都可影响胎儿的正常发育。这些因素一方面造成胎儿大脑发育障碍，使大脑细胞发育不完善；另一方面影响骨髓、内分泌系统的发育，反过来影响脑的发育。另外，分娩时的产伤，新生儿早期的脑创伤或神经系统的感染等，都会影响大脑的发育，从而影响智力发育。此外，吸烟、酗酒的女性所生的孩子也易智力迟钝。先天愚型的孩子有42%左右是因为母亲怀孕时年龄过大所致。

细节05 胖瘦会遗传吗

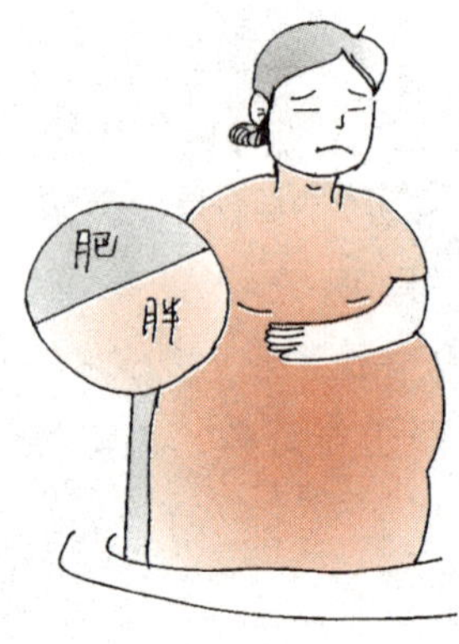

研究认为，不同的人有着不同的代谢率，通常代谢率较低的人容易长胖，这是由体形遗传因素而决定的。如果父母体质属于容易长胖的类型，孩子就容易偏胖。因此，这样的孩子在出生后，喂养上要注意营养平衡，不要吃得过多。如果父母中有一人肥胖，孩子发胖的机会是30%。如果父母双方都肥胖，孩子发胖的机会是50%～60%。但这些父母也不用太过担心，遗传并不是影响胖瘦的唯一因素。即便过胖或过瘦，还可以在后天通过饮食、运动等进行调理。

细节06 身高会遗传吗

据有关研究表明，人的身高有70%取决于遗传，后天因素的影响只占到30%。一般来讲，如果父母身材较高，孩子身材高的概率就大；如果父母中一人较高，一人较低，就取决于其他因素。当然，在身高的遗传方面也不排

除有特殊情况，后天很多因素对孩子的未来身高都有一定的影响，如营养状况、运动量等。

细节 07 孩子的眼睛形状会遗传父母的吗

父母的眼睛形状对孩子的影响显而易见。对于孩子来讲，眼形、眼睛的大小是遗传自父母的，而且大眼睛相对小眼睛而言是显性遗传。只要父母双方有一个人是大眼睛，生出大眼睛孩子的可能性就会大一些。

细节 08 眼皮的单双是怎样遗传的

一般来讲，单眼皮与双眼皮的人结婚，孩子极有可能是双眼皮。所以一些孩子出生时是单眼皮，成年后又会“补”上双眼皮。据统计，在婴幼儿中双眼皮的比例不过才 20%，中学生是 40%，大学生大约占到 50%。但如果父母都是单眼皮，一般孩子也会是单眼皮。在眼球颜色方面，黑色等深颜色相对于浅颜色而言是显性遗传。也就是说，如果你羡慕蓝色眼球，选择了蓝色眼球的人做爱人，但因为你是黑色眼球，所生的孩子不会是蓝色眼球。长睫毛也是显性遗传的，父母双方只要有一个人拥有动人的长睫毛，孩子遗传长睫毛的可能性就非常大。

细节 09 你的大拇指能弯曲吗

如果你能把大拇指的上面一节向后弯曲，千万别以为自己有什么了不起，抑或是指关节出了问题，这仅仅是遗传基因“惹的祸”而已。

细节 10 人的寿命和遗传有关系吗

寿命是有遗传基础的。我们可以看到，有些家族中的成员个个长寿，但也有短命的家族存在。寿命的长短有家族聚集的倾向性。如果你的家族中有长寿的先例，那么你的孩子长寿的可能性是很大的。

最有说服力的是对同卵双胞胎的调查。资料统计，60 ~ 75 岁死去的双胞胎，男性双胞胎死亡的时间平均相差 4 年，女性双胞胎仅差 2 年。不过，寿命也受环境因素的影响，如饮食习惯、生活环境、工作环境等，也在不同程度上左右着人的寿命。

细节 11 头胎不如二胎聪明的说法有道理吗

日常生活中，常听一些人议论说头胎不如二胎聪明，有些年轻夫妇要求人工流产去掉头胎而要二胎子女。

其实，这毫无科学依据。聪明与否是指智力的高低，而智力的发育取决于大脑的发育状况。血液循环较好，神经胶质细胞较多，脑内的胆碱酯酶活性高，智力就较高。相反，大脑组织损伤、畸形或化学物质失调，会造成脑功能减弱。怀孕 28 周时，胎儿大脑的沟回已基本发育完成。到妊娠末期，胎儿脑重 350 克，脑细胞达 100 多亿，胎儿大脑除受遗传因素影响外，不会有什么变化。

细节 12 孩子的声音会遗传父母的吗

孩子的声音通常都会非常接近父母，其相似程度会比长相、形体更甚。如果父亲笑声爽朗，母亲又是个大嗓门，很难想象孩子会细声细气。通常，儿子的声音与父亲很接近，女儿的声音则很像母亲。声音的高低、音量、音质等各方面，不仅与喉头有关，还要由鼻子的大小、张口的大小、舌头的长短、颜面的骨骼等各因素综合决定。而且，这些方面无不遗传父母的基因，所以声音遗传是不奇怪的。不过，这种由父母生理解剖结构所影响的音质如果不美，大多数可以通过后天的发音训练而改变。

细节 13 孩子皮肤的颜色是怎样遗传父母的

肤色在遗传时往往不偏不倚，让人别无选择。它总是遵循着“相乘后再平均”的自然法则，给孩子打着父母“综合色”的烙印。父母皮肤较黑而孩子皮肤白嫩的概率相对较低；如果父母中一个人较黑，一个人较白，那么在胚胎“平均”分配后，便给孩子形成一个不黑不白的中性肤色。

尽管孩子的皮肤颜色受遗传的影响很大，但孕期做好营养胎教，也能促进胎宝宝肌肤发育，令胎宝宝的皮肤往好的方向发展。

细节 14 你的舌头会卷曲吗

能卷舌头和不能卷舌头也是显性、隐性遗传的一种表现，所以，能卷起舌头的人别以为全世界的人都会这个动作，而卷不起舌头的人也别担心自己的舌头出了问题。

细节 15 什么是遗传病

子女所生的疾病，倘若是由于父母双方或一方遗传所引起的，就称遗传性疾病，简称遗传病。遗传病是生殖细胞或受精卵的遗传物质（基因或染色体）带有疾病或发生突变（或畸变）所引起的疾病，通常具有垂直传递的特征。

已知的遗传病有许多种，但是同一对父母所生的孩子并不一定会显示遗传病。遗传病的发生有一定的几率，因此一母所生的子女，有的会得遗传病，有的不得遗传病，但在不得病的孩子身上可能带有遗传病的基因，等带有基因的孩子长大成人，婚配以后生育后代，又可能会使其后代患遗传病。遗传病中也有根据性别遗传的，有的病只传给男孩，不传给女孩，而有的则多传给女孩。遗传病的发病有一定的规律，只要想生孩子的夫妇与医生密切配合，一般可以被预测识别，从而得到妥善的处理。

细节 16 遗传病分哪几类

遗传病一般分为基因病和染色体病。基因病又分为单基因病和多基因病。单基因病按遗传方式可分为常染色体显性遗传病、常染色体隐性遗传病、X伴性显性遗传病、X 伴性隐性遗传病、Y 伴性遗传病和其他遗传病等几类。染色体病又分为常染色体异常和性染色体异常两大类。归纳起来，通常可将遗传病分为单基因病、多基因病、染色体病、线粒体遗传病和体细胞遗传病五大类。

细节 17 近亲结婚会增加遗传病的发病率吗

近亲结婚会增加一些遗传病的发生率。比如肝豆状核变性病人，非近亲结婚后代中的发病率为 1/400 万，而在表兄妹结婚的后代发病率为 1/64。又如近亲婚配所生子女智力差的比非近亲结婚的高3.8倍。我国婚姻法禁止近亲结婚就是从预防遗传病的角度出发的。因此，一定要避免近亲结婚。

细节18 血友病是怎样遗传的

女性的性染色体是两个X染色体组成一组，因此一边的X染色体即使有异常的基因，只要另一边的染色体正常，这种异常也不会表现出来。由此可见，如果女性有血友病的基因，当其生下男孩时，这个男孩患血友病的概率为50%；但是当生下的是女孩时，虽然同样会有50%的概率遗传到血友病的基因，但也仅是血友病基因的携带者，还不会患血友病。

男性的性染色体是X染色体与Y染色体两个组成一组，因此如果X染色体有异常则会直接显现出来。如果母亲携有血友病遗传的基因，最好是生下女孩才能确保没事。

另一方面，如果妻子正常，丈夫患有血友病，生下的男孩都是正常的，所以要尽可能生男孩。

细节19 近视遗传吗

一般来说，近视越严重的人越可能来自于父母的遗传。如果父母都是高度近视，后代近视的概率很高；如果父母中有一个是高度近视，而另一个是近视基因携带者，孩子患近视的概率也很高，如果父母两人均是近视基因携带者，虽然他们本人不近视，但他们俩的近视基因会遗传给孩子，使孩子具备两个近视基因，从而导致孩子成为近视眼。

另外，后天的环境也可能会加重近视的程度。因此，在养育孩子的过程中，应该多加注意。

细节20 “少年白”会遗传吗

白发可分为先天性与后天性两种。医学资料表明：先天性白发（常见为局部性白发）以及儿童、青少年的后天性白发（少白头），这两种情况常常有家族史，即同一家族人群中有多个个体出现这种性状（白发）。一个新生命的孕育是父母各自一半遗传基因组合的子代新个体，上述两种情况均提示有遗

传因素存在。这种基因遗传风险与亲缘关系远近密切相关，遗传给后代的基因是否会表现出来（白发），也受其他因素的影响。目前只能说，母亲“少白头”有遗传给下一代的可能，但又不是绝对的，遗传几率是多少现在尚未有统计数据。

细节21 哪些鼻科疾病会遗传

鼻科疾病中有许多都是遗传的。如最常见的过敏性鼻炎、慢性鼻炎和慢性鼻窦炎，这三种鼻炎都有家族遗传倾向。据统计，父母亲中如果有一人患有过敏性鼻炎，其下一代有33%的子女也会患此症，如果父母亲双方皆有过敏性鼻炎，其下一代子女患此症的可能性高达66%。

细节22 传男不传女的疾病有哪些

有些遗传病，男性要比女性发病多，或者只是表现在男性身上，女性不发病。比如，脱发、红绿色盲、进行性肌营养不良（假肥大型）、蚕豆病、血友病等疾病，往往只见于男性患者，女性只是患病基因携带者。因此，在生育时要考虑下一代的性别，要有技巧性地进行受孕。

第四节 不孕不育早治疗

细节01 什么是不孕

不孕是指婚后同居、有正常性生活，未避孕达1年以上而未能怀孕的情况。根据婚后是否受过孕又可分为原发性不孕和继发性不孕。原发性不孕指从未妊娠过；继发性不孕指曾有过妊娠，以后1年以上未避孕而未再妊娠。

根据不孕的原因可分为相对不孕和绝对不孕。相对不孕是指夫妇一方因某种原因出现受孕阻碍或生育力降低，导致暂时性不孕，一般该原因得到纠正，仍有可能怀孕。绝对不孕指夫妇一方有先天或后天的生理方面的缺陷，并因无法纠正而不能怀孕。

细节02 不孕症可采用的生殖技术有哪些

目前，不孕症可采用的生殖技术主要有如下几种：

（1）人工显微生殖技术 即通过显微镜观察，将精子直接输注进女性的卵子里面。这一技术难度很高，尚处于起步阶段，适用于精子不活动、严重少精症、精子穿透卵子能力很差以及多因素生育能力低下的不孕症患者。

（2）人工授精 即将精液人工输注进女性生殖道，多数采用的是将精液低压缓缓推注进子宫颈外口及周围的方式。

（3）配子腹腔内移植术 即将精子与卵子分别同时注入到女性腹腔的子宫直肠凹陷内。这种方法应用较普遍，适用于各种不明原因的不育症、精子过少、重度不育等情况。如果输卵管通畅，卵巢功能良好，则精子和卵子在腹腔内受精后形成的受精卵会被输卵管伞端捕捉到。

细节03 人工授精是怎么回事

人工授精即通过人工方法用器皿将精液放入女性生殖道内，包括使用丈夫精液人工授精和使用供精者精液人工授精两种。

到目前为止，人工授精应用于临床已有200年历史了。最初，人工授精主要应用于严重尿道下裂、逆行射精以及阳痿、早泄等疾病，近年来则应用于精液量减少、精子计数少于每毫升2000万、精子活动力低、活动精子少于50%的患者。

人工授精的常用方法为宫腔内人工授精，经过洗精处理，将精液通过导管注入宫腔内授精，同时给予诱发联合，以提高受孕的成功率。

细节04 什么是试管婴儿

“试管婴儿”是“体外受精和胚胎移植”技术的俗称，即从妇女体内取出卵子，放入试管内培养后，再加入处理过的精子，使卵子受精。经过继续培养后，受精卵发育成几个细胞而成为早期胚胎，再将这早期胚胎移植到妇女子宫内，发育成胎儿。不孕患者只要夫妻双方的精子、卵子无问题，一般都可以通过这种技术而拥有自己的亲生骨肉。

细节05 影响女性受孕的原因有哪些

(1)月经紊乱 月经周期改变——月经提早或延迟；经量改变——经量过多、过少；经期延长——常见于黄体功能不全及子宫内膜炎症。

(2)闭经 年龄超过18岁尚无月经来潮；月经来潮后又连续停经超过6个月。

(3)痛经 子宫内膜异位、盆腔炎、子宫肌瘤、子宫发育不良、子宫位置异常等疾病存在时可出现行经腹痛。月经前后诸症：少数妇女月经前后周期性出现“经前乳胀”、“经行头痛”、“经行泄泻”、“经行浮肿”、“经行发热”、“经行口糜”等一系列症状，常因内分泌失调而黄体功能不正常引起，一般痛经不至于引起不孕，但有些可导致不孕。

(4)白带异常 有阴道炎、宫颈炎（宫颈糜烂）、子宫内膜炎、附件炎、盆腔炎及各种性传播疾病时，会出现白带增多、色黄、有气味、呈豆腐渣样或水样，或伴有外阴痒、痛等，严重的可能会影响受孕。

(5)腹痛 慢性下腹、两侧腹隐痛或腰骶痛，常常是在有盆腔炎、子宫肌炎、卵巢炎、子宫内膜异位症、子宫或卵巢肿瘤时出现。

(6)溢乳 非哺乳期乳房自行或挤压后有乳汁溢出，少数提示有下丘脑功能不全、垂体肿瘤、泌乳素瘤或原发性甲状腺功能低下、慢性肾功能衰竭等疾病，可能会影响受孕。

第三章 胎教宜忌

第一节 营养胎教之宜

细节01 孕期宜吃肉

肉类含有丰富的优质蛋白质，同时也是我们每天所需的铁、铜、锌、镁等营养元素的最好的来源之一。因此，适当地食用肉类对准妈妈的身体健康和胎宝宝的生长发育都是必需的。

细节02 孕期宜食用鱼肝油

鱼肝油指的是在无毒的海鱼的肝脏中蕴藏的、不饱和度极高的、金黄色脂肪油，含有丰富的钙和维生素 D。如果准妈妈的体力消耗较大，或是钙严重不足急需补充，就应该每天服用 5 克左右的鱼肝油。当准妈妈出现焦躁不安或皮肤变粗糙的情况时，服用鱼肝油可以起到良好的改善效果。

细节03 准妈妈宜吃植物油

一些研究发现，母亲在怀孕期间吃植物油少，婴儿湿疹发生率就高。

科学研究证实，人体所必需的脂肪酸，如亚油酸、亚麻酸和花生四烯酸等，人体自身不能合成，只能靠食物供给。而这些脂肪酸主要存在于植物油中，动物油含量极少，人体缺乏脂肪酸，可引起皮肤粗糙、头发易断、皮屑增多等，婴儿则易患湿疹。因此，为了预防婴儿患湿疹，孕妇应多吃植物油。

细节 04　孕期宜多喝水

准妈妈不可缺水，水能帮助肾脏保持良好的工作状态和防止便秘，只有多饮水，多排尿才能避免孕期常见的泌尿系统疾病。宝宝也非常需要水，只有充足的羊水才能使宝宝自由活动。一般主张，准妈妈每天饮水（包括其他液体食物）1～1.5 升，最好不少于 1.2 升。

细节 05　准妈妈宜多吃鱼

鱼类含有丰富的氨基酸、卵磷脂、钾、钙、锌等，这些是胎宝宝发育的必要物质。另外，鱼类脂肪中的多价不饱和脂肪酸是一种有益于大脑的物质，对脑细胞，特别是对脑的神经传导和突触的生长发育有重要作用，对人的智力、记忆力和思维能力等也有影响。所以，准妈妈多吃鱼有利胎宝宝发育，特别是脑部神经系统，这样生出来的宝宝就会特别聪明。

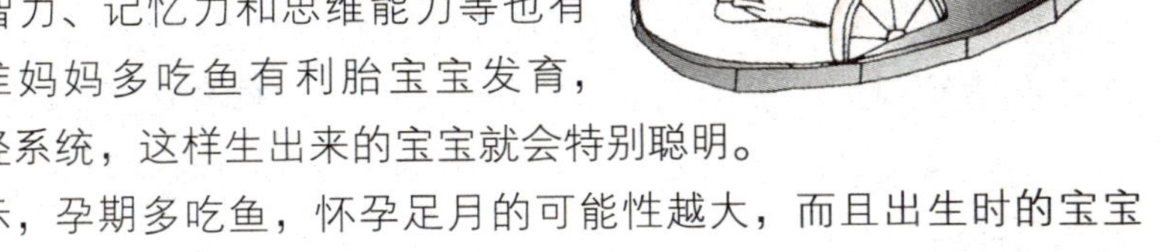

有研究显示，孕期多吃鱼，怀孕足月的可能性越大，而且出生时的宝宝也会较一般的宝宝更健康、更精神。所以，为了孕育一个健康聪明的宝宝，准妈妈一定要在每周的餐单上安排 1～2 次的鱼肉大餐。

细节 06　准妈妈宜多吃虾

虾含有很高的钙。如果孕妇吃虾以后没有不良反应，如过敏、腹痛，就没有问题。怀孕期间适量多吃虾或虾皮可以补充钙、锌等微量元素，尤其是钙可以促进幼儿的生长。吃虾也可以促进幼儿脑部的发育。因此，只要对虾无不良反应，可以尽情地吃。

细节 07　准妈妈宜食大蒜

大蒜含有多种营养物质。据分析，每 500 克大蒜含有蛋白质 6.6 克，脂肪 0.3 克、碳水化合物 3.6 克以及多种矿物质和维生素。孕妇吃大蒜有益健康，但不宜过多生食大蒜，以免刺激胃肠道，引起不适，伤肝损目。胃溃疡、十二指肠溃疡的患者宜少吃。

细节08 孕早期宜服用人参

体弱的准妈妈在孕早期可适当进补人参，提高自身免疫力，抵御外来病菌的侵入，并能增进食欲。研究表明，人参可明显增加机体红细胞膜流动性，具有明显的抗缺氧作用，对血液循环有明显的改善作用，还能增强心肌收缩力，对胎儿的正常发育起到促进作用。在孕早期，中医主张服用红参，体质偏热者可服用生晒参。

细节09 防便秘宜吃玉米

玉米富含镁、不饱和脂肪酸、粗蛋白、淀粉、矿物质、胡萝卜素、维生素 B_2、维生素 E 等多种营养成分。维生素 E 能降低血液中胆固醇的含量，能够有效地防治“妊娠巨幼红细胞性贫血”，含有的膳食纤维可以加强肠壁蠕动，预防孕期便秘。准妈妈常吃玉米还可以预防及治疗口角炎、舌炎、口腔溃疡等口腔疾病。玉米须煎水代茶饮，有利尿、降压、清热、消食、止血、止泻等功效。可用于防治妊娠高血压综合征、肝胆炎症以及消化不良等疾病。

细节10 孕期宜食用葡萄干

葡萄干内含大量葡萄糖，对心肌有营养作用，有助于冠心病的康复。由于葡萄干内钙、磷、铁的相对含量高，并有多量维生素和氨基酸，是孕妇的滋补佳品，可补气血、暖肾，对贫血、血小板减少有较好疗效，对神经衰弱和过度疲劳有较好的滋补作用。还是妇女病的食疗佳品。

细节11 准妈妈宜经常食用核桃

核桃的营养价值和药用价值都较高。100 克核桃仁可产生 2803 千焦热量，是同等重量粮食所产热量的1 倍；每千克核桃仁相当于5 千克鸡蛋和9 千克鲜牛奶的营养价值。中医认为，核桃有温肺、补肾、益肝、健脑、强筋、壮骨的功能，准妈妈经常食用核桃仁，可促进胎儿骨骼、毛发和细胞的生长发育，还可预防妊娠高血压综合征的发生。

细节12 准妈妈宜多喝牛奶

牛奶含有丰富的优质蛋白质，其消化吸收率可达98%～100%。准妈妈每日应摄入蛋白质13～18克，平均为15克。因此，准妈妈每日饮用500克牛奶即可满足对蛋白质的需求。牛奶中还含有几乎全部已知的维生素和矿物质，特别是含有大量的钙，为1000～1100毫克/升，不仅含量丰富，而且吸收率高达70%，一般的补钙食品仅为30%左右。由此可见，牛奶是准妈妈极优的钙源。因此，在准妈妈的膳食构成中增加乳制品的比例，对于提高准妈妈及胎宝宝的营养水平、增强体质具有重要意义。

细节13 准妈妈宜多喝酸奶

酸奶是将消毒牛奶加入适当的乳酸菌，放置在恒温下经过发酵制成的。由于酸奶改变了牛奶的酸碱度，使牛奶中的蛋白质发生变性凝固，结构松散，因而容易被人体内的蛋白酶水解消化。另外，牛奶中的乳糖经发酵，已水解成能被小肠吸收的半乳糖与葡萄糖，因此可避免某些人喝牛奶后出现的腹胀、腹痛，稀便等乳糖不耐受症状。由于乳酸能产生一些抗菌作用，因而酸奶对伤寒、痢疾等病菌，以及肠道中的有害生物的生长繁殖也能起到一定的抑制作用。乳酸菌在肠道里能合成人体必需的多种维生素，对准妈妈更为适宜。但是，切不可把保存不当受到污染而腐败变酸的坏牛奶当做酸牛奶喝。

细节14 孕期宜吃糙米

糙米胚芽中不仅含蛋白质、脂肪，还含有维生素B_1、维生素B_2、维生素E、维生素C、维生素A、叶酸及锌、镁、铁、磷等矿物质，可以满足胎宝宝发育的需要，也十分适合准妈妈食用。

细节15 准妈妈宜吃蜂王浆

蜂王浆是蜜蜂中的工蜂咽腺分泌的乳糜样的王浆，性平，味甘、酸，富含葡萄糖、核糖、蛋白质、脂肪、乙酰胆碱及丰富的维生素和多种酶。孕妇摄取适量蜂王浆，使该营养通过胎盘进入胎儿体内，有利于胎儿脑组织细胞的生长发育。

细节16 孕早期宜多吃芝麻

芝麻富含脂肪、蛋白质，糖、芝麻素、卵磷脂、钙、铁、硒、亚油酸等，具有营养大脑、抗衰美容的功用。可以将芝麻捣烂，加上适量白糖，每日上、下午用白开水各冲服一杯，不但能增强准妈妈的抵抗力，预防感冒，又可防止宝宝患皮肤病。

细节17 准妈妈预防心血管疾病宜吃红薯

红薯富含淀粉和人体必需的铁、钙等矿物质，其氨基酸、维生素A、B族维生素、维生素C及纤维素的含量都高于大米与白面，有利于胎宝宝的健康发育。红薯中含有黏蛋白，可以促进胆固醇的排泄，防止心血管的脂肪沉淀，预防心血管疾病，是准妈妈的营养保健食品。

细节18 孕妇补碘宜吃海带

海带属海藻类食品，含有蛋白质、维生素、矿物质等多种营养素，特别是碘的含量非常丰富。妊娠期及哺乳期女性需要补充足够量的碘元素，以满足机体的需要。因此，孕妇宜适量吃海带。

细节19 准妈妈宜适量吃柿子

柿子，汁多味甘，是一种物美价廉的水果。每100克柿子含碳水化合物20克、蛋白质0.7克、脂肪0.1克、碘49.7毫克，还富含多种维生素及钾、铁、钙、镁、磷等矿物质，其矿物质的含量超过了苹果、梨、桃等水果。柿子性寒，有清热、润肺、生津、止渴、镇咳、祛痰等功效，适用于治疗高血压、慢性支气管炎、动脉硬化、痔疮便血、大便秘结等症。其营养及药用价值均适宜准妈妈适量食用，尤其是妊娠高血压综合征的准妈妈可以“一吃两得”。柿子的蒂和叶都是中药。柿蒂可以降逆气、止恶心；柿叶有抗菌消炎、止血降压等作用，是民间常用的草药。

细节20 孕期营养胎教宜吃荞麦

荞麦又叫甜荞、乌麦、花荞，比其他谷类更能提供全面的蛋白质，是素食准妈妈很好的选择。荞麦的蛋白质中含有丰富的被称为人体第一必需氨基酸的赖氨酸成分，其能促进胎宝宝发育，增强准妈妈的免疫功能。

细节21 降压抗癌宜食用芹菜

芹菜中含有脂肪、蛋白质、碳水化合物、粗纤维、胡萝卜素、维生素 B_2、维生素 B_1、维生素 C、钠、钾等营养素。

芹菜可以防治高血压和动脉硬化，能够帮助人体消除烦躁、平和心态，能够利尿消肿，可治疗乳糜尿。此外，芹菜还具有清热解毒的功效，能润燥强身，可以补虚养血，弥补女性经血的损失。

芹菜可以防癌抗癌，由于芹菜中含有大量膳食纤维，能调整肠道菌群，增加肠道内的抗氧化剂，降低癌症发生率。粗纤维能够缩短粪便在肠内的运转时间，从而减少致癌物与结肠黏膜的接触时间，减少癌变危险。

芹菜可以降血压，对原发性、妊娠性及更年期高血压有一定疗效。另外，孕中期是胎宝宝软组织和器官高速发展的时期，因而准妈妈更要多吃芹菜，补充营养。芹菜还可以加速肠蠕动，防止孕晚期便秘。

细节22 准妈妈宜吃莲藕

鲜藕含有大量的糖类和丰富的钙、磷、铁以及多种维生素，具有清热、养血、除烦等功效，可治产后失血过多引起的血虚失眠，还可止血解渴，解酒毒；藕节有止血作用；莲子安神、固精、止泻；莲蓬止血，祛淤；荷梗通气、宽胸、通乳；荷叶清暑解热；荷蒂安胎、止血、止泻；荷花清暑、止血。

细节23 预防产后缺乳宜吃花生

花生味道香甜，有和胃、健脾、润肺、化痰、养气等功效。花生所含的人体必需的不饱和脂肪酸远远比动物油多。另外：花生中的糖、钙、磷、卵磷脂、胆碱以及维生素A、B族维生素、维生素E、维生素K等的含量也很丰富。准妈妈每天吃一点儿花生可以预防产后缺乳，花生的内衣（即红色薄皮）中含有止血成分，可防治再生障碍性贫血。

细节24 孕期宜吃红枣

被人们称为“天然维生素丸”的红枣，富含使人延年益寿的维生素P，含量居百果之冠；维生素C的含量比梨高出多倍；还富含蛋白质、脂肪、有机酸、钙、磷、铁、胡萝卜素及B族维生素等多种营养成分，是孕产妇滋补的佳果。红枣性平味甘，具有补血安神、补中益气、养胃健脾等功效，预防肝病效果显著。枣中含有一种治疗高血压的药物成分——芦丁，孕妇常吃红枣可防治妊娠高血压。

细节25 防治妊娠高血压宜常吃黄鳝

黄鳝又称长鱼，是准妈妈的滋补佳品。每100克黄鳝肉中含蛋白质18.8克、脂肪0.9克、磷150毫克、钙380毫克、铁16毫克、维生素A 428国际单位，还含有黄鳝素A及维生素B_1等营养物质，是一种高蛋白、低脂肪的食品。它性温、味甘、无毒，入肝、脾、肾三经。

准妈妈常吃黄鳝可以防治妊娠高血压；黄鳝头能够治疗痢疾与积食不消；其皮可以治疗女性乳房硬肿疼痛；其血甘咸无毒，可以祛风、活血、壮阳，还可以治疗面神经麻痹所引起的口眼歪斜。日本营养学家研究表明，清炖黄鳝可以治疗糖尿病。

细节26 促进胎儿神经发育宜吃鸡蛋

鸡蛋中含有大量的优质蛋白质，很容易被人体所吸收。其中卵白蛋白及卵黄磷蛋白都是蛋白质家族中的上品，卵球蛋白是婴幼儿生长发育的必需品；鸡蛋中所含的铁、钙，还是造血和骨骼生长的必需品；其所含的卵磷脂、卵黄素等，有利于人体神经系统的发育。因此，不论是对孕妇还是胎儿，鸡蛋都是孕期营养佳品。

细节27 预防贫血宜吃瘦牛肉

孕妇一个星期吃3～4次瘦牛肉，每次60～100克，可以预防缺铁性贫血，并能增强免疫力。瘦牛肉也不会对血中胆固醇浓度造成负面影响。充足的铁质一方面能维持血红素正常，以载送血氧到脑部及其他重要器官，保护心脏不致过度劳累，另一方面能使肌肉产生充足能量，活动有力并不易疲倦。

如果妇女在怀孕期间缺铁，产后应及时补充，否则身体的缺损可能难以弥补。锌不但有益胎儿神经系统的发育，而且对免疫系统也有益，有助于保持皮肤、骨骼和毛发的健康。缺锌时人的免疫力下降，容易生病，对胎儿的神经发育容易产生不利影响。牛肉中的锌比植物中的锌更容易被人体吸收。人体对牛肉中锌的吸收率为21%～26%，而对全麦面包中锌的吸收率只有14%。

细节28 孕期宜吃板栗

板栗富含蛋白质、脂肪、碳水化合物、钙、磷、铁、锌、B族维生素等多种营养成分，有补肾强筋、养胃健脾、活血止血等功效。准妈妈常吃板栗既可以健身壮骨，利于胎宝宝的健康发育，又可以消除自身的疲劳。

细节29 孕期宜多吃瓜子

瓜子的种类很多，如葵花子、西瓜子、南瓜子等。葵花子中富含维生素E，西瓜子中富含亚油酸，南瓜子中则含有蛋白质、脂肪、碳水化合物、钙、铁、磷、胡萝卜素、维生素B_1、维生素B_2等多种营养成分，且比例均衡，非常有利于人体的吸收和利用。准妈妈在饭前或饭后嗑瓜子，消化液就随之不断地分泌，这样对于消化与吸收十分有利。

细节30 活血散寒宜食红糖

红糖的营养成分比白糖多，如所含的钙比白糖多2倍，含铁比白糖多1倍。红糖还含有胡萝卜素、维生素B_2、烟酸和其他微量元素，这些成分都是怀孕和哺乳期母亲及胎儿、婴儿十分需要的营养成分。另外，红糖性温，具有健脾暖胃、缓解疼痛、散寒、活血的功能。民间验方中也常用红糖来治疗痛经、崩漏、产后血亏等症。红糖还可以治疗产妇的贫血。

细节31 准妈妈宜吃花椰菜

花椰菜不仅营养丰富，而且健康美味；富含钙和叶酸，还有大量的纤维和抵抗疾病的抗氧化剂；内含的维生素C，可以帮助准妈妈吸收其他绿色蔬菜中的铁。

细节32 准妈妈补血宜吃动物肝脏

动物肝脏中含有大量蛋白质和多种维生素，特别是维生素A及磷、铁等矿物质含量丰富，可提供孕期需要的铁和维生素A。准妈妈食用肝脏的话，既可以补血也可以增强身体的抵抗力。

细节33 防治妊娠高血压宜吃秋梨

秋梨被誉为“百果之宗”，是我国最古老的果木之一。它质脆多汁，清甜爽口，醇香宜人。其性甘寒微酸，有清热利尿、润喉降压、清心润肺、镇咳祛痰、止渴生津的作用，可治疗妊娠水肿及妊娠高血压。它还具有镇静安神、养心保肝、消炎镇痛等功效，有防治肺部感染及肝炎的作用。常吃炖熟的梨能增加口中津液，防止口干唇燥，不仅可以保护嗓子，还可以作为肺炎、支气管炎及肝炎的食疗品。

细节34 孕期宜食用蜂蜜

蜂蜜可促进消化吸收，增进食欲，镇静安眠，提高机体抵抗力，对促进婴幼儿的生长发育有着积极作用。蜂蜜几乎含有蔬菜中的全部营养成分。

因为蜂蜜中的钾进入人体后有排钠的作用，可维持血中电解质平衡；慢性肝炎、肝功能不良患者常吃蜂蜜能改善肝功能；对于肺结核、胃肠道溃疡等慢性病患者，蜂蜜是良好的营养品，能增强体质。蜂蜜还是一种天然的美容佳品。作为润肤剂经常外擦，对皮肤的表皮、真皮起直接营养作用，可促进细胞新生，增强皮肤的新陈代谢能力。因此，孕妇吃适量蜂蜜是非常有好处的。

细节35　孕期宜吃香菇

香菇营养丰富，准妈妈多吃能够强身健体、增加对疾病的抵抗能力、促进胎宝宝的发育。营养学家对香菇进行了分析，发现香菇内有种一般蔬菜缺乏的物质，它经太阳紫外线照射后，会转化为维生素 D，被人体利用后，对于增强人体抵抗疾病的能力起着重要的作用。

香菇除了具有抗病毒活性的双链核糖核酸类以外，还有一种多糖类，它们是由 7 个分子以上的醛糖、酮糖通过糖苷键综合而成的多聚物。试验证明多糖类虽不直接杀伤病毒，但能通过增强免疫力来提高机体对病毒的抗击力，具有明显的抗肿瘤活性和调节机体免疫功能等生物作用。此外，香菇中含有的腺膘呤，可降低胆固醇、预防心血管疾病和肝硬化。准妈妈经常食用能增强机体免疫力。

细节36　提高免疫力宜吃豆腐

豆腐含有大量的蛋白质、脂肪、碳水化合物，不含胆固醇。豆腐中磷、钙、钾、镁的含量很高，而铁、维生素 A、维生素 B_1、维生素 B_2、维生素 B_6、维生素 B_{12}、维生素 E 和胡萝卜素的含量也很均匀。另外，卵磷脂和大豆蛋白也是豆腐的重要成分。

豆腐可加强营养，利于消化，促进食欲，促进骨骼和牙齿生长发育；可防治老年痴呆症、高血压、高血脂、高胆固醇、冠心病、动脉硬化、骨质疏松症；可增强人体免疫力，抑制乳腺癌、白血病、前列腺癌。

豆腐能清洁肠胃，对便秘准妈妈有很大帮助。豆腐中含有丰富的大豆卵磷脂，可以促进胎宝宝牙齿、骨骼和神经系统的发育，是孕中期和孕晚期必备的营养食品。对“三高”准妈妈或有心血管疾病的准妈妈来说，豆腐能够有效降低甘油三酯、低密度脂蛋白和血浆胆固醇，可有效防治妊娠高血压，提高准妈妈的免疫力，预防心血管疾病，使准妈妈更健康。

细节37　缓解便秘宜吃海藻类食品

海藻类食品不仅在缓解便秘方面有着极好的效果，还含有可以促进胎宝宝生长发育的特殊成分。有运动习惯的准妈妈若食用海藻类食物就可以使自己的运动能力得到很大的提升，从而为生下健康的宝宝打下良好的基础。

细节38 孕早、中期宜多吃大米

大米是我们的主食之一，含有米精蛋白、淀粉、氨基酸、水、碳水化合物、膳食纤维、维生素 B_1、维生素 C，能为人体提供热量和营养。

米汤可以促进胃液分泌，起到助消化、利吸收的功效。

大米有益气润燥之功效，米汤和米粥中含有大量的烟酸、维生素 B_1、矿物质以及碳水化合物，具有很好的益气、润燥、滋阴效果，对准妈妈的健康和胎宝宝的发育非常有益。

对准妈妈而言，大米是不可缺少的食物，其中的蛋白质和 B 族维生素可以促进胎宝宝大脑和骨骼的发育。大米中的碳水化合物可为准妈妈提供热量，膳食纤维则是治疗便秘的天然营养成分。大米经过加工后会产生独特香味，既能引起食欲，又有滋阴、润燥的作用，是精神和身体的双重调节剂。由于准妈妈需要在孕早期积累脂肪，促进乳房发育，因而应在孕早期和中期多吃大米。

细节39 孕期宜多吃苹果

苹果不仅营养丰富，而且酸甜可口、爽脆多汁、口味清香。孕妇适当食用苹果，有利于母胎保健、促进顺产，有助于优生优育。

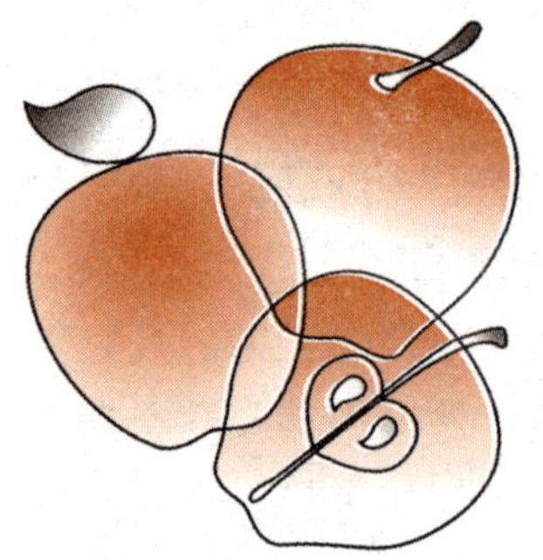

苹果富含锌，其汁中的含锌量超过牡蛎，如果产妇在妊娠期间体内锌元素充足，分娩时会快而且顺利，痛苦较少或无痛苦。孕妇补锌不仅利于分娩，而且有助于胎儿健康发育。另据测定，熟苹果所含的碘是香蕉的 8 倍，是橘子的 13 倍，孕妇食苹果，可补充锌和碘，有利于胎儿智力发育。

苹果甜酸爽口，可增进食欲，促进消化。在妊娠早期，多数人会发生“呕吐”现象。妊娠呕吐的孕妇进食苹果，不仅能补充维生素 C 等营养素，而且可调节水、盐及电解质平衡，防止因频繁呕吐而引起的酸中毒。

有些孕妇到了妊娠中期、后期，会出现妊娠高血压综合征。苹果含有较多的钾，钾可以促进体内钠盐的排出，对水肿、高血压有较好的疗效。

便秘是孕期孕妇三大症状之一，苹果富含纤维素、有机酸，有助于促进肠胃蠕动，疏松粪便，使之易排出，所以可有效地防治孕期便秘。

细节 40　孕期宜吃胡萝卜

胡萝卜在日常生活中可谓是一种补食，因其含维生素 A 中的 β－胡萝卜素较多。β－胡萝卜素没有维生素 A 醇的潜在毒性，对孕妇和婴儿都比较安全。

β－胡萝卜素是一种抗氧化维生素，与维生素 C 和维生素 E 等一样，对肿瘤、心脏病、脑中风、免疫失调和白内障等有预防作用。

β－胡萝卜素能预防肺癌，对胃癌、食道癌也有预防作用。抗氧化维生素可以延缓衰老过程，防止眼睛受光及氧的损害而形成白内障。摄入适量 β－胡萝卜素和维生素 C、维生素 E 者，突发冠心病、脑卒中或癌症者比低摄入量者少。

细节 41　无污染饮食宜吃野菜

野菜营养丰富，与栽培蔬菜比较，蛋白质高出 20%，矿物质达数十种之多且含量高。以蕨菜为例，铁质为大白菜的 13 倍，胡萝卜素为大白菜的 2 倍，维生素 C 为大白菜的 8 倍。至于叶酸，每 100 克红苋菜含量高达 200 微克，超过叶酸之冠——菠菜。此外，野菜污染较少，味道也佳，可刺激孕妇的食欲，尤其在孕早期，可有效减轻厌食症状。

细节 42　抗癌防便秘宜吃西蓝花

西蓝花中含有大量类黄酮、碳水化合物、脂肪、蛋白质、维生素 K、维生素 C、叶酸、钾、钙、磷。

长期食用西蓝花可以减少乳腺癌、直肠癌、前列腺癌、胃癌等的发病概率，可以提高肝脏的解毒能力，从而增强机体免疫力。而大量的类黄酮，是最好的血清调节剂，可有效防止血小板凝结成块，从而减少高血压、心脏病、冠心病的发病概率。西蓝花是高纤维蔬菜，可以降低葡萄糖的吸收，辅助治疗糖尿病。西蓝花中的维生素 K 可增强血管的强度，对皮肤易淤青的人很有帮助。

西蓝花可以润肺、止咳，能防治便秘，降低血糖，是经常咳嗽、便秘或高血糖的准妈妈的必备食物。

细节43 抗癌防毒宜吃猕猴桃

猕猴桃含有蛋白质、脂肪、碳水化舍物、膳食纤维、钾、磷、钙及丰富多样的维生素等。

猕猴桃可以有效抑制癌基因突变，阻断致癌物质的合成；可以扩张心血管，改善血液循环，防止动脉血栓形成；可以预防高血压、心脏病和心肌梗死；可以调节糖代谢，改善神经传导速度；可以抑制胆固醇氧化；防止铅、汞中毒和放射性损伤。

由于猕猴桃果实和汁液中含有大量的抗氧化物质，可有效降低胆固醇，因而是高血压、高血脂准妈妈的理想食品。猕猴桃可以缓解情绪，调节神经系统，具有抑郁症倾向的准妈妈应该多吃。高原地区的准妈妈、患有维生素缺乏症的准妈妈，应该多吃猕猴桃以补充营养。

细节44 治疗痔疮宜吃无花果

无花果的果实富含多种氨基酸、有机酸、镁、锰、铜、锌、硼及维生素等营养成分，它不仅是营养价值高的水果，而且是一味良药，有清热解毒、止泻通乳之功效，尤其对于痔疮便血、脾虚腹泻、咽喉疼痛、乳汁干枯等疗效显著。准妈妈最容易患痔疮，常吃适量的无花果，有助于通乳及治疗痔疮。

细节45 缓解胃酸宜食用小米

小米又称粟米、粟谷或粱米，含有脂肪、蛋白质、碳水化合物、维生素B_1、维生素B_2、烟酸、磷、铁、钙等营养素。与大米相比，小米中的矿物质含量比大米多，维生素B_1含量更是大米的数倍。小米中的营养成分很容易被人体消化利用，具有很好的保健作用，但小米中的赖氨酸含量偏低。

小米可以刺激食欲，其中的营养易吸收，可以防治消化不良。小米能帮助反胃和胃酸患者缓解症状，能够健脾利胃、调养身心。另外，小米还有很好的助眠效果。

小米能够滋阴养血、补养肾气、消除虚热，对体质虚弱的准妈妈和产后虚弱的产妇来说非常重要。小米能够健胃和胃、清热解毒、解除烦躁、除湿

安眠，对提高准妈妈的食欲、缓解孕吐和胃酸状况、治疗失眠有不错的效果。小米对准妈妈乳房发育有好处，是孕早期和孕中期的理想食物。

细节46 孕中期宜适量喝淡绿茶

绿茶中含有茶多酚、芳香油、矿物质、蛋白质、维生素等上百种成分，准妈妈每天坚持喝3~5克淡绿茶，对加强心肾功能、促进血液循环、帮助消化、预防妊娠水肿、促进胎宝宝发育都有好处。

另外，绿茶中还含有丰富的锌，对胎宝宝的正常生长发挥着极其重要的作用。尽管绿茶对准妈妈及胎宝宝有很大益处，但也不能无限制地喝，过多饮用会令胎宝宝活动频繁，甚至危害胎宝宝的生长发育。

第二节　营养胎教之忌

细节01 孕期忌过量食用高糖食品

备孕女性，若经常食用高糖食物，可能会引起糖代谢紊乱，甚至成为潜在的糖尿病患者；怀孕以后，准妈妈过量食用高糖食物，则极易出现孕期糖尿病。孕期糖尿病不仅危害准妈妈本人的健康，还会危害胎宝宝的健康发育和成长，容易出现早产、流产或死胎的情况。

细节02 孕期忌过量食用辛辣食物

辛辣食物会导致人的消化系统紊乱，过多食用的话会出现消化不良、胃部不适、便秘等，甚至会引发痔疮。由于怀孕后胎宝宝的长大，本身就会影响准妈妈的消化功能和排便，如果准妈妈始终保持着进食辛辣食物的习惯，一方面会加重准妈妈的消化不良和便秘或痔疮的症状，另一方面也会影响准妈妈对胎宝宝营养的供给，甚至增加分娩的困难。因此在计划怀孕前3~6个月应停止吃辛辣食物的习惯。

细节03 孕期忌食用油炸食品

油炸食品香脆可口，颇为诱人，但油炸食品存在许多缺陷，准妈妈不能多食。食品专家认为，一些反复加热、煮沸、炸制食品的食用油内可能含有致癌的有毒物质，用这种油炸的食品也会带有有毒物质。经常食用会对人体产生有害的影响，更不用说准妈妈和娇嫩的胎宝宝了。而且，油炸食品经过高温处理，食物中的维生素和其他营养素受到较大程度的破坏，含脂肪又太多，食物的营养价值大打折扣且难消化吸收。

由于孕早期的妊娠反应，准妈妈一般不喜欢吃腥、油类的食物，加之油炸食品比较难消化吸收，会导致准妈妈食欲不佳，所以不宜多食。孕中、后期子宫增大，肠道受压，肠蠕动差，多食油炸食品，很容易发生便秘。有些准妈妈消化能力本来就不好，更应该不吃或少吃油炸食品。

细节04 孕期忌多食土豆

土豆是世界上公认的营养丰富的食物。然而，土豆中却含有一种叫龙葵素的毒素。孕妇若长期大量食用含较高生物碱或龙葵素的土豆，毒素蓄积体内太多会对胎儿生长不利。

孕妇也不能贪吃薯片。虽然薯片受高温处理后，龙葵素的含量会相应减少，但是毒素还是一定程度存在的。

细节05 孕期忌常食方便食品

现在市场上各种方便食品很多，如方便面、饼干、点心等，有些准妈妈愿意吃方便食品，一是简便省事，免去做饭炒菜的麻烦；二是认为加工的方便食品营养丰富。其实不然，方便是方便，但营养不全。

一般来说，方便食品如方便面主要成分是糖类、少量味精、食盐和调味品。其调味品有牛肉汁、鸡肉汁、虾汁，而牛肉、鸡肉、虾肉的含量很少，且蔬菜也很少，有的有菜末或菜汁，但用量很少。因此，方便食品并不具备人体所需要的蛋白质、脂肪、矿物质、维生素和水等全面的营养成分。据营养专家调查，长期食用方便面的人群中，有60%的人营养不良，54%的人患缺铁性贫血，23%的人患维生素B_2缺乏症，16%的人缺锌，20%的人因缺乏

维生素 A 而患眼疾。

因此，准妈妈不适宜多吃方便食品，否则对母子都不利。有吃方便食品习惯的女性，要在孕前几个月就改变吃方便食品的习惯，以免胎宝宝营养不足。

细节 06 孕期忌喝可乐

一瓶 340 克的可乐含咖啡因 50～80 毫克。一次口服咖啡因 1 克以上，就可导致中枢神经系统兴奋，使呼吸加快、心动过速、失眠、眼花、耳鸣等；即使服用 1 克以下，由于对胃黏膜的刺激，也会出现恶心、呕吐、眩晕、心悸等中毒症状。如果准妈妈喝了可乐，即使是 1 瓶，咖啡因也能迅速通过胎盘影响胎宝宝。因此，为了自己和胎宝宝的健康，平时爱喝可乐的准妈妈最好不要喝了。

细节 07 孕期忌吃火锅

一些猪、牛、狗、羊肉身上藏匿着一些肉眼无法看到的弓形幼虫，人们在吃火锅时，习惯把鲜嫩的肉片放到煮开的汤料中稍稍一烫即进食，这种短暂的加热并不能杀死寄生在肉片细胞内的弓形虫幼虫，进食后幼虫可在肠道中穿过肠壁随血液扩散至全身。准妈妈食用后会通过胎盘传染给胎宝宝，从而影响其正常发育。所以建议准妈妈最好不要食用火锅。

如果真的想吃的话可以动手自己在家里准备，除汤底及材料应自己安排外，食物卫生也是最重要的。切记，无论在酒楼或在家吃火锅时，任何食物一定要煮至熟透，才可进食。另外，也应尽量避免用同一双筷子取生食及进食，这样容易将生食上沾染的细菌带进肚里，而造成泻肚及其他疾病。准妈妈最好吃前先喝小半杯新鲜果汁，接着吃蔬菜，然后是肉。这样，才可以合理利用食物的营养，减少胃肠负担，达到健康饮食的目的。

细节 08 准妈妈忌盲目服用保健品

市场上五花八门的营养品常常吸引准妈妈们的眼球，而铺天盖地的营养品广告更是让准妈妈们心动。究竟价格昂贵的营养品能给准妈妈带来多少好处呢？这就要考虑到自己的身体是否需要进补，千万不要盲目听从销售商的花言巧语，更不要被那些诱人的广告所蒙蔽。许多营养品的吸收效果并不会比食物好，有些营养品甚至根本不适合准妈妈食用。所以，准妈妈在决定购买营养品前最好先咨询一下医生。

细节09 孕期忌多吃桂圆

桂圆能养血安神、生津液、润五脏，是一味食疗佳品。但是，由于桂圆味甘温，内有痰火者及患有热病者不宜食用，尤其是准妈妈更不宜进食。女性怀孕后，阴血偏虚，阴虚则滋生内热，因此准妈妈往往有大便干燥、小便短赤、口干、胎热、肝经郁热等症状。如果这时再食用性热的桂圆，非但不能产生补益作用，反而会增加内热，容易发生动血动胎、漏红腹痛、腹胀等先兆流产症状，严重者可导致流产。

细节10 孕早期忌吃中药进补

很多准妈妈怀孕之后都会担心营养跟不上的问题，有的准妈妈甚至尝试借助中药食补的方式来补充孕期所需的营养。比如服用一些大补的中药，如人参、鹿茸以及一些温燥性的药物（附子、干姜、肉桂、核桃肉等），准妈妈若食用以上药物，可出现轻度不安、烦躁失眠、咽喉干痛等症状。这是因为准妈妈一般都有阴血偏虚、阳气偏盛的情况，火上加火，自然是毫无助益了。

此外，许多中药所含的各种生物碱及化学成分亦十分复杂，特别是各味中药相互配伍以后其产生的作用差异较大，有的可直接或间接影响到胎宝宝的生长发育。因此在怀孕的最初3个月内，准妈妈除慎用西药外，也应慎用部分中药，以免造成不必要的伤害。

细节11 孕早期忌常吃松花蛋

准妈妈在怀孕期间不慎铅中毒，易造成流产、死胎或生出畸形婴儿等后果。因为铅可穿透胎盘直达胎宝宝大脑，直接抑制生长激素分泌，宝宝出生长大后易出现身材矮小、性早熟、肥胖等现象。

日常生活中，含铅的食品最典型的可算得上是松花蛋了。现在很多商家都打出“无铅松花蛋”的广告，那么这样的松花蛋能不能放心地吃呢?

传统的松花蛋为促使蛋白质尽快凝固，在腌制过程中添加了氧化铅或铜等重金属，若长期食用，其中的铅或铜会在体内慢慢积累而影响健康。如今，松花蛋的腌制方法已有所改进，氧化铅被硫酸铜、锌等代替，“无铅松花蛋”也由此得名。

其实，所谓“无铅松花蛋”并不是一点铅都不含，只是铅的含量比传统腌制的松花蛋含量要低得多。微量的铅对成年人的健康影响不大，但对胎宝宝来说还是有一定的危害的。因此，即使是无铅松花蛋，准妈妈也以少吃或不吃为宜。

细节 12 孕早期忌常喝碳酸饮料

碳酸饮料含有大量的磷酸，而人体摄入磷酸过多，就会影响对钙的吸收，引起钙、磷比例失调，很容易导致骨质疏松。女性怀孕期间需要补充大量的钙质，以满足自身和胎宝宝发育的需求，如果准妈妈常喝碳酸饮料，易使体内缺钙，这对准妈妈自身以及胎宝宝的生长发育都会产生不利的影响。因此，准妈妈要尽量不喝或少喝碳酸饮料。

细节 13 孕期忌多吃油条

油条在加工制作的过程中，需要加入一定量的明矾。一般在炸油条时每500 克面粉要加入 15 克明矾，也就是说，如果准妈妈每天吃 2 根油条，就差不多要摄入 3 克明矾。

明矾是一种含铝的无机物，准妈妈常吃含铝的油条，会对宝宝的大脑发育造成影响，会使宝宝大脑形成障碍，增加先天性智障的发生概率。另外，油条经过高温烹制，营养成分（特别是维生素）遭到严重破坏，其营养价值大大降低。还有，炸油条的油经过反复加温会发生氧化、分解、热聚合等化学反应，从而产生出醛、低级脂肪酸、氧化物、环氧化物、内脂等多种有害物质，准妈妈食用后，对自身健康和宝宝发育都不利。

因以上各种原因，准妈妈不宜多吃油条，这有利于母子健康和优生。

细节14 孕早期忌嗜吃酸性食物

有些准妈妈在妊娠反应时特别喜爱吃酸性食物，研究指出，孕早期酸性食物和含酸性药物摄取要适宜，不宜大量摄取。因为食用大量的酸性食品，可造成体内酸碱度改变，碱性下降，引起母体疲乏、无力，抵抗力下降，更重要的是会影响胎宝宝生长发育，甚至可导致胎宝宝畸形。因此，准妈妈应适量食用酸性食物以缓解妊娠反应，但不可嗜酸。

细节15 孕期忌吃水果罐头

在妊娠期，尤其是妊娠早期，由于准妈妈体内的激素发生变化，所以喜欢吃些酸甜的水果，有些准妈妈喜欢吃些水果罐头，但应注意的是，水果罐头吃得太多会影响胎宝宝的生长发育。

通常，为了达到长期保存和增加水果的色佳味美的目的，在生产水果罐头的过程中就要加入一定量的添加剂，如色素、香精、防腐剂等，这些物质一般是人工合成的化学物质，对人体影响不大，因为成年人排泄和解毒能力强。但是准妈妈却不同，准妈妈由于体内各系统发生了一系列生理变化，解毒和排泄功能受到一定影响。若长期大量食用水果罐头，其中的化学添加剂如色素、香精、防腐剂等，会通过胎盘血液循环进入胎宝宝体内，引起慢性中毒，出现流产、早产或难产、畸胎等。因此，在妊娠期间，准妈妈不宜多吃水果罐头。

细节16 孕期忌大量食用西瓜

西瓜性寒，准妈妈吃温度过低的“冰西瓜”可能会引发宫缩，严重的可能引起流产。孕期女性内分泌发生了生理性变化，体内胰岛素紊乱，血糖升高，会发生妊娠糖尿病，而妊娠糖尿病是引发准妈妈流产和早产的一个重要原因。西瓜含有大量糖分，多食易导致妊娠糖尿病，所以准妈妈不宜多吃。

细节17 孕期忌常喝咖啡

咖啡有提神醒脑，减轻疲劳的功效，但是，长期过量饮用咖啡会使人得失眠症，心跳节律加快，血压升高，并易患冠心病。因为咖啡中的咖啡碱能

破坏维生素，导致人体 B 族维生素缺乏。轻者表现烦躁、易疲劳、记忆力减退、食欲下降及便秘等症；重者可表现多发性神经炎、心跳减慢或肌肉组织萎缩或水肿等。准妈妈饮用过多的咖啡，其自然流产、早产及围生儿死亡率有增加的趋势。

细节 18　孕早期忌食腌制食品

人工腌制的酸菜和其他腌制品虽然有一定的味道，但维生素、蛋白质、矿物质、糖分等多种营养丧失较多，而致癌物质亚硝酸盐含量却增高，过多食用对母体、胎儿健康无益。所以，喜吃酸食咸食的孕妇，最好选择既有酸味又营养丰富的番茄、樱桃、杨梅、石榴、橘子、酸枣、葡萄、青苹果等新鲜水果，这样既能改善胃肠道不适的症状，也可增进食欲、加强营养，又有利于胎儿的生长，一举多得。

细节 19　孕期忌常食冰镇食物

多数准妈妈在怀孕早期都有胃火上升的情况，总想吃一些冷饮或喝些冰水来缓解燥热。建议准妈妈最好不要吃冰镇食物，尤其是在孕早期更要注意克制。

准妈妈在怀孕期，胃肠对冷热的刺激极其敏感。多吃冷饮能使胃肠血管突然收缩，胃液分泌减少，消化功能下降，从而引起食欲不振、消化不良、腹泻，甚至引起胃部痉挛，出现腹痛现象。准妈妈若大量贪食冷饮，充血的血管突然收缩，血流减少，可以导致局部抵抗力下降，令潜伏在咽喉、气管、鼻腔、口腔里的细菌与病毒乘机而入，引起嗓子痛哑、咳嗽、头痛等，严重时还能引起上呼吸道感染或者导致扁桃体炎等。

准妈妈可以偶尔吃一些冰镇的食物，不过千万不要吃的太多。建议准妈妈吃常温下的新鲜蔬果，以补充身体水分，平时多注意营养的均衡，调养好身体，才能从根本上防止胃火上升带来的“口燥”。

细节 20　孕期忌过多食用猪肝

准妈妈适量食用猪肝，可有效预防妊娠期贫血。但猪肝中含有较多胆固醇、饱和脂肪和一些代谢物质，而且饲料中非法添加的激素、瘦肉精和使用的抗生素等也会蓄积在肝脏，如果准妈妈过量食用，不仅会影响自身的身体健康，还易导致胎宝宝畸形。

细节21 孕晚期忌过量食用盐

由于女性在妊娠期间易患水肿和高血压，所以人们主张准妈妈少吃咸食，特别是在妊娠期的最后几个月，由于此期是准妈妈下肢静脉曲张和高血压综合征等病症的高发时期，有人主张准妈妈应忌盐。事实上，一点盐都不吃是毫无道理的，对准妈妈也并非全有益，适当少吃些盐才是必要的。如果准妈妈患有某些疾病，可根据医生要求不吃盐或少吃盐，比如以下几种情况：

（1）患有某些与妊娠有关的疾病（心脏病或肾病）时，准妈妈必须从妊娠一开始就忌食盐。

（2）准妈妈体重增加过度，特别是还发现水肿、血压增高、有妊娠高血压综合征者忌食盐。

所谓忌食盐，就意味着每天不得吃超过1.5～2.0克盐。正常进食每天可摄入6～8克盐，其中1/3由主食提供，1/3来自烹调用盐，1/3来自其他食物。多吃一些无咸味的调味品，可使准妈妈逐渐习惯忌盐饮食，如新鲜番茄汁、无盐醋渍小黄瓜、柠檬汁、醋、香菜、洋葱、香椿等。

细节22 孕期忌多吃白糖

白糖只供人体热量，吃得过多影响人体对其他营养物质的吸收，引发其他营养缺乏造成体内营养物质不全、不平衡。

白糖吃得过多还可能导致糖尿病、心脏病等疾患，对准妈妈和胎儿十分不利。为了消化摄入体内的过多白糖，需要消耗大量的维生素 B_1，结果导致维生素 B_1 不足。代谢糖需要大量的钙，又可导致体内钙不足。这两种营养成分缺乏，就会导致胎儿眼球壁张力减弱，产生近视胎儿，还会出现骨骼发育

不良，出生后患脑水肿，呈身子小、脑袋大的不协调状态，以及患佝偻病、说话晚、出牙晚、走路晚以及各种神经及脑损伤等症状。

因此，为了保证胎儿正常发育，准妈妈不可过多吃白糖。

细节 23　孕期忌常食榴莲

榴莲所含的热量及糖分较高，500 克就含有 2092 千焦（500 千卡）的热量，如果准妈妈经常食用榴莲，会导致血糖升高，胎宝宝就会过重，使日后娩出巨大胎儿的概率增大。

另外，虽然榴莲富含纤维素，但它在肠胃中会吸水膨胀，过多食用反而会阻塞肠道，引起便秘，对本来就容易出现便秘的准妈妈来说，会加重胃肠负担，特别是对原来就患有便秘和痔疮的准妈妈来说更不宜食用榴莲。

再者，榴莲性温，吃多了容易上火，出现喉咙疼痛、烦躁失眠等症状，引发胎热，损害新生儿健康。

细节 24　孕早期忌吃糯米甜酒

我国许多地方有给孕妇吃糯米甜酒的习惯，说糯米可以“补母体、壮胎儿”。其实，这种做法是不科学的，其结果可能会与人们的初衷相反，造成胎儿畸形。

糯米甜酒的主要成分是酒精。吃糯米甜酒与饮酒的不同之处，只不过是在于糯米甜酒的酒精浓度不如普通白酒高。虽然糯米甜酒的酒精浓度不高，但即使微量酒精，也可以毫无阻挡地通过胎盘进入胎儿体内，使孕早期胎儿大脑细胞的分裂受到阻碍，造成中枢神经系统发育障碍。

所以，孕妇必须戒酒，不吃糯米甜酒，更不能错把糯米甜酒当作补品吃。

细节 25　孕期忌过多食用调味品

有的准妈妈在孕早期食欲不佳，所以一些调味品如糖精、味精、食盐等使用较为频繁，这些调味品吃多了对准妈妈不利。多吃食盐会加重准妈妈水肿；多吃糖精则会导致消化不良，还会加重肾的负担。所以，准妈妈在食用调味品的时候需要谨慎，切勿食用过量。

对于准妈妈来说，由于妊娠期特殊的生理需要，即便是一些健康的饮食习惯或偏好，也可能会对其不利。所以，无论是在饮食还是生活习惯方面，准妈妈都需要多加注意。

细节26 孕期忌多食黄油

黄油含有大量脂肪，而脂肪很容易滞留在血管壁上，从而妨碍血液流动。如果准妈妈过量食用黄油，易导致胎宝宝供血不足，从而影响胎宝宝的发育。因此，准妈妈不宜吃黄油。

细节27 孕期忌饮酒

准妈妈饮酒危害极大。科学家们经过长期的研究和调查发现，酒是一种危险的致畸因子。酒精可通过胎盘屏障，使胎宝宝体内的浓度和母体一样高。酒精和食物混合后可产生一种化学物质，促使小肠吸收食物中的铅，使血液中的铅含量增高；酒精分解后可形成某些毒性物质，如乙醛等。这些因素都可影响胎宝宝，使胎宝宝发生畸形。

细节28 孕期忌吃蛙肉

准妈妈吃蛙肉会增加母体和胎宝宝感染曼氏迭宫绦虫病的机会。蛙肉含有导致曼氏迭宫绦虫病的裂头蚴，其成虫和幼虫均可在人体内软组织和内脏寄生，但是成虫的致病能力不大，曼氏裂头蚴的危害远较成虫大，感染者称为裂头蚴病。

准妈妈感染裂头蚴后会造成母体和胎宝宝的感染。裂头蚴病的严重程度因其移行和寄生部位而异。裂头蚴有很强的移动能力，善于钻孔，它们在母体内潜行时会释放毒素，使得组织发生炎性改变，甚至溶解、坏死，形成脓肿或肉芽肿。

细节29 孕期忌常食精白砂糖

精白砂糖能够直接进入血液中，阻碍血液的畅通运行。精白砂糖还能进入脑细胞，带进水分，使脑细胞呈“泥泞”状态，不仅有损大脑，还可导致脑出血、脑血栓，因此，准妈妈应尽量少吃。

细节30 孕期忌常食杏仁

杏仁，味酸，属大热食品，有滑胎作用，准妈妈最好不吃。苦杏仁含有的氢氰酸是剧毒物质，能通过胎盘屏障使胎宝宝窒息死亡。

细节31 孕期忌吃宵夜

很多准妈妈担心自己吃的不对、营养不够而影响胎宝宝的生长和健康，所以正餐之外吃宵夜就成了许多准妈妈加餐的选择。准妈妈是否可以因为“一人吃两人补”，就可以肆无忌惮地吃宵夜了呢？答案是否定的。

因为依照人体生理变化，夜晚是身体休息的时间，吃下宵夜之后，容易增加肠胃道的负担，让肠胃道在夜间无法得到充分的休息。此外，夜间身体的代谢率会下降，热量消耗也最少，因此容易将多余的热量转化为脂肪堆积起来，造成体重过重的问题。此外，有些准妈妈到了怀孕末期，容易产生睡眠的问题，如果再吃宵夜，也可能会影响到准妈妈的睡眠质量。因此建议准妈妈尽量不要吃宵夜。

细节32 孕期忌多吃黄芪炖鸡

黄芪是人们较为熟悉的补益肺脾之气的中药，气充则血足，对人的身体保健有益。鸡肉营养丰富，有温中益气，补虚填精，益五脏、健脾胃、活血脉及强筋骨之功效。黄芪与老母鸡同炖食之，补养作用更强，所以，它常被一些气虚体弱的人用来补身。但孕妇吃黄芪炖母鸡并不好。

孕妇常吃黄芪炖母鸡，常易引起过期妊娠，造成难产。结果在分娩时不得不使用产钳助产，甚至行剖宫产分娩，会给孕妇带来痛苦，给新生宝宝增加受创伤的机会。

细节33 孕期忌多食热性香料

香料主要指小茴香、花椒、桂皮、五香粉、辣椒粉等，一般为热性香料，因准妈妈内热，如果再常吃这些热性香料则不利。女性在怀孕期间，体温相应增高，肠道也较干燥，而热性香料其生大热且具有刺激性，很容易消耗肠道水分，使胃肠腺体分泌减少，造成肠道干燥，出现便秘或粪石梗阻。肠道发生泌结后，准妈妈必然用力屏气解便，这就会引起腹压增大，压迫子宫内的宝宝，极易造成胎动不安和宝宝发育畸形，或者出现羊水早破、自然流产、早产等不良现象。

当然，少量热性香料用做调味品还是可以的，但绝对不可多用。

细节34 孕期忌常食海带

海带含有丰富的蛋白质、碳水化合物、矿物质和纤维素，特别是含碘量很高，对人体健康大有益处，但孕妇应注意，过量食用会事与愿违，对胎儿产生危害。

现代工业高速发展，造成环境包括海水的污染，而海带不只对碘“情有独钟”，它对砷、铅、汞也“一视同仁”，所以海带中会吸附着这些毒性极强的金属元素，特别是砷含量较高，可达35～50毫克/千克，而我国规定的食品中砷含量为：粮食少于0.7毫克/千克，植物油少于0.1毫克/千克，酱油、味精、食盐和冷饮少于0.5毫克/千克。而一般干海带的含砷量大大超过上述标准，长期大量食用，人体会蓄积中毒。

细节35 孕期忌多吃菠菜

菠菜含有较多的草酸，而草酸对人体所需要的重要营养素钙、锌有不可低估的阻碍作用。如果锌和钙被草酸破坏，形成草酸钙、草酸锌之类的化合物，就难以被人体吸收而排出体外，会使准妈妈和宝宝得不到适量的钙和锌。孕期缺钙，宝宝有可能发生佝偻病，出现鸡胸、罗圈腿以及牙齿生长迟缓，发育不良。在妊娠早期缺锌，可干扰宝宝中枢神经系统的发育，严重的可造成中枢神经系统畸形；在妊娠晚期缺锌，可使宝宝神经系统的发育异常。所以，准妈妈不宜多吃菠菜。

若是准妈妈喜欢吃菠菜，可在做菜前将其用沸水焯一下，以除去大部分草酸，然后烹饪。

细节36 孕期忌食用芦荟

芦荟是人们熟知的药食两用植物，可用于治疗热结便秘、小儿惊痫、疳

热虫积、癣疮、痔瘘、萎缩性鼻炎、瘰疬等疾病，长期食用可提高人体免疫力，有抗癌的功效，外用还可美容、治疗烫伤。但是由于芦荟在人体内分解后产生的芦荟大黄素对肠黏膜有较强的刺激作用，所以如果一次服用芦荟过多，就有可能引起消化道不良反应，如恶心呕吐、腹痛腹泻甚至出现便血，严重者还可能引起肾脏功能损伤；芦荟还能使女性骨盆内脏器充血，促进子宫肌肉的运动，孕妇或女性月经期间服用容易引起腹痛、出血量增多甚至导致流产。除此之外，芦荟外用时还有可能引起皮肤过敏反应，出现红肿、刺痒和疼痛等不适。

细节 37　孕期忌多喝浓茶

茶叶中含有 2% ~5% 的咖啡因，每 500 毫升浓红茶中大约含咖啡因 0.06 毫克，如果每日喝 5 杯浓茶，就相当于服用 0.3 ~0.35 毫克咖啡因。咖啡因由于具有兴奋作用，会刺激宝宝增加胎动，甚至影响宝宝的生长发育。准妈妈每天饮 5 杯浓红茶，就可使新生儿体重减轻。

此外，茶叶中含有多量鞣酸，可与食物中的铁元素合成一种不能被机体吸收的化合物。准妈妈如果过多饮用浓茶，就有引起妊娠贫血的可能，也给宝宝留下先天性缺铁性贫血的遗患。研究发现，饮白开水者铁的吸收率为 21.7%，而饮浓茶者，铁的吸收率仅为 6.2%。因此，准妈妈不可多喝浓茶。

细节 38　孕早期忌吃甲鱼和螃蟹

甲鱼又称鳖，是味道鲜美的食物，具有滋阴益肾的功效，向来被人们称为高档补品。螃蟹也因其味道鲜美而深受人们的青睐，但是女性在怀孕早期食用这两种东西则不利，会造成出血和流产。这是因为甲鱼和螃蟹都具有较强的活血祛淤的功效。尤其是蟹爪、甲鱼壳更具有明显的堕胎作用。准妈妈，尤其是孕早期的准妈妈不宜吃甲鱼和螃蟹。

细节 39　孕期忌多吃巧克力

巧克力是容易使人发胖的食物，准妈妈常吃会令体重快速增加，不利于分娩。另外，巧克力还会使人产生饱腹感，进而影响食欲，准妈妈常吃会阻碍对其他营养成分的摄取，造成营养不良，阻碍胎宝宝的成长发育。

细节40 孕期忌多吃山楂

山楂开胃消食，酸甜可口，很多人喜欢吃，尤其准妈妈在孕早期常有恶心、呕吐、食欲缺乏等妊娠反应，更愿意吃些山楂及山楂制品，调节口味，增强食欲。但是吃山楂对准妈妈十分不利。

山楂对准妈妈子宫有兴奋作用，可促进子宫收缩。倘若准妈妈大量食用山楂或山楂制品，就有可能刺激子宫收缩，进而导致流产，尤其是以往有过自然流产史或怀孕后有先兆流产症状的准妈妈，更应忌食山楂。

细节41 孕期忌多吃甘蔗

甘蔗中含有大量蔗糖，进入胃肠道经消化分解后，会使人体内血糖浓度增高，吃得越多血糖就越高。当血糖超过正常限度时，会促进皮肤上的葡萄球菌生长繁殖，容易引发皮肤起小疖子或疖肿。若病菌侵入皮肤深部，则可能引起菌血症而威胁胎宝宝生存的内环境。过多地摄入糖分还可使身体内的酸性代谢产物产生过多，使准妈妈血液变成酸性，也容易导致宝宝发生畸形。即使分娩后宝宝正常，但有可能在成年后诱发糖尿病。所以，准妈妈对于含糖高的食物不要食之过多。

细节42 孕妇忌常食苦瓜

苦瓜具有清热消暑、养血益气、补肾健脾、滋肝明目之功效，对治疗痢疾、疮肿、热病烦渴、中暑发热、痱子过多、眼结膜炎、小便短赤等病有一定的作用。但因苦瓜性寒，故脾胃虚寒者不宜多食。

另外，苦瓜内含有奎宁，奎宁会刺激子宫收缩，引起流产。所以，孕妇不宜吃苦瓜。

第三节　保健胎教之宜

细节01 准妈妈宜适量做家务

准妈妈做家务活也是一种运动，只要不感觉累，可以像正常人一样做家务。随着妊娠的进展，准妈妈会感到行动越来越不方便。因此，做家务活要适度，有些活动应当避免。

避免登高、搬抬重物及长时间弯腰的动作。

洗衣服不宜使用冷水，特别在天凉时，避免受凉感冒；一次不要洗过多衣服，以免因过度劳累引起流产或早产。

避免长时间站立，以免引起下肢水肿。

细节02 准妈妈宜经常淋浴

受怀孕的影响，皮肤上的汗腺和皮脂腺越发活跃。汗腺的功能是排出多余的水分，皮脂腺的功能是分泌油脂以保护皮肤。平时，它们的分泌状况良好。一旦怀孕后，微血管就会扩张，使汗腺机能亢奋，于是准妈妈变得容易出汗。

此时，准妈妈最好经常淋浴，保持身体清洁。每当出汗时，就用湿毛巾或纸巾将汗擦干。保持心情愉悦，不轻易牵动情绪也是很重要的，而且要补充适量的水分，保持“平衡”状态。

细节03 孕早期宜做椅子体操

在孕早期，尽量坐有靠背的椅子，这样可以减轻上半身对盆腔的压力。坐之前，把两脚并拢，把左脚向后挪一点，然后轻轻地坐在椅垫的中部。坐稳后，再向后挪动臀部，把后背靠在椅背上，深呼吸，使脊背伸展放松。这虽然不能算作一节操，但在孕初期，孕妇应练习学会“坐”。

细节04 孕早期宜远离噪声

研究表明，噪声能刺激母体丘脑下部—垂体前叶—卵巢轴系统，使母体内激素发生逆向改变，影响胎宝宝的正常发育。噪声还能扰乱准妈妈的分泌功能，使脑垂体分泌的缩宫素过剩，引起子宫强烈收缩，导致流产、早产。此外，严重的噪声还会影响胎宝宝听觉器官的发育，严重的还会导致胎宝宝畸形。所以，专家建议准妈妈要远离噪声污染严重的地区，从事有噪声污染工作的准妈妈，也需尽早远离该工作岗位，待宝宝平安出生后再工作也不迟。

细节05 孕期宜远离静电

静电放电时，能产生3.5万伏的高压，因其电流甚微不会置人于死地。准妈妈遇静电“袭击”时，胎宝宝是否会被“电到”尚无定论，但静电对人体健康无益却是不可否认的事实。当人体带静电的电压小于4000伏时还无感觉，大于4000伏时多数人会有轻微的燥热感；若长期携带这么高的静电，便会产生烦躁不安、头痛、情绪激动及心律失常等症状，原因是静电改变了人体表面的点位差，影响了心电传导，对胎宝宝的发育不利。

细节06 准妈妈宜使用腹带

怀孕后，准妈妈的腹部会逐渐增大，是否需用腹带支撑，并无一致意见。

若准妈妈身材较矮或腹肌过于松弛，增大的腹部往往坠向前下方形成“悬垂腹”，以致身体的重心明显前移，造成活动不便，在增加劳累感时，束以腹带，会使准妈妈感到轻松、灵便。此外，如果胎位不正，经纠正后，应用腹带约束，有助于保持胎位不再转动。

细节07 孕期宜穿电磁防护服

电磁辐射的来源十分广泛，为了胎宝宝的健康成长，建议准妈妈最好选购一套电磁防护服。尤其是孕期的前3个月，也就是胎宝宝器官形成的主要期，暂时不要使用电脑以及尽量的远离一些辐射源，如果无法避免的话就穿上防护服。

防护面料的防护性能指标一般是在20～40分贝，个别做的比较好的可以做到50分贝，如果厂家说它的这种防护面料可以做到60分贝以上，这是不可信的。怎样选择最适用的防护服呢？有专家指出，服装的面料对电磁辐射的防护起着关键的作用，目前市场上防护服装的面料主要有两种，而这两种面料的防辐射效果是有差别的。一种是用不锈钢纤维织成的，一种是用碳素纤维织成的，从电磁辐射防护的角度来说，不锈钢纤维织成的面料的防护性能是要优于碳素纤维织成的面料。

细节08　孕期宜养成良好的生活习惯

人生一世，养成一种良好的生活习惯是不容易的。有的人可能一辈子生活都没有规律。胎教专家说，胎宝宝在母体的几个月内，可能和准妈妈在某些方面有着共同节律。准妈妈的习惯将直接影响到胎宝宝的习惯。如果准妈妈本身生活无规律、习惯不良，那么胎宝宝在母体内也会接受这种不良习惯，出生后可能难以改掉。所以准妈妈从怀孕起，就要养成一个良好的习惯。

细节09　孕早期上下楼梯宜谨慎

为了降低流产的发生率，让胎宝宝彻底地安家落户，准妈妈的居家生活处处都要小心，特别是上下楼梯时务必放慢速度，确定双手握稳楼梯扶手后再上下，必要时可请家人在一旁搀扶，以免发生意外。

细节10　准妈妈宜远离铅污染

准妈妈在孕期一定要避免铅污染。远离含铅的一切物品，保护好自己。具体应对方法如下：

热闹拥挤的马路上会产生许多含铅量高的汽车尾气，因此准妈妈宜少出行。

准妈妈不要使用任何印刷品直接包裹食物，尤其不宜用报纸。

居家用的筷子要用材质好的木制筷，不要用带漆的筷子或容器内壁色彩鲜艳的瓷餐具。

准妈妈不要因为爱美，随意地使用任何增白的化妆品，准备怀孕的女性也要避免使用。

平时在饮食上还要多加注意，吃些促进排铅的食物，如猕猴桃、胡萝卜、虾皮、牛奶、绿豆、银耳、牛肉、动物肝脏等。多吃富含维生素 C 的食物，维生素 C 与铅结合可以生成难溶于水而无毒的盐类，并随粪便排出体外。

细节 11 孕期宜防晒

怀孕后，准妈妈脑垂体分泌的黑促素明显增多，增加了黑色素在皮肤上的沉积，加之雌激素和孕激素除了作用于黑色素细胞外，还能增强黑色素的功能，因而使准妈妈脸上、腹部、乳晕及外阴处发生色素加深或色素斑。尽管这与日晒没有直接关系，但是准妈妈要比常人更注意防晒。因为，准妈妈对日光中能使人晒黑的 UVA（长波紫外线）更敏感，经阳光照射后，会比常人产生更多的黑色素，或者使原有色素扩大，面部雀斑也常加重，甚至有些色素痣还可能变成黑色素瘤。可是，阳光对准妈妈来说也非常重要，准妈妈比常人需要更多的阳光，这样才能为身体补充足够的维生素 D，满足自身与胎宝宝的需求。这就要求准妈妈要做足防晒工作。

细节 12 准妈妈宜丢掉三角内裤

女性平时大多喜欢穿三角内裤，因为其舒适贴身，还可显示女性的形体美。但是怀孕后，准妈妈腹部逐渐变大，再继续穿三角内裤就不合适了。为避免腹部着凉，最好选用能把腹部全部遮住的肥大短裤。此外，女性妊娠期容易出汗，阴道分泌物增多，穿三角紧内裤不利于透气和吸湿，容易发生妇科炎症，所以最好换成宽松、透气性好的内裤。

细节 13 准妈妈宜参加游泳锻炼

许多国外专家经研究发现，职业游泳女性、热带地区经常游泳的女性及长期从事水上作业的女性，如下海采贝的女性、女潜水员等，怀孕后经常坚

持游泳，分娩时大多顺产。

举办孕妇游泳训练学校的专家，经实验发现，凡参加游泳训练的女性，在分娩时都很顺利。同时，分娩过程缩短一半，并且有些胎位不正常的孕妇在训练中胎位恢复了正常，很少发生流产或早产。

研究得知，孕妇在游泳中身体得到了锻炼，产力显然增加，胎儿在腹内运动也会增强，其调整胎位的机会增多。

当然，并不是所有的孕妇都适合游泳，比如有流产、早产、死胎史或患有心、肝、肾及妊娠高血压综合征、阴道流血的孕妇则不宜参加游泳锻炼。

另外，孕妇参加游泳的时间应该在怀孕 5 ~7 个月时为宜。游泳的动作不宜剧烈，应以水中漂浮、轻轻打水、仰泳为合适。

细节 14 孕中期宜进行短途旅行

孕中期是最适宜准妈妈短途旅行的时候，因为这时准妈妈已经摆脱了妊娠反应，胎宝宝也渐渐稳定，离生产还有一段时间，身体还比较便于活动。准妈妈和准爸爸不妨选一个好天气，引导胎宝宝去感受度假的乐趣。在制订旅行计划时，行程不要安排得太紧，不要过于劳累。一般而言，空气清新、宁静的地方最理想，最好离家不太远，如有绿色的草地、湖泊则是最佳的选择。准妈妈如感到心旷神怡的话，胎宝宝也会从中受益。准妈妈在大自然中呼吸新鲜空气、散步，可以使子宫规则地收缩运动，这对胎宝宝是最快活的皮肤刺激，同时也可以促进胎宝宝脑部的发育。另外一定别忘了：告诉胎宝宝你来到了什么样的地方，你看到了什么。旅行时，准妈妈和准爸爸也可一起讨论给宝宝取名，这些经验和过程将会成为你们日后最美好的回忆。

细节 15 孕中、晚期宜擦洗乳头

妊娠 4 ~5 个月或 5 ~6 个月后，应每日用毛巾蘸中性肥皂水或香皂水和温水擦洗乳头，然后在乳头乳晕上涂一层油脂，如橄榄油或润肤液，以防乳头皲裂。妊娠晚期开始，每日应认真擦洗乳头 2 次，以保持乳头皮肤清洁，避免细菌侵入和哺乳期乳头皲裂或乳腺炎的发生。

细节16 孕早期宜经常散步

散步是孕早期最适宜的运动。散步不仅能帮助准妈妈呼吸到室外的新鲜空气，调节情绪，还能够提高神经系统和心、肺的功能，促进身体的新陈代谢。而且节奏相对稳定的步行，可以使腿部、腹壁、胸部及心肌运动加强，血管容量增大，血液循环加快，对身体细胞的营养，特别是对心肌的营养有很好的促进作用，长期坚持，对促进腹内胎宝宝的发育大有好处，为以后的正常分娩也打下了良好的基础。所以散步是增强准妈妈和胎宝宝健康的有效运动方式，准妈妈应坚持每天散步。

细节17 孕早期宜行平路

孕早期，准妈妈要注意出行安全，如果在颠簸不平的路上骑车、乘坐公交车等，容易因腹部受到剧烈的震动或过于用力蹬车而使盆腔充血，对胚胎组织造成刺激，引发自然流产或先兆流产等不良结果。因此，骑车或乘车上班的准妈妈要尽量避开不平的道路，以免发生意外。

细节18 孕中期宜拍个人写真作纪念

孕中期，准妈妈的腹部开始凸显出优美的曲线，行动也较方便，因此，此时是拍写真最好的时间。准妈妈们，赶快趁着这个珍贵和难得的时刻，和准爸爸一起带着腹中的宝宝拍个写真吧，留下这珍贵和难得的瞬间，它将成为你们的永恒记忆。通常的写真照片包括个人写真与夫妻写真两部分内容。个人写真只单独拍摄准妈妈；夫妻写真就要求准爸爸来做陪衬了，共同记录两人迎接小生命即将到来时的幸福与甜蜜。准妈妈们注意在拍摄前一定要休息好，最好选择就近的照相馆进行拍摄，避免路途遥远而产生疲劳。拍摄前，准妈妈不必化浓妆，如果为了照相效果更佳，可以让专业的化妆师化淡妆。出于拍摄的良好效果，专业的照相馆通常都会为准妈妈们准备漂亮舒适的孕妇装。准妈妈们可以根据自己的喜好和需要进行挑选，切记不可选择过于紧绷的衣服，以免对胎宝宝不利。

细节 19 准妈妈宜远离绵羊

最新研究发现，绵羊在产羔期间可能会携带弓浆虫病或李氏杆菌病的病菌，这种病菌传染给孕妇，极有可能导致流产。弓浆虫病是一种传播性很强的疾病，这种病菌一旦进入婴儿的眼睛，有很可能会导致婴儿失明。所以孕妇应远离绵羊。

细节 20 准妈妈宜选择防滑的鞋子

准妈妈身体的稳定性差，容易摔倒，所以应考虑鞋子的安全性。鞋底要有能牢牢支撑身体的宽大鞋后跟，并重量较轻，带有防止滑倒的花纹非常重要，鞋的宽度和长度对准妈妈来说也很重要，应以舒适为主。

细节 21 孕期宜防中暑

夏天气压低，孕妇由于需氧量比平时要大，容易因缺氧而有气闷不适感，胎儿也会受到缺氧的影响有不适感，孕妇此时较容易中暑，而孕妇中暑，胎儿也会因缺氧出现宫内窘迫。所以孕妇最好能减少体力劳动和活动，常到阴凉通风处乘凉；也要注意居室的通风，有些人怕屋外热气会进屋来，往往喜欢在大热天关闭窗户，殊不知这更容易使人缺氧、中暑。

另外，孕早期孕妇如果泡高温澡、洗桑拿浴或暴露于高温中，胎儿患神经管缺陷的可能性会增加，所以还要小心避开高温环境。如果已经接触过高温环境，孕妇也不必过于担心，因为短时间的接触不会致畸，如不放心，可去做个羊水穿刺检查。

细节 22 孕期饭前饭后宜漱口

空气中不仅有大量的尘埃，还混杂有一些污染物，其中不少是有毒物质，如铅、氮、硫等元素。这些污染物会落在人的身上、脸上，还会落在嘴唇上，同时因为开口呼吸和说话，还会进入口腔。所以，准妈妈在吃东西前不仅要洗手，还要记得先漱漱口、洗洗嘴唇。因为在没有漱口、清洁嘴唇的情况下喝水、吃东西，就会将外面空气中落在嘴唇和口腔中的很多化学有害物质以及病原微生物吃进肚子里，给胎宝宝造成不必要的伤害。

细节23 孕期宜关注体重变化

怀孕之后，准妈妈体重增加属于自然现象，但如果增重速度突然加快，增加量远远高于标准增加量，那就应该引起注意。一般说来，一个月之内体重增长2千克以上就应视作不正常，甚至还有体重增加3千克以上的准妈妈，出现这种情况就要多加注意了。

超常的体重增加会导致难产、胎宝宝发育停止，还会引发糖尿病和妊娠高血压等疾病，因此要注意控制体重。

由于怀孕4~6个月时就进入了稳定期，食欲开始旺盛起来。从这时一直到分娩，准妈妈应该给自己定下一个目标体重，每天量体重并记录在纸上。

如果一个星期体重增加0.5千克以上，应该在均匀摄取必需营养的同时，减少碳水化合物的摄取量，以控制体重。

细节24 准妈妈宜睡午觉

妊娠女性的睡眠时间应比平常多一些，如平常习惯睡8小时，妊娠期可以睡到9小时左右，多出的这一个小时的睡眠时间最好安排在中午。即使在春、秋、冬季，也要在午饭后稍过一会儿躺下，舒舒服服地睡个午觉。睡午觉可以使准妈妈神经放松，消除劳累，恢复活力。

午睡时间长短可因人而异、因时而异，半个小时到一个小时，甚至再长一点儿均可，总之以休息好为宜。当然，平常劳累时也可以躺下休息一会儿。午睡时要脱下鞋子，把双脚架在一个坐垫上，抬高双腿，然后全身放松。

细节25 孕期宜欣赏大自然的美

大自然是艺术的源泉，也是智慧的源泉、生命的源泉，它不仅能增强人的生命力，也能使人处于灵动状态，增添人的灵气，所谓“山清水秀”、“人杰地灵”是有其道理的。

大自然对人智慧上的这些好处，可能是由于其清新的空气、清澈的水源、鲜明的色彩、丰富多彩的造型和万千的变化对人熏陶的缘故吧，所以孕妇不要整日处于嘈杂、空气肮脏的闹市内，最好有意识地多去郊外风景宜人之处，并且不要对一切熟视无睹、不入于心，要多看、多体会，要让自己处于灵动状态，处处有感于心。

细节26　孕期宜远离洗涤剂

准妈妈在日常生活中要尽量少接触洗涤剂。洗涤剂包括肥皂、强碱洗涤剂（清洗家具和地板用品）、中性洗涤剂（洗衣用品）、酸性洗涤剂（刷洗瓷砖用品）和合成洗涤剂（清洗蔬菜、水果用品）。

研究表明，长期使用和直接接触洗涤剂，洗涤剂会从皮肤或消化道进入人体，对健康造成一些不利影响。其中有些洗涤剂还可能导致胎儿畸形。特别是处在孕早期的准妈妈，胎宝宝正处于器官分化形成阶段，一旦不慎受到洗涤剂的危害，很可能造成终身遗憾。

因此，准妈妈尽量少接触洗涤剂，如果有使用洗涤剂的必要，最好能戴手套。洗涤剂的使用浓度也不可高于0.1%。清洗蔬菜、水果时，不可长时间将其浸入洗涤剂溶液中，浸洗的时间应少于5分钟。用洗涤剂洗完的蔬菜、水果，必须用清水漂洗干净，一般蔬菜、水果要冲洗30秒钟以上，食品用具冲洗1分钟以上。

细节27　孕期宜常做指甲保养

勤修剪指甲，并给指甲做好滋润防干护理工作，可以早晚在指甲上涂一层凡士林，以起到滋养效果。

避免留长指甲，以免指甲里藏有脏东西，易滋生细菌，在抓挠皮肤的过程中也很容易发生炎症。

细节28　孕期宜远离危险工作

孕妇妊娠后不应该拒绝一切活动，力所能及的劳动对孕妇是有益处的。它可以增加血液循环，促进新陈代谢，有利于母子健康；还有利于分娩顺利，减少难产发生率。但由于妊娠后母体内发生了许多变化，各种器官负担加重，劳动时若不量力而行，易发生意外或得病。

妊娠期间，一般可以照常参加工作和劳动。在城市，一般家务劳动都比较轻，除注意不要提水、登高外，简单的家务都可以做。但工作环境及工种各有不同，应注意不做使用爆发力的工作、有被挤被撞危险的工作、水中作业、高空作业、有毒污染环境的工作及接触放射线的工作，妊娠 7 个月左右应避免上夜班。

细节 29 准妈妈宜选择前面系扣的胸罩

随着孕月的增加，准妈妈的身体会越来越笨重，因此选购胸罩时以前面系扣的为宜，并有调节功能，这样既便于准妈妈穿戴，又感到很舒适，同时还方便产后哺乳。

细节 30 孕期宜远离花粉

准妈妈要避免接触易引起过敏症状的物质，如花粉。因为准妈妈出现过敏症状，少不了用药治疗，然而，药物对胎宝宝的发育会造成影响。除此之外，花粉甚至能直接对胎宝宝产生影响。

调查发现，准妈妈在临产前 3 个月吸入花粉过多，她们所生的宝宝抵抗哮喘病的能力较弱。因此，准妈妈要尽量避免接触花粉。

第四节　保健胎教之忌

细节 01 准妈妈忌长时间使用电脑

准妈妈每周接触电脑时间应不超过 20 小时，还要注意劳逸结合，防止肌腱劳损。长时间坐着操作电脑会导致准妈妈盆腔血液滞留不畅，因而影响胎宝宝的健康发育。此外，长久保持坐姿还会导致准妈妈手指关节、手腕、手臂肌肉、双肩、颈部、背部等部位出现酸胀疼痛。因此，准妈妈在工作 1 小

时后应休息10分钟，做到劳逸结合。此外，准妈妈还要注意电脑与座椅的高低配合。

为了避免荧光屏反光或不清晰，电脑不应放置在窗户的对面或背面，并且在使用过程中，要注意用眼卫生。准妈妈操作电脑的环境照明要柔和，如果有窗户应拉上窗帘，避免亮光直接照射到屏幕上使眼睛疲劳，眼睛与屏幕的距离应保持在50厘米以上。

细节02 孕期忌常使用电吹风

电吹风的某些部件是由石棉做的，使用时吹出的热风中大多含有石棉纤维微粒。这种石棉纤维微粒可通过呼吸道和皮肤进入人体血液，经胎盘循环进入胎儿体内，积累多了可诱发胎儿畸形。

据统计，经常使用电吹风的孕妇，胎儿畸形的发生率要比正常孕妇高1倍以上。此外，电吹风工作时会形成电磁场，电磁场的微波辐射会使人出现头痛、头晕、精神不振等症状，对孕妇及胎儿都不利。因此，孕妇最好不用电吹风。

细节03 准妈妈忌接近复印机

科学研究证实，静电作用会使复印机产生臭氧，笼罩在复印室周围。距离复印机0.5米的臭氧层足以对准妈妈的身体健康造成影响。这些臭氧是复印机中带高电压的部件与空气进行化学反应产生出来的。由于臭氧具有强氧化作用，因而会对准妈妈的呼吸道产生较强的刺激，破坏胎教效果。如果复印室空气流通不好，再加上臭氧本身流动慢，极易引发“复印机综合征”，主要表现为过敏、咽部干燥、咳嗽、胸闷、头痛、视力衰弱、中毒性浮肿，甚至会产生精神系统疾病。如果准妈妈患有以上疾病，会严重影响胎宝宝的生长发育和准妈妈的身体健康。

细节04 孕早期忌烫发

孕早期最好不要烫发。因为此时正是胎宝宝器官分化的特殊时期，而烫发剂含有多种复杂的化学成分，这些物质可引起细胞染色体畸变，从而可诱发皮肤癌、乳腺癌和胎宝宝畸形等。染发剂的某些成分还可使皮肤产生过敏反应，对准妈妈的身体健康产生不利影响。

另外，烫发需要长时间坐在一处，容易影响准妈妈下肢的血液循环。所以，爱美的准妈妈们，孕期尽量不要烫发，待宝宝出生后再烫也不迟。

细节05 准妈妈忌长时间使用手机

科学研究已证实，与很少使用手机的人相比，长期接听手机的人患脑瘤的概率大大增加，而长期将手机放置在腰部或裤兜中的人，会产生生殖障碍。而对于准妈妈来说，更为重要的是，手机辐射还会导致流产、畸胎或死胎，甚至影响宝宝出生后的行为表现。

因此，准妈妈最好不要贴身放手机，接听手机时最好使用耳机，不要来回走动，避免手机直接辐射大脑和由于信号不稳定而加剧辐射。另外，手机在电快用完时辐射非常大，所以此时不要用手机。

细节06 孕期忌长时间看电视

长时间接近荧光屏容易造成流产。据有关专家对每周接近荧光屏20小时的近700名准妈妈的调查，发现其中的20%的准妈妈发生自然流产；而对每周接近荧光屏40小时的准妈妈调查结果表明，其自然流产率更高。所以准妈妈看电视的时间不宜过长，每天不超过1～2个小时即可。

不要离电视荧光屏过近。电视机在工作时，显像管不断发出肉眼看不见的X射线，射线有一部分发射到外边，如果准妈妈看电视离荧光屏较近，且又时间较长，就会对宝宝有影响。它往往会使准妈妈容易流产或早产，还可能使宝宝畸形。特别是对1～3个月的宝宝危害更大。如果看电视时间少些，距荧光屏的距离在2米以上，影响就不大。

在看电视的过程中要注意开启门窗，中途最好休息10分钟左右，收看完毕后注意清洗手和脸，以免正离子吸附的尘埃和微生物引起皮肤炎症。

看电视久坐对母子健康不利。准妈妈看电视时久坐，影响下肢的血液循环，加重下肢水肿，更易导致下肢静脉曲张。所以准妈妈看电视时，要随时

活动，变换坐姿，以利于母子健康。

不要看情节紧张和惊险的场面。这些是劣性刺激，它会妨碍准妈妈的睡眠和休息，对准妈妈和胎宝宝都不利。

细节 07 孕期忌过多刺激乳房

在整个孕期对乳房的刺激不宜过多，尤其在妊娠晚期，刺激乳房可诱发子宫收缩，有引产和催产作用。因此，凡有流产、早产史，曾发生过胎膜早破、死胎，有过多次人工流产、引产史且合并有宫颈内口功能不全的孕妇，在孕期均不能过多地刺激乳房和乳头。

细节 08 孕早、晚期忌拔牙

拔牙对一般人（除患有严重心血管疾病及血液病病人）来说不是什么大事，但孕妇应特别注意，因孕妇拔牙时的精神紧张及疼痛刺激易诱发子宫收缩，可能会引起流产和早产。据临床资料表明：在妊娠最初 3 个月内拔牙可诱发流产；妊娠 8 个月后拔牙有时可诱发早产；在妊娠 4 ~ 7 个月时拔牙会相对安全。另外，妊娠女性由于受雌激素的影响，拔牙时易出血过多，因此妊娠期应尽量避免拔牙。总之，妊娠期拔牙弊端较多，如必须拔牙时，也应在妊娠中期（4 ~ 7 个月）进行。拔牙前应充分休息、睡眠、做好口腔护理，精神放松；拔牙时充分麻醉，避免子宫受刺激产生收缩而诱发流产与早产。孕妇若有习惯性流产及习惯性早产史应禁止拔牙。

细节 09 孕期忌佩戴首饰

爱美之心，人皆有之，许多女性喜欢佩戴金银首饰等装饰品，想让自己更加有风采，但是爱美的准妈妈佩戴首饰对自己和胎宝宝会不会产生影响呢？

经过专业医生的解读，我们了解到在孕期准妈妈最好不要佩戴任何首饰，如戒指、镯子、耳环等。因为准妈妈在怀孕的时候，皮肤会变得松弛，血液循环也会出现变化，有时候甚至会出现水肿。这样一来，原本合适的戒指或者手镯就会变得紧箍了。如果准妈妈不及时摘掉的话，很可能就摘不下来。长久下来，不仅影响到血液循环，严重的还会导致局部皮肤损伤、骨头坏死等。另外，孕期的一些检查和输液需要在身体的某些部位上进行，而这些首饰会阻碍操作，从而造成不必要的麻烦。尤其是在分娩的时候，容易误伤到宝宝。

如果是炎热的夏天佩戴首饰，由于出汗等原因，首饰中的某些金属成分或者化学成分会对皮肤产生刺激，甚至还会对胎宝宝的发育产生不良的影响。因此，准妈妈不要为了单纯的美观好看去佩戴首饰，而是应该为了自身和宝宝的健康着想，在孕期尽量不佩戴任何首饰，做个自然美丽的准妈妈。

细节10 孕早期忌经常接触宠物

现在有很多女性喜欢养宠物，养猫玩狗。这对准妈妈的健康尤其是优生很不利。有的女性生下畸形儿，经查找原因，就是由于在怀孕期间或养猫或玩狗所造成的，她们不但在家中养猫养狗，还很喜欢玩狗，又抱又搂，甚至与猫、狗同睡一床。

医学专家从畸形儿和流产的宝宝的脐带血液中发现了弓形虫。猫和狗的身上就多带有这种弓形虫。弓形虫通过口腔进入人体内进行繁殖和生长，并可通过胎盘引起宝宝先天性弓形虫病，可引起早产、死产或产后活动性疾病。

所以准妈妈不要养猫玩狗，准妈妈家中也不要养猫、狗，以防弓形虫感染准妈妈，影响到宝宝。

细节11 孕早期忌住新房

如今，装修住宅正成为一种时尚，但家有孕妇或是计划怀孕则暂时不宜装修住宅，尤其是有刚刚怀孕的孕妇。因为，孕期的前3个月，是胎儿各器官形成的最重要的时期。而刚装修好的新房，装饰材料中的一些有害物质（如甲醛）还未挥发干净，这些对孕妇及胎儿都很有害。

修理旧房或进行房屋装饰，势必引起尘埃在室内飞扬，这些尘埃中夹杂着许多病原微生物（如恙螨）以及蜘蛛、蟑螂等昆虫的尸体或其他过敏物质，易造成孕妇过敏，严重的会影响胎儿，造成胎儿畸形。装修产生的噪声，不但影响孕妇休息，而且对胎儿形成不良刺激，尤其是对胎儿的中枢神经系统影响最大，从而影响胎儿的智力发育。如果家里有孕妇，又很有必要装修住

宅，最好让孕妇去娘家或婆家住上一段时间，等房子装修好并通风一段时间后（最好3个月以上），再搬回居住。

细节12 孕早期忌使用电热毯

孕早期，如果准妈妈受热或因剧烈活动使体内温度上升2℃，就容易造成胎宝宝脑细胞死亡，从而影响胎宝宝的大脑发育。而电热毯在加热后的温度远远高于这个温度。另外，电热毯通电后，会产生电磁场，影响胎宝宝骨骼发育，导致畸形。可见，准妈妈最好不要使用电热毯，可以采用其他取暖方式。

细节13 孕期忌涂指甲油

目前市场上销售的指甲油大多是以硝化纤维为基料，配以丙酮、乙酯、丁酯、苯二甲酸等化学溶剂和增塑剂及各色染料制成，这些化学物质对人体有一定的毒性作用。孕妇大多喜欢吃零食，指甲油中的有毒化学物质很容易随食物进入孕妇体内，并能通过胎盘和血液进入胎儿体内，日积月累，会影响胎儿健康。

孕妇去医院做产前检查时尤应注意不要涂指甲油。因为指甲的颜色有时可作为医生诊断病情的参考，如贫血、心脏病等，涂了指甲油医生便无法作出正确的判断。

细节14 孕早期忌味道浓烈的香水

味道浓烈的香水中含有一些人工芳香剂，容易刺激准妈妈的呼吸道、皮肤神经系统，引起过敏反应。孕早期，准妈妈妊娠反应逐渐加剧，对气味十分敏感，更不宜使用味道浓烈的香水。另外，研究显示，浓烈的香水还容易使胎宝宝出生后患腹泻和耳部感染。

细节15 孕早期忌随便用药

一般情况下，准妈妈会在受孕2周之后才发觉自己怀孕了，如果这期间不注意，胡乱吃药的话，对受精卵的影响很大。所以，从计划怀孕的那天起，就不要随便乱吃药了。

怀孕的前3个月是孕早期，是胚体的主要器官分化发育时期，最容易受内外环境影响，是用药的高敏感期。必要时准妈妈只能在医生指导下用药，万万不可擅自用药，以免造成无法挽回的恶果。如在停经3周内不小心服用药物，准妈妈不必太过担心，因为此期受精卵若受有害药物的影响而导致它无法正常分裂、发育，就会造成自然流产；而若无任何流产现象，就表示受精卵通过超强的自我修复能力挽回损伤，并继续发育成一个正常的胎宝宝。

到了孕期的4～5个月之后，胎宝宝的器官已基本成形，对药物的影响敏感性较低，用药后不常出现明显畸形，但可出现程度不一的发育异常或局限性损害，因此，准妈妈如果生病，一定要经医生诊断后，在医生指导下服用有安全保障的药物。

细节16 孕期劳动忌过分逞能

劳动中也要注意安全，不要负重，不要磕碰腹部。有的孕妇坐办公桌前办公常需开抽屉，腹部总是顶着抽屉，结果竟有引发流产的。当然不会所有胎儿都那么脆弱，但既然有前例，孕妇在这些方面还是多注意为妙。

细节17 孕期忌常听摇滚音乐

音调柔和的音乐，有利于孕妇机体分泌出一些有益于健康的激素、酶和乙酸胆碱等物质，能起到调节血流量和兴奋神经细胞的作用，从而改善胎盘供血状况，使血液中的有益成分增多，这对胎儿健康发育极为有利。而摇滚乐属于过分激烈的音乐，长期听这种音乐，会使孕妇的神经系统受到强烈的刺激，并破坏心脏和血管系统的正常功能，使其机体中去甲肾上腺素的分泌增多，从而使孕妇子宫的平滑肌收缩，造成胎儿血液循环受阻，形成胎盘供血不足，引起胎盘发育不良。同时，这也是造成流产或早产的诱因之一。

听轻音乐时胎儿活动平缓、心率正常，出生后再听轻音乐时会表现安详，甚至面露微笑；而那些在胎内常听强烈迪斯科音乐的胎儿，心率较快，活动频繁，出生后再听这种音乐时会显得烦躁不安，四肢不停地扭动，即使停放了这种音乐，也要经过一段时间才能安静下来。因此，听摇滚音乐对孕妇及胎儿不利。

细节18 准妈妈忌经常使用微波炉

微波炉作为现代家庭常用电器已走进了千家万户，因此了解微波炉的弊端也成为环境胎教的一部分。过量的无线电波辐射会使准妈妈的中枢神经系统发生机能障碍和自主植物神经紧张失调，这都是不利于胎教的因素。其临床表现为头昏目眩、周身无力、容易疲劳、睡眠不良、记忆减退、手指微颤等，有的还会引起多汗、脱发、消瘦等。对胎宝宝来说，如果接受的微波炉辐射过多，也会影响他的生长发育。这些危害并不一定非常严重，但任何一种形式的高强度辐射持续作用，都会对准妈妈和胎宝宝产生不利影响。

因此，使用时间过久的微波炉最好不要再用。而漏风、漏气的微波炉的辐射更大，所以凡是关不上或关不严的微波炉也不要使用。

细节19 孕早期忌久留厨房

孕期尤其是孕早期，胚胎处于细胞分裂、增殖、组织器官形成、分化阶段，脑组织也是在这一时期形成的。这时的宝宝非常“脆弱”，极易受周围环境的影响。当准妈妈吸入含有二氧化硫、一氧化碳、浮尘、焦油等有毒、有害物质的气体时，这些有毒物质通过血液循环进入宝宝体内，会影响宝宝的正常发育，甚至会引起宝宝畸形或自发流产，更可悲的是日后可能生一个有缺陷的宝宝。所以，不要忽视环境对优生造成的影响。

这里需要特别提到的是准妈妈不可久留厨房，家庭中厨房是粉尘、有毒气体密度最大的地方。液化气燃烧后，一氧化碳的浓度比室外高出许多倍；煤燃烧后，释放出大量二氧化硫、二氧化氮、一氧化碳，而且煤烟中还含有强烈致癌物——苯并芘。除此之外，煎炒食物也产生大量油烟。若厨房通风不良，一氧化碳平均浓度为国家标准的5倍，氢氧化物的平均浓度为14倍，特别是苯并芘远远超过了室外空气中的浓度。所以准妈妈应少去厨房，或尽可能减少停留时间。

细节20 准妈妈忌经常做X线检查

X线是一种波长很短的电磁波，它能透过人体组织，使体液和组织细胞产生物理与生物化学改变，引起机体组织不同程度的损伤。不同X线的射线每次对人体照射的量虽然很小，但却很容易损伤人体内的生殖细胞和染色体。

研究证实，如果女性在孕期作X线检查，照射的X射线积累到一定量时，就可能产生致畸作用和致癌作用。受孕后6~8周是胚胎器官的形成期，孕妇只要接受42~60拉德的X线辐射，就会使胚胎的基因结构发生变化，或者使染色体发生断裂，从而造成胎儿畸形甚至胎儿死亡。妊娠3个月以后，胎儿的大多数器官已经基本形成，X线检查对胎儿的危害虽然小了一些，但也会影响胎儿的性腺、牙齿和中枢神经系统的继续发育，使胎儿在子宫内发育缓慢，出生后智力低下。另外，有关专家还指出，早期胎儿被X线照射，还有可能在其10岁以内增加发生恶性肿瘤和血癌的危险。

细节21 孕期忌接触农药

生活在农村的孕妇比城市中的孕妇接触农药的机会多，为了母婴的身体健康，孕妇在妊娠期应避免接触农药。这是因为大部分农药均能被孕妇所吸收，并通过胎盘进入胎儿体内，甚至在胎儿体内的浓度会比母血中的浓度还高，从而导致胎儿生长迟缓、发育不全、畸形或功能障碍等，这也是引起流产、早产和胎儿宫内死亡的原因之一。特别是怀孕早期，正是胚胎重要器官组织分化发育的关键时刻，对外界有害因素的干扰与损害特别敏感，如在此期间孕妇接触农药将非常容易导致畸形。

农药中的铅、汞、砷等毒性物质还能随母亲的乳汁进入婴儿体内。由于婴儿肝脏和肾脏的代谢、解毒、排泄功能还不完善，很容易因毒物积聚而中毒，而且婴儿对有毒物质的敏感性高，所以，一旦发生中毒，危害性将比成人大得多。因此，为了保障母婴的健康、安全，孕妇应避免接触农药。

细节22 孕期忌乱用祛斑霜

女性怀孕期间，应当警惕一些化妆品对胎儿造成的伤害。特别是某些祛斑产品，由于其中含汞量较重，因而对胎儿影响极大。

汞是对人体健康有危害的一种重金属，由于含汞的某些化学制剂具有增白美容效果，一些不法商人便将之用于祛斑美白化妆品中，以迷惑消费者，牟取暴利。但这些产品的美白祛斑效果都是暂时的，一停用该化妆品，斑又

会重现，且对皮肤的伤害也大，长期使用含汞化妆品对人体的神经、消化道、泌尿系统等都会有危害。其实，女性怀孕时，由于体内激素和内分泌的变化，脸上的斑点色素加深或长出新斑点，许多产后会逐渐恢复，因此，在此期间不必用祛斑产品。

细节23 准妈妈忌常泡热水澡

泡热水澡可以舒缓、放松紧张的情绪，但是在孕期，准妈妈在享受热水浴的时候，切记将水温降低，时间缩短。因为高温环境可能会造成胎宝宝无脑或脑神经缺陷。有研究显示，在怀孕前3个月，如果准妈妈身体温度持续超过39℃以上，就容易造成发育中胎宝宝脊髓缺损。尤其是在怀孕第1个月，这种伤害的发生机会明显增高。因此，准妈妈在孕早期的3个月内，最好不要泡热水澡。在洗澡的时候，尽量把水温控制在38℃以下。

如果准妈妈打算在怀孕中后期泡热水澡，也需要根据个人的体质而定。因为此时准妈妈的血液循环和常人不同，在经历冷、热水的过度刺激后，心脑负荷可能无法像一般人那样调适得那么好，很可能产生休克、晕眩或虚脱的情况。

细节24 孕期洗澡忌坐浴

女性应经常洗澡，准妈妈因阴道分泌物较多更要多洗澡。女性坐浴不利卫生，准妈妈更是不宜坐浴，尤其是妊娠后期应绝对禁止坐浴，以防引发早产。

在正常情况下，女性阴道保持一定酸度，以防止病菌的繁殖。这种生理现象与卵巢分泌的雌激素和孕激素有密切关系。女性在妊娠时，尤其妊娠后期，胎盘绒毛产生大量的雌激素和孕激素，而孕激素的产生量大于雌激素，所以在此阶段，阴道上皮细胞的脱落大于增生，使阴道内乳酸量降低，从而对外来病菌的杀伤力降低。如果准妈妈坐浴洗澡，脏水有可能进入防病力减弱的阴道，而引起宫颈炎、附件炎，甚至发生宫内或外阴感染而引起早产。因此，准妈妈洗澡以擦澡、淋浴为宜，不要坐浴，更不要到公共浴池去洗澡。

细节25 孕期忌过多接受高强度的日光浴

多晒太阳，能促使皮肤在日光紫外线的照射下制造维生素D，进而促进钙吸收和骨骼生长，从而有助于提升营养胎教的效果。

但是，超过一定强度的日光也会使皮肤受到紫外线的伤害，故准妈妈晒太阳必须适当，不要过多进行日光浴。日光浴会使准妈妈脸上的色斑加深或增多，出现妊娠蝴蝶斑或使之加重。日光对准妈妈皮肤的损害，还可能发生日光性皮炎（又称日晒伤或晒斑），尤其是初夏季节，人们的皮肤尚无足量黑色素起保护作用，这时更易发生日光性皮炎。此外，由于日光对血管的作用，还会加重准妈妈的静脉曲张。

细节26 孕期忌暴躁心理

有的女性怀孕后，有时性格变得很坏，好发脾气，易动怒，喜欢和丈夫或他人找碴儿吵架，弄得与丈夫、与他人关系紧张。孕妇发怒，不但有害自身的健康，而且殃及胎儿。孕妇发怒时，血液中的激素和有害化学物质浓度会剧增，并通过“胎盘屏障”进入羊膜，使胎儿直接受害。发怒还会导致孕妇体内血液中白细胞减少，从而降低机体的免疫能力，使后代的抗病能力减弱。如果母亲在胎儿口腔顶和上颌骨形成的第7～10周时经常发怒，会造成胎儿腭裂和唇裂。可见，孕妇发怒，贻害无穷。

细节27 孕早期忌大量使用风油精

夏天，风油精是人们喜欢随身带的备用药物，它具有提神醒脑、解暑避邪、祛风镇痛、驱蚊止痒等功效。然而，它的主要成分之一樟脑却具有一定的毒性作用。

风油精所含的樟脑进入人体后，一般正常人体内的葡萄糖磷酸脱氢酶会很快地与之结合，使之变成无毒物质，然后随小便一起排出体外，所以不会发生不良反应。然而由于生理上的变化，孕妇体内的葡萄糖磷酸脱氢酶的含

量降低，怀孕3个月内若过多地使用风油精，樟脑就会通过胎盘屏障进入羊膜腔内作用于胎儿，严重时可导致胎儿死亡或引起流产。

细节28　孕期忌长途旅行

旅行，尤其是长途旅行，是一件很辛苦的事情。对于准妈妈而言，极为不宜，这是因为：

长途旅行，尤其是长时间的车船颠簸，使准妈妈难以入睡，影响正常的休息，这会加重准妈妈的烦躁情绪。

旅途条件很有限，准妈妈在路途中要经常站立和坐，很容易造成流产。

车船中由于人员过度集中，准妈妈所处环境中的空气不洁净，各种致病菌也较其他环境中含量多，而准妈妈限于条件，又不可能像在家中那样保持个人卫生。这不但会加重妊娠反应，而且会直接影响胎宝宝的健康。

细节29　孕早期忌冰箱放卧室

众所周知，冰箱在工作时会发出噪声，据调查，冰箱所产生的噪声一旦超标，将会严重损害孕早期胚胎的生长发育，成为致畸的一个因素。另外，冰箱的制冷剂“氟”也有致畸作用，可能会对稚嫩的胎宝宝造成严重伤害。由于准妈妈每天需要在卧室里度过很长时间，所以千万不要将冰箱放在卧室内。

细节30　准妈妈忌天天睡席梦思等软床

一般人睡席梦思床，有柔软、舒适之感，但准妈妈则不宜睡席梦思床。

一个是因为易导致脊椎位置失常。准妈妈的脊柱较正常人腰部前曲更大，睡席梦思床及其他高级沙发床后，会对腰椎产生严重影响。仰卧时，其脊柱呈弧形，使已经前曲的腰椎小关节摩擦增加；侧卧时，脊柱也向侧面弯曲，长此下去，使脊柱的位置失常，压迫神经，增加腰肌的负担，既不能消除疲劳，又不利于生理功能的发挥，并会引起腰痛。

另一个是不利于翻身。正常人的睡姿在入睡后是经常变动的，一夜辗转反侧可达20～26次。有学者认为，辗转翻身有助于大脑皮质抑制的扩散，提

高睡眠效果。然而，席梦思床太软，准妈妈深陷其中，不容易翻身。

同时，准妈妈仰卧时，增大的子宫压迫腹主动脉及下腔静脉，导致子宫供血减少，影响胎宝宝发育。有些准妈妈会出现下肢、外阴及直肠静脉曲张，因此而患痔疮。右侧卧位时，上述压迫症状消失，但胎宝宝可压迫准妈妈的右输尿管，易患肾盂肾炎。左侧卧位时上述弊端虽可避免，但可造成心脏受压，胃内物质排入肠道受阻，同样不利于准妈妈健康。

因此，准妈妈忌天天睡席梦思床。

细节31 准妈妈忌直吹电扇、空调

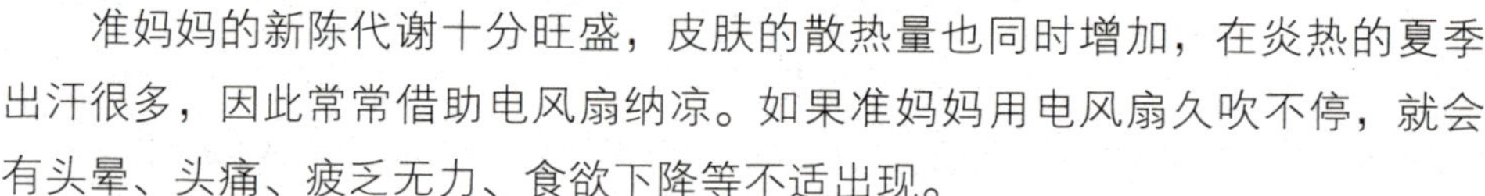

准妈妈的新陈代谢十分旺盛，皮肤的散热量也同时增加，在炎热的夏季出汗很多，因此常常借助电风扇纳凉。如果准妈妈用电风扇久吹不停，就会有头晕、头痛、疲乏无力、食欲下降等不适出现。

这是因为，电风扇吹到皮肤上时，汗液蒸发作用会使皮肤温度骤然下降，导致皮肤毛细血管收缩，血管外周阻力增加，而使血压升高，表皮血管呈舒张状态，血流量增多，尤其是头部因皮肤血管丰富，充血明显，对冷的刺激敏感，所以易引起头晕、头痛症状。还有，为了调节全身体温，达到均衡状态，全身的神经系统和各器官组织必须加紧工作。因此，吹风时间长，并不感到轻松，反而容易疲劳。

准妈妈出汗时，更不要马上吹电风扇，因为这时全身皮肤毛孔疏松，汗腺大开，邪风极易乘虚而入，轻者伤风感冒，重者高温不退，给准妈妈、胎宝宝带来危害。

因此，准妈妈应避免突然或长时间吹电风扇，更不可用吹电风扇的方法去汗。同样，使用空调也不宜将温度降得过低，更不应到空调下边吹风纳凉。

细节32 孕期卧室忌随意放花卉

相对于那些既有观赏价值又能净化空气的花卉来说，还有一些花卉，虽然在观赏性上要更强一些，但是这些花卉散发的香味或者本身所含有的物质就会对人体产生不好的影响，如一品红、夜来香、杜鹃花、百合花、郁金香等，准妈妈居室内忌放此类花卉。

细节 33 准妈妈忌大笑

生活中不能没有笑声，但笑也应有个度，孕妇尤其不能大笑，否则会乐极生悲。怀孕期间的妇女，大笑时腹部猛然抽搐，会导致腹压增加。妊娠初期的大笑会导致流产，妊娠晚期大笑会诱发早产。有人进行过调查，发现妊娠初期，有的孕妇由于还不清楚自己已怀孕，放声大笑，高兴得忘乎所已后，意外发现自己流产了。这是初孕者必须注意避免的悲剧。

细节 34 准妈妈忌睡前过度兴奋

睡前不要看煽情小说，不要看故事情节大起大落的悲剧类节目，不要饮用带有刺激性的饮料（如浓茶、咖啡、可乐等），避免大脑因刺激性饮料、小说、电视节目而引起兴奋。当然，有人上床后喜欢看一会儿当天的报纸和杂志，了解时事新闻和有关信息，使紧张一天的心情放松下来，一有睡意，便倒头就睡，这也不失为催眠的好方法。

细节 35 孕期忌经常戴隐形眼镜

准妈妈最好不戴隐形眼镜，原因在于以下几方面：

怀孕期间内分泌发生变化，可使准妈妈角膜组织轻度水肿，角膜中心的厚度增加，如果此时戴隐形眼镜，更加重了眼角膜的缺氧，使其敏感度降低，易发生角膜损伤。

女性在怀孕期间泪液分泌减少，而且泪液中的黏液成分增多，戴上隐形眼镜，眼前常有异物感，感到眼干、磨眼而不舒服。

女性在怀孕期间，结膜小动脉会发生挛缩，血流量减少，若此时因戴隐形眼镜发生结膜炎会比平时更加痛苦。

准妈妈眼角膜的弧度也会发生一些变化，约有 50% 的准妈妈不能戴原来的隐形眼镜，应更换屈光度大小合适的镜片。

准妈妈怀孕期间会出现眼压下降、视野缩小等现象，这都会增加戴隐形眼镜的不适感。

细节 36 准妈妈忌用热宝

热宝含有某种能在氧气作用下发生放热反应的聚合物，多为食盐、碳水化合物、水等聚合而成，因此具有强烈的御寒取暖的功效，且外层一般都有胶，撕或贴都很方便，很多准妈妈就是因为它方便实用而乐于使用。但是热宝的温度一般都比较高，平均温度在52℃左右，最高温度甚至可能达到62℃，而且持续的时间较长。准妈妈一旦贴上热宝，胎宝宝因为对温度比较敏感，会很不适应这一高温，这就会加大胎宝宝发生畸形、流产的危险。此外，热宝还有可能造成皮肤烫伤。因此，建议准妈妈尽量不要使用热宝。

细节37 孕早期忌鲁莽行动

怀孕早期，很多准妈妈还保持着以往的生活习惯，行动风风火火，比如快走、跑着上下楼……这些行为都是非常危险的，准妈妈必须意识到体内已经存在了一个小生命，而且还非常脆弱、稚嫩。如果行动上不加小心，特别是曾经发生过流产的准妈妈，一旦摔倒很容易发生意外。因此，准妈妈必须多加小心。

细节38 孕期忌穿鞋跟高于4厘米的鞋子

怀孕后，孕妇由于体态生理上的改变，身体笨拙，行走不便。而高于4厘米的鞋子，使孕妇身体重心抬高、前倾，容易使孕妇跌跤，导致足踝扭伤或流产、早产。同时孕妇穿高跟鞋会出现前腿弓，后腿绷，易造成腰背肌劳损，导致产生慢性腰痛，并因全身重量集中在前脚掌上而造成趾关节疼痛病。

另外，孕妇穿高跟鞋，身躯必然前倾，骨盆会倾斜，使骨盆各径线发生变异，不利于分娩的正常进行。孕妇穿高跟鞋，还会使腹压增高，腹腔血流量减少，会影响胎儿的供血，从而使胎儿的营养物质供应不足，影响发育。

细节39 孕期忌过度依赖丈夫

有的人怀孕后，感情会变得很脆弱，在精神上和心理上都离不开丈夫，对丈夫有一种依赖感，妻子希望丈夫能时时在身边和自己一起分享快乐、分担忧患。怀孕是女性生理上和心理上的一次巨大衍变时期，这种衍变时常造成妻子心理上的不平衡，丈夫在自己身边，有一种稳定作用，丈夫的爱是妻子精神上的一种强心剂。妻子在孕期希望丈夫能以自己为中心，时时关心自己，处处照料自己。这种依赖心理既有生理上的需要，也有感情上的需要，

还有一份额外的担心，担心自己形体的变化会改变自己在丈夫心目中的形象。

这时，丈夫可别吝惜那几句温暖的话，丈夫的体贴话不仅仅是说给妻子听的，也是把父爱倾注于胎儿，使胎儿也受到爱的鼓励。在妻子妊娠期间，丈夫多为妻子考虑，多关心妻子，多表白自己的爱心，都是不可少的。

细节40 孕中、晚期忌久坐久卧

顺利分娩需要多方面的条件，如准妈妈身体健康、宝宝生长发育良好，胎位正常、产道畅通，一般说自然分娩没有问题。但在临产时准妈妈宫缩无力，也会造成产程缓慢，出现滞产。

据调查，发生滞产的主要原因是女性在妊娠期，特别是妊娠中、晚期，准妈妈卧床静养较多，甚至停止参加一切家务劳动，长期请假不上班工作，更不参加适当的活动。这样，准妈妈长期缺乏活动和锻炼，使肌肉，特别是那些与分娩有关的腰、腹及盆腔肌肉变得松弛无力。再加上妊娠期营养充足或过剩，宝宝生长过大，因而造成分娩困难。

分娩的顺利是在产力、产道和宝宝均正常的状况下完成的。其中产力包括腹肌收缩力、子宫收缩力和提肛肌的收缩力。这些肌肉收缩力的强弱与日常活动和锻炼有关。如果准妈妈平时身体不动，经常卧床，自然会在分娩时发生滞产。

细节41 孕期忌过度静养

有些女性怀孕后十分害怕早产或流产，因而活动大大减少，不参加文体活动，甚至从怀孕起就停止做一切工作和家务，体力劳动更不敢参加。其实，这样做对母婴健康不利。因为这会使准妈妈的胃肠蠕动减少，从而引起食欲下降、消化不良、便秘等，对准妈妈的健康也不利，甚至会使胎宝宝发育受阻。

当然，准妈妈参加过重的体力劳动、过多的活动和剧烈的体育运动是不利的。因此，准妈妈在怀孕期间应注意劳逸结合，适量运动。

细节42 孕期忌洗脸过勤

日常的洗护很重要。每天洗脸的次数不要过多，因为洗脸次数过多会把

皮肤上的天然保护油脂洗掉，而且最好不要用碱性大的洁面用品；在护肤品的选择上，尽量选择准妈妈专用的保湿系列护肤产品，在较为干燥的地方适当增加用量并用手轻轻按摩。

另外，如果有时间，每周最好做一次水润保湿面膜，让肌肤保持水嫩。

细节43 孕早期忌过性生活

夫妻过性生活是婚后夫妇正常的生活，但当妻子怀孕后，如何过性生活却是应该高度重视的事情。为了保证胎儿的健康，妊娠头3个月应避免性交。这是因为，女性怀孕后内分泌机能发生改变，对性生活的要求降低。妊娠头3个月里，由于胚胎正处于发育阶段，特别是胎盘和母体子宫壁的连接还不紧密，如果进行性生活，很可能由于动作的不当或精神过度兴奋时的不慎，使子宫受到震动，易使胎盘脱落，造成流产。即使性生活时十分小心，由于孕妇盆腔充血，子宫收缩，也很容易造成流产。

丈夫应了解这一情况，尽量用其他方式交流夫妻感情。夫妇应该相互体贴和谅解。如果男方不能做到这一点，就容易造成孕妇的不愉快，而这会对胎儿不利。

细节44 孕早期忌睡前洗头

许多准妈妈有睡前洗头的习惯，这种做法对母婴双方都不利。因为孕早期准妈妈本身体质较弱，头发不干就睡觉易导致头痛。另外，专家还提醒准妈妈，冷天用热水洗头后，会使头皮毛细血管扩张，机体内丢失的热量增多。同时，洗头后头发是湿的，大量水分蒸发要带走很多热量，易导致感冒。

细节45 准妈妈忌开灯睡觉

有人有开灯睡眠的习惯，这对人体不利，尤其对准妈妈更不利。

灯光对人体产生一种光压，长时间照射会引起神经功能失调，令人烦躁不安。

日光灯缺少红光波，且以每秒钟50次的速度振动，当室内门窗紧闭时，

与污浊的空气产生含有臭氧的光烟雾，对居室内的空气形成污染。

白炽灯光中只有自然光线中的红、黄、橙三色，缺乏阳光中的紫外线，不符合人体的生理需要。

荧光灯发出的光线带有看不见的紫外线，短距离强烈的光波能引起人体细胞发生遗传变异，容易诱发畸胎或皮肤病。

不仅不要开着灯睡觉，白天在各种灯光下工作的准妈妈，还应该特别注意去室外晒太阳。

细节46 准妈妈忌熬夜

怀孕后，准妈妈需要保持足够的睡眠，倘若经常熬到半夜才入睡，容易打乱体内的生物钟节奏，导致生长激素分泌减少，影响胎宝宝的生长发育。同时，准妈妈还会因睡眠不足而出现头痛、失眠、烦躁等不适，使妊娠反应更为严重。

细节47 孕期忌长时间打麻将

孕妇偶尔打麻将，可使身心愉悦，但整天迷恋麻将，对孕妇本身和胎儿是十分不利的。首先，打麻将会影响情绪，使其高度紧张；其次，这种伴有喧哗声的杂乱环境，十分不利于胎儿的生长发育；再次，久坐会使孕妇腹部受到挤压，不利于血液供应给子宫的血管，时间过长，便会产生胎盘缺血。如果发生胎盘缺血，胎儿所需氧气不足，轻者会影响胎儿发育，重者胎死宫内。胎儿大了，孕妇长时间坐着不动更易压迫孕妇的下腔静脉，影响其下肢的静脉回流，加重双下肢的水肿。

细节48 孕期忌用珍珠粉

不少准妈妈认为珍珠粉可以预防黑斑，也能帮助胎宝宝美白，这是错误的认识。准妈妈皮肤黑色素沉淀是正常的生理反应，靠珍珠粉美白是无用的。宝宝皮肤主要受基因影响，吃珍珠粉让宝宝的皮肤变白毫无科学根据。而且，珍珠粉中含有铅、钡等重金属，孕妇最好不用，以免对胎宝宝造成不利影响。

细节49 孕中期忌压力过大

避免对压力产生消极反应。要多听音乐，轻快、舒缓的音乐不仅能给人美的熏陶和享受，还能使人的精神得到有效放松，压力得到释放。不要太在意压力，感觉有压力是很正常的，尤其是在妊娠的动荡期。但应找到引起压力的原因，并着手解决问题，可缓解紧张情绪。随着妊娠月份的增大，准妈妈的压力也随之增大，这时准妈妈应把压力变动力。

细节50 孕妇忌经常闻汽油味

有的孕妇喜欢闻汽油味，其实，汽油味对孕妇和胎儿都有一定危害。

飞机、汽车及摩托车等机动车辆所使用的动力汽油对人体的危害较大，因这种油为了防震防爆，都加入了一定量的四乙基铅，故又称为乙基汽油。乙基汽油燃烧时，四乙基铅即分解放出铅，会随废气排放到大气中。据调查，空气中的铅有60%来源于汽油，通过呼吸进到人体内的铅会在血液中沉积，进而对人体，包括孕妇腹中的胎儿产生危害，可引起孕妇铅中毒和胎儿先天性发育畸形。

第四章 孕早期胎教指导

第一节　准妈妈的状况

细节01 孕1月准妈妈有哪些变化

孕1个月是指从末次月经开始的那天算起的4周时间。这个月的前半个月受精卵还没有着床，大约在第3周末受精卵才会植入子宫内膜中。这时候，大多数准妈妈不会感觉到新生命的开始。但也有的人会出现类似感冒的症状：浑身无力，发热或发冷；也有些会出现嗜睡的症状。

细节02 孕2月准妈妈有哪些变化

（1）月经期不来潮　健康女性的月经一向是按月来潮，如果过了期还不来，首先应该想到可能是怀孕了。一般来说，如果月经期过了一周，可用早孕试纸自己检查验证一下，但最好还是咨询医生以确定是否真的怀孕了。有一部分女性虽然已经怀孕，但是在该来月经的时候仍然行经一两次，不过经血比平常要少，时间也短些。

（2）胃口发生变化　有些女性在月经期过后不久的时候（1～2周）就开始发生胃口的改变。平常喜欢吃的东西现在不爱吃了，吃过一次的食品第二次就不爱吃了。有些人简直不想吃或甚至要呕吐，有些人很想吃些酸味的东西。一般经过半个月至1个月，这些症状就会自然地消失。

（3）乳房发生变化　在怀孕初期，乳房会增大一些，并且会变得坚实和沉重一些。乳房会有一种饱满和刺痛的感觉。乳头周围深黄色的乳晕上小颗

粒显得特别突出。

（4）尿频 在怀孕初期，许多女性有尿频的情形，有的每小时一次。这是一种自然现象，用不着治疗。

（5）精神疲乏 在怀孕初期，许多女性感到疲乏，没有力气，想睡觉。不过这个时期不会太长，很快就可以过去。

（6）基础体温高 这种状态将会持续14～19天。此外，还可能出现身体懒惰发热，下腹部和腰部稍微凸出，排尿次数增加，心情烦躁，感到恶心，出现孕吐等情形。有些人甚至会出现头晕、鼻出血、心跳加速等症状。这些都是怀孕初期特有的现象，不必过于担心。此时子宫如鹅卵大小，比未怀孕时大一点儿，但准妈妈腹部表面还没有增大的变化。

细节03 孕3月准妈妈有哪些变化

妊娠3个月时，孕妇的下腹部略微隆起。子宫如拳头般大小，下腹部有压迫感或脚后跟抽筋。出于同一原因，去厕所的次数比以前增多了。早孕反应仍在持续，8～9周是最难受的时期，10～11周会逐渐减轻。

此时，乳房更加膨胀，乳头上开始有色素沉着，颜色发黑。从阴道流出的乳白色分泌物增多。

这段时期，孕妇易发生腹泻和便秘。

细节04 如何应对妊娠呕吐

轻症孕期呕吐对准妈妈和胎儿影响不大，而重症者，由于进食少甚至完全不能进食，则可发生营养不良，维生素和矿物质缺乏，对准妈妈和胎儿都会造成不好的影响，所以如果发生孕期呕吐，应该采取如下措施：

（1）消除精神紧张情绪 准妈妈应正确对待妊娠和分娩，保持心情舒畅、精神愉快，消除不必要的顾虑，不要将生儿育女看成沉重的负担和痛苦，只要有坚定的信心，完全可以顺利妊娠和分娩。

（2）注意休息，加强营养 对一般的恶心、呕吐等早孕反应，应该注意

休息，饮食上多吃些清淡可口、易消化的饭菜，不要吃油腻的食物。每次不要吃得太饱，可少吃多餐，同时多吃蔬菜、水果以补充维生素和矿物质。口服维生素 B_6 也有止吐作用，请在咨询医生后，遵医嘱服药。

（3）及时就医　对反复呕吐、不能进食等重症情况，应去医院由医生做全面检查，必要时要住院治疗，以防止发生意外情况。

细节 05　孕妇怎么知道自己怀孕了

最主要的怀孕征兆是停经。假如平时月经很准，有性生活又未采取避孕措施，那么当月经逾期 10 天时应怀疑妊娠。

停经后出现头晕、乏力、嗜睡、畏寒、食欲不振、不同程度的恶心、偏食、爱吃酸食或厌恶油腻和特殊气味等情况；有的人胃口、嗜好会发生变化，一会儿想吃这个，一会儿又想吃那个，平时爱吃的东西突然不想吃了，以前不爱吃的东西反倒想吃，有的还可能出现呕吐，或伴有乳房胀痛，乳头和乳晕发黑和有刺痛，以及尿频等症状。有以上反应者一般即是怀孕了。

细节 06　从什么时候开始进行产前检查

近年来由于产前诊断的开展，产前检查的时间提前，应从确诊早孕时开始。产前检查除进行双合诊检查（阴道腹部联合检查）了解产道及盆腔内生殖器官有无异常外，必须测量基础血压，检查心肺，测尿蛋白及尿糖。对有遗传病家族史或分娩史者，应进行绒毛培养或抽取羊水做染色体核型分析，以降低先天缺陷儿及遗传病儿的出生率。经上述检查未发现异常者，应于妊娠 20 周起进行产前系列检查，于妊娠 20～36 周期间，每 4 周检查一次；自妊娠 36 周起每周检查一次，即于妊娠 20、24、28、32、36、37、38、39、40 周共再做产前检查 9 次。凡属高危妊娠，应酌情增加产前检查次数。

细节 07　准妈妈为什么会发生先兆流产

引起流产的原因是多方面的，有属于胚胎方面的，如孕卵发育异常，这是早期流产最常见的原因，主要由于精子或卵子有缺陷，或两者都有缺陷所致；也可由于在胚胎分裂中，受到外界因素的影响，如疾病、辐射等，使其胚胎分裂发生异常所致；也可属于母体方面的原因，如内分泌失调，早期妊娠时卵巢、黄体功能不全引起分泌的孕激素不足，可以使子宫蜕膜发育不良，会影响孕卵着床及发育；甲状腺功能低下使甲状腺分泌不足，细胞新陈代谢降低，从而影响胚胎的发育；生殖器官的疾病，如双子宫和双角子宫、子宫肌瘤，尤其是黏膜下的子宫肌瘤也影响胚胎生长的环境而致流产。

细节08 准妈妈发生先兆流产怎么办

早孕若有流产先兆，应注意休息，适当观察，进行保胎，但不可盲目无限期地保胎，应通过B超来确定宝宝发育情况以决定进一步的处理。由于流产的胚胎中有不少属于孕卵染色体不正常，因此自然流产是一种自然淘汰现象，不应保胎，对有流产先兆的准妈妈，除因母亲疾病引起的可适当保胎，若疾病痊愈可继续妊娠，若症状不见好转不要勉强保胎，以免生出异常儿。

细节09 准妈妈感到浑身无力怎么办

怀孕之后准妈妈应该尽自己所能地照顾好自己。这样才能保持体力，好好地体会怀孕的整个过程，享受和胎宝宝在一起的美妙时光。否则，身体的疲劳常会影响你的心情。在孕期里，准妈妈可以进行多种尝试来应对乏力感。

怀孕前加强身体锻炼，怀孕后注意身体，会使准妈妈的乏力感有所缓解。而且，激素会影响人的情绪。如果准妈妈出现一些消极情绪，如情绪低落、焦虑等，可以与丈夫沟通，与医生沟通，与朋友沟通，获得帮助、调整心情。如果心理问题严重，也可以适当采用药物治疗。

细节10 如何及早发现宫外孕

准妈妈应学会自我判断宫外孕，如果出现以下这些症状，不能掉以轻心，一定要及时去医院检查。

（1）停经 多数病人在发病前有短暂的停经史，一般在6周左右。

（2）阴道出血 多为点滴状，深褐色，量少，不超过月经量。阴道出血是因子宫内膜剥离，或输卵管出血经宫腔向外排放所致。腹痛伴有阴道出血

者，常为胚胎受损的征象。

(3) 晕厥与休克　是腹腔内急性出血和剧烈疼痛所致，出血愈多愈快，其症状出现愈迅速愈严重。可引起头晕、面色苍白、脉细、血压下降、冷汗淋漓，因而发生晕厥与休克等现象。

(4) 腹泻　宫外孕患者也会出现腹泻症状，如果不仔细分析病情，很容易被认为是消化不良或肠道急症。

(5) 腹痛　此为输卵管妊娠破坏时的主要症状，其发生率在95%，常为突发性下腹一侧有撕裂样或阵发性疼痛，并伴有恶心呕吐。

细节11　孕早期为什么要减少性生活次数

孕早期，胎盘还没有完全形成，准妈妈体内孕激素分泌量还不够多，所以最容易发生流产。如果性生活过频或动作粗暴，容易刺激子宫收缩而引发流产。因此，准妈妈及准爸爸要尽量控制性生活的欲望，减少性生活的次数，尤其是有过流产史的准妈妈更要注意，不能贪图一时快乐而惹出麻烦。

细节12　准妈妈该如何推算预产日

预产日的推算法如下：

一般的怀孕日数平均为280日，大概是9个月又7天，所以只要将最后一次月经来的第一天的月份加上“9”，日期加上“7”，就可简单地计算出预产日。

现在我们举个实例计算看看，假定最后一次月经来潮的第一天是1月12日：

1+9=10（预产月）

12+7=19（预产日）

预产日为10月19日

但如果最后一次月经是在4月以后，则月数加“9”会超过“12”，也就是预产月是在隔年的月份，因此可以在一开始就减掉其差“3”，如此便能得到正确的答案：

（月数+9-12或月数-3）

此外，当预产日的日数超过预产月份的总日数时，就表示超过的日数应该是在下个月份，所以预产月份也要变成下个月（原预产月份加1）。例如最后一次月经的第一天是7月28日时：

(7+9) −12=4 或7−3=4（预产月）

(28+7) −30（4月有30天） =5（预产日）

预产日为4月5日。

细节13 为什么孕早期不宜做B超

怀孕后胚胎发育的早期，特别是在妊娠31～64天期间，是胚胎分化和形成的关键时期，是胚胎的高敏阶段，此时B超检查有可能造成胚胎发育异常。因为B超使用的高频超声波，波长短，能量集中，强度大，振动较强烈，会引起许多特殊反应，结果可产生机械热、光、电、化学及生物等多种效应。我国临床研究发现，对怀孕6～9周的准妈妈做超声扫描后，取绒毛组织分析，能够发现染色体DNA受损。因此，孕早期的准妈妈应慎做或不做B超。如果有明显适应症必须要做，应以少剂量、小的辐射强度和最短的辐射时间为宜。

细节14 孕早期腹部疼痛如何处理

怀孕期间常会感到腹部各种疼痛，主要是因为子宫的韧带会伸展，骨盆及骶髂关节的骨质疏松。如果改变体位，如平躺片刻或轻度运动练习，这些疼痛常会减轻。

但是，并非每种疼痛都由怀孕引起。如果腹痛伴恶心或呕吐，可能是由于消化不良、食物中毒、尿道炎甚至阑尾炎。孕期可能会掩盖这些症状而使其他症状突出。一些情况下（如尿道炎）在孕期可有轻度症状。如果感到任何不适，都要向医生诉说。

细节 15　准妈妈怎样对待孕期用药的问题

孕期用药是一个关键问题，很多准妈妈都知道孕期用药会影响胎宝宝的健康，特别是在孕早期，对胎宝宝的伤害更大。尽管如此，也不能因噎废食，否则会延误治疗，对胎宝宝同样有害。所以，身体不舒服时还应及时去看医生，听从医生的建议用药，切忌擅自服药。

细节 16　准妈妈每天睡多长时间为宜

一般情况下，正常成年人需要不少于 7 小时的睡眠时间，准妈妈因各方面生理变化容易疲劳，睡眠时间要比平时多 1 小时，即最少也要保证 8 小时的睡眠。不过，这个时间也是因人而异的，有的准妈妈睡的时间长一些，有的准妈妈睡很短时间精神也很好，所以睡眠时间的长短并不是关键，主要是睡眠的质量，如果睡眠时间短，但感觉精力充沛，这也是没有问题的。

孕早期由于受体内激素分泌变化的影响，准妈妈会经常犯困，总想躺在床上睡觉。这种现象会影响准妈妈的情绪，一般到了妊娠 4 个月后就会得到缓解，准妈妈不必太过担心。总觉得睡不够的时候可以多到室外走动走动，呼吸一些新鲜的空气。

细节 17　为什么准妈妈会尿频但小便量又很少呢

这种情况出现的原因是子宫慢慢变大时，造成骨盆腔内器官相对位置的改变，导致膀胱承受的压力增加，使其容量减少，即便有很少的尿也会使准妈妈产生尿意，进而发生尿频；同时有研究表明，身体中激素分泌的改变也是尿频的原因之一。

到了孕中期，这种情况会好一些，因为这时子宫已出盆腔，缓解了对膀胱的压力。但在孕晚期，逐渐长大的胎宝宝开始压迫膀胱上方，尿频又开始出现。

细节 18　为什么孕早期不宜勤洗阴道

妊娠后阴道上皮通透性增高，宫颈腺体分泌增多，所以会白带增多。阴道上皮内糖原积聚，经阴道杆菌作用后变为乳酸，使阴道的酸度增高，不利于致病菌的生长，可防止细菌感染。有些人不知道这些原因，以为白带增多是由于阴道炎而引起的，因此在清洗外阴的同时清洗阴道，致使阴道固有酸性环境被破坏，增加了阴道感染的机会。阴道感染后可上行感染至宫腔，造成宫腔感染，致使胎儿宫内感染或流产。

细节19 孕早期准妈妈如何护理私密处

准妈妈要注意外阴的清洁，不要让细菌有可趁之机。孕期具体护理私密处卫生的方法，准妈妈可以参照以下指导：

（1）保持外阴清洁，每天用温开水（最好是100℃的开水冷却到45℃左右）清洗外阴2~3次。切忌将手指伸入阴道内掏洗，也不要用碱性皂清洗阴道，这样会使阴道呈碱性，利于致病菌的侵入与繁殖。

（2）勤换内衣、内裤，洗净的衣裤不要放在阴暗角落晾干，应放在太阳底下暴晒。内裤的洗涤最好以中性肥皂单独清洗，不要和其他衣服一起洗。

（3）不要穿着太紧的裤子或裤袜，尽量保持通风干燥。

（4）为了防止交叉感染，必须准备专用的水盆及浴巾，以清洗外阴。用盆洗外阴时，应由前向后洗，注意不要把脏水灌入阴道内。

（5）大便后，要从前面向后面揩拭，避免将肛门周围的残留大便或脏物带入阴道内。

细节20 如何及早发现葡萄胎

怀孕初期，准妈妈要及时做好产检，以便及早发现葡萄胎。葡萄胎的形成，是因为来自父系染色体未分裂而导致怀孕组织基因倍数产生问题，造成不正常的妊娠组织生长。这种状况大多是偶发性，发生概率约为1/1000。但也有研究显示，缺乏胡萝卜素及维生素A的地区，葡萄胎的发生率较高。此外，准妈妈年龄大于35岁，发生完全型葡萄胎的概率也较高。

葡萄胎会出现许多空泡状的组织，医生通过超声波就可以诊断出，必要时再配合血液检查绒毛激素的指数作判断，并区分高危险群或是低危险群，以作后续治疗的参考。

第二节　胎儿的状况

细节 01　孕 1 月胎宝宝的身体是怎样发育的

第一个月宝宝完成受精卵到胚胎的转变，奇妙的生命从现在开始形成，宝宝会和妈妈一起共度 10 个月辛苦又幸福的时光。

在怀孕 1 个月中，新生命的成长速度比他一生中任何时候都快，他要长到比受孕卵大 1 万倍。

到 3 周时宝宝长约 0.2 毫米，重约 1.0505 微克，是由受精卵形成的小小胚芽。小小的胚芽在 2 周末可见到心脏的外形，并在第 3 周开始跳动。

4 周时脑和脊髓的原形开始出现。

胚芽的身材开始增长，并折成圆筒状，头尾弯向腹侧，有长尾巴。原始的神经孔已闭合，脑泡形成（以后发育成大脑），原肠出现（以后发育成各种脏器），与母体相连的脐带开始发育。随即眼杯、听泡、鼻窝、口门及肢芽一一出现，血液循环建立，胎盘雏形形成，宝宝已能做蚯蚓爬行蠕动，此时胚芽的身长达 0.5 ~ 1.0 厘米，体重增加至 0.5 ~ 1.0 克。

细节 02　孕 1 月胎宝宝的大脑是怎样发育的

在胎儿整个生长发育过程中，脑是最先发育的部分。

由脑、神经及各种感官组织（眼、耳、鼻等）组成的头部，在胚胎早期即占约整个身体的一半。第 3 个星期时，真外胚层开始形成神经管；4 个星期时，便分化出 3 个原始的脑泡，即菱脑、中脑和前脑。

细节 03　孕 2 月胎宝宝的身体是怎样发育的

到妊娠 2 个月时，宝宝生长发育已由分化前期（受精到形成胚卵）进入分化期（器官形成期），即受精后的 15 ~ 56 天是胚胎器官高度分化和形成期，表现为：

5 周时，头大但松弛无力地垂下，已具有萌芽状态的手、脚和尾巴。

7 周时，头、身体、手脚开始有区别，尾巴逐渐缩短。胚胎似乎已有人形模样。

脑、脊髓、眼、听觉器官、心脏、胃肠、肝脏初具规模，并因心、肝、消化管的发育，胚胎的腹部膨隆；眼睛出现轮廓，鼻部膨起，外耳开始有小皱纹，颜面已似人形；内外生殖器的原基能辨认，但外表上还分辨不出男女性别。

羊膜和绒毛膜构成的双层口袋中充满了羊水，胚胎浸泡在羊水中，可以自由流动。子宫如拳头大小，质柔软。

到了7 周末，胚胎身长已有2～3 厘米，体重3～4 克，头部占身体总长的一半。

细节04 孕2月胎宝宝的神经细胞发育规律是怎样的

神经细胞的数量及神经纤维的长度由遗传因素决定，而突触的形成则受制于子宫内的环境因素。经常接受多变的外界刺激，脑的发育较快，增重明显，突触数量也越来越多，突触的形成略迟于神经细胞和神经纤维。人类的这一过程始于怀孕后2 个月，出生后8 个月至1 年达到高峰。

这些神经胶质细胞的功能，在胎儿的时候已经开始形成，出生之后会以惊人的速度增加，将直接决定其大脑的功能和智力发展水平。

细节05 孕3月胎宝宝的身体是怎样发育的

怀孕第3 个月末宝宝已有40 克重，长9～10 厘米。整个身体中头显得格外大，几乎占了身长的大部分。宝宝有了手指甲和脚趾甲，有眼睑，但仍闭着，有了双唇和一个凸出的鼻子。

宝宝的皮肤是透明的，因而可以透过皮肤清楚地看到正在形成的肝、肋骨和皮下血管、心脏、肝脏，胃肠更为发达。此时宝宝自身形成了血液循环，肾脏也开始发达起来，有了输尿管。骨骼和关节尚在发育中。外生殖器已分化完毕，可辨出宝宝的性别。

这时宝宝四肢在羊水中已能自由活动，有时左右腿还可交替做屈伸动作，双手能伸向脸部，这说明脊髓等中枢神经已很发达了。

细节06 孕3月胎宝宝的触觉开始发育了吗

大约3个月左右，胎儿就有了触觉。最初，当胎儿碰到宫中的一些组织，如子宫壁、脐带或胎盘时，会像胆小的兔子一样立即避开。但随着胎儿的逐渐长大，特别是到了孕中后期，胎儿会变得“胆大”起来，不但不避开触摸，反而会对触摸做出一些反应，如有时当母亲抚摸腹壁时，胎儿会用脚踢作为回应。我们的运动胎教正是在胎儿有了触觉时才实行的。通过抚摸训练，使胎儿的身体活动，其手脚的灵活性可得到锻炼。

细节07 胎宝宝的视觉是何时形成的

胎儿的视觉在孕第13周就已形成。按说，在这个时期胎儿该能看到东西了，但胎儿并没有去看，但他对光却很敏感。在第4个月时，胎儿对光就有反应，这一点通过胎儿镜观察，并不难发现。当胎儿入睡或有体位改变时，胎儿的眼睛也在活动。胎儿在6个多月时就有了开闭眼睑的动作；在孕期最后几周，当一束光照在母亲的腹部时，睁开双眼的胎儿会将脸转向亮处，他看见的是一片红红的光晕，就像用手电筒照在手背时从手心所见到的红光一样。

细节08 羊水是怎么回事

子宫内羊膜腔中的液体称为羊水。怀孕初期，母体血液经由胎盘，通过绒毛膜及羊膜渗透进入羊膜腔，形成羊水。因此，羊水的成分与母体血浆相似，但蛋白质含量与钠离子浓度稍低。怀孕过程中，羊水通过母体和胎儿间的交换保持量的平衡。妊娠2个月时羊水量是5～10毫升，孕4个月时为250毫升，妊娠9个月时约为1000毫升，达到高峰。随着怀孕周数越来越大，胎儿在羊水交换中扮演的角色也越来越重要。胎儿开始有消化道吞咽。泌尿系统排尿、呼吸道羊水出入及皮肤羊水吸收等，羊水的成分也发生了很大改变。在羊水里含有与胎儿生长发育密切相关的蛋白质、脂类、酶类、激素、碳水化合物和矿物质，也有胎儿的一些代谢产物及从胎儿皮肤、消化道、呼吸道、泌尿道上皮脱落下来的细胞。

羊水能防止羊膜与胎儿体表相粘连，保护胎儿免受外来的伤害；羊水可使胎儿周围环境温度保持相对恒定，让胎儿在宫腔内有一定限度的活动，并给胎儿一定的营养；临产后羊水还可传导宫腔压力，促使宫颈口扩张；破膜时羊水还有冲洗阴道的作用，可减少感染。

细节09 什么是“胚芽期”和“胎儿期”

受精卵周围是一些柔软细微的绒毛，这些绒毛可以透入到子宫内膜中，为胚胎汲取必要的营养和氧分，所以这一较为原始的时期被称为“胚芽期”，其时间段指受精卵开始发育一直到第10周。

因此，受精卵刚发生变化的时候并不能直接被称为胎儿。从医学的角度讲，精子和卵子相遇才发生受精，从那时开始10周以后一直到婴儿出生时为止，腹中的孩子才可以被称作胎儿。因为在第10周里，胚芽期中形成的身体各个部分开始进行第二阶段的发育和生长。

换句话说，胚芽时期所形成的心脏、肝、肺和脑部都处于原始的状态，一直要到胎儿期，这些已经形成的器官才会逐渐发育成熟。

细节10 胎儿的牙齿是何时开始发育的

胎儿乳牙牙胚的发育是从胎龄3个月开始的，胎龄5个月时，乳牙牙胚就开始钙化，与此同时，恒牙牙胚也开始发育。若在胚胎时期胎儿得不到足够的营养，或母亲服用四环素族药物等，都可直接影响胎儿牙齿的生长发育，出生后易患牙齿疾病和“四环素牙”。因此，母亲怀孕期间，绝对不可服四环素族药物，而应多摄取富含钙质的食品，如牛奶、鸡蛋等，还要多做户外活动，多晒太阳，以促进胚胎牙齿、骨骼的发育，防止孩子患先天性牙齿疾病。

细节11 孕早期胎儿会运动吗

2个月的胎儿就已经开始在羊水中进行类似游泳的运动了。3个月起，他就会吸吮自己的手指了，只要是嘴能够碰到的东西，不管是手臂，还是脐带，或者是脚趾，他都会张嘴去吸吮。3个月胎儿的身体，已经能够做出反屈、前屈、侧屈和翻转等动作。

细节 12 胎盘有什么作用

胎盘是在胎儿生长发育过程中出现的附属组织，由母体的子宫底蜕膜和胚胎绒毛构成。胎盘于怀孕 6 ~7 周开始形成，怀孕 4 个月完全形成，到胎儿足月时胎盘重约 500 ~600 克，为胎儿体重的 1/6。

胎盘的作用十分重要，胎盘是胎儿与母体之间进行物质交换的重要器官，是胚胎母体组织的结合体，是胎儿和母体联系的纽带，没有胎盘，胎儿就无法存活。

胎盘的具体作用有如下几方面。

（1）胎盘是母体与胎儿气体交换的通道　氧气是维持胎儿生命的最重要的物质。母体和胎儿之间氧气和二氧化碳通过胎盘进行交换，替代胎儿呼吸系统功能。胎儿血红蛋白对氧气的亲和力强，能从母体血中获得充足的氧气，胎儿代谢产生的二氧化碳通过绒毛间隙直接向母体扩散。

（2）胎盘是母体提供营养物质的通道　胎儿需要的各种营养物质如碳水化合物、蛋白质、脂肪、水分、维生素和矿物质，都是通过胎盘从母体获得的。胎盘中还含有多种酶，如氧化酶、水解酶、还原酶等，可将来自母体的复杂化合物分解后为胎儿所用，或可将葡萄糖合成为糖原、氨基酸合成为蛋白质再供给胎儿。

（3）胎盘是胎儿的排泄物通道　胎儿代谢产生的废物，如尿素、尿酸等，经胎盘进入母体，再通过母亲排出体外。

（4）胎盘可以帮助胎儿抵御外来侵害　胎盘作为一道屏障，可阻止母体内的细菌、原虫，大分子药物等进入胎儿体内。母血中的抗体能通过胎盘，胎儿从母体获得抗体，出生后短时间内（半年）有被动免疫力。但这种屏障作用非常有限，如各种病毒以及分子量小的药物、弓形虫、衣原体和螺旋体等，均可通过胎盘感染胎儿。

（5）胎盘可以释放激素和酶，促进胎儿生长　胎盘能分泌大量的激素和酶，如绒毛膜促性腺激素、胎盘生乳素、雌激素、孕激素和缩宫素酶等，维持妊娠并促进胎儿生长。

细节 13 导致胎宝宝畸形的因素有哪些

孕早期是胚胎发育的高度敏感期。若胚胎在 6 ~8 周前受到致畸因素作用，容易发生中枢神经系统缺陷、心脏畸形、肢体畸形、眼部畸形、唇裂等情况。如果在孕 8～12 周受损害，则易发生耳畸形、腭裂、腹部畸形等情况。主要的致畸因素有以下几种：

（1）酒精 酒精是公认的致畸物。孕期饮酒导致胎宝宝畸形的概率极高。孕早期的准妈妈应绝对禁酒。

（2）高温环境 包括发热导致的体温上升和高温作业、桑拿、热水盆浴等导致的体温上升。热度越高，持续越久，致畸性越强。因此，准妈妈要注意冷暖，调离高温作业环境，停止洗桑拿和热水盆浴，并避免接触发热患者，少去空气不洁、人员拥挤的公共场所等，尽量避免患发热性疾病。一旦发热应马上去医院接受治疗。

（3）烟熏环境 吸烟或被动吸烟都会影响胎宝宝发育。目前虽未见明显引起胎儿畸形的病例，但造成出生低体重儿、发育迟缓儿极为常见。

（4）擅自用药 一旦生病之后，应及时去医院治疗，并向医生说明自己已经怀孕，在医生指导下进行治疗。

（5）有害的物质（如放射线、农药、铅、汞、镉等）的影响 准妈妈若在工作和生活中接触的物质性质不明时，应及时向医生咨询，并做好防范工作。

（6）精神刺激 保持轻松、愉快的心情，避免惊悚、高度紧张的情绪，对胎宝宝的生长发育有利。尤其是在孕早期，准妈妈一定要避免紧张、烦躁的不良情绪。

细节 15 为什么说早孕反应处置不当会影响胎宝宝的智力

大量的资料表明，女性怀孕初期的 3 个月是决定新生儿智力高低的关键时期，其心、脑、口、牙、耳、腭等器官分化，均在孕初 3 个月内形成。

然而，令人遗憾的是，准妈妈的妊娠反应往往在这个关键时刻最厉害。在此期间，准妈妈的胎盘会分泌出一种叫绒毛膜促性腺激素的物质，该物质能抑制胃液的分泌，使胃液显著减少，影响准妈妈的正常消化吸收功能，使人产生恶心、呕吐、不思饮食等现象，致使准妈妈出现消瘦、体重下降等症状，直接影响宝宝的健康，严重时会影响宝宝的营养需求量及脑细胞的发育。

据统计，在低体重的新生儿中，约有 30% 不同程度地存在着精神和智力方面的问题，低体重儿有先天异常的数量比正常体重儿多 8 倍。

既然早孕反应是一种正常、暂时的生理现象，为了将来宝宝的健康，准妈妈应积极乐观地予以克服，渡过难关。一方面，应调整心理状态，避免紧张、焦虑、烦躁等消极情绪。有人调查证实，那些乐观开朗者反应时间短，程度轻。另一方面，宜采用少吃多餐，吐了再吃的方法，并多吃一些对宝宝脑部发育有裨益的食品。众所周知，蛋白质、矿物质、维生素和糖等均是宝宝大脑发育不可缺少的必需成分，故准妈妈的食物应多样、清淡、易消化，以利于宝宝生长。

细节16 准妈妈打鼾对胎宝宝有什么危害

打鼾是由于睡眠期间上气道松弛塌陷，舌根后坠，致使上气道狭窄，当气流通过狭窄的咽部时，咽腔软组织颤动而发出鼾声。

有研究发现，准妈妈打鼾时，可能出现的呼吸暂停现象，会导致血压上升，阻止血液从胎盘流向胎宝宝。除了可能会因而有中风或心脏病发生的危险之外，也可能引致胎宝宝缺氧。对于准妈妈来说，打鼾引起的缺氧会促发或加重妊娠期并发症，同时影响胎宝宝发育。尤其是在怀孕后期，随着胎宝宝增大，腹压增加，膈肌上抬，准妈妈呼吸道阻力增加，肺含气容积减少，体重不断增加等因素，都会使呼吸负荷和耗氧量增加，从而加剧打鼾和准妈妈对氧的供需矛盾，对宝宝的发育产生更大的不良影响。

第三节　胎教食谱

细节01 花生仁猪蹄汤

【原料】花生米200克，猪蹄1000克，老姜30克，盐25克，葱10克，胡椒粉0.15克，味精0.1克。

【做法】①将猪蹄去毛，燎焦皮，浸泡后刮洗干净，对剖后砍成3厘米见方小块；花生米在温水中浸泡后去皮；葱切花、姜拍碎。②把大锅放旺火上，加清水2.5升，下猪蹄，烧沸后捞尽浮沫，放入花生米、生姜。③猪蹄半熟时，将锅移至小火上加盐继续煨炖。待猪蹄炖烂后，起锅盛入汤钵，撒上胡椒粉、味精、葱花即可。

细节02 水晶橘子

【原料】橘子罐头1瓶，清水1500克，冻粉6克，白糖适量。

【做法】①锅内加水750毫升，将罐头中的橘汁、白糖、冻粉放入熬化，用箩沥净渣子。②把橘子放入方盘内铺匀，将熬化的汤汁轻轻地倒在方盘中，冷却后橘瓣鲜黄艳丽，呈水晶状。③用清水750毫升加白糖熬化，放冰箱内镇凉，将水晶橘平切成小方块，倒入镇凉的糖汁中。

细节03 蛤蜊烧芥菜

【原料】芥菜150克，蛤蜊500克，姜丝少许，盐少许，低度白酒5毫升，食用油适量。

【做法】①将蛤蜊干炒至出汤，捞出蛤蜊，并盛出汤汁，备用。②选取芥菜菜帮部位切成2.5厘米长的细段，放入锅中略加翻炒后加入少量清水，大火焖烧5分钟，捞出备用。③大火将炒锅烧热，投入姜丝炝出香味，再放食用油、蛤蜊与白酒翻炒，最后注入清水，加盖煮沸。④开盖放入芥菜，至芥菜熟透后，将炒蛤蜊时所出的汤汁倒入锅中，即可食用。

细节04 洋葱炒白菜

【原料】白菜200克，洋葱200克，大葱100克，淀粉8克，盐6克，胡椒粉少许。

【做法】①将白菜，洋葱洗净切碎；并用水将淀粉拌匀。②将食用油倒入锅中，加热，放入葱花和洋葱，中火炸至透明。③倒入白菜，大火翻炒3~4分钟，撒上盐和胡椒粉。④将准备好的淀粉水倒在白菜上，翻炒至淀粉熟即可。

细节 05 核桃鸡丁

【原料】鸡脯肉 350 克，核桃仁 15 克，枸杞子 8 克，鸡汤 100 克，猪油 150 克，鸡蛋 2 个，精盐 5 克，料酒 25 克，胡椒粉 2 克，湿豆粉 35 克，生姜，葱各 10 克，香油 5 克，白糖 7 克。

【做法】①将核桃仁用开水泡涨，剥去皮；枸杞子用温水洗净；生姜洗净切成小片；葱切葱花；鸡蛋去黄留清；鸡肉洗净，切成 1 厘米边长的丁。②鸡丁装碗中，用精盐（一半）、蛋清、湿豆粉拌匀浆好；另碗中放入味精、白糖，胡椒粉、鸡汤、湿豆粉兑成料汁，净锅置火上，放入猪油，待七成热时，下核桃仁炸至微黄，及时捞起待用。③把浆好的鸡丁倒入锅中，快速滑透，翻炒几下，下姜、葱，倒入料汁、盐快速翻炒，随即入核桃仁、枸杞子炒匀，淋入香油，装盘。佐餐食。

细节 06 青芹拌香干

【原料】芹菜、绿豆芽各 150 克，香油 15 克，醋 20 克，盐 3 克，蒜泥 5 克。

【做法】①芹菜择洗干净，大的破开，切成 3 厘米长的段，放入开水锅内焯一下，用凉开水泡凉，沥水备用。②绿豆芽掐去两头洗净，放入开水锅内焯一下捞出，用凉开水泡凉，和芹菜放在一起。③香干洗净，切成细丝，放入芹菜、豆芽中，加入香油、醋、精盐、蒜泥，拌匀即成。

细节 07 菠萝菜卷

【原料】菠萝 100 克，胡萝卜 200 克，白菜 100 克，盐、白糖、菠萝汁、醋各适量。

【做法】①将白糖熬化，过滤后加醋和菠萝汁搅匀，做成味汁。②将菠萝切丝；白菜烫后撒盐，胡萝卜切丝，烫后撒盐，两种菜腌渍几分钟后洗净，挤干，放味汁内浸渍 3 小时。③取出腌好的胡萝卜白菜，把白菜推平，用 4 根胡萝卜丝、2 根菠萝丝放在白菜的一侧，裹成卷，食用时改刀成菱形即成。

细节 08 白菜奶汁汤

【原料】白菜心 500 克，牛奶 50 克，精盐 5 克，味精 0.5 克，鸡汤（猪肉汤亦可）150 克，湿淀粉少许，食油、鸡油各少许。

【做法】①白菜去筋洗净，切成 4.5 厘米长、1.5 厘米宽的条，放入水中煮熟捞出，沥干水分。②另锅置火上，放入食油烧热，放入鸡汤，再加入味精、精盐、白菜，烧 1～2 分钟，放入牛奶，开锅后，勾入淀粉芡，淋上鸡油，盛入盘中即可。

细节 09 烤秋刀鱼

【原料】秋刀鱼 2 条，酒 5 毫升，盐 8 克，胡椒粉少许。

【做法】①将秋刀鱼洗净，抹酒、盐和胡椒粉腌制 10 分钟。②将秋刀鱼放入烤架烤熟即可。③食用时，可滴少许柠檬汁。

细节 10 豆腐馅饼

【原料】豆腐 250 克，面粉 250 克，白菜 1000 克，肉末 100 克，虾米 25 克，植物油 25 克，姜、葱、味精、精盐各少许。

【做法】①豆腐抓碎；白菜切碎用开水焯一下，挤出水分；虾米切碎；将豆腐、白菜、肉末、虾米加入调料与之调成馅。②面粉 250 克，加水 10 克，调成面团，分成 10 等份，每一等份擀成小汤碗大的皮子。③菜馅分成 5 份，两张面皮中间放一团馅，再用小汤碗一扣，去掉边沿，即成一个很圆的豆腐馅饼，共做 5 个，然后将炒锅烧热，下植物油 25 克，将馅饼煎成两面金黄即可。

细节 11 莴笋沙拉

【原料】莴笋 80 克，小番茄 30 克，豌豆苗 10 克，黄甜椒 15 克，沙拉酱 10 克，原味酸奶 20 克，盐适量。

【做法】①莴笋洗净并切成滚刀块，再用加了适量盐的沸水汆烫后捞起放凉备用。②将黄甜椒切丝，与豌豆苗一起用沸水汆烫，捞起后；用冷水激后备用。③小番茄洗净去根蒂备用。④将小番茄放入果汁机中打汁，倒出后拌入沙拉酱、原味酸奶调匀备用。⑤将莴笋、黄甜椒丝、豌豆苗摆盘，食用时淋上小番茄调味酱料即可。

细节 12 萝卜炖羊肉

【原料】羊肉 500 克，萝卜 300 克，生姜少许，香菜、食盐、胡椒各适量。

【做法】①将羊肉洗净，切成 2 厘米见方的小块；萝卜洗净，切成 3 厘米见方的小块；香菜洗净，切断。②将羊肉、生姜、食盐放入锅内，加入适量的水，置大火烧开后，改用文火煎熬 1 小时，再放入萝卜块煮熟。③放入香菜、胡椒。

细节 13 紫菜牡蛎汤

【原料】牡蛎 250 克，紫菜 15 克，油、盐、葱少许。

【做法】①把水烧开，放入紫菜、油、盐及葱，煮开锅。②加入牡蛎，烧开即可起锅。

细节 14 桃仁烧丝瓜

【原料】丝瓜 200 克（可食部），鲜核桃仁 100 克，姜末 5 克，精盐 2 克，料酒 10 克，鸡汤 100 毫升，淀粉 5 克，味精 10 克，鸡油 10 克，花生油 500 克（实耗 30 克）。

【做法】①鲜核桃仁用开水泡发后，剥去外皮洗净待用。②丝瓜削去老皮，切成 4 厘米长的段。③炒锅上火，入花生油烧至四五成热，下桃仁，丝瓜滑透后，将油沥出。④锅内留少许油，下姜末炝锅，速下桃仁丝瓜，再下各调料，炒片刻后，用水淀粉勾芡，淋入鸡油盛盘。

细节 15 银鱼煎蛋

【原料】银鱼 200 克，鸡蛋 10 个，酱油、盐、味精、葱花、料酒、胡椒粉各适量。

【做法】①将鱼去头，洗净沥干水分，放在碗内，加入盐、料酒、胡椒粉、葱花拌匀。②锅烧热，放入生油烧至六成熟，将鱼放入，炸熟后倒在漏勺内，将鱼倒入搅散的蛋碗内，加入味精搅匀。③炒锅烧热，放入生油，将蛋倒入锅中，煎至两面呈淡黄色，烹入料酒，翻炒 1 分钟。出锅装盘即可。

细节16 糖醋包心菜

【原料】包心菜1小棵，姜、红辣椒、精盐、白糖、醋、干辣椒、花椒、香油各适量。

【做法】①将包心菜切宽条，焯一下，捞出装盆内，趁热撒少许精盐；将姜、红辣椒切丝放盆内。②将花椒及干辣椒用油炸后制成麻辣油浇到包心菜上。③用冷开水把白糖、醋调汁浇到包心菜上，压一重物腌渍4小时，吃时捞起包心菜，改刀成段，淋上香油即可。

细节17 南瓜蒸肉

【原料】老南瓜1个，带皮猪肉500克，酱油40克，酱豆腐汤15克，红糖、江米酒各15克，净葱、花椒各10克，净姜5克，糯米100克，汤25克。

【做法】①将南瓜带蒂从把的周围划入四方形刀缝，取把作盖，挖净瓤；猪肉刮洗干净，切成0.3厘米厚、5厘米长的片；将糯米、花椒混合，入锅炒黄，磨成粗粉；葱、姜切末。②猪肉片用葱、姜、酱豆腐汤、酱油、红糖、江米酒和汤拌匀，加入米粉再拌匀，装入南瓜内，盖上盖，放在盘内，上笼蒸烂，取出即成。

细节18 蛋酥鸭子

【原料】鸭子1个（约1500克），鸡蛋1个，熟火腿、熟肥肉膘、荸荠、生菜、精盐、味精、料酒、椒盐、姜片、香油、淀粉、葱白段、植物油各适量。

【做法】①鸭子稍煮晾干，抹精盐加热料酒、葱段、姜片上笼蒸烂，晾凉去骨。②鸭肉切粗丝；熟肥肉膘、熟火腿、荸荠，去皮切丝；鸡蛋加淀粉调糊。③鸭皮抹上蛋糊放平盘内，把拌好的各种丝放鸭皮上拍成饼状。④勺中放油，将鸭饼炸成黄色捞出，油升八成热时再炸一次，淋香油，切条，码盘内，围生菜，带椒盐上桌。

第四节　胎教内容

细节01　可以提高受孕机率的食物有哪些

计划怀孕的夫妻可以多吃以下食物来提高生育能力：

（1）动物内脏　这类食品中含有较多量的胆固醇，其中，约10%左右是肾上腺皮质激素和性激素，适当食用这类食物，对增强性功能有一定作用。

（2）含锌食物　各种植物性食物中含锌量比较高的有豆类、花生、小米、萝卜、大白菜等；各种动物性食物中，以牡蛎含锌最为丰富。此外，牛肉、鸡肝、蛋类、羊排、猪肉等含锌也较多。

（3）富含精氨酸的食物　据研究证实，精氨酸是精子形成的必需成分，并且能够增强精子的活动能力，对男子生殖系统正常功能的维持有重要作用。富含精氨酸的食物有黄鳝、海参、墨鱼、章鱼、芝麻、花生仁、核桃等。

细节02　孕早期要多吃些易消化的食物吗

为了避免即将到来的早孕反应，准妈妈应多吃易消化的食物。大多数准妈妈这一时期都不喜欢油腻，而偏食带酸味的食物。为了补充维生素B_2，建议多吃大豆、水煮蔬菜，既容易消化又营养丰富，根据准妈妈的嗜好还可适量摄取辛辣食物和甜食。

细节03　偏吃素食对准妈妈有什么危害

素食大多是指那些植物性食品，这些食品虽含有较多的维生素等营养物质，但却普遍缺少一种被称为牛磺酸的营养成分。尤其是孕妇，更不可缺少。

临床发现，缺乏牛磺酸的新生宝宝均患有严重的视网膜退化症，个别的甚至会导致失明。可见牛磺酸对儿童的视力有着不可忽视的影响。

由于动物性食品中大多含有一定量的牛磺酸，再加上人体自身亦能合成少量的牛磺酸，因此，正常饮食的人不会出现牛磺酸的缺乏。但由于孕妇的需要量比平时增大了许多，此时其自身合成牛磺酸的能力又有限，因此，从外界增加摄取一定数量的牛磺酸就十分必要了。含牛磺酸的食物较多，如鲜肉、鲜蛋、牛奶、小虾等食品，孕妇要注意多吃。

细节04 为什么孕早期就要摄取矿物质

在孕期确保矿物质的摄取是必要的。从怀孕起，母体对锌的需要量迅速增加，孕妇应适当摄取含丰富钙、磷、铁和锌的食物。奶类、豆类、海产品类等含有丰富的钙和磷，特别是钙，孕妇每天需要摄取高剂量的钙，也就是一天1200~1500毫克，这样，患高血压的机会可以减少70%，而患孕妇毒血症的机会减少62%。肉类、动物血、海带、木耳、芝麻等含有丰富的铁，肉类、动物肝脏、蛋类、花生、核桃、杏仁、麦芽、豆类、牡蛎、鲱鱼等含有较多的锌。

细节05 孕吐严重要多补充铁元素吗

当准妈妈血液中的铁元素含量不足时，孕吐症状往往会变得更加严重。为了改善这一情况并预防贫血，应该相应地调整准妈妈的饮食结构。

这个时期准妈妈要避免吃凉粉、柿子和绿茶等食物，多吃可以改善贫血状况的动物肝、肾以及牡蛎和紫菜。

鱼类中较为合适的有沙丁鱼等。

细节06 为什么孕早期要适当增加热能

虽然在孕期应特别注意肥胖的问题，但增加热能的摄取也必不可少。热能主要来自于脂肪和碳水化合物。脂肪的主要来源是动物油和植物油，如芝麻油、豆油、花生油、玉米油等既能提供热能，又能满足母体和胎宝宝对脂肪酸的需要，是食物烹调的理想用油。

碳水化合物主要来自于蔗糖、面粉、大米、玉米、小米、红薯、土豆、山药等，碳水化合物比脂肪容易消化，在胃内停留时间短，能缓解早期妊娠反应。

细节 07 纤维素可以帮准妈妈缓解便秘吗

纤维素大多存在于植物的根、茎和表皮内，在人的排泄和消化中有不可替代的作用。纤维素分为两种：一种是不可溶纤维素，主要含在麦麸和豆类中，能使肠内保持水分，增加体积，加快肠蠕动，从而使人体内的粪便和毒素尽快排出，有效地防止便秘；一种是可溶纤维素，含在苹果、橙子和橘子等水果中。它们可以减慢人体对糖类的吸收，减少对胆固醇的吸收。

便秘是准妈妈常见的症状，纤维素则可以加快肠蠕动，使体内的代谢废物及时排出，避免或减轻孕期的便秘。准妈妈一定要注意摄取含有纤维的食物，保证消化与吸收功能的正常，使胎宝宝更好地生长发育。

含有丰富纤维素的食物有糙米、全麦食品、各类果仁、干杏、豌豆、葡萄干、韭菜、芹菜、无花果等。

细节 08 准妈妈饮食越淡越好吗

提倡准妈妈吃淡些，并不是说越淡越好。食盐进入人体即分离成钠离子和氯化物离子，氯化物保持细胞及周围水的平衡，这对生命至关重要。钠离子帮助控制血的含量及血压，对于心脏和肌肉的收缩是非常重要的。同时，肾脏能防止摄入的过多的食盐留在体内。当食盐过量时，肾脏就会过滤、排泄掉。当缺少食盐时，肾脏只排泄水而保留钠。如果准妈妈体内缺盐，甚至几乎没有盐，那么准妈妈就会发生肌肉痉挛、恶心、抵抗力降低，母腹中的胎儿也将深受其害。

专家指出，准妈妈每日食盐摄取量是 4～10 克，这其中 1～2 克的食盐应来自含有钠的食品，另一部分则靠我们做饭做菜时添加进去。

细节 09 如何更好地保留食物中的营养

为了保证食物中的营养物质尽可能不流失，准妈妈在日常生活中应做到以下几点：

（1）冲牛奶时不要用开水冲，最好用40～60℃的温水冲，这样既不会破坏牛奶的营养又可保持牛奶口感。

（2）买回来的新鲜蔬菜不要放的太久才吃。制作时应先洗后切，最好一次吃完。炒菜时应大火快炒，3～5分钟即可。煮菜时应水开后再放菜，可以防止维生素的丢失。做馅时挤出的菜汁含有丰富营养，不要丢弃，可以用来做汤。

（3）淘米时间不宜过长，不要用热水淘米，更不要用力搓洗。米饭以焖饭、蒸饭为宜，不宜做捞饭，否则会使营养成分大量流失。熬粥时不要放碱。

（4）水果要吃时再削皮，以防水溶性维生素溶解在水中，以及维生素在空气中氧化。

（5）烹制肉食时，最好把肉切成碎末、细丝或小薄片，大火快炒。大块肉、鱼应先放入冷水中用小火炖煮烧透。

细节10 准妈妈补钙会促进宝宝牙齿的发育吗

钙是构成骨骼和牙齿的重要成分，也是宝宝骨骼发育所必需的物质，如果准妈妈身体内钙充足，可促进宝宝骨骼及牙齿的生长发育。缺钙，可以导致准妈妈小腿抽搐及宝宝软骨病或小儿佝偻病。准妈妈严重缺钙，可致骨质软化、骨盆畸形而诱发难产。

宝宝的乳牙胚在妊娠6周开始发育，妊娠4～5个月时恒牙胚开始发育。这一过程较长，直至乳前牙根完全形成约需2年的时间，而恒前牙根约需10年才能发育完全。所以，孕期钙的摄取与乳牙的发育及钙化关系密切。妊娠期间准妈妈每天需补钙1.5克。

食物中钙的丰富来源是奶和奶制品，不仅含量丰富，而且吸收率高，发酵的酸奶更有利于钙的吸收，是准妈妈最理想的钙源；虾皮、鱼类（特别是带骨头的小鱼）和芝麻酱含钙也特别丰富；蔬菜和豆类含钙量虽较多，但吸收较差；硬水中也含有相当量的钙。

细节11 为什么孕早期要适量补锌

锌作为人体内一系列重要酶类的有机组成部分，对维持孕妇的生理机能

有着非同小可的作用；在分娩过程中，锌也起着不可低估的作用。

锌在人体内的总量不超过3克，其对分娩的影响，主要是影响子宫的收缩力。锌可以增强子宫肌细胞内有关酶的活性，促进肌细胞收缩，从而把胎儿驱出子宫。因此孕妇缺锌，可造成宫缩乏力、难产，还有增加产后出血等产科并发症的可能。

据测定，女性在怀孕后的第2个月，血中锌含量即开始下降，到妊娠晚期母体血锌浓度较未妊娠的正常妇女低20%左右。可见孕期补锌的重要及必要性。动物性食物含锌量较高，而且易被吸收。如肉、奶、鱼、蛋、牡蛎等，其中牡蛎和鲱鱼的锌含量甚至超过每千克1000毫克以上，可称“含锌食品”之王，应注意选食。

细节12 补充叶酸要多吃什么食物

蔬菜尤其是绿叶蔬菜中含有较多的叶酸，如菠菜、小白菜、油菜、香菜、雪菜等。水果如橘子、草莓等也含有较多的叶酸。动物肝脏中的叶酸含量最为丰富。此外，动物的肾脏、禽蛋类食品中叶酸的含量也较丰富。但在食物烹调加工过程中，叶酸损失高达80%～90%。如果烹调温度高、加水多、时间长，损失更多，应尽量注意。

细节13 孕早期每日需摄入多少蛋白质

蛋白质是组成人体的重要成分之一，蛋白质约占人体重量的18%。在妊娠期，准妈妈体内的变化、血液量的增加、身体的免疫能力、胎宝宝的生长发育及准妈妈每日活动的能量，都需要从食物中摄取大量蛋白质来供给。一般来说，成人每天每千克体重所需蛋白质为1.2克，每日总数70克左右。准妈妈应适当增加蛋白质的供应。

细节14 为什么准妈妈要适量补充维生素

合理地给准妈妈补充维生素C可预防胎儿先天性畸形，但过多的补充则可能致畸。每日100毫克维生素C可满足准妈妈的需要。准妈妈服用维生素D过量，可引起胎宝宝血钙过高、主动脉及肾动脉狭窄、高血压、智力发育迟缓。维生素E过量可引起新生儿腹泻、腹痛、乏力。维生素B_1缺乏，可使人全身无力、体重减轻、食欲不振、消化障碍。在妊娠期，人体对维生素B_1的需求量增加，易引起缺乏症。妊娠期每日应供给体内维生素$B_1$1.5毫克。维生素B_2缺乏时，会引起体内物质代谢发生障碍，可出现口角炎、舌炎、皮炎、角膜炎等病症。准妈妈每日需要维生素$B_2$1.6毫克。动物性食物含维生素B_2较多，首先是内脏，其次是奶类和蛋类，鱼及蔬菜中很少。

细节15 为什么准妈妈要摄取充足的水分

约60%的准妈妈在怀孕6~8周经常发生孕吐症状。时常吃一点东西可以减轻孕吐症状，除此以外，尽可能吃清淡的食物。

在入睡之前可以准备些果汁、牛奶等，夜里醒来的时候就可以喝上两口。这样能及时补充孕吐所带来的水分缺失，防止出现便秘。

另外，最好不要同时吃固体和液体食物。先吃固体食物，再喝下饮料。

细节16 孕期可以用水果代替蔬菜吗

水果香甜可口，营养丰富，食用方便，适合准妈妈日常食用。但是，水果所含的营养成分不能够代替蔬菜。水果与蔬菜的主要营养成分都是碳水化合物，以及不同质和量的维生素、矿物质、纤维素、各种酶类和某些特殊的营养物质，但水果粗纤维素含量及其特殊营养成分不如根茎绿叶类蔬菜。例如，苹果只含有细纤维素，而芹菜富含粗纤维素，两者营养及药用价值各异，不可以相互替代。准妈妈在选购食品时，一定要讲究各种水果及蔬菜的搭配，注意荤素及颜色的协调。

细节17 抑制孕吐如何补充维生素B_6

对于那些受孕吐困扰的准妈妈来说，维生素B_6便是妊娠呕吐的克星，它

是人体内一种重要的辅酶，在人体氨基酸的代谢中发挥着重要的作用，与氨基酸吸收、蛋白质合成有密切的关系。

对于准妈妈来说，怀孕的前2个月，每天服用10毫克维生素B_6能够明显减轻呕吐等早孕反应。不过在服用之前一定要先咨询医生，不可擅自服用。如果妊娠反应较重，则可以在医生的指导下加大维生素B_6的剂量。同时准妈妈可以多吃一些动物肝脏、鱼、蛋、豆类、谷物、葵花子、花生仁、核桃等食物，这些食物中均含有较多的维生素B_6。

过量服用维生素B_6或服用时间过长，会造成严重后果。主要表现为胎宝宝出生后容易兴奋、哭闹、容易受惊、眼球震颤、反复惊厥，有的胎宝宝甚至在出生后几小时或几天内就出现惊厥。这主要是由于准妈妈过多使用维生素B_6使宝宝产生对维生素B_6的依赖，出生后维生素B_6的来源不像在母体里那样充分，宝宝无法适应这种维生素B_6从充足到匮乏的变化，体内中枢神经系统的抑制性物质含量降低的缘故。所以准妈妈在服用维生素B_6的时候一定要在医生的指导下进行，切勿擅自服用。

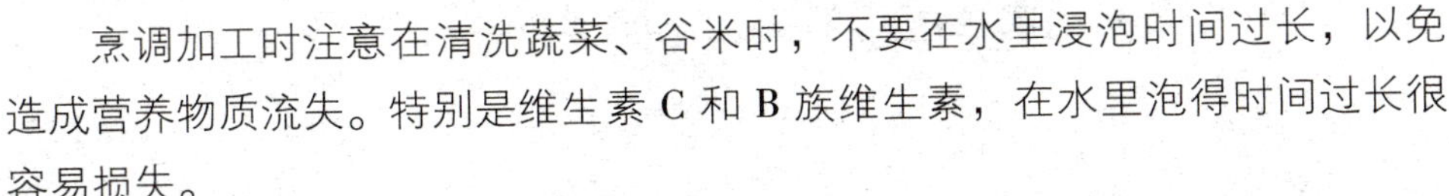

细节18 怎样减少食物中的维生素损失

烹调加工时注意在清洗蔬菜、谷米时，不要在水里浸泡时间过长，以免造成营养物质流失。特别是维生素C和B族维生素，在水里泡得时间过长很容易损失。

煮青菜、煮豆以及煮米粥时，严禁用小苏打（弱碱性），因为B族维生素、维生素C极不耐碱。

细节19 人造食品对孕妇有什么危害

在妊娠期间最好多食用各种天然食品，而不要长期经常食用人造食品，如人造鸡蛋、仿真豆制品等。这些人造食品在生产、加工、贮藏中曾有意识地加入多种人工合成或天然的色素、香精、防腐剂等。已有大量研究和事实证明，一些食品添加剂可危害人们的健康。以环已基氨基磺酸盐为例，这种物质长期以来被当作人工甜味剂在食品加工中广泛使用，可后来动物实验证明其不仅可使动物患膀胱癌，还可使培养的细胞染色体异常、胎盘生长障碍等。因此，孕妇少吃这类人造食品是有好处的。

细节20 准妈妈吃碘盐补碘要注意什么

孕妇每日应用碘175微克，每1000克盐含碘30毫克，孕妇每天用约6克碘盐即可。食用碘盐要注意，碘易挥发，故碘盐不可贮存过久。保存碘盐要加盖，放置于干燥阴凉处，不要受潮，不要受热或烘烤。购买碘盐应选择小包装，随吃随买。在食品即将做好时再加入碘盐。碘盐不宜爆锅，不宜久煮久炖。碘在体内代谢的特点是“多吃多排，不吃也排”，所以，补充碘必须逐日定量进行。

细节21 少食多餐可以减轻妊娠反应吗

恶心呕吐的时间多在早晨起床或傍晚，也就是说胃中太空或太饱对准妈妈都不利。准妈妈可采用少食多餐的方法，不拘泥一日三餐的规定习惯，想吃就吃。晚上可准备一些容易消化的清淡食品，如面包干、馒头片、饼干等。在早上起床前先喝一杯白开水，再将食物吃下去，稍躺一会再起床，可减少恶心与呕吐。

细节22 准妈妈吃酸味食品时要注意什么

妊娠反应期间，有许多准妈妈都对酸性食物特别感兴趣，因为酸味食品可刺激胃液分泌，提高消化酶的作用力，促进胃肠蠕动，改善孕期内分泌变化带来的食欲下降以及消化功能减退的状况。加上酸味食物可提高钙、铁以及维生素C等养分的吸收率，故有助于胎宝宝的骨骼、脑及全身器官的发育。

尽管酸味食品对准妈妈的好处很多，但也要科学地吃，也就是说，准妈妈宜选择番茄、橘子、杨梅、石榴、葡萄、青苹果等新鲜蔬果，不要吃人工腌制的酸菜、醋制品。一些人工制品虽然味道是酸的，但养分已遭到不同程度的破坏，而腌菜中含有亚硝酸盐等致癌物，对母胎双方皆不利。另外，山楂因有加速子宫收缩的成分，应禁止食用，否则容易诱发流产。

细节23 准妈妈吃水果时要注意什么

水果营养丰富，香甜可口，食用起来很方便，备受准妈妈青睐。但是，水果中含有大量葡萄糖、果糖，经胃肠道消化吸收后会转化为中性脂肪，诱

发肥胖，甚至引起高脂血症。医生建议，准妈妈每天食用的水果量应有限制。用水果来代替蔬菜或把水果当饭吃，是很不科学的。尽管水果营养丰富，但营养并不全面，尤其是蛋白质及脂肪相对较少，而这两种物质也是胎宝宝生长发育必不可少的。

另外，还有一些水果准妈妈不宜多吃，如桂圆、荔枝、柑橘、西瓜、山楂等。

如果准妈妈贫血，应该少吃石榴和杏。

细节24 准妈妈要使用净水器吗

随着人们生活水平的提高，矿泉水、纯净水的概念逐渐深入人心，而且现在有些地区的水污染很严重，经过水厂处理的水并不一定能达到饮用的要求，所以很多有条件的家庭都使用上了净水器，以净化水管中流出的水，同时保持水中的有益活性成分和微量元素。

目前，国际上流行的净水器是用高分子超细纤维作净水材料，以新型高效抗菌活性炭作为吸附介质，采用了熔喷高效滤芯深层过滤新技术。这类净水器纳污量大，过滤精度高，处理水流量大，不仅能清除水中的异味、色度、悬浮物，有效吸附水中的有毒有害物质、致癌有机物，还能向水中释放出有益于体健康和机体平衡的微量元素，且具有杀菌和抑菌的作用。对准妈妈来说，家里条件允许的话，可以配备净水器。

细节25 孕期吃得越多越好吗

胎宝宝成长迅速，准妈妈要少吃多餐，勿暴饮暴食。既要注意摄入充足的营养，又要注意饮食有节。无论餐桌上摆的是美味珍馐，还是粗茶淡饭，最好只吃八成饱。如遇到好饭菜便吃十二分饱，这样暴饮暴食会使消化系统的负担增加，轻则造成消化不良、胃炎、肠炎，重则引起急性胰腺炎等。另外，如有条件，在妊娠期最好由三餐改为五餐。少吃多餐，有利于消化吸收，还会减少体内脂肪积聚，防止发胖。另外，爽口、清淡的菜，比较适合夏季食用。像汆烫、凉拌食物不仅能保留食物养分，烹煮方式也较简单，常下厨的准妈妈们不妨试试。

细节26 准妈妈生吃番茄时要注意什么

番茄含有丰富的维生素C、胡萝卜素、蛋白质、微量元素等，而且口味酸甜，还有美容健身的功效，所以深得准妈妈的喜爱。不过，番茄在生吃的时候一定要注意以下几个方面：

（1）准妈妈不要空腹吃番茄 番茄内含丰富的果胶、柿红酸及多种可溶性收敛成分，如果空腹吃番茄的话，以上这些成分容易与胃酸起化学反应，生成难以溶解的硬块状物，引起胃肠胀满、疼痛等症状，所以准妈妈一定要注意。

（2）准妈妈在生吃番茄时，一定要注意卫生 另外，在生吃番茄时一次不能吃太多。番茄毕竟不是单纯的水果，既然生吃就要防止引起肠胃不适，不要吃太多，吃太多会拉肚子。

（3）不要将番茄放入冰箱中冷冻保存后食用 放进冰箱的番茄经低温冷冻后，肉质呈水泡状，显得软烂或表面破损，有黑斑，味不鲜，严重的则会酸败腐烂，所以，就算是完好无损，准妈妈也不应该食用。

细节27 准妈妈不吃早餐有什么危害

有的准妈妈有不吃早餐的不良习惯，这对身体非常不利。人们通常上午工作劳动量较大，所以在工作前应摄入充足的营养，才能保证身体的需要。准妈妈除日常工作外，更多了一项任务，就是要供给胎儿营养。如果准妈妈不吃早餐，不仅饿了自己，也饿了胎儿，不利于自身的健康和胎儿的发育。为了改掉早晨不想吃饭的习惯，准妈妈可以早点儿起床，起床后饮一杯温开水，通过温开水的刺激和冲洗作用激活器官功能，使肠胃功能活跃起来。早饭前活动一段时间，比如散步，做操和参加家务劳动等，加速前一天晚上剩余热量的消耗以产生饥饿感，促使准妈妈多吃早饭。

第五节 语音胎教

细节01 什么时候可以给胎宝宝做音乐胎教

胚胎学研究证明，在受孕后第8周宝宝的听觉器官开始发育，胚胎从第8

周起神经系统初步形成，听觉神经开始发育，尽管发育得还很不成熟，但宝宝已具有可以接受训练的最基本条件，故从妊娠 2 个月末起，准妈妈和宝宝可以听一些优美、柔和的曲目。每天在室内放 1～2次，每次 10 分钟左右，乐曲不要选得太多，3 个曲子就差不多了。音乐胎教不仅可以激发准妈妈愉快的情绪，同时可以给宝宝的听觉以适应性的刺激，为下一步的音乐胎教与语言胎教、对话胎教开个好头。

细节 02 如何为胎宝宝选择音乐

音乐的曲调、节奏、旋律、响度的不同，对胎宝宝产生的效果也不同。准妈妈最好不要听那些过于激烈的现代音乐，因为这类音乐音量较大、节奏紧张激烈、声音刺耳嘈杂，能引起胎宝宝躁动不安和神经系统及消化系统的不良反应。为了胎宝宝的健康，最好选择一些柔和轻缓的音乐。

细节 03 进行音乐胎教时要注意些什么

进行音乐胎教应注意以下要点：

音乐频响范围应为 500～1500 赫兹。

胎教中一定要选用合格的胎教 CD，音乐 CD 必须经过医学界优生学会审定。不合格的胎教 CD，不仅不能促进胎儿脑细胞的发育，而且还对胎儿的大脑和听觉造成一定的伤害。只要你用心，你就会发现，现在市面上有不少适合胎教的音乐 CD 呢。

传声器应经过卫生部鉴定，以保护胎儿的耳膜。

胎教音乐的节奏要求平缓、流畅。

细节 04 音乐胎教分为几种

音乐胎教有两种：一种是提供给胎儿欣赏的，基调主要以轻松、活泼、明快、悦耳动听，能够较好地激起胎儿的反应为主。可因胎儿胎动特点选择不同音乐，例如对于那些胎动频繁的胎儿，可为他们选一些柔和、缓慢、平稳的曲子；对那些胎动比较弱的胎儿，可选一些轻松活泼、节奏明快的曲子。总之，对胎儿的生长发育状况，孕妇了解得最清楚，应具体情况具体对待，因人而异、因材施教。一般情况下，那些轻松愉快、活泼明朗、旋律流畅的圆舞曲、摇篮曲、民乐、古典乐曲等都比较适合胎儿。

另一种是给母亲听的，特点是优美、宁静、悠闲为主，可使孕妇感到轻松愉快、心情舒畅、精神饱满、情绪稳定，这些又都有利于胎儿的健康生长。

细节05 音乐胎教中对声音大小有什么要求

胎宝宝在母体内一直都是漂移浮动的。如果准妈妈在进行音乐胎教时，直接将音箱的扬声器放在腹壁上，此时胎宝宝正好是耳道贴着准妈妈腹壁，声波进入母体，胎宝宝耳道直接受到高频声音的刺激，极易导致其耳蜗及听觉神经损伤，引起听力障碍甚至耳聋。

专家认为，在给胎宝宝进行音乐胎教时，需在空间较大的环境中进行。由于孕早期胎宝宝的耳部神经还很脆弱，不适宜将音箱直接贴到腹壁上，让胎宝宝自己欣赏音乐，这种做法需等到胎宝宝稍大一些时再尝试。孕早期音乐胎教的重点在于让胎宝宝感受到音乐的节奏，同时准妈妈也能从中感受到精神愉悦、心情舒畅。

细节06 音乐胎教可以稳定胎宝宝的情绪吗

音乐胎教会对胎宝宝产生怎样的影响呢？总的来说，它会影响到胎宝宝的神经发育。《纽约时报》上曾刊登过一篇文章，描述了音乐对神经所起到的作用，并且预测未来音乐将在医学领域里产生巨大的影响。听音乐可以适当地刺激感官，使肌肉得到放松并促进大脑活性激素的分泌。正因为如此，欣赏音乐才会使心理状态安定下来。

在倾听节奏柔和、旋律优美的音乐时，不仅准妈妈自己的情绪变得安定，而且还会将这种情绪传递给胎宝宝。当听到让自己愉快的声音时，人的大脑会产生强烈的 α 波，这种电波往往在大脑活性增强时才会大量散发出来。这一事实证明，音乐足以起到让大脑环境产生积极变化的作用。

细节07 准妈妈如何鉴赏音乐

欣赏音乐是一种可以给予胎宝宝最为丰富的感官体验的音乐胎教法。在实施这种以欣赏为主的方法时，可以选择比较容易吸引胎宝宝注意力、形式分明、内容淡雅的古典音乐。巴赫的《G弦上的咏叹调》、亨德尔的《水上音乐》、莫扎特的《g小调交响乐第一乐章》以及约翰·帕赫贝尔的《卡农》等都被广泛推荐为胎教音乐。除此之外，乔治·温斯顿的轻音乐就好像现代的音乐剧作品一样，可以给人带来轻松的享受。妇产科专家史沃茨博士曾说："我们发现分娩时播放音乐可以减少孕妇的紧张感觉，并对胎儿起到镇定的作用。"

细节08 音乐胎教为什么要多选择古典音乐

人们在听到某些声音的时候会有一种愉快安稳的感觉，因为那些声音包含着生命的节奏。这种节奏的专业术语是"1/F波动"，这种波动可以消除人类的不安感。古典音乐正是因为含有大量的这种波动才会在胎教音乐中占据不可动摇的地位，也是为什么我们每次提到胎教都会首先想到古典音乐。

细节09 如何控制音乐胎教的时间

让胎宝宝欣赏胎教音乐，有一个必须注意的问题，即应该听多长的时间较为合适。在神经活动的过程中，中枢神经系统的兴奋与抑制是可以互相转化的，当外界刺激过于强烈或持续时间过长时，相对应的中枢神经的兴奋程度也将超过所能承受的限度，该中枢便会因此转入抑制过程。例如，当一种声音刚出现时，会立刻让神经中枢兴奋起来，引起人们的注意，但这种声音如果持续一段时间后，神经中枢便会由兴奋转入抑制，人们也就不再注意这种声音了。

胎宝宝神经细胞的功能较弱，兴奋过程的强度也比成人低，某些对成人而言很平常的刺激，对他们而言却是强烈的刺激。因此，对胎宝宝和幼儿应尽量避免进行强烈刺激。

其次，胎宝宝神经细胞容易衰竭，若长时间刺激，容易产生疲劳，胎宝宝因此会出现胎动增强，幼儿则出现哭闹。因此，应该适当改变刺激的方式，例如，音乐和语言两种方式可交替使用，声波与触摸也可交替使用，使中枢神经系统的不同功能区域轮流兴奋，交替抑制。让胎宝宝听胎教音乐的时间不可太长，要让胎宝宝有充裕的休息时间。最后要注意的是，放给胎宝宝听的音乐音量不要调得太大。

细节10 怎样听胎教音乐最有效

胎宝宝最熟悉的声音就是母亲的心脏搏动声，因此与这个节奏相似的音乐，即在每分钟 60 ~ 70 拍的音乐，最适合当作胎教音乐。与悲伤的曲子相比，明亮而平缓的音乐可以对情绪起到更积极的作用。应该选听节奏规律、旋律平和、能创造温馨氛围的音乐。

在决定听哪一类胎教音乐的同时还要选择相对应的胎教方法。尽管没有必要为欣赏音乐做什么特别的准备，但在欣赏美妙乐曲时注意保持舒适的姿势对准妈妈来说仍然非常重要。准妈妈应该在欣赏音乐的同时解除全身的紧张状态。此外音量要适中，这样才能带给胎宝宝柔美的感觉。

有许多准妈妈很重视音乐胎教，从早到晚一刻不停地听音乐，同时做着一些其他的事情，比如洗碗、读书或者扫地，但如果能够保持积极态度一心一意地进行音乐胎教往往可以为准妈妈带来更佳的效果。在舒适的姿势下尽情品味音乐的柔美，并对胎宝宝讲述与音乐有关的话题就是一种非常合适的方法。

细节11 准妈妈怎样给胎宝宝哼唱摇篮曲

最容易引起胎儿好感的声音就是母亲的声音。孕妇的说话声音可以通过骨骼和身体其他组织的振动传达到子宫里，对胎儿来说，它比其他任何的外部声音都更加清晰。如果孕妇平时能够在挺着肚子的同时哼唱几首摇篮曲，那么胎儿就可以将母亲的声音与节奏感联系在一起加以记忆，同时进一步加深母子（女）之间的感情。从母亲那里听到的歌曲、诗和故事都具有很好的胎教效果。此外，在散步的时候还可以低声哼唱一些歌谣，或者进行自我创作，谱一些较为简单的曲子给胎儿听，作曲时还要注意保持旋律的柔和与拍子的轻快。

细节 12 自然之音也能起到胎教的作用吗

胎宝宝也热爱自然之声。在听到鸟儿的鸣叫声、溪水的潺潺流动声以及风吹树叶的声音时，不仅准妈妈的内心会感到一阵清爽，胎宝宝在情绪上也会受到感染而有所变化，感情将变得越来越丰富。

与此相反的是，关门时发出的巨响、瓷碗打碎的声音、夫妻之间的争吵声和刺耳的电话铃声会使胎宝宝受到惊吓并做出“不满”的反应。时常听到这类噪音，胎宝宝的情绪很容易变得烦躁，所以准妈妈一定要多加注意。

细节 13 准妈妈不喜欢音乐也要听吗

当准妈妈听音乐感到厌倦时要果断地停止。那种从早到晚背负着一定要进行音乐胎教的责任感，强迫自己去听不感兴趣的音乐的做法，都只会对胎教产生负面的影响。因为进行音乐胎教的根本目的在于让准妈妈和胎宝宝的情绪安定、身心愉悦。所以当准妈妈感到厌倦或烦躁时，应果断采取措施。选择胎教音乐必须以准妈妈的喜好为依据。只要能合乎自己的口味并带来平和、幸福的感觉。无论什么样的音乐都可以作为胎教音乐。

细节 14 为什么听音乐时要考虑到胎宝宝的生活节奏

胎宝宝总是在重复一种睡眠 2 ~ 3 个小时后再活动约 30 分钟的规律生活。为了避免过响的声音把睡梦中的胎宝宝吵醒，可以在感觉到胎动时听一些轻快的音乐，在其沉睡时则欣赏比较平静柔美的曲调。另外，准妈妈可以自己哼一些摇篮曲或读一读童话故事以增加胎宝宝的安定感，并借此达到音乐胎教的效果。

细节 15 早晨起床后适宜听什么音乐

柴可夫斯基的《睡美人》中的《波兰舞曲》、《如歌的行板》、《小进行曲》；莫扎特的圣乐曲《春的序曲》；舒伯特的《音乐瞬间》的第三首；贝多芬的第六号交响曲《田园》；小约翰·施特劳斯的《蓝色多瑙河》；格里格《培尔·金特》中的《早晨》、《索尔维格之歌》、《阿拉伯舞曲》、《安妮特拉之舞》。

细节16 安逸休闲时适宜听什么音乐

柴可夫斯基的芭蕾舞曲《天鹅湖》；维瓦尔第的《金翅雀协奏曲》；克莱斯勒的《伦敦德里小调》、《天使小夜曲》、《罗曼史》、《爱的悲伤》、《十四行诗》、《幻想曲》；莫扎特的《小夜曲》；斯蒂的《小夜曲》；古诺的《小夜曲》；威尔第的《弄臣》中的《女人善变》、《美女如云》；海顿的《小夜曲》；史特拉汶斯基的《普钦奈拉》中的《小夜曲》；亨利·曼西尼的电影《蒂凡尼的早餐》中的插曲《月亮河》；贝多芬的《悲怆奏鸣曲》第二乐章《如歌的行板》；贝多芬的第一交响曲中的《小步舞曲》；莫扎特的《小步舞曲》；阿尔贝尼斯的《探戈》。

细节17 用餐时宜听什么音乐

柴可夫斯基的《胡桃夹子》中的《花的圆舞曲》；亨德尔的《弥赛亚》中的《哈里路亚》；巴赫的《d小调管风琴托卡他与赋格曲》、《法国组曲》的第六首《波兰舞曲》、《管弦乐组曲》；德沃夏克的《斯拉夫舞曲（作品e小调46之1、2）》；肖邦的《军队波兰舞曲》、《离别曲》、《雨点前奏曲》、《即兴幻想曲》；莫扎特的《一首小夜曲》中的第四乐章回旋曲。

细节18 准备就寝时宜听什么音乐

舒伯特的《摇篮曲》、《圣母颂》、《野玫瑰》；勃拉姆斯的《摇篮曲》；贝多芬的《致爱丽丝》、《月光奏鸣曲》；戈达尔的《约瑟兰的摇篮曲》；克莱斯勒的《摇篮曲》；德彪西的《月光》；夏农的《爱尔兰摇篮曲》；格什温的《夏日时光》。

细节19 什么是胎谈胎教

实施胎谈胎教法时先要给胎宝宝起一个可爱的小名。刚开始对腹中的胎宝宝说话时，准妈妈可能觉得挺不自然，就像在自言自语一样。与其生硬地称呼胎宝宝为“孩子”，不如叫他的小名再开始胎谈，这样，接下来的过程就会变得轻松许多，不仅准妈妈不自然的感觉会逐渐消失，与胎宝宝之间的亲子关系也会变得深厚，从而使准妈妈有机会与胎宝宝进行更为

亲密的谈话。

小名取“圆圆”、“豆豆”“宝宝”等非常上口，但小名最好不要有性别倾向。因为这代表了父母对孩子真实性别的尊重态度。

细节20 进行胎谈胎教时要注意什么

胎谈时就像与朋友说话一样真诚就可以了。由于准妈妈说出的话得不到任何回应，有时候做起来可能会漫不经心。

实际上在进行胎教时，准妈妈不应该觉得自己是单独一人，而应该用与身边的朋友交谈的真挚态度和语气来诉说自己的心里话。

对胎宝宝说话时要注意抑扬顿挫，并尽量做到发音标准；如果能够保持平静、柔和的声音，胎宝宝就不会有拒绝反应。一边深情地抚摸肚皮，一边温柔地对胎宝宝说话。只要坚持这样做，就可以把准妈妈的安定情绪完完整整地传递给胎宝宝。

细节21 进行胎谈胎教要说些什么

早上起来可以说：“宝宝，睡得好吗？”“妈妈昨天做梦梦到你啦！你看看这升起的太阳是多么的美丽呀，让我们一起度过精彩的一天吧！”

吃饭时可以说：“今天咱们吃鱼，鱼对咱们的身体可有好处了，它的味道香浓，营养丰富，让咱们一起尽情享用吧！”“苹果好吃吧？真是又香又甜，据说苹果里有许多的维生素呢！”

去医院时可以说：“今天是定期检查的日子，你的脸、手和脚都长到多大了呢？妈妈很快就可以看到啦！”“已经做过超声波检查啦，宝宝你真是太可爱了。你一定要在妈妈的肚子里乖乖地、健康地长大哦！”

听音乐时可以说：“这是轻音乐，让妈妈身心都变得舒畅了！宝宝的心情也很不错吧？”

发生胎动时可以说：“呵呵，宝宝这会儿正玩得开心呢，妈妈来陪你一起玩好吗？”“来，妈妈在这里拍一下，宝宝也来拍一下？嗯，真听话！”“宝宝的心情可真不错呀。你知道吗？妈妈和你一样高兴！”

细节22 准妈妈怎样给胎宝宝念儿歌《雪绒花》

雪绒花，雪绒花
清晨迎着我开放
小而白，洁而亮
向我快乐地摇晃
白雪般的花儿
愿你芬芳
永远开花生长
雪绒花，雪绒花
永远祝福我家乡

胎教点读 雪绒花，雪绒花，是从天而降的美丽天使，是心中快乐的天堂。请你想象自己已经置身其中，想象有无数片雪绒花从你的上方，倾泻下来，瞬间又化成清凉的气息，渗透到你的身体，深吸一口气，把晶莹世界的清凉吸进体内，再吐一口气，吐出所有的烦恼与忧虑。

细节23 准妈妈怎样给胎宝宝念儿歌《春天在哪里》

春天在哪里呀？春天在哪里？
春天在那青翠的山林里，
这里有红花呀，这里有绿草，
还有那会唱歌的小黄鹂，
嘀哩哩哩嘀哩哩嘀哩哩哩哩……
嘀哩哩哩嘀哩哩嘀哩哩哩哩……
春天在青翠的山林里，
还有那会唱歌的小黄鹂。
春天在哪里呀？春天在哪里？
春天在那湖水的倒映里，
映出红的花呀，映出绿的草，
还有那会唱歌的小黄鹂，
嘀哩哩哩嘀哩哩嘀哩哩哩哩……
嘀哩哩哩嘀哩哩嘀哩哩哩哩……

春天在湖水的倒映里，
还有那会唱歌的小黄鹂。

胎教点读　儿歌优美的旋律、和谐的节奏、真挚的情感，可以给人带来美的享受和情感的熏陶。在哼唱儿歌的时候准妈妈会情不自禁地憧憬胎宝宝出生后的美好时光，也会回想起自己儿时的欢乐时光。这样的憧憬和回忆，可以让准妈妈在听、唱儿歌的过程中获得愉快的情感享受。

细节24　准妈妈怎样给胎宝宝听歌曲《泉水叮咚响》

泉水叮咚泉水叮咚泉水叮咚响
跳下了山岗
走过了草地
来到我身旁
泉水呀泉水
你到哪里你到哪里去
唱着歌儿弹着琴弦流向远方
请你带上我的一颗心
绕过高山一起到海洋
泉水呀泉水你可记得他
在你身旁是我送他参军去海疆
泉水叮咚泉水叮咚泉水叮咚响
跳下了山岗
走过了草地
来到我身旁
泉水呀泉水
你到哪里你到哪里去
唱着歌儿弹着琴弦流向远方
请你告诉我的心上人
不要想我也不要想家乡
只要听到这泉水叮咚响
那就是我祝他日夜身体健康
泉水叮咚泉水叮咚泉水叮咚响

泉水叮咚泉水叮咚流向远方
泉水叮咚泉水叮咚泉水叮咚响
泉水叮咚泉水叮咚流向远方
流向远方
流向远方

胎教点读 准妈妈一定听过这首老歌《泉水叮咚响》，潺潺的泉水，叮咚作响，就像被风带起的风铃。这首歌将清纯的泉水活跃起来，赋予了生命，透出青春的气息，给人以视觉、听觉的多重享受与共鸣，给宝宝以心灵之慰。

细节25 准妈妈怎样给胎宝宝讲《太阳、月亮和公鸡》的故事

很久以前,天上住着三兄弟：太阳、月亮和公鸡。

有一天，太阳出去干活，月亮和公鸡待在家里，傍晚月亮让公鸡把牧场的牲口赶回来。辛苦干了一天活的公鸡已筋疲力尽，就没有去。

这下把懒惰的月亮惹得非常生气，它一把抓住公鸡，把它从天上扔到地面。

晚上，太阳回到家，不见公鸡弟弟的影子，就问月亮，月亮说："我把这个懒家伙扔到地面上去了。"太阳十分悲伤地说："你怎么能这样对待自己的兄弟呢？既然你不能跟别人和睦相处，我也不愿跟你住在一起了。"从这以后，黑夜归月亮，白天归太阳。

公鸡每天很早起床，迎接太阳哥哥，它站在高处，想到又要看见太阳哥哥了，便高兴地叫着：喔喔喔！喔喔喔！公鸡是在喊："大哥哥，我在这儿！大哥哥，我在这儿！"太阳哥哥听见公鸡弟弟的喊声，就高兴地露出了笑脸。

可是太阳一落山，月亮出来时，公鸡就马上躲到鸡窝里，它不想看见讨厌的月亮哥哥。

胎教点读 这个故事虽然小，却告诉了我们一个道理：兄弟相处要互相体谅，决不能像月亮那样不顾公鸡的疲惫，要求它干很多的活，而自己却偷懒。准妈妈要告诉胎宝宝，与朋友同甘共苦，才能赢得朋友的友谊。

细节26 呼唤胎教有什么作用

呼唤胎教法是根据胎宝宝具有辨别各种声音的特征，来训练胎宝宝能作出相应反应的能力的一种方法。父母对胎宝宝进行呼唤的训练方法，主要作用是建立起胎宝宝的记忆反应，是父母与胎宝宝最初的沟通。

父母通过声音和抚摩，对腹中的胎宝宝进行对话和呼唤训练，是一种十分有效的胎教手段。因为在呼唤的过程中，胎宝宝能够通过听觉感受到父母充满爱心的呼唤，同时增进准妈妈和胎宝宝之间生理上的沟通和情感上的联系，对胎宝宝的身心发育具有极大的好处。

细节27 对话胎教时要注意些什么

（1）用心和胎宝宝说话　如果在声波上载满情感，虽然音的波动相同，但却会产生几倍的能量。对胎宝宝说话时，最好带着“我想给宝宝讲这个故事，送给他特大的喜悦”或“宝宝，我们一起开心啊”的情绪。说话时应张大嘴，准确地发音。

从确切知道怀孕的消息开始，就经常将你的思绪用“心灵沟通”的方式传达给胎宝宝，并时常讲故事给他听，与他说话，让他习惯你和准爸爸的声音，等到胎宝宝完全习惯了父母的声音后，每当你们发出声音或在思考时，胎宝宝就能感觉到你的心情，听到你的话语。

（2）语速缓慢　据研究，语速快的人的声音难以传达清楚给对方，对胎宝宝说话时，尤其如此，应当慢条斯理，这是对话胎教的要点之一。

第六节　运动胎教

细节01 准妈妈可以做体育运动吗

这一时期，准妈妈应该有适当的体育运动。通过运动能促进机体的新陈代谢及血液循环，增强心、肺及消化道功能，锻炼肌肉的力量，从而使准妈妈能保持健康的身体及充沛的精力。准妈妈多在户外活动，还能呼吸新鲜空气，获得充足的阳光，从而避免维生素 D 的缺乏。

需注意运动量要适当，准妈妈运动后不会感到过度疲劳与紧张。球类、田径、跳水、骑马及滑雪等，不仅运动量过大，而且还可能受伤，准妈妈不宜参加。带有比赛性质的活动易造成精神紧张，孕期也不适宜参加。

上述情况是指正常准妈妈，有流产、早产征象，以及孕史不良或其他并发症者，不在此列。

细节 02 何时开始做运动胎教

胎宝宝在子宫中的活动方式有握拳、吸吮手指、吞咽羊水、踢腿和翻身等动作。尽管在孕 3 个月后，准妈妈还感觉不到胎动，但实际上宝宝已经开始了以上的动作，所以从此时起就可以提前进行运动胎教了。

运动能使准妈妈吸入更多的新鲜氧气，加速体内废物的排出，有效地缓解孕期的不良反应，让胎儿能够更加顺利地度过整个孕期。

细节 03 准妈妈可以伴着音乐跳舞吗

跳舞可以使整个家庭的气氛活跃起来，并达到健身的效果。准妈妈可以使用舞巾和丝带，也可以在播放柔和音乐的同时踩着拍子跳舞。准妈妈和准爸爸在爱的氛围下共同起舞也是非常不错的选择。

细节 04 准妈妈如何做足部运动

做足部运动时，孕妇应取自己感到舒适的体位，比如坐在椅子上或床边，双腿自然与地面垂直，两脚并拢平放在地面上。然后脚尖使劲向上翘，呼吸一次后，恢复原状；随后将一条腿放在另一条腿上，你可以将左腿放在右腿上，左腿的脚尖慢慢地上下活动，然后再换右腿进行。通过脚尖和踝关节的活动，能够增强孕妇脚部肌肉的血液循环，防止脚部疲劳减轻脚部浮肿的症状，每次 3 ~ 5 分钟即可。

细节 05 准妈妈怎样拉伸腿部的肌肉

在一条腿向前迈出的姿势下把前腿伸直，让脚后跟接触到地面。后腿弯

曲的同时尽量使上半身、头部和腰部保持一条直线。保持15~30秒，注意呼吸均匀。为使前腿的膝盖不发生弯曲，可以用手轻轻按住。这项运动可以增加腿部后半边肌肉韧带的柔韧程度。在运动时要注意:

（1）伴随着自然的呼吸完成这些动作，每个动作重复8~12次。

（2）在做出伸展型的动作后保持15~20秒，以便让筋骨得到彻底的放松。

（3）所有的动作都要在向左和向右这两个方向之间切换进行，在更换方向之后要保持原来的力度和幅度。

（4）呼吸时用鼻子吸气，用口呼气。怀孕4个月之后，应尽量减少在平躺状态下进行运动。原先平躺时做的动作可以在重复3~5次之后，改为侧卧姿势进行。

细节06　准妈妈如何练习手部

（1）肘部稍稍弯曲，重复握拳和松开的动作10~30次，这样可以促进身体的血液循环和能量循环。

（2）轻握自己的双拳，手腕向左侧旋转10~20次。然后换方向重复这一动作。

（3）松开握住的拳头，就像要甩掉手上的水珠一样快速地向下面、上面和侧面甩手。这样做可以缓解手指和手腕的疲劳感。

细节07　准妈妈怎样锻炼腹部的肌肉

提拉上身的运动胎教，准妈妈首先要平躺，将膝盖立起，双手朝屋顶方向推去，感觉就好像要接触到屋顶一样。然后再同时提拉上身再慢慢躺下，上身被提拉起来的时候吐气，躺下的时候再重新吸气。这个运动能强化准妈妈腹部的肌肉。

细节08　准妈妈如何做腰部运动

在做腰部运动胎教时，准妈妈首先要采取仰卧的姿势，曲起膝盖然后，双手叉在一起并放在头部后方。然后抬起上身，尽量让右肘接触到左膝，之

后再次躺下。抬起上身的同时呼气，躺下的同时再次吸气。

这项运动能有效地锻炼准妈妈的腰部肌肉。

细节09 准妈妈如何做颈部运动

让自己的耳朵碰到肩部为止，让颈部缓缓地向左边旋转几圈。在此过程中要保持双眼一直睁开，并使眼球和自己的视线也跟着颈部一起转动。随后向反方向继续转动。由于这个动作可能引起头晕，所以最好坐下来慢慢地做，此外紧闭嘴唇也可以提高锻炼的效果。

细节10 准妈妈如何锻炼骨盆韧带的柔韧度

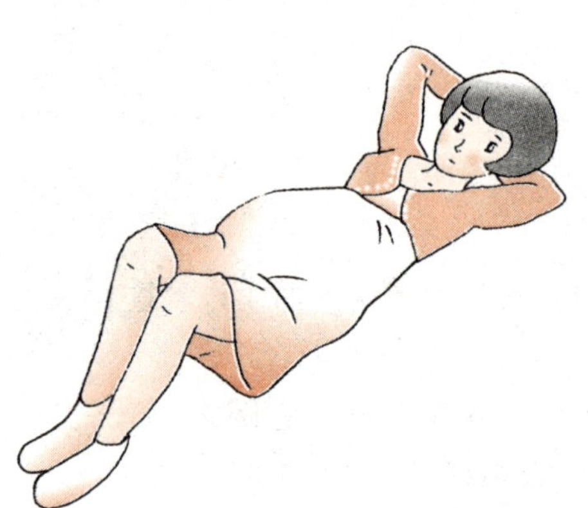

骨盆韧带运动是让孕妇仰卧在床上（或其他自己认为舒服的地方），两腿稍屈曲与床呈45°，双膝并拢，并拢后带动大腿和小腿向左、向右摆动，摆动时两膝好似在画一个椭圆形，动作要缓慢有节奏，双肩和脚板要紧贴床面，然后左腿伸直，右腿的膝盖慢慢向左倾倒，右腿膝盖从左侧恢复原位后，再向右侧倾倒，此后两腿交换进行。

这项运动可使骨盆关节和腰部的肌肉保持柔软，减少疼痛，有利分娩。每个动作各作10次。

细节11 准妈妈在散步时要注意些什么

散步时应保持挺拔的身姿，不可拖沓，肩膀要放松。手臂要自然地前后摆动，略微收腹，脚步轻快，由慢速逐渐过渡到中等速度，保持流畅的呼吸。在日常生活中或上下班途中，如果路面条件较好，也可以采用这样的姿势步行。

准妈妈的肚子会一天天变大，身体负担也越来越大，许多准妈妈喜欢把手扶在后背，这样可能会舒服些，但是久而久之就养成了习惯，导致形成“前挺式”行走姿势，不但对身体不好，而且还会有损准妈妈的美好形象。

细节 12 准妈妈如何做椅子芭蕾运动

（1）准妈妈坐在椅子上，保持挺拔坐姿，手臂呈抱球状放于胸前，两脚开立，比肩略宽。呼气的时候，在保持左手臂不动的情况下右手臂继续向上，并上抬过头，此过程要保持肩膀与肘关节的放松。

（2）吸气，右手臂还原至胸前。重复 6~8 次后换左手臂练习。

（3）准妈妈也可两手同时上抬，然后两手同时恢复到原位。

细节 13 直立式孕妇瑜伽怎么做

双脚平行分开站立身体重量平分在两脚上，练习过程中眼睛闭上，双膝放松（不要弯曲双膝，膝盖部位不要往后拉或收紧）：不要咬紧牙齿，舌头保持柔软平放在口腔底部，不要抵住上颚，放松双肩，感受耳垂和肩膀之间的空间感，觉得肩膀非常自然柔软的落在耳垂下方，心里继续体会这种柔软的感觉顺着手臂，经过手腕流到指尖，体会它从脊椎顺流而下的感觉。

先放松胃部肌肉，然后是臀部肌肉这种柔软的感觉继续顺着双腿，经过双膝到达双脚。想象你的双脚是扎在土地里不断生长的根。感觉一天的不适和压力都从大脑出来，顺着脊柱和腿，从脚板排除。这个姿势保持的时间越长，身体感觉越平静。这是开始练习瑜伽之前的一个很好的预备姿势。注意练习中呼吸要保持平稳。

细节 14 准妈妈如何练气功

准妈妈躺着和坐着时可以做做简单的气功。先暗示自己全身放松，要一个部位一个部位地放松，然后柔和地开始深吸气，再慢慢地、细细地、自然地呼气。呼吸时，尽可能让内心处于愉悦状态，这对调节体内血液循环、放松肌体、解除疲劳很有作用。

需要注意的是准妈妈由于体内的负担越来越大，容易出现腰酸背痛等不适，可将注意力放在腰部。暗示自己放松腰部，再进行上述的吸气呼气，这样可以减轻不适症状。

细节15 准妈妈如何做球上摇摆运动

（1）准妈妈坐在健身球上，双腿尽量大地叉开，以维持身体的稳定性，上身保持坐直。

（2）呼气，左手扶住腰部，身体尽量向左弯曲，头部也随之向左倾斜，右手自然下垂。吸气，身体回到原位。然后根据自己的身体状况重复6～8次。换另一侧做同样练习。

对于平时不喜欢运动的准妈妈来说，买个健身球回家是再好不过的选择了。因为健身球有个好处，即使你坐在上面不运动也会消耗热量，帮助你消除脂肪，所以，它适合不同运动水平的准妈妈。

细节16 运动中出现什么情况应停止运动

运动中准妈妈应当根据自己的身体状态寻找最为合适的运动项目，并维持适度的运动量。无论是否处在运动中，当感到疲劳时应立刻停止运动，并进行充分的休息。

特别要注意的是阴道出血，当有清水一样的分泌物从阴道中流出，足关节或手、脸突然水肿，血压明显上升，急剧的收缩或腹痛。出现这些异常症状时要立即停止正在进行的运动。

除此以外，妊娠高血压患者、怀双胞胎的准妈妈、心脏病患者和胎盘前置的准妈妈最好不要运动。

第七节　情志胎教

细节01 什么是情绪胎教

情绪胎教的概念其实在我国古代就已经有了，从古时候开始，医学家和教育家就已经认识到情绪胎教的重要性。早在公元前11世纪，就有医学家提出了准妈妈的心态会影响胎宝宝发育的说法。西汉时期的贾谊在其著作中指出，准妈妈不要过分兴奋，亦不要过度愤怒。他主张准妈妈应胸怀坦荡、乐

观而积极，更要控制自己的喜怒哀乐等情绪。

我国传统医学经典《黄帝内经》中也提到，准妈妈“七情”（喜、怒、忧、思、悲、恐、惊）过激会致“胎病”的理论。现代医学研究也表明，情绪与全身各器官功能的变化直接相关。不良的情绪会扰乱神经系统，导致准妈妈内分泌紊乱，进而影响胚胎及胎宝宝的正常发育，甚至造成胎宝宝畸形。

细节02　准妈妈如何做好情绪胎教

（1）应胸怀宽广，乐观舒畅，多展望宝宝远大的前途和美好的未来，避免烦恼、惊恐和忧虑。

（2）把生活环境布置得整洁美观，赏心悦目。

（3）饮食起居要有规律，按时作息，进行有效的劳动和锻炼。

（4）常听优美的音乐，常读诗歌、童话和科学育儿书刊。

（5）准妈妈在情绪胎教中负有特殊的使命。

细节03　准妈妈的情绪对胎宝宝有什么影响

科学研究表明，虽然母胎之间没有直接的神经传递，但当准妈妈的情绪发生变化时，体内就如同经历了一段“天气变化”，可激发起体内自主神经系统的活动，自主神经系统控制的内分泌腺就会分泌出多种多样的激素，这些激素在母体向胎儿输送养分时，经由脐带进入胎盘，使胎盘血液的化学成分发生变化，从而使胎儿间接性地与母亲体建立起神经介质传递关系，刺激正处在身体和神经发育关键时刻的胎儿。

不同的情绪会产生不同的激素，有的有益，有的有害，会对胎儿产生不同的影响。因此，准妈妈应该注意精神修养，做到心怀博大，性情开朗，情绪平和，举止端正，避免悲伤，抛弃急躁、焦虑、愤怒等不良的情绪。积极的情绪不仅对胎儿健康的发育有利，而且对胎儿出生后的性格、智力以及身体的发育都有着良好的促进作用。

细节04　准妈妈的不良情绪对胎宝宝有什么危害

（1）容易引起胎儿胎毒、斑疹、癫痫、惊悸、胆小、发育不全、内分泌紊乱等疾病。

（2）容易致畸，出现兔唇等残疾症状。

（3）容易影响胎儿智力，使以后出现综合理解力差或不足现象，出现智力障碍。

（4）容易出现气血不和导致的各类情感障碍，如孤僻症、反社会情绪、与他人没法融洽、情绪容易激动或易被激怒等。

（5）容易使孩子日后得癌症、代谢紊乱、早衰等疾病或体弱多病。

细节05 准妈妈如何调节不良情绪

（1）自我劝慰法 在不愉快的事情中，可以这样劝慰自己："这点小事算不了什么，有了宝宝我还有什么可生气的呢？"

（2）焦虑转移法 在不良情绪实在无法排遣的情况下，可以离开使自己不愉快的情境，去做一些自己喜欢做的事，如唱歌、看书、郊游、画画等，使自己的情绪由烦恼转为愉快。

（3）情绪消释法 有些不良情绪必须经过宣泄才能消除，这时可以通过给好朋友写信、交谈等方式来叙说自己的处境和感受，让不良情绪烟消云散。

（4）朋友交往法 独处往往会使人郁郁寡欢，最好的方法就是将自己置身于朋友的生活圈中，充分享受友情的欢乐，感染上积极的情绪，从中得到心理上的满足和快慰。

（5）心情调整法 大自然是最好的朋友，经常到大自然中去散散步，听听鸟鸣，嗅嗅花香，能使自己消除紧张情绪，心情变得舒畅。

（6）自我美化法 美化自己无疑能增强自信心，不妨经常改变一下自己的形象，有时一件新衣服、一款新发型都能让自己感受到生活的美好。

总之，作为未来的母亲，必须努力保持平静、乐观、温顺的心境，只有在这种心境下才能拥有良好的情绪，只有拥有良好的情绪，才能使胎儿的身心获得健康的成长。

细节06 为什么准妈妈宜抚平自己波动的情绪

妊娠反应是孕期正常的生理反应，会给准妈妈平添许多烦恼。此时，准妈妈在面对这些反应的时候，如果不能调整心态，则很容易影响心情，并产

生烦躁、易怒等不良情绪。尤其是初次怀孕的女性，面对妊娠反应没有足够的心理准备，更容易出现情绪上的较大波动，准妈妈应该清楚地认识到，情绪与妊娠呕吐之间有着重要的关联，大幅度的情绪波动还会在一定程度上加重妊娠反应。

细节07 如何克服孕早期的烦燥心理

准妈妈应正确认识妊娠反应，保持心情舒畅，情绪稳定，保持心理平衡。平时多想一些愉快的事，多看一些轻松、幽默的书籍，多看一些喜剧片和动画片，这样会缓解一些心理上的烦乱情绪。妊娠的呕吐多是由神经系统紊乱、精神过度紧张造成的。每天到环境幽雅的地方散散步，和喜欢的人谈谈天，精神上的放松，可以使准妈妈体内循环畅通，从而减轻妊娠的不良反应，也可以使烦躁的心理得以减轻。

细节08 为什么说准妈妈走进大自然有利于情绪胎教

大自然不仅可以开阔人的视野，对于母婴的身体也大有益处，因为投入到大自然中去，人会感到自己眼前的山川河流美不胜收，处处赏心悦目。

大自然中清新的空气对于人的健康有极大的益处，对孕妇更是如此。

大自然的美景多种多样，各具风格。日月星云、山水花鸟、草木鱼虫、田林原野等皆能陶冶人们的情感、激发人们对生活的热爱。它能给人们带来欢乐，激发人思索，使人们的精神世界得到极大的丰富。

总之，大自然是无限美妙的。多欣赏大自然的美，不仅能使孕妇得到休息、娱乐，从宁静和美景中获得清爽、舒畅之感，还可以使孕妇大开眼界，增长知识，增添机体活力。这些都是极有利于孕妇和胎儿身心健康的。

细节09 准爸爸在情绪胎教中可注意什么

准爸爸宜担当起照料准妈妈的重任。准妈妈在妊娠期间会出现一定程度的妊娠反应。如果调理得当，则能安心度过令人厌烦的孕早期。相反，如果准爸爸没有照料好准妈妈，很可能加重妊娠反应，也可能令准妈妈出现不良情绪，从而影响准妈妈自身及胎宝宝的健康。

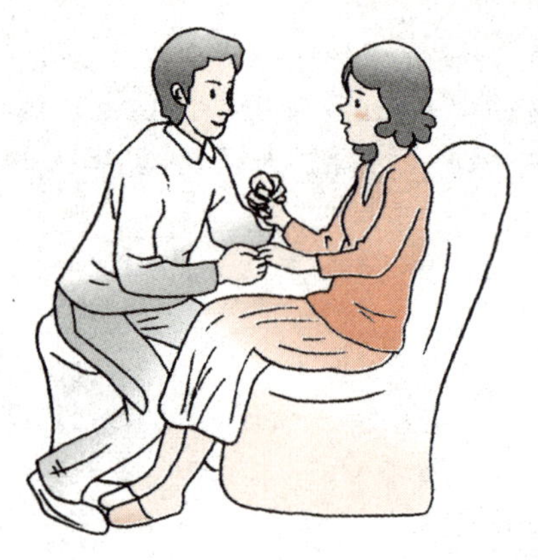

准爸爸要保护准妈妈的安全。准爸爸应该义不容辞地承担起照顾母子的重任。妻子出门的时候，应陪伴在其身边，照顾她的出行，避免腹部遭受碰撞。妻子在家的时候，应给母子创造最安静、舒适、温馨的家庭环境等，这对缓解准妈妈的身体不适十分有益。

准爸爸忌因工作忙而忽视妻子的感受，要做好开导准妈妈的工作。对于妊娠期间准妈妈的不良精神状态，准爸爸的适当引导和开导工作是必不可少的。

细节10 夫妻感情不和对胎宝宝有什么危害

据统计，与关系融洽的夫妻相比，如果夫妻间的感情出现裂缝，所生婴儿在精神或肢体上出现残疾的概率会上升2.5倍。胎教并不是准妈妈一个人的事情，每一份责任都应该由夫妻二人共同承担。

有一种说法认为孩子的身体是妈妈的，心灵是爸爸的。从这句话中我们可以看出，在受孕过程中丈夫的心理状态是相当重要的。

从受孕开始，一直到准妈妈分娩为止，丈夫一定要做到的事情就是：在妻子需要自己的时候能够及时到达她的身边。

细节11 夫妻吵架对胎宝宝有什么影响

要孕育小生命，除了补充充足的营养之外，准妈妈的爱心对胎宝宝来说也是一种重要的养分，准妈妈的精神转变或多或少都会对胎宝宝造成影响。

例如夫妻经常吵架。当准妈妈情绪波动时，胃液的分泌会减少，肠胃功能降低，因此影响食欲。因为胃和肠不能充分工作，吃下去的食物就不能够完全消化，腹中的胎宝宝就不能获得足够的养分，将会产生成长障碍。准妈妈在妊娠初期较容易情绪不安，为了将来胎宝宝健康，就算有令人不愉快的事情，也应一笑置之，准爸爸更要克制自己的情绪，尽量不要与妻子吵架。

细节12 准妈妈自己吓自己有什么危害

有些想象力特别丰富的准妈妈，在看完恐怖片或侦探小说后，就会变得疑神疑鬼，经常会陷入担惊受怕的情绪中。比如一个人在家时总是担心有人来袭击，也有的人因为担心半夜有贼侵入而整夜睡不着。其实，这也会对孩子的身心发育造成不良影响。

妈妈经常处于恐惧中，容易使孩子产生行为偏激、固执、自卑的性格，长大后这样的孩子在语言能力上可能会遇到困难。即使没有语言障碍，也不容易跟别人友好相处，沟通能力差。

因此，准妈妈尽量不要看恐怖片或侦探小说，即便偶尔看看，也要在白天进行，因为晚上看恐怖片往往容易造成失眠，对孩子的身心危害更大。

细节13 为什么说写妊娠日记可以消除焦虑感

母亲的精神状态对胎儿非常重要，经常烦恼、焦虑的母亲，会令胎儿感到不安，对胎儿造成不良影响。写妊娠日记是一种很好的消除焦虑感的方式。你可以在日记里向宝宝倾诉内心的焦虑、不安，然后从正面加以肯定。然后告诉胎儿，父母会爱他、保护他，会给他以安全和保障，父母亲在热切地等待他的安全降临。给胎儿以信心，教胎儿愉快地降生，这同时也在增强孕妇自身的分娩信心，调节分娩的愉快心理。

细节14 准妈妈的求知欲会影响到胎儿吗

怀孕后，许多孕妇往往容易发懒，什么也不想干，什么也不愿想。于是有人认为，这是孕妇的特性，随它去好了。殊不知，这正是胎教的一个大好时机。

如果怀孕的母亲不思考也不学习，胎儿也会受感染而变得懒惰起来。而倘若母亲始终保持旺盛的求知欲，则可使胎儿不断接受良性刺激，保持大脑神经和细胞的活跃。因此，怀孕的母亲要从自己做起，勤于动脑，勇于探索，在工作上积极进取。要保持浓厚的生活情趣，凡事都问个为什么，不断探索新问题。孕妇保持强烈的求知欲和好学心，充分调动自己的思维活动，会促使胎儿大脑变得活跃。

细节15 什么是日记胎教

准妈妈怀孕期间一边写日记一边让自己的内心变平和，这就是日记胎教。在宝宝出生前写胎教日记，出生后写育儿日记，是一件很有意义的事情。

如今以日记形式记录胎宝宝成长过程已经成为一种时尚。越来越多的准妈妈把胎教日记贴到育儿网站上，甚至还有一些热心的女性网友发表“怀孕预备日记”。

我们偶尔还能看到一些准爸爸们写的文章，也相当有趣。

因此，写日记是一种很好的胎教方法。

细节16 日记胎教有什么积极影响

准妈妈往往都会有一种不安的感觉，胡思乱想的也比较多见，因此有必要对自己的内心进行一番梳理。

写日记一方面可以排解孕期的寂寞，另一方面可以将自己的心里话抒发出来，使不安的内心渐渐平和下来，并逐步加深对胎宝宝的爱。

与丈夫一起写日记还可以增进夫妻之间的感情。夫妻关系会变得更加亲密，准妈妈也会得到一种情绪上的安慰，这种安慰感则会自然而然地提升胎教的效果。

受到体内激素变化的影响，准妈妈在一天内可能时而忧郁，时而感到幸福，情绪处于起伏不定的状态。

在这种情况下准妈妈最好养成写日记的习惯，写的时候心里可以想着将要出生的孩子，借此来使自己逐渐进入宁静而平和的状态。

在写日记时可以将当天发生的事件以及自己的苦恼、担心、喜悦和感激等情感记录下来。可以三言两语，也可以长篇大论。

细节17 如何让日记胎教的内容更丰富

一本好的胎教日记往往涵盖怀孕期间准妈妈和胎宝宝的所有身体变化，以及在一些特殊的日子里的喜悦或困惑，如刚刚得知怀孕消息的日子，第一次感觉胎动的日子，在超声波检查时看到宝宝模样的日子，听到宝宝心脏跳动的日子。还可以把在胎教过程中读过的诗句或播放的音乐，自己和丈夫之

间的深厚感情以及对宝宝的无限期待作为日记的内容。

准妈妈在写完一篇日记后可以自己朗读出来，胎宝宝一定会对父母充满爱意的声音产生好感，这样一来就同时起到了胎谈的作用。准妈妈可以用阅读童话书的方法来阅读日记。

除了文字内容以外，准妈妈还可以把超声波检查的照片贴在日记本里。拍下自己每个月发生的外貌变化贴在日记本里，今后也一定会成为美好的回忆。

细节 18　形象意念对胎儿的发育有什么影响

有些科学家认为母亲在孕期如果经常设想孩子的某种形象，将要出生的胎儿会在某种程度上与之相似，因为母亲与胎儿具有心理与生理上的相通。从胎教的角度来看，孕妇想象的作用是通过意念实施胎教，将之转化、渗透在胎儿的身心感受之中。

同时母亲在构想胎儿形象的过程中，会使情绪达到最佳状态，从而促进体内具有美容作用的激素增多，也会使胎儿面部器官的结构组合及皮肤发育得更好，从而塑造出自己理想中的胎儿。我们在日常生活中看到许多相貌平平的父母却能生出非常漂亮的孩子，这与怀孕时母亲意念中经常强化美化孩子的形象是有关系的。

细节 19　准妈妈如何进行联想胎教

在怀孕的第 2 个月，正是胎儿各器官进行分化的关键时期，孕妇可用意念胎教的方法使胎儿发育得更加完善，最常用的是脑呼吸。脑呼吸胎教是与简单的基本动作一起冥想的，即从脑运动开始。

方法是：首先熟悉脑的各个部位的名称和位置，闭上眼睛，在心里按次序感觉大脑、小脑、间脑的各个部位，想象脑的各个部位并叫出名字，集中意识，这样做可提高集中力，能清楚地感觉到脑的各个部位。刚开始做脑呼吸时，先在安静的气氛下简短做 5 分钟左右，在逐渐熟悉方法后，可增加时间。吃饭前，在身体轻快的状态下做脑呼吸更有效果。还可以通过脑呼吸和胎儿进行对话，想象一下肚子里的孩子，想象胎儿的各个身体部位，从内心感觉孩子，如通过超声波片来看的话，形象更容易想象。脑呼吸的同时对胎儿说话，或写胎教日记，会使胎儿和母亲更容易进行交流。

由于联想对胎儿具有一定的“干预”作用，母亲的联想内容十分重要，美好内容的联想无疑会对胎儿产生美的熏陶；内容不佳的联想，则会起到反面作用，或把孕妇本不想传递给胎儿的信息传递给了胎儿。这一点，孕妇要千万注意。

细节20 如何想象胎宝宝的样子

怀孕后，准妈妈总是在心中一遍遍地描绘着自己所希望的孩子的形象。首先，这些美好的愿望能在言行举止中表现出来，正因为先有了愿望，然后才有了新的生命。从胎教的角度来看，准妈妈的想象能通过意念构成胎教的重要因素，转化渗透在胎儿的身心感受之中，影响胎儿的成长过程。因此，准妈妈可以强化“想要这样的孩子”的愿望，盼望着他的到来，用自己的意念塑造理想中的胎儿。

具体地说，从受孕开始，就应该积极地设计孩子的形象，把美好的愿望具体化、形象化，想象着孩子应具有什么样的面貌，什么样的性格，什么样的气质等等。常常看一些喜欢的儿童画和照片，仔细观察夫妻双方以及双方父母的相貌特点，取其长处进行综合，在头脑中形成一个清晰的印象，并反复进行描绘。对于全面综合起来的具体形象，以“就是这样一个孩子”的坚定信念在心底默默地呼唤，使之与腹内的胎儿同化。久而久之，所希望的东西将潜移默化地变成胎教，为胎儿所接受。

第八节　触觉胎教

细节01 什么是抚摩胎教法

抚摩胎教法是根据宝宝具有触觉，准爸爸、准妈妈通过抚摩来与宝宝沟

通的方法，它也是准爸爸、准妈妈早期与宝宝沟通的重要途径。

相对视觉而言，宝宝的触觉发育要早一些，实验证明，两个月的宝宝已经开始有感觉了，准爸爸、准妈妈可以通过对宝宝进行抚摩、拍打等，激发宝宝的积极性。经常抚摩宝宝，可以促进准妈妈的血液循环，有利胎体的形成和宝宝的智力发育。通过抚摩把触觉刺激传递给宝宝的大脑，加强宝宝感受器和大脑的联系，使宝宝更聪明。

细节02 孕早期如何进行抚摩胎教

准妈妈可用双手轻抚腹部，一边抚摩一边呼唤宝宝的名字，还可以跟宝宝说话，把宝宝当成每时每刻和自己生活在一块儿，把自己正在做的或可以和宝宝一起做的事告诉宝宝。同时，准爸爸也可以选择合适和固定的时间抚摩宝宝，或用手指轻按妻子的腹部，把压力通过腹壁传至宝宝皮肤，以产生压觉和触觉。这样可满足宝宝的皮肤饥饿感，激发宝宝活动的积极性，促使其发生蠕动。

细节03 孕早期进行抚摩胎教时要注意些什么

（1）选择恰当的抚摩时间　一般以早晨和晚上抚摩为宜，每次时间不要太长，5～10分钟即可。

（2）抚摩方法要得当　准妈妈平躺在床上，全身尽量放松，在腹部松弛的情况下，用一个手指轻轻按一下胎宝宝再抬起。

（3）需要提醒的问题　孕早期的抚摩，准妈妈可能感觉不到胎宝宝的回应，但准妈妈不要以为胎宝宝对此没有反应而放弃此项胎教，只要坚持进行，待胎宝宝再长大些，准妈妈就能感觉到胎宝宝的回应了。

细节04 经常抚摩胎儿有什么积极作用

在妊娠期间，孕妇经常抚摩一下腹内的胎儿，可以激发胎儿运动的积极性，并且可以感觉到胎儿在腹内活动而发回给母亲的信号。这是一种简便有效的胎教运动，值得每一位孕妇积极采用。

正常情况下，在怀孕3个月左右胎儿即开始活动，其活动项目丰富多彩，有吞吐羊水、眯眼、握小拳头、咂拇指、伸展四肢等。大约在怀孕4个月时，孕妇即可感觉出有胎动了。最初抚摩胎儿，由于胎儿的月份还小，孕妇一般不容易感觉出胎儿所发回的信号，而随着胎儿月份的增长与妊娠的逐步体会，渐渐地就会发觉，每当抚摩腹内的小家伙以后，他就会用小手来推或用小脚来踹母亲的腹部。

通过对胎儿的抚摩，沟通了母子之间的信息，并且也交流了感情，从而激发了胎儿运动的积极性，可以促进其出生后动作的发展。如翻身、抓、握、爬、坐、立、走等动作，都有可能比没有经过这项运动训练而出生的婴儿要出现得早一些。在动作发育的同时，也促进了大脑的发育，从而会使孩子更聪明。

第九节　环境胎教

细节01 环境胎教有什么作用

随着社会经济的高速发展和商业化进程的加快，环境污染逐渐成为了严重危害人类健康、降低人类生活质量的一个重要因素。而环境污染作为影响胎宝宝的胎外环境因素的一部分，对于正在母体中生长、发育的胎宝宝所造成的伤害更是难以弥补，所以准妈妈对这一问题要给予高度重视，以免造成无法弥补的遗憾。

在受孕后最初的数周时间内，胎宝宝正处于器官分化阶段，是最容易受到侵害的高敏时期。此时胎宝宝发育最快，但也最为脆弱。由于胎宝宝各方面均未发育成熟，且不具备抵抗外界侵害的能力，若遭受不良环境因素的刺激，则很容易发生畸形或死胎的情况。

因此说准妈妈重视环境胎教对胎宝宝的健康是十分重要的，特别是在妊娠早期的几周内，准妈妈应对自己的宝宝加倍呵护，并处于安静、洁净的优质环境中，这是保证胎宝宝健康发育的前提条件，也是做好环境胎教的一个重要环节。

细节 02　准妈妈要尽量远离哪些外环境

（1）电磁辐射环境　孕期接触电磁辐射，有可能会造成胎宝宝小头畸形、四肢不全、先天愚型，以及成为无脑儿的悲剧。接触电磁辐射的工作主要有：医疗或工业生产放射室、电离辐射研究，以及电视机生产等。计划怀孕的女性应该孕前申请调离或者暂停以上的工作岗位。

（2）生产有毒化学物的工厂　经常接触铅、镉、甲基汞等重金属，会增加准妈妈流产和死胎的危险性，其中甲基汞可导致胎宝宝中枢神经系统的先天疾患。怀孕后接触二硫化碳、二甲苯、苯、汽油等有机物的准妈妈，流产发生率会明显增高。

（3）高温作业、振动作业和噪音过大的工种　工作环境温度过高、振动过强、噪音过大，都可能会对胎宝宝的生长发育造成不良影响，因此在这种环境下工作的准妈妈应暂时调离岗位。

（4）医院的传染病区　传染病流行期间，身为医务人员的准妈妈容易因密切接触患者而被感染。而风疹病毒、流感病毒、麻疹病毒、水痘病毒对胎宝宝的发育影响较为严重。所以，准妈妈在孕早期的 3 个月内，如果正值疾病流行，如果不能暂停工作，需要格外加强保护。

细节 03　准妈妈如何打造理想的家居环境

（1）营造温馨卧室　卧室内的卧具摆放合适与否与准妈妈的睡眠质量有直接的关系。卧室要选择采光、通风较好的地方，床铺要放在远离窗户、相对背光的地方，因为在窗户下睡觉容易吹风着凉，从窗户照进的太亮的光线也影响睡眠。

（2）保持室内通风　注意空气的流通，尽量少用空调，保持适当的温度和湿度。经常开窗换气，让新鲜空气不断流入，同时让室内的二氧化碳及时排出，减少空气中病原微生物的滋生。同时还要注意保证居室的温度、湿度适宜。如果空气过于干燥，可采用加湿器加湿，或是在室内放置两盆水。

（3）给屋子去螨灭蟑　蟑螂能携带的细菌病原体有 40 多种，螨虫的分泌物足以引起过敏性哮喘和过敏性鼻炎等变应性疾病，严重危害准妈妈和胎宝宝的健康。

（4）房子装修要谨慎　装修材料中的有害物质，如甲醛、苯、甲苯、乙苯、氨等，无法在短时间内完全散发掉，不但有害于母体健康，还会增加胎宝宝先天性畸形、白血病的发病率。所以，怀孕前后如果打算装修房子的话，一定要选择环保、无污染的装修材料。装修之后至少要闲置 3 个月再入住。为了确保安全，在装修好后请卫生防疫部门进行甲醛检测。

（5）购买环保家具 如果孕期要购买新家具，就尽量购买真正的木制品家具。另外，也可在家具外面喷一层密封胶，以防止甲醛雾气的散发。

细节 04 噪音会影响胎儿的发育吗

噪音也会影响胎儿发育。如今，随着现代化进程的发展，噪音污染也越来越引起人们的关注。汽车、拖拉机、飞机和各种机器的轰鸣声已对优生优育构成了严重的威胁。美国曾有一位儿科医生对 22.5 万个婴儿进行调查研究，结果证实，在机场附近地区出生的婴儿，其畸形率为 1.296%，其他地区为 0.8%。

科学家经过研究指出，构成胎儿内耳的耳蜗从妊娠第 5 个月起开始成长发育，其成熟过程在婴儿出生后 30 多天时间里仍继续进行，正在成长阶段的耳蜗极易受噪音损害。加拿大蒙特利尔大学的 1 个研究组对 131 名 4～10 岁的男女儿童（他们的母亲在身怀他们时曾在声音嘈杂的工厂里工作）进行了检查，结果发现，那些出生前在母体内每天接受最大噪音的儿童对 400 赫兹的听力感觉，比那些没有接受过噪音的儿童差 3 倍。

美国科学家的研究还证实，胎儿和婴幼儿的内耳受到噪音的刺激还能使大脑的部分区域受损，无蛋白质合成，某些酶的代谢水平减慢，严重影响大脑的发育，并使孩子的智力受到严重影响。

因此，孕妇要警惕噪音，不宜在有高分贝噪音的环境中工作、居住，也不应听震耳欲聋的刺激性音乐，更不应乘坐拖拉机等噪音大的车辆。

细节 05 为什么要给准妈妈创造良好的家庭氛围

准妈妈的整个妊娠过程，绝大多数的时间是在家庭中度过的，家庭气氛和谐与否对胎儿的生长发育影响很大。和谐的家庭气氛是造就身心健康的后

代的基础。在和睦相处的氛围中，准妈妈得到的是温馨的心理感受，胎儿也能在如此良好的环境中获得最佳熏染，从而促进身心的健康发育。

要创造好的家庭氛围，夫妻双方都要加强修养。夫妻之间要互敬、互爱、互勉、互慰、互谅、互让，经常交流感情，彼此相敬如宾，尤其是准爸爸更要积极热忱地为准妈妈及腹内的孩子服好务，不断地给准妈妈的精神与饮食上输入营养，扮演好准爸爸的光荣角色，使准妈妈称心，胎儿也会感到惬意。

第十节　按摩胎教

细节01 如何做针对孕吐的按摩胎教

（1）做针对孕吐的按摩胎教时，准妈妈可以用大拇指在涌泉穴上轻按3次，每次持续4秒钟。

（2）在输尿管反射区用大拇指滑动搓摩9次以上。

（3）用大拇指在膀胱反射区上按下4～5次，每次持续4秒钟以上。

（4）在每两个脚趾之间的部位是淋巴系统的反射区，在这一区域用大拇指和食指向外抽拔，每一个部位重复1～2次。

（5）在肠胃的反射区用大拇指进行挤压，一共3次，每次4秒。另外在胰脏和十二指肠的反射区内，用大拇指按照逆时针方向进行旋涡式旋转。结束之后在这3个区域之间从上到下缓慢地搓摩，以达到最佳的按摩效果。

（6）用双手握住整个脚背，模仿掰开一个苹果的动作来进行按摩，重复4～5次。

细节02 疲劳时如何做按摩胎教

（1）感到疲劳时，准妈妈可先用热水泡脚15分钟左右，再用大拇指在涌泉穴上轻按3次，每次持续4秒钟。然后在输尿管反射区用大拇指滑动搓摩9次以上，再在膀胱反射区上按摩4～5次，每次持续4秒钟以上。

（2）接下来，准妈妈从脚腕开始朝膝盖方向按摩，争取做到让脚上的血液向上循环的效果。

（3）用大拇指在每一个脚趾靠近顶端的凹陷处按摩2~3次，每次持续4秒钟。

细节03 预防流产的按摩胎教怎么做

（1）准妈妈在做预防流产的按摩胎教时，要在涌泉穴上用大拇指从里到外画圆，每次持续4秒钟。画圆的时候要按照逆时针的方向，并重复4~5次。

（2）位于大脚趾中央的是脑垂体反射区，用大拇指在这一区域画圆并重复4~5次。

（3）在脚后跟底部的生殖腺反射区上用大拇指画圆，搓摩4~5次。

（4）在脚踝的内外两侧用大拇指按逆时针方向画圆，搓摩4~5次。

（5）从内侧脚踝向上三指的部位是三阴交穴。用两只手一起从脚踝推摩三阴交穴。

第五章 孕中期胎教指导

第一节　准妈妈的状况

细节01　孕4月准妈妈有哪些变化

从第4个月起进入孕中期孕吐已结束，准妈妈的心情会比较舒畅，食欲开始增加。尿频与便秘现象渐渐消失，但分泌物仍然不减。这个阶段结束时，胎盘便已成形，流产的可能性已减少许多，可算作进入安定期了。此时，子宫如小孩头部般大小，已能由外表略微看出腹部隆起的情形。母体基础体温下降，并会持续到分娩。

细节02　孕5月准妈妈有哪些变化

到第5个月时，母体的下腹隆起已经很明显，子宫底高度为15～18厘米。乳头更挺，臀部突出，整个身体变得较丰满。妊娠反应结束，准妈妈食欲大增，由于内脏被子宫挤压，有时饭后胃部有存食不消化的感觉。这时母体的营养最容易被胎儿吸收，因而易患贫血。准妈妈逐渐感到胎动，但初次怀孕的人也可能感觉不到胎动。外阴湿润，要经常清洗外阴及内衣裤。

细节03　孕6月准妈妈有哪些变化

第6个月时，母体的子宫更大，子宫底的高度为18～20厘米。腹部会越来越胀大、凸出，体重也日益增加，腰部变得更沉重，平时的动作也较为吃力、迟缓，乳房的发育更为迅速，不但外形饱满，而且用力挤压时会有黄色稀薄的“初乳”流出，阴道分泌物仍然大量增加。这个时期，几乎所有的准妈妈都能清晰地感觉到胎动。

细节04 孕7月准妈妈有哪些变化

第7个月孕妇腹部变得更大，子宫底上升到肚脐上三横指。子宫高度约为24厘米。子宫底如果非常高，可能是双胞胎或者是羊水过多。越来越大的子宫压迫下半身，可出现静脉曲张；另外，便秘和长痔疮的人也增多。

细节05 孕期准妈妈的体重增加多少是正常的

女性怀孕后，大多数进食量增加，身体增重。那么，在整个妊娠期间准妈妈增重多少适宜呢？

一般情况下，准妈妈体重在怀孕前3个月增加1.5～2.0千克，以后每周增加350～400克，到足月时增加12～12.5千克就为正常，不算发胖。如超过此体重，就要适当限制进食。

如果一个准妈妈在孕期中体重增加11.6千克，其中包括宝宝体重3.6千克的话，那么准妈妈自身增加的8.0千克，大致包括：胎盘重0.7千克，水0.8千克，乳房增大0.5千克，额外流体2.5千克，储存脂肪增加3.5千克。

这些增加的体重又体现在不同阶段，大致为：

妊娠10周时，增加体重0.7千克（宝宝体重为18～20克）。

妊娠20周时，增加重量达3.7千克（宝宝体重为250～310克）。

妊娠30周时，增加重量达7.6千克（宝宝体重为1600～1850克）。

妊娠40周时，增加重量达到11.6千克（宝宝体重为3180～3250克）。

准妈妈可根据这些体重增加情况来测定自己体重是否合格。不超过即为合格，超重较多则是准妈妈发胖，要注意控制饮食，不要在此期间减肥。

细节06 准妈妈皮肤瘙痒怎么办

孕妇发生皮肤瘙痒时，可采取以下方法缓解症状：

（1）精神紧张、情绪激动，会加重瘙痒，所以孕妇首先要减轻精神负担，避免烦躁和焦虑不安。

（2）避免搔抓止痒。因为不断搔抓后，皮肤往往发红而出现抓痕，使表皮脱落出现血痂，日久会导致皮肤增厚、色素加深，继而加重瘙痒，甚至还能引起化脓性感染。

（3）勤换内衣内裤。

（4）洗澡时切忌用温度过高的水或使用碱性肥皂使劲擦洗，因为这样会加重瘙痒。

（5）防止食物因素的刺激，如少吃辣椒、生姜、生蒜等刺激性的食物。海鲜的摄入要适量，因为海鲜能加重皮肤瘙痒。

（6）穿纯棉的衣物，避免化纤织物与皮肤发生摩擦。

（7）药物治疗。瘙痒严重的孕妇需在医生指导下用药。全身瘙痒可短期适当服用镇静剂或脱敏剂，如口服扑尔敏片，每日3次，每次4毫克；舒乐安定片，每日2～3次，每次1毫克，但此药对胎儿有害，应尽量不吃。可同时口服B族维生素和维生素C。

细节07 准妈妈背痛怎么办

怀孕时由于荷尔蒙发生变化，腹部和背部承受的压力增加，因此，常会有背痛的现象。随着怀孕周数的增加，腰酸背痛出现的机会也愈高，程度也愈严重。可以说，所有的准妈妈或多或少都会感受到背痛的困扰。过度劳累、弯腰过度、抬举重物、站立太久、走路过多、姿势不正确，都会造成腰酸背痛，因此这些情形应该尽量避免。一般来说，准妈妈的背痛不必使用药物治疗。如果确定有严重的病变或发炎，需要药物或其他方式治疗时，应该由医生处方用药。

细节08 孕中期的性生活要注意什么

到了这一时期，怀孕就逐渐进入了平稳阶段。

随着呕吐症状的减轻，准妈妈在身体上和心理上都基本适应了怀孕的状态。由于胎盘已经稳稳地固定在它的位置上，因此即使是受到轻微的撞击也不易造成流产。即使进行性生活，准爸爸的动作也应该尽量温柔，不要挤压到准妈妈的腹部。

细节09 孕期如何做好乳房保健

母乳是婴儿最好的天然营养品。母乳新鲜、干净、无菌，含有各种预防疾病的免疫物质，可以提高婴儿对疾病的抵抗力，以母乳喂养的婴儿很少发生消化道疾病。而且母乳温度合适，不冷不热，随时可喂，不需要花很多时间做喂食前的准备工作。

母乳的作用如此重要，所以妊娠期间为未来的宝宝准备好哺乳是非常必要的。

怀孕后，孕妇的乳房开始变大，乳腺发达，如果不使用乳罩保护，会使乳房组织松弛，乳腺发育不正常。但如乳罩过于压迫乳房，又会使血液循环不畅。因此，孕妇应在妊娠早期使用合适的乳罩，用那种肩带宽的，以不挤压乳房的为宜。若在妊娠过程和哺乳期用合适的乳罩支持乳房的重量，则在断奶后，乳房会恢复到孕前的形状和坚挺度。

初孕妇女的乳头有时是平坦的，甚至是凹陷的，从第4个月开始，每天应至少1次或2次稍用力挤压和向外牵拉乳头数下。这样有助于凹陷乳头的恢复，目的是使产后的母亲能立即给婴儿喂奶。市场上有售乳头吸罩，如果是凹陷形乳头的可根据需要选用。开始时每天戴几个小时，在妊娠3个月后每天可酌情增加佩戴时间。

细节10 孕中期如何为母乳喂养做准备

如果决定要用自己的乳汁喂养婴儿，那么从怀孕开始就应该为将来的母乳喂养做好各方面的准备。

（1）注意孕期营养 母亲营养不良会造成胎儿宫内发育不良，还会影响产后乳汁的分泌。在整个孕期和哺乳期都需要摄入足够的营养，多吃富含蛋白质、维生素和矿物质的食物，为产后泌乳做准备。

（2）注意对乳头和乳房的保养 乳房、乳头的正常与否会直接影响产后

的哺乳。在孕晚期，可在清洁乳房后用羊脂油按摩乳头，增加乳头的柔韧性，使用宽带、棉制胸罩支撑乳房，防止乳房下垂。乳头扁平或凹陷的准妈妈，应在医生指导下使用乳头纠正工具进行矫治。

（3）定期进行产前检查 发现问题及时纠正，保证妊娠期的身体健康及顺利分娩，是准妈妈产后能够分泌充足乳汁的重要前提。

（4）了解有关母乳喂养的知识 取得家人的共识和支持，树立信心，下定决心，这样母乳喂养才容易成功。

细节 11 孕期如何纠正凹陷的乳头

如果准妈妈的乳头内陷明显，会导致产后哺乳发生困难，甚至无法哺乳，乳汁淤积，继发感染而发生乳腺炎。因此，乳头内陷的准妈妈，应该于怀孕5～6个月时开始设法纠正。纠正乳头内陷的方法可以参考以下几点：

（1）用一手托住乳房，另一手的拇指和中、食指抓住乳头向外牵拉，每日2次，每次重复10～20次。

（2）用一个5毫升空注射器的外管扣在乳头上，用一橡皮管连接另一个5毫升注射器，利用负压抽吸方法也有助于乳头外突。

（3）将两拇指相对地放在乳头左右两侧，缓缓下压并由乳头向两侧拉开，牵拉乳晕皮肤及皮下组织，使乳头向外突出，重复多次。随后将两拇指分别在乳头上下侧，由乳头向上下纵形拉开。每日2次，每次5分钟。

细节 12 孕中期产生初乳正常吗

怀孕第5个月之后孕妇可能会产生初乳。

此时乳房会分泌一种黄色透明的初乳，为日后哺乳作准备。有些妇女要到怀孕末期才有初乳产生，也属正常。

产生初乳后，在胸罩两侧各塞入棉质手帕或纱布，以吸收分泌物。药房、美容用品店也有专为处理乳汁分泌物而设计的棉垫，但勿选用有塑胶外膜的制品，以免沾湿后不易透气。无论是纱布或棉垫沾湿后都应立即更换。

如果分泌物变干变硬，在乳头上形成结痂。可用清水沾湿，再轻轻拭去。不必使用肥皂，以免使乳头干燥或不适。

细节 13 准妈妈腿部出现的蜂蛛状红色细线是什么

这叫蜘蛛痣，是皮肤上的小血管扩张形成的，不是病。

健康女性在怀孕期间可出现蜘蛛痣，原因可能与雌激素水平升高有关，但不一定就是肝炎或肝硬化，它在分娩后不久会消失，此特点有助于与肝炎、肝硬化相鉴别。孕期出现的蜘蛛痣，如果分娩后3个月，仍没有消失，甚至增多，需要去医院就诊。

细节 14 "蝴蝶斑"是怎么回事

有些准妈妈在怀孕4个月以后，在鼻梁、双颊、前额部出现茶色色斑，呈蝴蝶形，医学上称为黄褐斑，俗称为蝴蝶斑。这种色素沉着是孕期内分泌改变，致使皮肤中的黑色素细胞功能增强之故，属于妊娠中的生理性变化，分娩之后会自然消失，不必担心也不需要治疗。

不过，要是在这时给予强烈的阳光照射，蝴蝶斑便会固定下来。因此，准妈妈如果长了蝴蝶斑，应该避免阳光直射面部，并可口服维生素C，或多吃含维生素C的新鲜蔬菜和水果，在生育后，蝴蝶斑大都会消失，准妈妈不用有心里负担，以免影响胎宝宝的发育。

细节 15 "妊娠纹"是怎样形成的

由于受到子宫增大的影响，准妈妈的皮肤弹性纤维与腹部肌肉开始伸长，当超过一定限度时，皮肤弹性纤维发生断裂，于是，在腹部会出现粉红色或紫红色的不规则纵形裂纹。除腹部外，它还可延伸到胸部、大腿、背部及臀部等处。妊娠纹的严重程度是因人而异的，并不是每一位准妈妈都会有，妊娠纹在生产以后，会逐渐变成为银白色条纹，很难完全消失。目前没有什么特别好的办法对其进行专门的治疗，最好的方法是从怀孕最初就做好预防妊娠纹的计划。

细节 16　如何有效预防妊娠纹

（1）摄取均衡的营养，避免摄取过多的甜食及油炸物，改善皮肤的肤质，让皮肤保持弹性，减少妊娠纹的发生。准妈妈可适当多吃富含维生素 E 的食物，如卷心菜、葵花子油、菜子油等，增强皮肤抗衰老的能力。

（2）控制孕期体重增长速度，避免脂肪过度堆积是减轻妊娠纹的有效方法。一般而言，怀孕期间最好将体重增加控制在 10～12 千克之间。

（3）适度的按摩可以增加皮肤弹性，减轻妊娠纹。建议准妈妈从怀孕 3 个月开始到生完后的 3 个月内坚持腹部按摩，可以有效预防妊娠纹生成或淡化已形成的细纹。可以配合使用孕妇专用的除纹霜，产后还可以配合使用精油按摩。

（4）适当锻炼身体，一方面可以增加腹部肌肉和皮肤的弹性；另一方面可以控制体重增长速度。其中，游泳对于恢复皮肤弹性也很有好处，可以借助水的阻力进行皮肤按摩，促进新陈代谢，消耗多余脂肪，因此建议有条件的准妈妈在产后体质恢复以后，可以适当游游泳。

（5）随着孕期的增加，如果准妈妈觉得肚子过大、过重，身体和皮肤都感觉到沉重的压力时，可以使用托腹带，分担腹部的重力负担，以减缓皮肤过度的延展拉扯。

细节 17　怀孕中期准妈妈会变丑吗

随着孕期的进展，许多准妈妈发现自己的容貌发生了一些变化，不仅面部出现了褐色斑块，而且腹部、乳房、大腿等部位相继出现色素沉着和妊娠纹。医学研究表明，导致准妈妈妊娠期容貌改变的是体内激素的改变。怀孕以后，体内的激素发生了巨大的变化，其中雌激素、孕激素、绒毛膜促性腺激素等有效地调节着母体在妊娠期的代谢过程，满足胎儿生长发育的需要，并促使乳腺发育。由于怀孕后肾上腺的分泌机能增强，肾上腺皮质素随之增多，肾上腺皮质素增多的“副产品”就是导致皮肤表面产生妊娠纹和面部出现黑褐色斑块。

细节18 准妈妈的皮肤颜色发生了变化正常吗

孕期雌激素的增加致使皮肤出现产生黑色素的细胞，使皮肤变黑导致出现黑色区域如黑痣、胎记样颜色变化。在前额、鼻子、嘴下巴会出现黑色区，被称为妊娠斑或黄褐斑。

一些准妈妈发现这些斑在阳光下是深褐色，这些颜色改变是正常的，一般在宝宝出生后就会消退。

细节19 准妈妈如何正确看待毛发和指甲的变异

准妈妈因体内激素分泌量变大，会导致毛发的脱落速度降低，生长速度加快，有些准妈妈的面部、腹部、乳头周围都出现了不该长的毛发，此时准妈妈不必过于担忧，这种变化并非永久性的，分娩后这种现象即会消失。

另外，准妈妈应经常修剪指甲，因为过多的激素分泌会促使指甲生长得更快、更坚硬，出现指甲劈裂现象。

细节20 孕期流鼻血怎么办

流鼻血是怀孕期间较常见的一种现象，所以准妈妈不用着急。

准妈妈体内分泌的大量的孕激素使得血管扩张，容易充血。同时，准妈妈的血容量比非孕期增高，而人的鼻腔黏膜血管比较丰富，血管壁比较薄，所以十分容易破裂引起出血。尤其是当准妈妈经过一个晚上的睡眠，起床后，体位发生变化或擤鼻涕，更容易引起流鼻血。

流鼻血有两种类型：前位型及后位型。后位型主要影响老年人，尤其是高血压患者。准妈妈常见的流鼻血属于前位型，它由鼻子前方流出。站立或坐下时，血由一边或两边鼻孔流出。躺卧时，则血流可能进入喉咙。这种流鼻血可能很吓人，但并不严重。

流鼻血一定要及时处理，否则也会引起暂时性缺血而感到头昏眼花，影响健康。以下方法对于防止流鼻血是有效的。

第一步，塞纱布或湿棉花 在两边鼻孔内各塞人一小块消毒过的湿纱布，也可利用Neo—Synephrine去充血剂或Atrin鼻腔喷液将棉花沾湿，塞

入鼻孔，也有助止血。但也有专家偏好用白醋将棉花沾湿。醋里的醋酸会轻微地灼烧，但去充血剂仅能提供暂时的止血，你若滥用它，可能会伤害鼻膜。

第二步，将血块擤出　止血之前，先试着将血块擤出。因为堵在血管内的血块使血管无法闭合。血管内有弹性纤维，当你去除血块，这些弹性纤维才有办法收缩，使流血的开口关闭。有时候，擤完鼻子，用手稍微捏紧鼻子，也能停止流血。

第三步，涂抹软膏　当鼻血被控制后，在鼻内涂一些维生素E软膏。如果没有维生素E，可用少许抗生素或类固醇软膏代替，一天涂2~3次。维生素软膏可促进伤口愈合，而抗生素或类固醇软膏盯破坏鼻腔内的葡萄球菌，不仅止痒，也防止粘液干硬（以免诱发挖鼻孔的冲动）。鼻粘膜若因干燥而产生疼痛，可使用芦荟或治痢草软膏。

第四步，增加空气湿度　当你呼吸时，你的鼻子需确保抵达肺部的空气够湿润。因此，当环境干燥时，你的鼻子得更努力工作。建议使用加湿机来补充空气湿度，加湿机中最好加入蒸馏水，以免自来水不纯（有水碱等杂质）。

细节21　孕中期滴尿正常吗

从孕中期开始，咳嗽、大笑、打喷嚏或跑步时，常会出现漏尿。这是由于尿失禁所致。

如果准妈妈经常发生这种情况，可以选择卫生巾。通过盆部锻炼，减少饮水、咖啡或酒精量，可能会有所缓解。尿道炎是导致尿失禁的原因。如果已患有尿道炎，情况会更为严重。如果怀孕前已出现尿失禁，孕期会更为严重，准妈妈需要到专门机构做膀胱功能检查。

细节22　准妈妈为什么会坐骨神经痛

孕妇大多都会出现腰酸背痛的症状，这是一种生理表现，待分娩后症状都能随之消失，但也有一部分孕妇的症状比较严重，就不易缓解。

怀孕期间发生坐骨神经痛是腰椎间盘突出引起的。怀孕后内分泌激素的改变会使关节韧带松弛，为胎儿娩出作准备，但腰部关节韧带、筋膜松弛，稳定性即减弱。另外，怀孕时体重增加加重了腰椎的负担。在这些基础上，若有腰肌劳累和扭伤，就很有可能发生腰椎间盘突出，这往往会压迫坐骨神经起始部，引起水肿、充血等病理改变，从而刺激产生疼痛症状。

细节23 准妈妈如何预防痔疮

首先，要保持大便通畅，以防止出现便秘。准妈妈除了注意营养全面，数量充足外，还应适当多吃些纤维素较多的蔬菜，如韭菜、芹菜、丝瓜、白菜、菠菜、莴苣、萝卜等，加快肠蠕动，并注意多喝水。运动太少也是导致便秘的原因之一。准妈妈应避免久坐久站，应适当参加一些体育活动。最好养成每天早上定时排便的习惯，有排便感时不要忍着。大便难以排出时，吃些蜂蜜、麻油、香蕉或口服石蜡油等润肠药物，不可用芒硝、大黄、番泻叶等攻下的药物，以防引起流产。其次，促进肛门部的血液循环，帮助静脉回流。可做提肛锻炼，方法是做忍大便的动作，将肛门括约肌往上提，吸气，肚脐内收，再松肛门括约肌，呼气，一切复原。如此反复，每次做30回，早晚各锻炼1次，最好在起床前仰卧在床上进行，这样，容易产生便意，利于养成每天早上起床后解大便的良好习惯。此外，还要避免对直肠、肛门的不良刺激，及时治疗肠道炎症和肛门的其他疾患。不饮酒，不吃辣椒、胡椒，芥末等刺激性食物。手纸宜柔软洁净。内痔脱出应及时慢慢托回。内裤常洗常换，保持干净。

痔疮肿痛时可用痔疮膏外敷。出血较多时可服用维生素C、安络血、槐角丸等药物。如症状太重应去医院诊治。

细节24 准妈妈为什么容易贫血

缺铁性贫血是准妈妈特别容易发生的营养缺乏病之一，一般在怀孕5~6个月出现。一方面是由于血容量的增加，准妈妈自身对铁的需求也增加，同时还要储备相当数量的铁，以备补偿分娩时由于失血造成的损失，以避免产后贫血。另一方面，胎宝宝也需要补充大量并贮存的铁，以供出生后6个月之内的消耗。

贫血可使胎宝宝在子宫内发育迟缓，出生体重降低，还可导致出生后智

力水平下降，严重的话还会出现早产甚至死胎。因此，预防孕期贫血是非常重要的，同时患有贫血症状的准妈妈也需及时改善。

细节25　孕期长智齿怎么办

一旦孕期长了智齿该如何处理呢？其实对付智齿的好方法是拔除治疗。但是由于手术的并发症较多，而且准妈妈在孕期不能接受X线检查照射，因此不主张让长了智齿的准妈妈将其拔除，而应以保守治疗为主。如果炎症较轻，可局部上药冲洗，如果炎症很重，可以向专业的口腔医生寻求治疗和解决的方案。

第二节　胎宝宝的状况

细节01　孕4月胎宝宝的身体是怎样发育的

这时期宝宝的头渐渐伸直，脸部已有了明显的人的轮廓和外形，长出一层薄薄的胎毛，头发开始长出，皮肤逐渐变厚，呈亮红透明；下颚骨、面颊骨、鼻梁骨等开始形成，耳廓伸出；宝宝心脏的搏动更加活跃，内脏几乎已形成；胎盘也形成了，与母体的连接更加紧密，流产的可能大大减少。由于胎盘长出，改善了母体供给宝宝的营养，宝宝的成长速度加快。肌肉、骨骼继续发育，所以宝宝手脚稍微能活动，但因力薄气小，准妈妈还不能明显感到胎动。内耳等听觉器官在妊娠第4个月前已基本完善，对子宫外的声音开始有所反应。

妊娠4个月，羊水已达200毫升，宝宝在羊水中游动自如。此时，宝宝肌肉、骨骼继续发育。到15周末，宝宝身长10~15厘米，体重约120克。

细节02　孕4月胎宝宝的听觉是怎样发育的

怀孕4~5个月时，胎儿对声响就有一定的反应了。如突然的高频音响可以使胎儿的活动增加；反之，低频音响可使其活动减少。胎儿能不能辨别母亲的声音？美国北卡罗来纳州大学心理学教授安东尼·德卡斯普做了个实验，他把两个音量减小了的耳机戴在一个新生宝宝的耳朵上，又给他一个有橡皮奶头的奶瓶，奶瓶与一根橡皮管相连，当改变橡皮管的压力时能够触发录音机的选择开关。结果教授发现，新生宝宝听到母亲的声音录音后吃奶更多。胎儿还十分熟悉母亲的声音和心跳声。例如，孩子出生后，每当哭泣时，只要一听到母亲的声音或躺在母亲的怀中听到其心跳声，就会停止哭泣、全身放松、产生一种安全感。在胎儿的整个发育过程中，听觉给其带来的影响似乎最大。

细节03 孕4月胎宝宝的心理是怎样发育的

胎儿的心理与母亲的心理有着必然的联系。如果母亲平常以积极乐观的心态去面对生活，那么胎儿的心态便会较健康。

胎儿能感受舒适或不快，大约是在怀孕14周，约4个月的时候，也是母亲好不容易开始习惯怀孕生活的时候。胎儿在不知不觉中成形的时期，其心态也已经开始形成。怀孕14周左右，胎儿脑中的大脑边缘系统开始形成。大脑边缘系统掌控支配着人的动物性感觉，具有极重要的功能。

胎儿的心态是简单且易满足的。只要生命的本能得到满足，就会有快感；若无法获得满足时，就会感觉不畅。当不快的感觉逐渐升高时，胎儿就会踢母亲的肚子，当然这是下一个月胎儿的表现了。

细节04 孕5月胎宝宝的身体是怎样发育的

此时宝宝增长速度惊人，身长已增长到18~27厘米，体重250~300克，身高已是一个正常足月儿的1/2了。宝宝的头已占全身的1/3，头部及身体上呈现一层薄薄的胎毛，已长出头发、眉毛及睫毛，眼睛还是闭着的；手指、脚趾长出指甲；耳朵的入口张开；牙床开始形成；由于脂肪开始沉积，皮肤变成半透明，但皮下血管仍清晰可见；骨骼和肌肉也越来越结实起来；男女性别明显，女性宝宝阴道已发育。

宝宝也会吞咽羊水，经肾过滤后，把它变成清洁的尿液重新又排入羊水中，过滤的渣滓积存在肠道内形成胎粪，待出生后再排出体外。宝宝已会用口舔尝、吸吮拇指。此时用听诊器可听到胎心音。

细节05 孕6月胎宝宝的身体是怎样发育的

此时的宝宝已长到身长28～34厘米，体重600～800克，身体逐渐匀称；皮下脂肪的沉着进展不大，因此还很瘦。从这时期开始，在皮肤的表面开始附着胎脂。所谓胎脂，是从皮脂腺分泌出的皮脂和剥落的皮肤上皮的混合物。它的用途是，在分娩前一直给宝宝皮肤提供营养，保护皮肤，同时在分娩时起润滑的作用，使宝宝能顺利地通过产道。

妊娠6个月时，宝宝的骨骼已经相当结实，关节开始发育，如果拍X射线照片，可清楚看到头盖骨、脊椎、肋骨及四肢的骨骼。宝宝的肌肉发育较快，体力增强，越来越频繁的胎动表明了他的活动能力。由于子宫内的宝宝经常活动，因此胎位常有变化。

宝宝的眼睛开始分开并会张开。

细节06 孕7月胎宝宝的身体是怎样发育的

怀孕7个月时，宝宝体长已有35厘米，重量达1000克，脸面很像人样了。皮肤呈粉红色，皮下脂肪仍沉积不多，皮肤表面有一层白色或灰色的油脂物，称为胎脂；宝宝头发已长出5毫米左右，眼睑分界已经很清楚，眼睛已睁开了；男孩的阴囊明显，睾丸已经开始由腹部往阴囊下降，并降至阴囊内；女孩的小阴唇、阴核已清楚地突起。

宝宝的脑组织开始出现皱缩样，大脑皮质已很发达；胎膜内的羊水量显著增加，宝宝能够自由地“游泳”；胎位不完全固定，甚至出现胎位不正；内耳与大脑发生联系的神经通路已接通，对声音的辨认能力更为提高，宝宝开始能辨认妈妈的声音，同时对外界的声音也有喜欢和厌恶的反应。

此时若要流产，宝宝由于肺和气管还没有完全发育成熟，而较难存活下来。

细节07 孕7月胎宝宝的味觉是怎样发育的

胎儿在7个月左右已经具有感觉味道的能力。因为，如果给7个月的早产儿甜味的东西，他马上就会有反应。

胎儿感觉味道的味蕾，在怀孕3个月时逐渐形成，直到出生之前慢慢完成。不过，在怀孕7个月左右时一般已基本完成，此时胎儿对甜味与苦味的感觉发育比较迅速。

胎儿在感觉到甜味时除了会心跳外，还会吸吮，尝到苦味时还会做出吐舌头等表示讨厌的动作。

细节08 准妈妈排气胀气对胎宝宝有影响吗

在不合时宜的场合打呃和排气是令人非常尴尬的事，但对孕妇而言却是难免的。在怀孕的第一时间，准妈妈会发现肚子胀气，这是令人讨厌的黄体酮副作用的结果。怀孕中后期，子宫扩大，压迫到肠子，使得肠子不容易蠕动，而形成胀气。

准妈妈胀气对胎儿并无大碍，只是有些小的影响而已，主要是因为妈妈在胃不舒服的时候，食欲会变差，从而无法摄取足够的营养，例如，孕期前3个月，胎儿需要蛋白质，而在怀孕中后期，淀粉类则是胎儿最需要的营养。此时，妈妈因为胃胀气的不适，吸收能力比较差，也会变得挑食，使得胎儿吸收不到足够的营养。

细节09 胎宝宝的睡眠时间是怎样的

妊娠6～10周，胎儿的身体便开始活动。无论睡着还是醒着，胎儿每小时会动上50或更多次。他们卷曲或伸展躯体，转动头脸和四肢，并通过触碰探究其温暖潮湿的弹丸之地。

跟踪研究胎儿日常生活的科学家发现，胎儿大部分时间用于睡眠。胎儿的快眼动（REM）睡眠最早出现于妊娠23周。30周时，胎儿开始多梦的日子，这时他们做梦比出生后还多。32周时，胎儿一天用90%～95%的时间打盹，其中部分时间酣睡，部分时间为REM睡眠。

在REM睡眠中，胎儿的眼球如同成人的眼球一样前后快速转动。研究人员推断，胎儿的梦境多是他在娘胎中所感觉到的情形，也是他自己愉悦与不快的表达，是胎儿内在思维的创造性练习和认知活动。

至快要降生时，胎儿与新生儿一样，每天用85%～95%的时间睡觉。

细节 10　孕中期胎宝宝会吞咽了吗

胎儿于孕 16 周起已有吞咽动作，能吞咽羊水，以后吞咽的羊水量逐渐增多，足月时每天可吞咽羊水 500 毫升，吞咽羊水能有助胎儿肠胃道的发育。如果胎儿不能吞咽，可能是食道壁畸形，羊水的去路因而受阻，可发生羊水过多。

细节 11　胎宝宝可以感觉到光线吗

这个时期的胎宝宝已有可以感觉光线的视觉神经。一项在美国得出的实验结果表明，当光照射准妈妈的腹部时，胎宝宝会不停地做出蠕动的反应。大部分 6 ~ 7 个月的胎宝宝都会有这种反应，它直接证明胎宝宝可以感知到妈妈体外的光线这一事实。

当然，事实上胎宝宝此时还无法区分事物的形态或者颜色。人们可以通过闭上双眼之后所感受到的那种光感来了解胎宝宝看东西的感觉。

这一时期，准妈妈应当避免出入会对腹部造成强烈光线刺激的地方，并远离容易使人兴奋的娱乐场所，因为准妈妈感受到的各种刺激都会同时对胎宝宝产生影响。

细节 12　数胎动有什么积极意义

胎动是胎儿正常生理活动之一，它与胎儿肌肉张力、神经系统功能以及母体供氧有关。胎儿受到外界刺激如声音、振动时，胎动也会增多；胎儿缺氧时胎动也会减少；如果胎动消失 24 ~ 48 小时后，胎儿即可死亡、胎心也随之消失。

胎动反映了胎儿在妈妈子宫内的安危状态。就如同我们的跑步，在每次胎动的过程中，胎心都会加速，会比平时快 10 ~ 15 次。胎动减少直至消失后 24 小时内，胎心就会消失。因此，依靠妈妈的自我监控，每天掌握胎动变化的情况，可以随时了解宝宝在子宫内是否安然无恙，及早发现问题。

妊娠32周时，胎动最频繁，每天胎动的次数最多的时候能达到上千次。随着怀孕月份的增加，因为胎儿慢慢长大，子宫内可以供他活动的空间会越来越少，因此他的胎动也就会减少。

每个胎儿都有自己的“生物钟”，昼夜之间胎动次数也不尽相同，一般早晨活动最少，中午以后逐渐增加，晚6点至10点胎动活跃。大多数胎儿是在妈妈吃完饭后胎动比较频繁，而当准妈妈饿了的肘候，宝宝也没劲了，也就比较老实，这也是他的一种自我保护行为。

细节13 胎宝宝何时开始有记忆

不要忘记“胎宝宝是有记忆的”这一事实。根据胎宝宝出生以后对父母声音能迅速识别这一点来看，他的确具有一定的记忆能力。那么，胎宝宝到底能记住些什么呢？

有许多相关的研究结果都表明，怀孕7个月以后，随着负责记忆功能的中枢神经逐渐形成，在胎宝宝周围发生的所有事情都有可能被其记住。所以身为父母，在胎宝宝7个月左右就要特别注意自己的言行。还有研究发现，胎宝宝对音乐和语言这两大领域的记忆能力最为突出。

细节14 胎宝宝发育迟缓怎么办

准妈妈若发现自己的胎儿发育迟缓，首先要精神放松，充分休息，睡觉时多向左侧卧，以此加快子宫胎盘的血液循环，改善胎儿缺氧状态。同时要注意调理营养，适当补充微量元素锌、铁及维生素等。有的准妈妈则需要住院，静脉补充营养以及针对病因进行治疗。根据治疗效果，考虑是否终止妊娠。

细节15 为什么胎宝宝会打哈欠

打哈欠是胎儿的肺正常发育时必不可少的一个环节，但是，对于一个成

人，打哈欠并没有实际意义。曾经有学者认为打哈欠的意义在于暗示了人体对氧的渴求。但是，美国田纳西州的研究人员理查德·罗伯特通过对胎儿进行的超声波扫描后发现，子宫中的胎儿在11周时就已经开始打哈欠并能打呃逆了。罗伯特和他的同事认为胎儿的这些活动有助于减轻其肺部的压力，同时清除那些阻碍胎儿“气道”的网状组织。胎儿的肺产生的分泌液与尿液一样汇入羊水。如果这些液体不能顺利地从肺部排出，就会使胎儿的肺部过度膨胀，并造成损害。因此往往有些婴儿一降生，肺就是畸形的，他们的肺肯定有先天的缺陷，会阻碍分泌液的排出。

第三节　胎教食谱

细节01　酸子姜炒鳝片

【原料】黄鳝400克，酸子姜10克，酸晶头6只，红辣椒2只，蒜茸适量，胡椒粉少许，盐5克，生粉半茶匙，水2/5汤匙，醋半茶匙，麻油、糖各1茶匙，老抽半茶匙。

【做法】①酸子姜、酸晶头洗净，滴干水切片，加糖3/4茶匙腌半小时，减去酸味。②红辣椒去籽，洗净切片。③黄鳝放入将滚的水中，浸一浸立即捞起，用清水冲一冲，刮去黏液，洗净抹干水。在鳝背斜刀切花，切约3厘米长一段，加腌料腌10分钟，泡油（因为鳝背比鳝肚的肉厚，所以切花，煮时能配合鳝肚的时间，不至于厚肉未熟，薄肉过熟）。④下油两汤匙，爆炒红辣椒、酸子姜、酸晶头、蒜茸，下黄鳝，下酒1茶匙，炒数下，推匀上碟。

细节02　煮藕片

【原料】藕500克，芝麻15克，食用油、糖汁、砂糖各10克，酱油20

克，香油5克，盐少许。

【做法】①将藕削皮之后切成0.5厘米的薄片，放在水中烧煮10分钟后捞出。②在锅炉里放入食用油和酱油、水、糖汁和砂糖，倒入藕之后用大火烧煮。③待锅炉里的汤汁减少一半时调至文火，待藕会变成酱油颜色后，倒入香油和盐，即可出锅。④等藕变凉之后，撒上芝麻即可食用。

细节03 生炒糯米饭

【原料】糯米500克，小海米25克，熟腊肠、熟腊肉各80克，湿冬菇50克（洗净煮熟），熟鱿鱼50克，熟蛋皮50克，熟花生仁25克，米酒25克，味精少许，生油100克，精盐5克，芝麻10克，葱花5克。

【原料】①先将糯米洗净用清水浸上3小时，然后倒去清水，再用开水烫过糯米，滤干水分备用。②另起锅放油，把糯米放进锅中炒，炒时要洒水三四次，每洒一次水后即加盖闷片刻，这样反复炒至糯米熟透为止；如喜欢吃松软的，可多洒几次水。③待糯米炒熟后，再放进全部的配料和调料拌匀便成。

细节04 鲈鱼粥

【原料】鲈鱼肉250克，粳米100克，葱花、姜末、精盐、味精、胡椒粉各少许，熟猪油少量，清水适量。

【做法】①将鲈鱼刮鳞去鳃，除内脏，冲洗干净，抹干水分，卸下两面鱼肉，剔去鱼皮，切成片，放入碗内，加少许精盐、味精、姜末，拌匀稍腌；粳米淘洗干净。②锅内放入清水和粳米，熬煮至米开花粥成时，加入鱼片，滚几滚，再加入精盐、味精、猪油拌匀、撒上胡椒粉即成。

细节05 木耳肉片汤

【原料】干黑木耳25克，猪瘦肉150克，湿淀粉10克，韭菜25克，精盐4克，味精3克，清汤1000克。

【做法】将干黑木耳用温水浸泡发好；猪瘦肉洗净切片放入碗内，加精盐

1克，湿淀粉少许抓匀；韭菜择洗干净，切成3厘米长的段；锅置旺火上，放入清汤、黑木耳烧开，再下肉片煮一会，待肉片熟时，下精盐、味精、韭菜，起锅盛入汤碗即可。

细节06 猪肝炖艾蒿

【原料】艾蒿6克，猪肝200克，米酒15毫升，姜丝20克，盐、糖、淀粉各适量。

【做法】①将猪肝除筋膜，洗净切片，加入酒、淀粉腌3分钟，放入开水汆烫后捞起备用。②取一汤锅，放入水，大火将水烧开，放入姜丝后再以中火煮约3分钟，再放入艾蒿、盐、糖。③最后再倒入准备好的猪肝，煮开即可。

细节07 酸辣汤

【原料】豆腐1块，粉丝100克，瘦猪肉50克，植物油、红干椒末、醋、葱花、精盐、味精、紫菜少许。

【做法】①豆腐切成约1.5厘米宽、3厘米长、1厘米厚的片；瘦猪肉切成片，粉丝泡发后适当切短；紫菜切成丝。②锅内放油烧热，先将红干椒末下锅炸一下，再加清水600克烧开，然后放入豆腐、粉丝、瘦猪肉、紫菜烧开，加精盐、醋、葱花，味精，盛入大汤碗即成。

细节08 翡翠虾仁

【原料】鲜活虾仁750克，马蹄100克，熟金华火腿40克，鸡蛋清两只，菠菜200克，料酒10克，精盐7克，味精2克，干淀粉8克，鸡汤少许，葱白4克，花生油适量。

【做法】①虾仁漂洗干净，吸干水分；菠菜洗净，切碎捣烂，用洁净纱布挤出菜汁；马蹄、火腿均切成虾仁大小的丁；葱白切成马蹄形。②菠菜汁用火烧开，将浮在上面的一层绿色沫用小漏勺捞出，放入小盘内，水不要，将菠菜沫适量地放入虾仁内搅匀，待虾仁够绿后，再加入精盐、料酒、蛋清、干淀粉拌好。③炒锅烧热，注入油，待烧至四成热时，下虾仁拨散滑熟，起锅，倒入漏勺，滤净后炒锅至火上，加少许汤，下马蹄、火腿、葱白，略炒，倒入虾仁，烹入料酒，放入味精，加少许油，翻炒均匀即成。

细节09 海米醋溜白菜

【原料】白菜心500克，水发海米25克，花生油50克，花椒油5克，酱油10克，白糖30克，醋15克，精盐2克，味精1克，水淀粉15克，料酒少许。

【做法】①将白菜心切成小段，放入沸水锅内焯一下，捞出沥干水分。②炒锅上火，放油烧热，下海米和酱油、精盐、醋、料酒、白糖，加入白菜心翻炒，加水少许，待汤沸时，用水淀粉勾芡，放味精，淋花椒油，盛入盘内即成。

细节10 丝瓜桂鱼煮干虾

【原料】桂鱼肉150克，干虾12只，丝瓜300克，姜4片，清鸡汤800毫升，盐，胡椒粉、淀粉、蛋白、香油适量。

【做法】①将桂鱼肉切片后，用盐、胡椒粉和香油腌制10分钟。②将干虾放入蒸锅，加入1~2片姜，加热5分钟；丝瓜去皮切成小块。③在炒锅中倒入食用油，将鱼片炒至变色后取出。④剩下的油用姜片炝锅后，放入丝瓜，炒软后，再加入清鸡汤与水。⑤水开后，将蒸好的干虾及鱼片倒入锅中炒匀，即可食用。

细节11 酸辣芹菜

【原料】嫩芹菜300克，红辣椒25克，香油15克，醋20克，精盐适量，酱油少许。

【做法】①将芹菜去叶，去根，破四棱，洗干净，切成3厘米长的段，放开水锅内焯透捞出，再放凉水中冲凉，沥去水分。②将红辣椒去子去蒂，洗净切成细丝和芹菜放在一起，放入酱油、精盐、醋、香油，搅拌均匀装盘食用。

细节 12 黑芝麻牛奶羹

【原料】大米 100 克，黑芝麻 50 克，牛奶 300 毫升，香油、盐少许。

【做法】①将大米泡开，倒入搅拌机中打碎。②然后将黑芝麻也倒进搅拌机里搅碎。③把打碎的大米放入碗中，滴香油翻炒，然后倒水，文火煮沸，6 分熟时加入打碎的黑芝麻。④倒入牛奶，轻轻搅动并一直煮到米粒涨开，根据喜好加盐或蜂蜜调味。

细节 13 糯米团

【原料】糯米粉 150 克，橘子 3 个，蜂蜜 15 克，砂糖 10 克，柠檬汁、盐少许。

【做法】①在糯米粉中放进少量的盐，然后投入到沸水当中。待其变成糊状之后取出来揉搓，再放到保鲜袋中备用。②把橘子分成圆形的小瓣，裹上准备好的糯米粉，薄厚可以按照喜好调整。③然后将上一步得到的半成品放在沸水中轻焯，再投入冷水中。④将蜂蜜和砂糖与两杯水混合在一起煮沸并加入柠檬汁，放置至自然冷却。⑤在裹好糯米的橘瓣上轻轻地浇上拌好的汤汁，即可食用。

细节 14 鹌鹑肉片

【原料】鹌鹑肉 100 克，冬笋 10 克，水发口蘑 5 克，黄瓜 15 克，鸡蛋清半个，酱油、料酒、花椒水、精盐、水豆粉、味精、汤各适量。

【做法】①将净鹌鹑肉切薄片，用鸡蛋清和水豆粉拌匀；将冬笋、口蘑、黄瓜切成片。②勺内放入猪油，烧至四五成热时，将鹌鹑肉片放入，炒熟，倒入漏勺内。③勺内放入汤，加入精盐、料酒、花椒水、酱油、冬笋、口蘑、黄瓜和炒熟的鹌鹑肉片，烧开后，去除浮沫，放入味精，盛入碗内即成。

细节 15 鱼香肝片

【原料】猪肝 250 克，泡辣椒 20 克，葱 25 克，蒜 15 克，酱油 15 克，姜 10 克，精盐 2 克，菜油 150 克，醋 10 克，料酒 10 克，水豆粉 30 克，汤 25 克，白糖 10 克，味精 1 克。

【做法】①将猪肝切成长约4厘米、宽约3厘米，厚约0.3厘米的片，加精盐及水豆粉（20克）拌匀；姜、蒜去皮，切成米粒；葱切成葱花；泡辣椒剁成碎末。②用1碗水豆粉（10克）、料酒、酱油、醋、白糖、味精及汤调成芡汁。③炒锅置旺火上，下菜油，烧至七成热时，放进猪肝炒散后倒入泡辣椒、姜、蒜末，待猪肝炒伸展时，下葱花勾芡汁，最后起锅入盘。

细节16 熘黄菜

【原料】鸡蛋200克，荸荠50克（或用嫩豌豆），豌豆苗50克，火腿30克，鸡汤300毫升（或用肉汤），淀粉10克，精盐3克，味精2克，料酒5克，花生油50克。

【做法】①豌豆苗择洗干净，用开水稍烫过凉待用。②熟火腿切末；荸荠去皮切成碎丁。③鸡蛋打入碗内，搅拌均匀，加入荸荠丁、精盐、料酒、淀粉、鸡汤再打均匀。④炒锅入油，烧至八成热，将打好的鸡蛋入锅翻炒，炒成糊状时加味精入盘，再撒上火腿末、豌豆苗即成。

细节17 红烧兔肉

【原料】兔肉（带骨）1000克，葱20克，姜15克，白糖5克，绍酒10克，青蒜5克，桂皮0.5克，胡椒粉0.5克，八角0.5克，味精1克，花生油100克。

【做法】①将兔肉洗净泡去血水，剁成3厘米见方的块，放入清水锅中煮开后捞起，再冲洗1次。葱切块，姜拍松，青蒜切成末。②中火烧锅，放油烧热，下兔肉块炒干水分，放入绍酒、酱油、精盐、葱、姜、白糖、桂皮、八角和开水（浸平肉块）一起烧开，撇去浮沫，盖上锅盖，改用小火烧至兔肉熟烂时，再用旺火烧浓汁汤，拣去葱、姜、八角、桂皮等，放入味精、青蒜末，撒上少许胡椒粉起锅即可。

细节18 肉丝炒鸡蛋

【原料】鸡蛋3个，腊肉100克，豆油少许，精盐、味精、酱油、料酒、高汤各适量。

【做法】①把鸡蛋打入碗内，加入精盐、味精、搅打均匀；腊肉蒸熟，切成细丝待用。②用旺火将勺烧热，加入豆油，油热下入肉，快速炒透，再将打好的鸡蛋倒入翻炒，待鸡蛋结成块，加入料酒、酱油和高汤，炒二三分钟即成。

细节19 烧核桃

【原料】核桃仁200克，碎牛肉100克，砂糖、蒜泥各5克，碎葱10克，砂糖8克，香油3毫升，牛肉调料、酱油、蜂蜜各5毫升，胡椒少许。

【做法】①将核桃仁放入沸水中烧煮1~2分钟，去核桃仁皮。②把碎牛肉蘸上牛肉调料，放入倒了油的平底锅中炒熟。③加入核桃继续煎炒。④把除蜂蜜以外的调料放入锅中烧煮，待其变得浓稠以后把核桃和牛肉倒进去并搅拌均匀。⑤待核桃开始发出深色光泽以后倒上蜂蜜。

细节20 清炖牛肉汤

【原料】牛肉200克，香菇50克，熟豆油30克，干辣椒1个，精盐、味精、姜片、葱丝各适量。

【做法】①把牛肉洗净，切成3厘米见方的小块，放入沙锅；把香菇洗净，去蒂，切成4瓣。②沙锅放进干辣椒。姜片、葱丝、熟豆油、精盐和500克清水，用中火煨3个小时，加入香菇，继续煨1小时，撒入味精，即可出锅。

细节21 茄汁虾片

【原料】净虾肉250克，黄瓜60克，番茄汁75克，味精25克，盐5克，香油50克，葱、姜各50克，糖适量。

【做法】①将净虾肉用刀在背脊处一剖两瓣，不要剖断，从虾尾部往前每隔3毫米切一片，依次完全切好，放在碗里，加味精、盐拌匀，稍腌使其入味。②在锅内放上净油，至六成热，将虾片拉油，捞出滤油。③葱姜切成末，锅内放香油为底油，油热将葱姜末下锅，煸炒出香味，再放番茄汁煸炒，炒熟后，加入盐、糖、味精，把虾片倒入锅里，翻炒几下，加包尾油即可。④装盘时，把黄瓜洗净消毒，斜刀切成片；围边装入盘里，中间放入番茄虾片。

第四节　胎教内容

细节01　准妈妈适合吃哪种植物油

因为每一种食用油的味道、营养和作用都是不同的，准妈妈可以根据自身需要和烹调的方式来选择食用油。目前市场上最常见的有以下几种：

（1）大豆调和油　这是市面上比较常见的油，它是由几种烹调油经过搭配调和制成的，主要用油是大豆油。它的营养价值会依原料不同而有所差别，但可以确定的是，它们都富含不饱和脂肪酸、维生素E。

用法：具有良好的风味和稳定性且价格合理，适合日常炒菜及煎炸之用。

（2）花生油　花生油的脂肪酸组成比较合理，含有40%的单不饱和脂肪酸和36%的多不饱和脂肪酸，富含维生素E。花生容易被污染黄曲霉，所以一定要选择质量最好的一级花生油。

用法：它的热稳定性比大豆油要好，适合日常炒菜用，但不适合用来煎炸食物。

（3）芝麻油　也就是香油。它富含维生素E，单不饱和脂肪酸和多不饱和脂肪酸的比例是1∶1∶2，对血脂具有良好影响。它是唯一不经过精炼的植物油，因为其中含有浓郁的香味成分，精炼后便会失去。

用法：芝麻油在高温加热后会失去香气，因而适合做凉拌菜，或在菜肴烹调完成后用来提香。

（4）菜子油　也称茶油，其中不饱和脂肪酸高达90%以上，单不饱和脂肪酸占75%以上，含有一定量的维生素E。由于茶油的脂肪酸比例合理，对预防心血管疾病有益，因而为营养学界所重视，尊为一种营养价值较高的油脂。

用法：精炼茶油风味良好，耐高温，耐储存，适合作为炒菜、煎炸使用。

细节02 为什么准妈妈要多吃植物油少吃动物油

一些研究发现，母亲在怀孕期间吃植物油少，宝宝湿疹发生率就高。宝宝湿疹是一种常见的与“变态反应”有密切关系的皮肤病，一般以剧烈的瘙痒，多种形态的皮肤损害、反复发作为特点。宝宝湿疹大多发生在出生后1～3个月，6个月后逐渐减轻，大多数患儿到一岁半后可逐渐自愈。

科学研究证实，人体所必需的脂肪酸，如亚油酸、亚麻酸和花生四烯酸等，人体自身不能合成，只能靠食物供给，而这些脂肪酸主要存在于植物油中，动物油含量极少。人体缺乏脂肪酸，可引起皮肤粗糙、头发易断、皮屑增多等，宝宝则易患湿疹。因此，为了预防宝宝患湿疹，准妈妈应多吃植物油。

细节03 准妈妈长期吃高蛋白食品有什么危害

医学研究认为，蛋白质供应不足，易使孕妇体力衰弱，胎儿生长缓慢，产后恢复健康迟缓，乳汁分泌稀少。故孕妇每日需要增加一定量的蛋白质。但是，孕期长期吃高蛋白饮食，则可影响孕妇的食欲，增加胃肠道的负担，并影响其他营养物质的摄入，使饮食营养失去平衡。研究证实，过多地摄入蛋白质，人体内可产生大量的硫化氢、组织胺等有害物质，容易引起孕妇腹胀、食欲减退、头晕、疲倦等现象。同时，蛋白质摄入过量，不仅可造成孕妇血中的氮质增高，而且也易导致胆固醇增高，加重肾脏的肾小球过滤的压力。

细节04 适合准妈妈吃的抗氧化食物有哪些

红色、黄色、绿色、蓝紫色和黑色的新鲜蔬菜和水果，如番茄、草莓、西瓜、胡萝卜、玉米、木瓜、南瓜、芒果、茄子、紫甘蓝、葡萄等，都有极强的抗氧化能力，可提高准妈妈的免疫力。还有菌藻类食品，如香菇、紫菜、黑木耳等，是天然的抗氧化剂，可帮助人体抵御病毒，增加抵抗力。

细节05 吃什么可以促进胎宝宝的筋骨发育

在怀孕的21～24周里，母体的“足阳明经脉”控制着胎宝宝的生长，这条经脉所对应的器官是胃。因此，如果能够强化母体的肠胃功能，就可以促进胎宝宝的筋骨形成和骨髓造血。

能够起到强化肠胃功能作用的食物有：生姜、糯米、黏玉米、牛百叶、羊肉、母鸡、鲫鱼、梭鱼、黄花鱼、橘子、红枣、柿饼和韭菜等。为了保证优质蛋白质的供应，准妈妈应坚持摄取牛奶、奶制品、肉类、鱼类、豆类。

此外还要选择含丰富铁和维生素 B_1、维生素 B_2 的食物，并同时注重补充维生素 A、矿物质和纤维素等其他营养成分，应摄入足量的糖分和脂类以不断地获取必需的能量。

细节06 准妈妈补充维生素 A 有什么好处

准妈妈除维持自身正常生理功能需要一定量维生素 A 外，还需保证胎宝宝发育的需要以及胎宝宝肝脏内有一定量的储存。此外，母体还需要为泌乳作储备。所以，准妈妈妊娠期间对维生素 A 的需求量有所增加。如果膳食供给不足，容易引起维生素 A 缺乏，而维生素 A 缺乏易出现暗适应时间延长或夜盲症。维生素 A 和胡萝卜素含量丰富的菜肴有：酱鸭肝、白菜炒猪肝、炒虾仁、胡萝卜炒肉丝，这些菜肴包括了含维生素 A 丰富的食物，准妈妈可以多吃一些。另外，由于维生素 A 是脂溶性的，为了促进维生素 A 和胡萝卜素的吸收，在食用富含维生素 A 或胡萝卜素的食物时，要和含脂肪丰富的食物一起食用。

细节07 准妈妈如何控制体重防肥胖

晚饭适当少吃。科学的饮食方法是，早饭吃得饱，午饭吃得好，晚饭吃得少。之所以提倡晚饭吃得少，就是因为吃过晚饭后人们往往懒于活动，热量容易在体内堆积，时间一长就会发胖。对于准妈妈来说，早饭、午饭都吃好了，晚饭适当少吃点并不影响胎宝宝的营养供给。

进行适当运动。孕期进行适当运动既可消耗体内热量，又可强体健身，还有助于顺利分娩。

细节08 孕期要补充多少钙

我国营养学会推荐的钙供给量为成年人每天 800 毫克。为保证胎宝宝骨骼的正常发育，又不动用母体的钙，到孕中期以后，准妈妈每天需补充1000毫克钙，晚期更可达1200毫克。

钙是人体内含量最多的矿物质，准妈妈怀孕以后消耗的钙量要远远大于普通人，若准妈妈没有注意补充钙，血钙浓度就会降低，会出现抽筋、酸痛、浮肿等现象，严重的话会变为高血压、难产、牙齿松动、骨质软化症、产后乳汁不足等病，进而影响未来的健康。同时胎宝宝发育所需要的钙是由母体透过胎盘来供给，其中有99%用来制造骨骼，如果准妈妈饮食摄取的钙不足，可导致胎宝宝的骨骼与牙齿发育不良，新生儿也因为血钙低而容易惊厥，易有水肿发生。所以，孕期补钙是准妈妈的一项重要工作。

细节09 准妈妈盲目摄入高钙食品有什么危害

孕妇盲目地进行高钙饮食，大量饮用牛奶，加服钙片、维生素D等，对胎儿有害无益。营养学家认为，孕妇补钙过量，胎儿有可能得高血钙症，出世后，患儿会囟门太早关闭、颚骨变宽而突出、邱梁前倾、主动脉窄缩等，既不利孩子的健康及生长发育，又有损后代的颜面健美。一般说来，孕妇在妊娠前期每日的需钙量并不需要特别补充，只要从日常的鱼、肉、蛋等食物中合理摄取就够了。

细节10 膳食中哪些因素会影响钙的吸收

在妊娠的整个过程中，准妈妈及时补充钙是非常重要的。可惜人体对钙的吸收能力很小，而且钙的吸收还要受食物中其他因素的影响。了解这些影响因素后，可以适当地调整膳食结构，以促进准妈妈对钙的吸收和利用。

（1）影响钙的吸收和利用的最重要因素是人体里维生素D的多少。维生素D是鱼肝油的主要成分，它可以促进钙的吸收，维持血液中钙、磷的正常比例，钙、磷的比例失调，骨骼不能钙化，会造成软骨病。所以，在补钙的时候必须要有维生素D，钙才能被充分吸收利用。人体中的维生素D主要是由皮肤在日光中紫外线的照射下合成的，所以应该多在户外活动，多晒太阳。另外，还要多吃维生素D丰富的食物，如蛋黄、动物肝脏、奶类和肉类，鱼肝油只是在必要的时候服用，同时要严格掌握剂量，以免造成维生素D中毒。

（2）膳食中的蛋白质可以增加小肠吸收钙的速度。蛋白质在消化过程中所释放出来的氨基酸，特别是赖氨酸和精氨酸，可以与钙形成人体容易吸收的可溶性钙。

（3）乳糖也可以增进小肠吸收钙的速度。膳食中的酸性物质可以使钙保持溶解状态，因而也能促进钙的吸收。

（4）膳食中的钙和磷必须在一定的比例时才能促进钙的吸收，任何一种元素过多均会干扰钙和磷的吸收。营养学家建议钙与磷最理想的比值，婴儿是1.5:1，在1岁时降为1:1，以后一直维持1:1。

（5）膳食中的植酸和草酸可与钙形成不溶性的植酸钙和草酸钙，影响钙的吸收，例如谷类食物含植酸较多，以谷类食物为主时，应同时供给更多的钙质。

细节11 孕期可以用饮料代替水吗

准妈妈对水的需求量很大，每天至少喝1～1.5升。因此，许多准妈妈从超市中购买了大量的饮料，以此代替白开水。这种做法是不正确的，因为：

果汁饮料中含糖较多，可引起肥胖。如果想喝果汁，最好自己榨取，现榨现喝，但饮用量不宜过多，更不能以此代替白开水。

牛奶可以适当喝一些，因为其中含有丰富的矿物质和蛋白质，对准妈妈和胎宝宝都非常适宜。体胖的准妈妈可喝脱脂奶。

细节12 准妈妈缺铜对胎宝宝有什么危害

铜是人体必需的一种微量元素。医学研究发现，孕期获得足够的铜元素对胎宝宝大脑发育十分重要。研究还发现，缺铜会影响大脑中数种酶的活性，因为铜或是这些酶当中的成分，或是这些酶的激活剂。其中，与神经系统发育关系密切的PKC酶受铜缺乏的影响十分明显。

此外，小脑中酶活性受缺铜的影响比大脑严重。由于小脑是控制运动能力的部位，酶活性的降低可能导致人的动作协调性低下。因此，专家建议准

妈妈多摄取含铜的食品。膳食中铜的最佳来源是牡蛎等海产品和动物内脏，粗粮、坚果、瓜子和豆子等也是较好的来源。

细节13　孕中期该如何补铁

准妈妈需要补充大量的铁。不仅孕早期要补铁，孕中期、晚期仍然不能忽视这项工作，所以应多吃瘦肉、鱼虾等食物，这些食物不但可以补充蛋白质，还可以提高血红蛋白水平，改善和纠正贫血。

在众多食物中，所有动物性食物中都含有丰富的优质蛋白质，不仅如此，动物性食品中所含的铁成分也易被人体消化吸收，吸收率高达20%。

另外，动物肌肉中存在着能促进非动物性食物中铁吸收的物质，能帮助人体吸收非动物性食品中的铁成分。例如单独吃玉米，铁的吸收率只有2%，如果将牛肉与玉米同吃，铁的吸收率则高达8%。

细节14　准妈妈饭后吃水果有什么坏处

饭后不宜马上吃水果。因为水果中含有大量的单糖类物质，很容易被小肠吸收。如果水果吃进后被饭菜堵塞在胃中，很快就会因为腐烂而形成胀气，出现屁多、胃部不适等症状。更重要的是：普通膳食中铜元素偏低，大约只有0.8毫克。如果饭后马上吃富含维生素C的水果，就会阻碍铜元素的吸收。铜是保护心血管的功臣（正常成年人每日需要铜2毫克）。水果最好在饭前1小时或者饭后2小时吃。

细节15　为什么说沙参可以强化胎宝宝的肺部机能

在怀孕第25~28周中，母体的“手太阴经脉”控制着胎宝宝的生长。这条经脉是与肺部直接相关的。我们所选择的食物必须有强化肺部的作用，并且能够对胎宝宝的皮肤、毛发和大脑的发育有所帮助。沙参的重要作用在于可以同时保护到肺部的阴气，除此之外，橘子、核桃、梅子和牛奶也是对准妈妈的身体极其有益的食品，可将牛奶和米粥一起熬制后随时服用。

细节16 准妈妈为什么要补锰

锰可直接影响人体的生长发育，它的作用是维持骨骼的生长，血液的形成以及蛋白质、核酸的合成和糖类、脂肪的正常代谢。成年人缺锰，会出现食欲下降，体重减轻，性激素水平降低以及性功能障碍等现象。准妈妈缺锰不仅会影响到胎儿的健康，严重的还会导致准妈妈出现昏厥甚至死亡。

食物中含锰量高的有干果、粗粮、干豆类和绿叶蔬菜，其中谷类是人体中锰最重要的来源，每千克小麦含锰量常常在10毫克以上。

细节17 准妈妈在加餐时要注意些什么

进入到孕中期之后准妈妈的食欲会大增，这个时候需要增加更多的营养，很多准妈妈在正餐的时候吃的不多，剩下的一部分量就只能放在加餐的时候吃。准妈妈在加餐的时候要注意食物的多样化和营养的均衡。

一般准妈妈两个半小时到三个小时就可以加餐了，加餐的内容里面一定要稍微有一点主食即粮食类的东西，如全麦面包或者燕麦片等，这是基础。剩下的就是一天要求补充的500毫升奶，这500毫升奶建议分两到三次喝。两到三次最好有一部分放到加餐里面，早上喝一点，加餐的时候喝一点，晚上临睡之前的加餐也可以包括奶。还有一类就是水果，水果也是放在加餐的时候食用的。另外一类是坚果，也是互相搭配，一天可能加上三次，每次分一点。

准妈妈在加餐的时候最好不要喝饮料。很多准妈妈爱喝果汁，如果是鲜榨的果汁还好，但是一些鲜橙多和含糖饮料就不要喝了。另外，一些膨化食品和腌制食品都不要吃，比如薯片、豌豆脆、腌制的火腿香肠等。

细节18 准妈妈缺乏维生素B_1有什么影响

维生素B_1又称硫胺素，是抗脚气病维生素。研究发现，若人体硫胺素不足，不仅会使糖类代谢发生障碍，还将影响机体的整个代谢过程，而且由于丙酮酸不能继续代谢，还会影响氨基酸与脂肪的合成。人们长期大量食用精白的米和面粉，而又缺乏其他杂粮和多种副食品的补充，易造成硫胺素的缺乏。准妈妈硫胺素不足会更加明显地表现为疲倦、乏力、小腿酸痛、心律过

速等。这是妊娠期间母体及胎儿代谢水平增加，对热能需要增加，随之也要求硫胺素供给增加的缘故。

细节 19 准妈妈饭后可以吃瓜子吗

因为葵花子与西瓜子都富含脂肪、蛋白质、锌等微量元素及多种维生素，可增强消化功能。嗑瓜子能够使整个消化系统活跃起来。瓜子的香味能刺激舌头上的味蕾，味蕾将这种神经冲动传导给大脑，大脑又反作用于唾液腺等消化器官，使含有多种消化酶的唾液、胃液等的分泌相对旺盛。

因此，准妈妈在饭前或饭后嗑瓜子，消化液就随之不断地分泌，这样对于消化与吸收十分有利。所以，饭前嗑瓜子能够促进食欲，饭后嗑瓜子能够帮助消化。如果数种瓜子混合嗑效果更佳。

细节 20 准妈妈食物过敏有什么危害

准妈妈食用过敏食物不仅会导致流产或胎宝宝畸形，还可导致胎宝宝患病。有过敏体质的准妈妈可能对某些食物过敏，消化吸收后，可从胎盘进入胎宝宝血液循环中，妨碍胎宝宝的生长发育，或直接损害某些器官，如肺、支气管等，从而导致胎宝宝畸形或患病。对某些食物有过敏经历的，以及易引发过敏症状的食物在怀孕期间都应该禁止食用。

细节 21 孕晚期吃核桃能让宝宝更聪明

核桃能让宝宝更聪明，古往今来都有这种说法。但是，什么时候吃核桃才能充分发挥核桃中益脑成分的作用呢？因为核桃中含有一种叫做 α－亚麻酸的物质，这种物质在人的肝脏中可以转变成大脑发育所需要的脑黄金－DHA，但是 α－亚麻酸需要在碳链加长酶和减饱和化酶的作用下才能转变成 DHA，但不是所有的时候我们体内都有这两种酶，只有在怀孕的最后 3 个月，准妈妈体内才有这样的酶，所以想通过吃核桃来促进胎宝宝大脑发育的准妈妈要记住了，从进入孕中期开始就可以多吃点核桃或者杏仁、开心果等坚果和硬果，以便为孕晚期做储备。

细节22 准妈妈水肿严重有什么危害

严重的孕期水肿会导致胎宝宝发育不良。水肿严重时准妈妈可以考虑采取食疗法：比如把鲤鱼的腹内掏空，在其中放入一把红豆后熬汤服下；或者把桑根皮和红豆按照同样的分量混合烧煮后饮用。桑根皮和红豆不但具有显著的利尿作用，还可以预防与浮肿同时发生的高血压症状。

除此之外玉米粥和玉米茶对缓解浮肿症状也有一定的效果。

细节23 水肿准妈妈要怎么吃

有些准妈妈时常出现肢体水肿，因此，首先要少饮水，少吃盐；其次要选择富含B族维生素、维生素C、维生素E的食物，增加食欲，促进消化，有助于利尿和改善代谢；再次要多吃水果，少吃或不吃不易消化的、油炸的、易胀气的食物（如白薯、土豆等），忌吸烟饮酒。

细节24 准妈妈适量摄入维生素E有什么好处

维生素E又名生育酚，广泛存在于绿色植物中，动物体内含量较少。维生素E能促进人体新陈代谢，增强机体活力，维持正常的循环功能，能维持骨骼、心肌、平滑肌和心血管系统的正常功能。维生素E还是高效的抗氧化剂，可保护生物膜免遭氧化物的损害。

准妈妈保证维生素E的供给是非常必要的。研究认为，维生素E缺乏与早产婴儿溶血性贫血有关。早产儿发生溶血性贫血时用α－生育酚治疗，其水肿、过敏和溶血性贫血等症状即行消失。为了使胎儿贮存一定量的维生素E，准妈妈应每日多加2毫克摄入量。

细节25 准妈妈如何选择蔬菜和水果

蔬菜水果是人们生活中必不可少的食物，它们的特点是蛋白质和脂肪含量很低，含有一定量的糖类，而某些重要的矿物质类（钙、钾、钠、镁等）和某些维生素（如维生素C和胡萝卜素等）的含量很丰富。

在蔬菜水果的选择上，还是有一定学问的。一般来说，颜色深的蔬菜如

青椒、胡萝卜、韭菜、菜花等，富含叶绿素、叶酸、β－胡萝卜素以及维生素C等。

另外，在选择的季节上也有不同。一般来说，新鲜采摘的水果和蔬菜比长期存放的要营养丰富，比如新鲜大白菜与储存了一年的大白菜相比，不但口感好，而且营养丰富。

一般水果都含有丰富的糖类、水分、纤维素及少量的蛋白质、脂肪、矿物质、维生素A和B族维生素，但其粗纤维、维生素B_{12}含量很少，故不能作为唯一的营养来源。准妈妈要遵循时令多样化地选择新鲜水果，每天吃1～3个比较好。

蔬菜水果在食用前都要注意先用清洗剂洗干净，再用清水清洗，以免残留农药对人体造成危害。

细节26　过多地摄入蔬菜对准妈妈有什么危害

准妈妈多吃蔬菜可以促进肠道蠕动，促进排便，提供机体所需的微量营养素，发挥抗氧化作用和保证人体各器官的正常功能。这是由于蔬菜里含有丰富的维生素、矿物质和植物纤维。但是过多地摄入也会给准妈妈带来不利的影响：

（1）不易消化　粗纤维含量高的蔬菜，如芹菜、春笋等，大量进食后很难消化，患有胃肠疾病的准妈妈更不宜多食。

（2）影响钙、锌吸收　准妈妈大量摄入蔬菜会阻碍体内钙、锌吸收，影响胎宝宝智力发育和骨骼生长。

（3）有些蔬菜含较多的草酸易形成结石　菠菜、芹菜、番茄等含有较多的草酸，与其他食物中的钙结合，容易形成草酸钙结石。

细节27　为什么说孕期吃粗粮要有度

粗粮虽好，但需要食之有度。准妈妈如果长期以粗粮为主食的话，会导致营养不良和身体的免疫力降低。另外，由于加工简单，粗粮中确实保存了许多细粮中没有的营养物质，比如膳食纤维比较多，并且富含 B 族维生素等。但是，如果准妈妈摄入的纤维素过多，反而会影响身体对蛋白质、矿物质以及某些微量元素的吸收。这样不但不能够促进消化，反而还会影响消化和吸收。

所以，准妈妈千万不要把粗粮当成主食，应在日常的饮食中搭配食用，那样才能让它发挥应有的功效。

细节 28 为什么说孕期要重视补充卵磷脂

卵磷脂的生物学名为磷脂酰胆碱，是人体组织中含量最高的磷脂，是构成神经组织的重要成分，属于高级神经营养素。

卵磷脂保障大脑细胞膜的健康及正常功能，确保脑细胞的营养输入和废物输出，保护脑细胞健康发育。因此，为了宝宝日后的发育，准妈妈应重视补充卵磷脂。大豆、蛋黄、核桃、坚果、肉类及动物内脏中都含有卵磷脂。

细节 29 准妈妈适量补充维生素 B_6 有什么好处

维生素 B_6 是中枢神经活动、血红蛋白合成及糖原代谢所需的辅酶，人体缺乏维生素 B_6 可引起小细胞低血色素贫血、神经系统功能障碍、脂肪肝、脂溢性皮炎等。妊娠时雌雄激素的增加，使色氨酸代谢、维生素 B_6 的需要量增加。此外，妊娠时血稀释，准妈妈血液中维生素 B_6 可降至孕前水平的 25%。胎儿在 5 个月时中枢神经系统增长正值高峰，维生素 B_6 最为需要，因而必须重视维生素 B_6 的摄入，而且早期补充维生素 B_6 还有抑制孕吐的作用。动物肝脏、葵花子、花生仁、核桃、黄豆中含维生素 B_6 较多。

细节 30 准妈妈不宜喝哪几种水

（1）久沸的开水 水在反复沸腾后，水中的亚硝酸银、亚硝酸根离子以及砷等有害物质的浓度相对增加。喝了久沸的开水以后，会导致血液中的低铁血红蛋白结合成不能携带氧的高铁血红蛋白，从而引起血液中毒。

（2）用保温杯沏的茶水 因为茶水中含有大量的茶碱、芳香油和多种

维生素等。如果将茶叶浸泡在保温杯中，多种维生素被大量破坏使营养价值降低，茶水苦涩，有害物质增多，饮用后会引起消化系统及神经系统紊乱。

(3) 没烧开的水　自来水中的氯与水中残留的有机物相互作用，会产生一种叫三羟基的致癌物质。准妈妈也不能喝在热水瓶中贮存超过24小时的开水，因为随着瓶内水温的逐渐下降，水中含氯的有机物会不断地被分解成为有害的亚硝酸盐，对准妈妈身体的内环境极为不利。

细节31 准妈妈吃海鲜时要注意些什么

很多准妈妈都爱吃味道鲜美的海鲜，不过吃海鲜的时候是有很多讲究的。比如海鲜往往被污染，其中富集了一些砷。本来五价砷毒性较小，但是如果被维生素C之类的还原剂还原成三价砷，也就是砒霜（三氧化二砷），毒性会急剧上升，于是就有了中毒危险。准妈妈在吃海鲜的时候需要注意以下几个注意事项:

(1) 海鲜河鲜多为寒性，肠胃虚弱的准妈妈要少吃。尤其是螃蟹，其性寒凉，有活血祛淤的功效，对准妈妈不利，应少吃或不吃。

(2) 食用海鲜的前后半天内，不要吃维生素C片，最好也不要大量吃水果等富含维生素C的食物。尤其要少吃寒凉食物，以免引起腹泻。

(3) 蔬菜和粗粮当中的纤维可以促进重金属的排出，因此适合搭配食用。

(4) 准妈妈每周最多吃1~2次海鲜，而且每次应控制在100克以下。

第五节　语音胎教

细节01 孕中期如何做好音乐胎教

在妊娠早期，音乐胎教都是准妈妈听音乐，然后通过母体将自己的感受传递给胎宝宝。在妊娠4个月时，胎宝宝耳朵的功能开始建立和发展，脑的结构也日益完善，各种感觉逐渐发挥作用，胎宝宝对声音的感觉相当敏感，听觉能力明显提高，已能听到外界的声音了。这时可利用宝宝听觉的重要作用，给予良好的声音刺激，促进胎宝宝听力的发展。

这时准妈妈和胎宝宝听的胎教音乐内容可以丰富一些，种类可以多一些。胎教音乐的节奏宜平缓流畅，不带歌词，乐曲的情调应温柔甜美。父亲的低音歌声、大提琴独奏曲或低音乐曲之类，宝宝最容易接受。另外准妈妈亲自哼唱歌曲也会得到十分满意的效果。

细节02 孕中期适宜听哪种类型的音乐

音乐欣赏，不仅可陶冶孕妇的情操，调节孕妇的情绪，同时对胎儿也将产生潜移默化的影响。由于这时孕妇的身子还不是太笨，尚能从事各种家务，完全可以边干家务边听音乐。

怀孕中期除了可继续听早孕期听的乐曲外，还可再增添些乐曲，如柴可夫斯基的《B小调第一钢琴协奏曲》及《喜洋洋》、《春天来了》等乐曲，尤其是柴可夫斯基的《B小调第一钢琴协奏曲》，以新颖明快的旋律，表达了对光明的向往和对生活的热爱，曲调中充满了青春与温暖的气息。如果反复倾听那些小提琴与钢琴的合奏、有力的和弦，及生动活泼的快板，会觉得这支乐曲既好像是在表现波涛起伏的大海，又像是在表现和煦扑面的春风，好似灿烂的阳光铺满了生活的大地，让人能真正感受到生活的美好。当腹内的胎儿接受了孕妇美好的心态信息以后，会与孕妇有同感。

细节03 如何根据胎宝宝的性格来选曲目

在利用音乐进行胎教时，最好不要只给胎宝宝听几首固定的曲子，应该多样化。但在选曲时应注意到胎动的类型，因为人的个体差异往往在胎宝宝期就有所显露，胎宝宝有的“淘气”，有的“活泼”，也有一些是老实、文静的。这些既和胎宝宝的内外环境有关，也和先天的神经类型有关。一般来说，给那些活泼好动的胎宝宝听一些节奏缓慢、旋律柔和的乐曲，如《摇篮曲》等；而给那些文静、不爱活动的胎宝宝听一些轻松活泼、跳跃性强的儿童乐曲、歌曲，如《小天鹅舞曲》等。如果能把音乐的节奏和表达的内容与胎宝宝的性格结合起来，那将对胎宝宝的生长、发育起到更明显的效果。

另外，准妈妈应该把胎教乐曲适当增加，交替轮流播放。除此之外，准

妈妈还可以唱儿歌，准妈妈和准爸爸之间可以用亲切的言语交流对宝宝的憧憬和抒发对大自然的赞美等。这样的胎教每天进行2次，每次5分钟。

通过听音乐，能使准妈妈精神愉悦。声音有乐音和噪音之分。当然，对胎宝宝的刺激也就有“有益”与“有害”之分。迪斯科舞曲、架子鼓的声音，在某些时候可以创造欢乐的气氛，但对于准妈妈和腹中的宝宝，这种节奏强烈、带有振动性的声音无异于噪音。所以，准妈妈不能听这类音乐。舒缓轻柔与欢快相间的E、C调才是最适宜准妈妈的。

细节04 如何对胎宝宝进行音乐美学培养

对胎儿进行音乐美学的培养可以通过心理作用和生理作用两种途径来实现。

（1）心理作用方面　音乐能使准妈妈心旷神怡，浮想联翩，从而使其情绪达到最佳状态，并通过神经系统将这一信息传递给腹中的胎儿，使其深受感染。同时安静、悠闲的音乐节奏可以给胎儿创造一个平静的环境，使躁动不安的胎儿安静下来，使他朦胧地意识到世界是多么和谐，多么美好。

（2）生理作用方面　悦耳怡人的音响效果能激起准妈妈植物神经系统的活动，由于植物神经系统控制着内分泌腺，使其分泌出许多激素，这些激素经过血液循环进入胎盘，使胎盘的血液成分发生变化，有利于胎儿健康的化学成分增多，从而激发胎儿大脑及各系统功能的活动。

细节05 所有的音乐都可作为胎教音乐吗

优美的音乐并非都适合胎教，如理查德·克莱德曼的一些钢琴曲虽然好听，但不适宜作为胎教音乐。因为，胎教音乐要求在频率、节奏、力度和频响范围等方面，应尽可能与宫内胎音合拍。专家指出，若频率过高会损害胎宝宝内耳螺旋器基底膜，使其出生后听不到高频声音；节奏过强、力度过大的音乐，会导致听力下降。因此，胎教音乐应先经医学、声学测度，符合听觉生理学的要求。在选购胎教磁带时，不是听一听音乐是否好听，而是看它是否经过了医学、声学的测试。只有完全符合听觉生理要求的胎教音乐，才能真正起到开发智力、促进健康的作用。

细节06 胎儿可以分辨声音的强弱和高低吗

胎儿非常喜欢悦耳的声音，不过，脑部在刚形成的时候，是无法分辨声音的高低与强弱的。

母亲怀孕7个月左右时，胎儿便可以很清楚听到声音，8个月之后，可以分辨强弱声音的神经亦已发育完成，对高音或低音都可以分辨。

当母亲发出的声音很大时，胎儿会在腹中活动，这表示胎儿听得非常清楚。即使不懂母亲说话的含意，此时的胎儿也能感觉到音调、音量的高低强弱。

细节07 孕中期就要给宝宝取名字吗

当一个新生命即将诞生的时候，爸爸妈妈、爷爷奶奶、亲戚朋友都会引经据典、反复推敲地为宝宝取一个响亮的名字。其实，在胎宝宝5~6个月时就已经有了听觉，这时就可以给他取一个乳名了。这样不仅“对话”方便，而且经常呼唤胎宝宝的名字，能够引起条件反射，时间久了，当他听到名字的时候就知道是在和他说话了。此外，宝宝出生后，当呼唤其乳名时，他听到曾经熟悉的名字时，会有一种特殊的安全感，烦躁、哭闹明显减少，有时会露出高兴的表情。

当准父母轻声呼唤胎宝宝的名字时，必然会有一种温馨、亲昵的感情荡漾在心中，必然觉得胎宝宝已经成为家庭中不可缺少的一员——虽然他还没有出生，虽然现在还不能见到他，但对他的身心发育和健康生长却是很有益的。

细节08 准妈妈给胎宝宝做童话胎教有什么好处

童话胎教法就是准妈妈和准爸爸一起给孩子读童话书，通过那些动听的故事可以培养孩子的潜力和感性能力。具体地说，童话胎教有以下益处:

(1) 培养胎宝宝的潜力 胎宝宝的听觉机能在怀孕中期就已接近发育完毕，此时人们可以看见其对外部的刺激做出反应。这时，如果准爸爸和准妈妈能够用温柔的声音为其读一读童话故事就可以刺激其大脑，从而达到提升胎宝宝潜在能力的效果。

（2）增强胎宝宝的想象力和好奇心　通过不同的童话故事，不仅可以将勇气和友情等概念传授给胎宝宝，还可以培养胎宝宝的想象力和好奇心。

（3）对胎宝宝的感性方面产生刺激　胎宝宝倾听声音的过程并不是单纯地通过耳朵来进行的，他往往要运用自己的整个身躯来接受外部的信息。所以准妈妈如果能够带着丰富的感情朗读，就可以促进胎宝宝感性能力的发育。

此外，做童话胎教，不仅父母与孩子之间的亲子关系会得到加深，丈夫和妻子之间的感情也会变得更加浓厚。每天坚持拿出30分钟读童话书，让整个家庭一起度过这充满幸福感的胎教时光吧！

细节09　如何正确地给胎宝宝做童话胎教

读童话书会给胎宝宝带来良好的刺激。父母要做童话胎教，从一开始就要以童话中的图画、思考、经验、知识等来刺激胎宝宝，进而使他形成印象。印象的形成需要经过外部信息的持续输入和大脑进行数据处理与储存两个步骤。

印象的形成离不开脑细胞和脑细胞之间形成连接的有机过程。这种连接称为神经网络。胎教的各种措施就是输入良性信息刺激，读童话书是刺激宝宝神经网络的方法之一。准妈妈读出的每一个美丽童话都将给胎宝宝带来好的影响。

如果准妈妈能用自己丰富的想象力将童话书中梦一般的世界转述给胎宝宝，则意味着胎宝宝将在这一过程中获得健康而安定的情绪。

细节10　给胎宝宝做童话胎教时如何增加趣味性

为了使童话胎教做起来更加有趣，准妈妈和准爸爸可以参照以下几点：

（1）用口语讲故事　给宝宝起小名并用口语形式来讲述故事。准妈妈可以把童话书里主人公的名字通通改成宝宝小名，并用口语形式来讲述这个故事。这样在读故事的时候准妈妈就会觉得自己的宝宝和故事的主人公合二为一，从而使自己对胎宝宝的感觉变得更加亲切。

（2）讲解书里出现的事物 胎宝宝对整个世界可谓是一无所知，会很自然地对书中出现的事物产生好奇。针对这种情况，我们可以对童话故事中出现的各种事物进行亲切而生动的讲解。

（3）边走边读 如果读书时采取的姿势很不舒适，胎宝宝也一定会有难受的感觉。准妈妈应该在最舒适的状态下慢慢地读给胎宝宝听，可以一边走一边读。这样做既可以让准妈妈得到锻炼，又可以使胎宝宝接受有益的振动刺激，可谓是一举两得。

（4）根据图画的内容改编故事 在读童话书之前，准妈妈可以根据图画的内容对故事的细节进行改编，这样做将为准妈妈和胎宝宝带来很多的乐趣。在进行改编故事这种再创作的时候，准妈妈可以从那些之前没有留意到的小幅插画开始。在想象的过程中，准妈妈的注意力和想象力会得到很大程度的提升，而胎宝宝的想象力也同时得到拓展。

细节11 怎样在生活中与胎宝宝对话

准父母通过动作、声音和语言与腹中的胎宝宝对话，是一种非常有益的胎教手段。对话可随时进行，每次时间不宜过长，一般以3～5分钟为宜。

对话内容可灵活掌握。例如当准妈妈闻见准爸爸所做早饭的香味时，可深吸几口气让胎宝宝也闻一闻，并问："你爸爸做的早饭香不香？"吃过早点，在上班途中，准妈妈不妨将自己小心行走的心意也告诉胎宝宝："哦，宝宝，不要怕，我们靠右边慢慢走。"在出去散步的时候，可以把所看见的景色悉心地讲述给胎宝宝："瞧，青青的草，红红的花，多美啊！"让他也领略一下大自然的美好。淋浴时随着在水中洗的动作，轻柔地告诉胎宝宝："听，这是流水声，妈妈洗澡啦！"在就寝以前可以由准爸爸通过准妈妈的腹部轻轻地爱抚胎宝宝，同时告诉他："宝宝，爸爸在叫你，你听见了吗？"

这样每天定时或不定时的和胎宝宝讲话，互相沟通一下信息，不仅可以增添小家庭的欢乐和谐气氛，对胎宝宝的正常发育也有颇多好处。随着胎宝宝月份的增长，对话内容可以灵活调节和增减。

细节 12 准妈妈与胎宝宝对话有什么好处

根据胎儿具有辨别各种声音并能做出相应反应的能力，父母应抓住这一时机经常与胎儿对话，孩子一出生就会马上识别出父母的声音，这不但令父母感到激动，而且对新生儿来说是莫大的安慰和快乐，消除了由于环境的突然改变而造成的心理上的紧张与不安。

曾有一位父亲从胎儿 7 个月开始经常向胎儿说："小宝贝，我是你的爸爸！"同时抚摸着胎儿。以后每当这句话一出现胎儿就会兴奋地蠕动起来。当这个孩子出生后因环境的突变产生不快时，父亲说："小宝贝，我是你的爸爸！"话刚出口，婴儿就像着了魔法一样突然停止了哭声，并掉转头来寻找发出声音的方向，后来竟高兴地笑了。以后每当孩子哭闹时，这句话就会使孩子从哭闹中安定下来。

可见父母通过声音和动作与腹中的胎儿进行对话，是一种积极有益的胎教手段。在对话过程中，胎儿能够通过听觉和触觉感受到来自父母亲切的呼唤，增进彼此生理上的沟通和感情上的联系，这对胎儿的身心发育是很有益的。

细节 13 可以对胎宝宝进行英语启蒙教育吗

国外曾报道，胎儿在母腹内就能够接受莎士比亚语言的启蒙教育。怎样对胎儿进行英语启蒙教育呢？其方法是：孕妇把一个袖珍耳筒式录音机固定在腹部，在妊娠期的最后 4 个月或 5 个月对胎儿朗诵英语儿歌并以儿歌节奏摇晃腹中的胎儿，每天进行 2 或 3 次，但一次决不要超过 45 分钟。因为超过这个时间，胎儿就烦了，不听了。

研究发现，在妊娠 4 个半月时，胎儿的内耳和鼓膜是其唯一已经发育成熟的器官。因此，从这时开始，胎儿会非常注意外界的声音，已经能够用耳朵去听。

为了对胎儿进行英语启蒙教育，应选用温柔舒缓的英语歌曲，孕妇应学会观察胎儿的蠕动，确定胎儿醒着的时候，才能打开安放在腹部的录音机，而且，音量应该适当，决不能过大，因为胎儿害怕噪音。教师埃伦·罗伊认为："如果在接受了产前英语启蒙教育之后，又继续接受正规教育的话，这个在母腹中就开始上学的孩子，其前途不可估量。"若希望自己的孩子将来成为精通两种语言的人才，最好在胎儿期给孩子进行英语启蒙教育，并作为胎教的一个内容。

细节14 如何用英语和胎宝宝交谈

由于胎宝宝对声音已经具有了记忆的能力，因此，准妈妈如果在怀孕的时候经常与胎宝宝说英文，收效会更好。

准妈妈可以讲一些很简单的英语，例如："This is Mommy"、"It's an ice day"、"Let's go to the park"、"That is a cat"，将自己看见、听见的事情，以简单的英语对胎宝宝说话。此外，还可以用已经替胎宝宝取好的名字与其进行"交谈"，例如："Lisa，I am your Mommy and I love you so much!""Johnny，you are my lovely baby and I will try to give anything that you like!"

若要以英文进行胎教，先决条件就是准妈妈本身的英语能力要好，能够在日常生活中很自然地说出标准流利的英语，能够轻松地运用两种语言来交流。有的准妈妈觉得自己的英文能力有限、发音不够标准，或者觉得在"非英语为母语"的环境中实行英语胎教有一定困难，那么就不要勉强进行英语胎教，可以选择一些句型简单、内容健康、重复性高的英文音像制品，借助它有趣的内容、清晰的发音、活泼的气氛，同样可以起到很好的效果。除了英语，准妈妈用本土语言（比如上海话、广东话）和胎宝宝说话，也可收到异曲同工的效果。因为胎教的作用，就是让胎宝宝及早对身边的声音有所认识。

准妈妈若是怀孕时进行英语胎教，那么，在宝宝出生之后，仍要持续与宝宝进行英文沟通，不然，宝宝对英文的熟悉程度便会日久生疏。

细节15 准妈妈怎样教胎宝宝认字母

如何教胎宝宝学字母？首先要制作一些卡片，即把一些笔画简单、容易记忆的字母制成颜色鲜艳的卡片，卡片的底色与卡片上的字分别采用反衬度鲜明的颜色，如黑和白、红和绿等等。之所以要把英文字母描绘得鲜艳醒目，就是为了在进行胎教的过程中强化准妈妈的意念和集中注意力，并促使准妈妈获得明确的视觉感。

教胎宝宝学习字母的时候，可以将A－Z这26个英文字母制成闪光卡片，

每天教3～5个字母，大写教完了再教小写，选择容易形象化的和好发音的反复正确发音。例如：A，可以选择Apple（苹果）等，初中文化水准的都可仿效。

细节16 准妈妈如何教胎宝宝认数字

教数字与教英语字母一样，每天教3～5个数字。数字中一定要运用形象思维及色彩组合。例如：2像水中自由游泳的鸭子，3像人的耳朵，5像秤钩，6像倒置的9，9像小蝌蚪，等等。又例如：11、33、44等两位数可以分别将左侧用绿色，右侧用蓝色这样既形象又富有色彩地组合。

训练时，准妈妈应精力集中，全神贯注，就像教小学生识字一样，一边念一边用手沿着字的轮廓反复描画。应注意笔顺一定要正确，每天抽出时间定时进行，这样，久而久之，将有助于胎宝宝识字能力的培养。

细节17 通过讲故事的方式培养胎宝宝的想象力

用故事培养胎儿的想象力。给胎儿讲故事是一种很有好处的胎教手段；讲故事时孕妇应把腹内的胎儿当成一个大孩子，娓娓动听地向他（她）讲述，其语言神经可受到良性刺激，使其在不断变化的文化氛围中发育成长。孕妇讲故事既要避免尖声尖气的喊叫，又要防止平淡乏味的读书，方式可以根据孕妇的具体情况而定。内容可由母亲任意发挥，可讲书中的故事，也可以读故事书，还可以给胎儿朗读一些儿歌、散文等。内容不应长，宜有趣，切忌引起恐惧、惊慌的内容。

第六节　艺术胎教

细节01 为什么说欣赏艺术作品也是一种胎教

孕妇听轻快柔美的抒情音乐，是一种有益于胎儿身心感受的活动，也

可促进胎儿脑细胞的发育，好处是很多的。孕妇欣赏大自然的色彩和景色对促进胎儿大脑细胞和神经的发育是十分有利的。孕妇可于工作之余，欣赏一些具有美感的绘画、书法、雕塑以及戏剧、舞蹈、影视文艺等作品，接受美的艺术熏陶，并尽可能地多到风景优美的公园及郊外领略大自然的美，把内心的感受描述给腹内的胎儿，如深蓝色的天空、翩翩起舞的蝴蝶、歌声悦耳的小鸟，以及沁人肺腑的花香等，孕妇的好心情也能感染胎儿。

细节02 为什么提倡准妈妈参观画展和欣赏名画

欣赏好的画作就和听到优美旋律、阅读感人的文字一样是一种美的享受，此时人的内心会变得安定，甚至会有一种被净化的感觉。观看摄影作品、画作、雕刻、陶艺和版画将对胎教起到很大的帮助。

一位小提琴家的母亲在怀孕时，曾乐此不疲地前往美术馆和音乐会进行艺术胎教，正是这种经历使这位小提琴家的感性能力在胎儿时期就得到了锻炼。

即使一周只有一次，能够和丈夫一起前往最近的美术馆或画展，接触各种各样的画作无疑将给胎宝宝带来极大的享受。况且步行去场馆，准妈妈还能锻炼身体，何乐而不为呢？对于常常待在家里的准妈妈，出一趟门也会使准妈妈与胎宝宝之间谈论的话题变得丰富起来。

细节03 准妈妈画画有什么好处

准妈妈学绘画也是胎教的内容之一。心理学家认为，画画不仅能提高人的审美能力，产生美的感受，还能通过笔触和线条，释放内心情感，调节心绪平衡。画画具有和音乐治疗一样的效果，即使不会画画，准妈妈在涂涂抹抹之中也会自得其乐。所以，赶快为自己准备一只小画笔吧。在画画的时候，不要在意自己是否画的好，你可以持笔临摹美术作品，也可随心所欲地涂抹，只要你感到是在从事艺术创作，感到快乐和满足，你就可以画下去。还可向胎宝宝解释你画的内容。当然准妈妈如果能临摹一些儿童画，看看自己的笔下有没有童趣和稚拙感，你就会通过笔触步入儿童世界。

细节04 剪纸也可以作为一种艺术胎教吗

剪纸，也是一种艺术胎教。你可以先勾轮廓，而后细细剪，剪个胖娃娃、“双喜临门”、“喜鹊登梅”、“小放牛”；或孩子的属相，如猪、狗、猴、兔等。别怕麻烦，别说没时间，别说不会剪，因为目的不在于你剪得好坏，而在于你在进行艺术胎教，你在向胎儿传递深深的“爱”，传递“美”的信息。

第七节　环境胎教

细节01 环境胎教时如何防止胎宝宝耳聋

对胎宝宝进行音乐胎教是一项促进大脑发育，开发智力的有益活动，但千万要注意方式方法，注意保护胎宝宝的听力不会受到伤害。一是注意不要把传声器直接放在准妈妈的腹部，这样会使声波直接进入体内，其高频声音对胎宝宝内耳基底膜上面的短纤维有强烈的刺激，耳蜗底部最容易遭到破坏，轻者听力受损，重者终生耳聋。二是要注意胎教音乐的音频范围。因为胎宝宝听觉生理机制非常稚嫩、脆弱，对音量的承受能力极其微弱，胎宝宝听力所允许的音频标准应该是500～2000赫兹，因此准爸爸、准妈妈在对胎宝宝实施音乐胎教时要格外注意这两点，防止音频过高伤及胎宝宝的听力。

细节02 噪音对胎宝宝的伤害大吗

噪音，对人类来说是一种公害。长时间生活在噪音之中能使人听力下降、心神不宁，情绪暴躁甚至失控，严重影响人的食欲、睡眠乃至整个生活和工作。噪音不仅指工地噪音、交通噪音、卡拉OK等人们常常关注的噪音，还有不可忽视的生活噪音，如电视机、录音机、洗衣机，吸尘器、冰箱等等。这些家用电器虽然没有像交通工具的噪音、工地噪音、卡拉OK那样刺耳，但对人的伤害同样严重，是一种隐性伤害。如果在同一个时间内开着电视机、洗衣机及吸尘器，就会加大噪音的作用，形成一个高分贝机械噪音的小环境。

噪音不仅对准妈妈的伤害较大，对胎宝宝听神经的发育危害更大，可使胎宝宝听力下降，容易造成宝宝出生后耳背、耳聋的严重后果。如果准妈妈住宅周围有公害噪音，最好在怀孕期间换个环境居住，防患于未然。

细节03 阳光对胎教是否受益

“万物生长靠太阳”。太阳光不仅给我们的生活带来了光和热，而且还能使人体产生维生素 D，进而促进机体对重要元素钙、磷的正常吸收。

由于阳光中的紫外线具有杀菌消毒的作用，因此，准妈妈本身，准妈妈的被褥，以及为婴儿准备的被褥、衣物等用品要常晒晒太阳，可以达到消毒防病的目的。

当然，什么时候晒太阳，应根据季节、时间以及每个人的具体情况灵活掌握。例如盛夏季节，烈日炎炎，完全不必专门出去晒太阳。因为此时户外阳光太强，树荫里的散射阳光就足以满足准妈妈的需要了。一般来说，根据我国的地理条件，一般春秋季节以每天 9 – 16 时、冬季以 10 – 13 时阳光中的紫外线最为充足，准妈妈可以选择在这段时间晒太阳。有些人喜欢在室内隔着玻璃晒太阳，其实这样做并不能算是晒太阳，因为阳光中的紫外线绝大部分不可能通过玻璃进入室内。

细节04 阳光下散步对胎宝宝有什么益处

准妈妈应该让在子宫当中具有光感的胎宝宝接触什么样的光线呢？答案自然是“暗光胜过亮光，自然光胜过人造光”。近年来，怀孕以后还要坚持上班的女性越来越多，上班时利用午休时间去室外散散步，享受一下自然光线，对准妈妈和胎宝宝来说都是一件再好不过的事情。挺着肚子在柔和的阳光下散步并与胎宝宝进行交流，就从现在开始做起吧！

细节05 准妈妈如何安度三伏天

（1）心态要平和 三伏天，火气旺盛。孕妇在精神、心理等方面，应息

其怒，静其心，安其神，使神经系统处于宁静状态，民间素有“心静自然凉”之说。

（2）生活要规律　三伏期间，孕妇的生活要有一定的规律，做到“夜卧早起，无厌于日”。晨起后，适当参加一些力所能及的体育活动，有利于机体调节体温，增强对热的耐受力。午饭后，适当午睡。晚上，不可贪凉而卧，睡于露天、走廊、窗前等处，更不可迎风而卧，不可久吹风扇，诱发疾病。

（3）防暑要避温　三伏天，暑热湿盛，孕妇外出时，要戴草帽或打晴雨伞，以遮挡阳光的直接照射。孕妇的衣着宜宽大凉爽，出汗多时，湿衣汗衫要勤换勤洗，以防暑湿并袭，侵扰肌体。孕妇的居室应通风透凉，还可常饮绿豆汤、酸梅汤、消暑茶等。

（4）饮食要清淡　三伏盛夏，孕妇的消化功能差，饮食应有规律，定时定量。应以温软易于消化、清淡富有营养为宜，适当多吃些新鲜蔬菜、瓜果及鱼、虾、鸡、瘦肉、豆制品等。还可经常吃些藕粉、莲子粥、薏仁粥、薄荷粥、凉拌菜等，少吃油条、肥肉等厚味之物，以防生湿、生热。

细节06　准妈妈如何安度严冬

（1）要注意保暖，严防病毒感染　冬季气温低，日夜温差大，呼吸道抵抗力降低，因此，极容易患风疹、流行性感冒等由病毒引起的传染病。早孕时如感染上风疹、巨细胞病毒、水痘、流行性腮腺炎和流感等病毒，会对胎儿造成不同程度的损害。因此，孕妇应该注意衣着和起居，室温力求恒定，寒流袭来时应多穿些衣服，外出时尤应严防着凉受寒。孕妇所在地区若有疾病流行，就不要随意外出，更不要到公共场所去。

（2）注意饮食营养　冬季人体散热多而且快，孕妇应该吃得更好些、多些，以满足母子的生理需求。冬季孕妇应多吃些瘦肉、鸡、鱼、蛋类、乳类、豆制品和动物肝肾等营养丰富的食品。特别值得注意的是，冬季绿叶蔬菜较少，易缺维生素C，孕妇应多吃些绿叶蔬菜和水果，以及含维生素A十分丰富的胡萝卜等。

（3）多晒阳光　孕妇需要阳光，需要比一般人更多的钙质，以保障胎儿的骨骼发育。钙在体内的吸收与利用离不开维生素D，而维生素D需要在阳光中的紫外线参与下由体内进行合成。这就要求孕妇在冬季天气较好时，多到户外去晒太阳，每天不少于半小时。

（4）严防跌伤 在天寒地冻路滑的冬天，孕妇身重体笨，容易跌伤。所以，冬天里孕妇不可穿高跟鞋或塑胶底的鞋，应穿布底、软底或不滑的鞋。走路、乘车，特别是夜里去卫生间，以及上下楼梯时，应格外小心，严防跌倒，以免发生意外。

第八节 触觉胎教

细节01 准妈妈如何与胎宝宝进行触压拍打练习

一般在孕中期，准妈妈在来回抚摸的基础上可以进行一些轻轻地触压拍打练习。

具体做法：准妈妈平卧，然后放松腹部，先用手在腹部从上至下、从左至右来回抚摸，并用手指轻轻按下再抬起，然后轻轻地做一些按压和拍打的动作，给胎宝宝以触觉的刺激。刚开始时，胎宝宝不会做出反应，准妈妈不要灰心，一定要坚持长久地有规律地去做。一般需要几个星期的时间，胎宝宝会有所反应，如身体轻轻蠕动、手脚转动等。

在刚开始时每次可以练习5分钟，等胎宝宝做出反应后，每次可以练习5～10分钟。

细节02 孕中期准妈妈如何与胎宝宝一起玩耍

胎儿对触觉刺激具有较为灵敏的反应。与胎儿玩耍的目的，就是隔着准妈妈腹壁对胎儿施以触觉上的刺激，促进胎儿动作反应和大脑的发育，拉近父母与孩子的感情。

父母与胎儿的这种玩耍可以从胎儿3～4个月的时候开始。每天傍晚，准妈妈平躺下，尽量使肚子松弛。然后双手捧着胎儿，用一个手指反复地轻轻地按压胎儿，如果胎儿不愿意继续玩耍下去，他会用力挣脱或蹬腿表示反对，这时，应立即停止。

与胎儿玩耍的胎教作用已经被妇产科专家们的实验研究所证实。一些准妈妈也发现，抚摸胎儿的头会增加胎儿的心率。一些观察发现，在母腹中经常被父母抚摸，进行过“体操锻炼”的胎儿，出生以后，其翻身、抓、握、爬、坐等各种动作的发展，都比没有进行过“体操锻炼”的胎儿早一些，而且肌肉的活力较强，特别是竖向的肌肉力量较强。

细节03 准妈妈如何与胎宝宝玩“踢肚游戏”

准父母用手掌轻轻拍击胎宝宝以诱引他用手推或用脚踢的回击，被称为“踢肚游戏”。进入孕中期之后，准妈妈或准爸爸就可以和胎宝宝来做这个游戏了，其具体游戏方法是:

（1）胎宝宝踢肚子时，准妈妈或准爸爸轻轻拍打被踢部位几下。

（2）一两分钟后，胎宝宝会在拍打的部位再踢，这时再轻拍几下，接着再停下来。

（3）改变部位，准妈妈再轻轻拍打腹部几下，不过改变的部位离上一次被踢部位不要太远。

（4）一般1~2分钟后，胎宝宝会在改变后的部位再次踢。

（5）每天进行两次，游戏时间也不宜过长，一般每次10分钟左右即可。

第九节 运动胎教

细节01 准妈妈为什么要进行氧气胎教

氧气在人类脑部活动中扮演着非常重要的角色。如果脑部的氧供给中断短短的10秒钟，就会给大脑带来非常致命的影响。正因为如此，准妈妈就更应该为腹中的胎宝宝考虑，时刻保证充足的氧供给。

胎宝宝的脑部在怀孕4~6个月时发育得最为迅速，这时为其提供充足的氧，生下的宝宝会更聪明。美国彼兹堡大学的研究小组发现，在较为安静且营养和氧供给充足的子宫环境中生长的宝宝智商明显偏高。

在各种氧气胎教的方法中，最简单的要属散步和森林浴了。准妈妈通过适当的散步和森林浴，吸入充足的氧气，不仅可以促进胎宝宝脑部的发育，还能够对很容易感到忧郁的准妈妈起到调节心情的作用。在寒冷的冬天或是其他不适宜外出的时节，要打开家里的窗户进行换气，并借助简单的体操运动增加氧气的吸入量。

细节02 准妈妈做散步胎教有什么好处

准妈妈在散步时吸入的氧气会随着脐带输送给胎宝宝。这些氧气进入胎宝宝体内之后会起到促使脑细胞活性化的作用。可以想象，在泥土小路上散步并接触清新的空气对人的健康来说绝对是件再好不过的事情。

散步对血液循环也特别有好处。许多准妈妈的腰痛或腿痛就是由于血液循环不畅引起的，而散步可以明显地减轻水肿或腰痛的症状。除此之外还可以增强人体的心肺功能，并使人自然养成腹式呼吸的习惯，也可以减轻准妈妈分娩时的阵痛。

散步胎教能使胎宝宝的皮肤受到适当的刺激。散步可以增加胎宝宝的运动机能，并满足胎宝宝在皮肤刺激上的需要。有的人把皮肤称为胎宝宝的第二个脑，可见从某一角度来说皮肤的刺激与脑部的发育息息相关。刺激胎宝宝的皮肤就可以使胎宝宝的脑部也受到刺激，从而促进脑神经的发育。

细节03 准妈妈在散步时要注意些什么

散步时，准妈妈要注意下面几个方面：

（1）确认身体处于良好的状态　在开始散步之前，准妈妈要确认自己的身体不存在任何问题。

（2）穿舒适的便鞋　准妈妈最好穿较为舒适的便鞋散步，开口宽敞、低面、弹性好的鞋子是最佳的选择。

（3）摄取水分　散步之前，准妈妈应事先准备好大麦茶和矿物质饮料以备散步时饮用。给身体供给充足的水分可以预防脱水。

（4）注意休息　准妈妈最好能根据自己的身体状态来调节走路的速度并保持愉快的心态，注意休息，这样才能在散步中获得最佳的效果。

（5）散步的地点　准妈妈很容易出现关节松弛、肌肉抽筋等现象，并可能因此而受伤，所以散步时最好选择平坦的路面。

(6) 放松呼吸　为了更多地吸入清新的空气，掌握一种好的呼吸方法格外重要，比如散步时最好在用鼻子吸入长长的一口气之后稍作停顿，然后把气息从口中呼出。

(7) 正确的姿势　准妈妈走路的姿势也非常重要。低头走会给颈部和肩膀带来很大的负担。准妈妈在散步中应该保持挺起胸部、注视前方的姿势。步伐随意，感到舒服就行。

细节 04　孕期做编织活有什么好处

在孕期做一做编织的活儿会帮助准妈妈抛却所有的私心杂念，屏息凝神，达到心如止水的平衡状态。亦有胎教实践证明，孕期喜欢编织的准妈妈生出来的宝宝也会显得更加"心灵手巧"。随着毛衣针的上下飞舞，我们的肩膀、胳膊、手腕、手指等部位 30 多个关节和 50 多条肌肉会被牵动，这些关节和肌肉的伸曲活动，大大锻炼了大脑皮层里的神经中枢，提高了人的思维能力。准妈妈通过编织，锻炼了自己的大脑，通过信息传递的方式，促进胎宝宝的大脑发育。

对于不懂得编织艺术，又喜欢编织活动的准妈妈来说，到书店里买编织书来学习不是一个好办法，绝大多数的准妈妈买了书还是看不懂，反而把自己搞得信心全无，最后对编织也失去了兴趣。其实，不懂编织也一样可以轻松学会，只要准妈妈到市场上找到一种编织器，就可以帮助笨手笨脚的准妈妈解决问题了。

细节 05　旅行胎教时要注意什么

(1) 禁止私自行动　准妈妈如果希望外出旅行，必须征得医生同意，外出前先去医院检查身体，征询医生意见。如果医生认为准妈妈身体情况不适合外出，则需听从医嘱。

(2) 禁止仓促行事　如果有外出旅行的打算，必须事前订出计划，留出宽松的休息时间，避免身体疲劳、精神紧张。另外，避免去路途颠簸、人多拥挤的地方。

细节06 孕中期如何增强骨盆肌肉的力量

（1）准妈妈以舒适姿势侧卧在地毯上，上身抬起，右小臂着地并屈肘做支撑动作，右腿向内屈膝，左手臂自然地放在胸前，左腿抬起并向前伸直。心里默数到10，先深吸气再做呼气动作，身体恢复原状，增加大腿牵引力，使骨盆放松变得灵活。保持刚才的姿势，身体再转向相反方向侧卧，做同样的动作。

（2）以舒适姿势侧卧在地毯上，右手臂平放在地毯上并伸直，头枕在臂上，右腿向前屈膝弓起，左手臂自然地放在胸前，屈肘并手掌着地，左腿抬起伸直，保持腿部肌肉的张力和弹性，并使骨盆得到活动。

（3）取舒适的姿势端坐地毯上，左腿屈膝盘起，右腿向前伸直，右手臂自然地放在身体旁边，左手臂自然地放在右腿旁边，弯腰并上身向前倾，头低下。心里默数到10，先深吸气再做呼气动作，伸展脊柱，活动骨盆底肌肉和髋关节。保持刚才的姿势，两条腿交换位置，右腿屈膝盘起，左腿向前伸直，做同样的动作后，身体恢复原状。

细节07 孕中期如何增强肩臂肌肉的力量

（1）准妈妈可以盘腿或取舒适姿势坐在地毯上，面向前方；两条手臂向上屈肘，两只手的五指并拢，然后两手放在肩上。

（2）两肘分别向前移动，然后两手的手指略弓，手腕用力，稍加用力按压肩部。心里默数到10，先深吸气再做呼气动作，两手恢复原状。

（3）盘腿或取舒适姿势坐在地毯上，面向前方。左手臂屈肘并小臂着地，右手臂向上举起，上身向左侧弯曲，同时右手臂向右伸展。心里默数到10，先深吸气再做呼气动作，身体恢复原状。

（4）盘腿或取舒适姿势坐在地毯上，面向前方。右手臂屈肘并小臂着地，左手臂向上举起，上身向右侧弯曲，同时左手臂向左伸展。心里默数到10，先深吸气再做呼气动作，身体恢复原状。

细节08 孕中期如何增强腰背肌肉的力量

（1）准妈妈以舒适的姿势侧卧在地毯上，右手臂自然地放在身上，左手

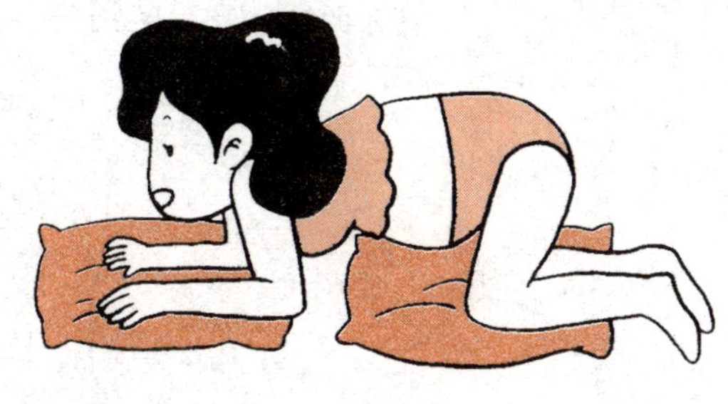

臂屈肘向头部弯曲，并且把小臂枕于头下，左腿向下伸直，右腿向上屈膝并放在一个枕头上。以闭目养神的样子在心里默数到10，先深吸气再做呼气动作。按照这个姿势，上身再向相反方向侧卧，做同样动作。

（2）将两条腿放松地跪在地毯上，向前弓腰，双臂下伸，两只手扶地，两条手臂与大腿平行，两条小腿着地。心里默数到10，先深吸气再做呼气动作，使身体重心移向两手和两膝。

（3）保持刚才的姿势，准妈妈将头慢慢地低下，让颈部用力地挺直。心里默数到10，先深吸气再做呼气动作，然后身体恢复原状，使背部受力。

细节09　孕中期如何增强臀腿肌肉的力量

（1）准妈妈取舒适姿势端坐地毯上，两条手臂自然地放在身体两侧，两只手掌着地，面部朝两腿向前平伸；然后稍稍屈膝弓腿，脚跟着地，脚趾向上用力翘起，保持放松，小腿、脚踝、脚趾用力。心里默数到10，先深吸气再做呼气动作。

（2）保持刚才的姿势，两腿向前平伸，脚跟着地，脚面向前，脚趾伸进。心里默数到10，先深吸气再做呼气动作，可以使整个腿部、脚部受力，然后身体恢复原状。

第十节　情志胎教

细节01　为什么准妈妈要学会制怒

中医认为，“人有五脏化五气，以生喜怒悲忧恐”。就是说，人之七情生于五脏，具体地讲，心主喜，肝主怒，肾主惊恐，脾主思，肺主悲忧。制怒也是养肝。古代中医典籍记载："肝气实则怒，肝气虚则悲。"肝主怒，肝气旺盛，往往气愤不平。肝藏血，因发怒而损伤肝血，致阴血亏损不能濡肝，而肝失所养，则肝火愈旺，更易动怒。而肝血益伤，此所谓"怒伤肝"。经常发怒，往往是肝气郁结引起的。一般而言，主观因素对准妈妈有较为明显的影响，准妈妈较易缺乏逻辑性的感知，容易表现出情绪上的纷乱和困惑。准妈妈的情绪活动具有较高的兴奋性，易于激动或对刺激易于产生反应，多富于情绪性的表达，容易接受暗示，因此，心绪不佳时，经常过多地表示躯体性不适。妊娠期的神经内分泌的改变及躯体变化，使准妈妈的特征性心理表现得更为明显。

需要提醒的是，准妈妈的情绪也会影响到胎宝宝的大脑发育，在本阶段更应注意。

细节02 准妈妈的压力会给胎宝宝带来什么影响

健康的人体呈弱碱性体质。假如在较长时间内持续地感受到压力，人体就会逐渐变成酸性体质，这意味着免疫力下降，易患疾病。同样，这种体质会使所有接受血液供给的组织受到影响，特别对胎宝宝的影响将会是致命的。

我们都知道接触烟酒会给准妈妈带来极为不良的影响，但是事实上，压力会比烟酒造成的危害更大。人承受压力后，细胞的分化发生障碍，对正在朝着完全状态发育的胎宝宝脑部直接造成恶劣的影响。可以这样说，压力不但会给胎宝宝大脑组织的发育造成困难，还有可能导致孩子日后出现一定的精神障碍。

细节03 为什么准妈妈宜参加文娱活动

怀孕了，准妈妈要更大程度地爱护自己。想一想有哪些活动是自己视为享受的，多花一点时间在这些品味独特的"享受"上。除了要考虑安全因素外，比如公共场所细菌、病毒多，不宜多去外，准妈妈可以选择自己喜欢的

文娱方式来自娱自乐。

有些准妈妈喜欢用唱歌或听音乐的方式来“款待”自己，确实，这是一个不错的选择，能帮助你调整身体的激素水平，减轻身体的不适。俄罗斯曾有一个准妈妈合唱团，参加合唱团的准妈妈的健康状况及宝宝出生后的身心状态都比一般的准妈妈更棒。这表明，唱歌与听音乐一样，都有助于调节人的身心平衡。当然，园艺、绘画或朗读散文诗等，一样能够使人的心灵浸润在美好的感受中。

细节04 怎样运用呼吸法来安定情绪

胎儿的接受能力取决于准妈妈的用心程度，胎教的最大障碍是准妈妈心情杂乱、不安。这里介绍一种呼吸法，对稳定情绪和集中注意力非常有效。

进行呼吸法时，场所可以任意选择，可以在床上，也可以在沙发上，坐在地板上也可以。这时要尽量使腰背舒展，全身放松，微闭双目，手可以放在身体两侧，只要没有不适感，也可以放在腹部，衣服尽可能穿宽松点。准备好以后，用鼻子慢慢地吸气，以5秒钟为标准，在心里一边数1、2、3、4、5，一边吸气，肺活量大的人可以坚持6秒钟，感到困难时可以坚持4秒钟。吸气时，要让自己感到气体被储存在腹中，然后慢慢地将气呼出来，以嘴或鼻子都可以，总之，要缓慢、平静地呼出来。

呼气的时间是吸气时间的两倍，也就是说，如果吸气时是5秒钟，呼气时就是10秒钟，就这样，反复呼吸1～3分钟，你就会感到心情平静，头脑清醒。

细节05 带胎宝宝去公园玩有什么好处

美好的景色会给准妈妈带来欢乐，同时对准妈妈和胎宝宝来说也是一种难得的精神享受。在时间充足的情况下，准妈妈可以去公园里游玩一番。美景作用于准妈妈的感官，唤起准妈妈们的审美心理和愉悦感，使精神境界得以升华。唐朝常建有赞美的诗句：“清晨入古寺，初日照高林。曲径通幽处，禅房花木深。山光悦鸟性，潭影空人心。万籁此俱寂，但余钟磬音。”在这种环境中既可陶冶人的情操，又可净化心灵。

准妈妈在公园的青松翠柏中，呼吸着清新的空气，沐浴在温煦的阳光下，观赏着千媚百娇的花草树木，会使心中杂念尽除，烦恼顿消，喜悦之情，油然而生。与胎宝宝同享这大好时光，是准妈妈最幸福的时刻之一了，同时也使腹中的胎宝宝受到熏陶，让胎宝宝得到美的教育。为了确保安全，准爸爸最好陪在准妈妈身边。另外，在注意安全的情况下，还可以去游乐场看看。

细节06 为什么说准妈妈美容和穿衣也是一种胎教

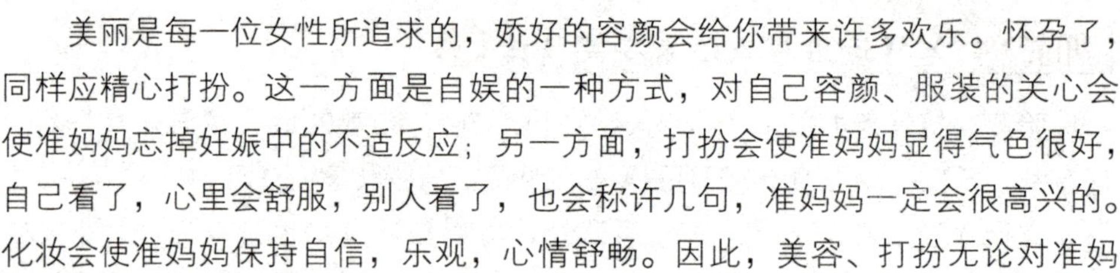

美丽是每一位女性所追求的，娇好的容颜会给你带来许多欢乐。怀孕了，同样应精心打扮。这一方面是自娱的一种方式，对自己容颜、服装的关心会使准妈妈忘掉妊娠中的不适反应；另一方面，打扮会使准妈妈显得气色很好，自己看了，心里会舒服，别人看了，也会称许几句，准妈妈一定会很高兴的。化妆会使准妈妈保持自信，乐观，心情舒畅。因此，美容、打扮无论对准妈妈还是对胎儿都是很有意义的。

细节07 准妈妈如何在孕期注重自己的仪容美

仪容美的关键在于整洁，孕妇只要注意卫生，保持衣着整齐，形象一定会大为改观的。况且，怀孕虽然使以前的体态美消失了，但同时又会是另一种美。由于激素的刺激和血液循环的加快，准妈妈的皮肤较以往更加细腻红润，如果以前额头上有皱纹，这时也会消失。准妈妈还会发现发质也比以前好得多。因此，准妈妈的美自有一番风韵，如加上打扮，准妈妈的心情会更好。

细节08 准妈妈如何根据自己的体形挑选孕妇装

（1）身材瘦削的准妈妈可以多穿背心裙，注意领口不要太低，此外还要留意肩膀宽度是否合适。

（2）胸部丰满的准妈妈不要穿细肩带的衣服或洋装，以免看来不平衡，同时避免穿高腰或胸线下的衣服，以免胸部显得更明显。

（3）身材高壮的准妈妈在购买衣服时一定要考虑胸部、肩膀的宽度，可以选择连袖的孕妇装，布料上不要挑选太膨松感的衣服，以免看起来显得更臃肿。

（4）身材娇小的准妈妈应选择轻巧、可爱的孕妇装。若是二件式的套装式孕妇装，需要注意上衣不要太长，这样会让身形看起来比较修长。

细节09　准妈妈在挑选孕妇装时要注意些什么

（1）以舒适、宽大为原则，简单易穿脱的式样为主。上衣适宜选择开前襟的，以方便穿脱。

（2）选择质地柔软、透气性强、易吸汗、性能好的衣料，因为怀孕期间皮肤非常敏感，如果经常接触人造纤维的面料，容易引起过敏。天然面料包括棉、麻、真丝等，而以全棉最为常见。尤其是贴身的衣物，最好选择全棉的。

（3）最好选择色调明快、柔和甜美的颜色，这些色彩可以让准妈妈消除疲劳、抑制烦躁、控制情绪。

（4）建议准妈妈选择可调节式的孕妇装。因为在以后的几个月内，准妈妈的体形还会发生较大的变化，所以最好选择可调节性的衣裤，这样就不需要准备很多孕妇装，节省开支。

第十一节　按摩胎教

细节01　准妈妈如何做针对牙龈炎和牙龈出血的按摩

在肾脏反射区涌泉穴上用大拇指轻按3～4次。

在输尿管反射部位用大拇指轻按4～5次，每次4秒钟。

在膀胱反射区用大拇指轻轻挤压4秒钟。

按照箭头所示方向滑动并向里推以进行脚背的按摩。

细节02　准妈妈如何做针对痔疮的按摩

用大拇指在位于脚底中央的基本反射区涌泉穴上按3～4次，每次4秒钟。

在脚后跟底面边缘位置的肛门反射区，用大拇指反复按4~5次，每次4秒钟。

细节03 准妈妈如何做针对肩背疼痛的按摩

先在涌泉穴上按3次，每次4秒钟，然后向下滑动，挤压输尿管反射区，重复9次。

挤压脚踝内侧的膀胱反射区3次，每次4秒钟。

在膀胱反射区和靠近跟腱方向的尿道反射区之间，照椭圆形的弧线扫过，达到按摩的作用。

从脚腕开始一直到膝盖上10厘米，按摩内侧、外侧和后侧。

在脚底内侧再稍微靠上一点的部分是能够对背部起到反射作用的中足骨。在这一反射区按照从脚趾到脚后跟的方向滑动并挤压，重复9次。

脚上与肩部相对应的反射区是小脚趾的侧面部分。在这一部位按照从脚趾到脚跟的方向滑动着进行按摩并重复9次。

小脚趾和大脚趾下端之间的脚底部分是对应背部和肩部的反射区域。在此部位按照从小脚趾到大脚趾的方向进行9次以上的按摩。

细节04 准妈妈如何做针对腰部疼痛的按摩

在肾脏反射区涌泉穴上用大拇指轻按3~4次。

接着在输尿管反射区上用大拇指轻按4~5次，每次4秒。

用大拇指在膀胱反射区上轻轻挤压4秒钟。

用大拇指在尿道反射区上滑动揉搓9次以上。

在脚的内侧面从大脚趾往下依次是颈椎、胸椎、腰椎和尾骨这几个脊椎部分的反射区，用大拇指在这一区域滑动按摩4~5次即可。

细节05 准妈妈如何做针对头痛的按摩

在位于脚底中央的肾脏反射区涌泉穴上按3次，每次4秒钟。

用大拇指来回移动并在每一个脚趾靠近顶端的凹陷处各按2～3次，每次持续4秒钟。

如果出现头痛并感到颈部僵硬时，就找到大脚趾和脚底连接的凸起部分，并在这一区域的中央位置从上向下捋，重复9次左右。

细节06 准妈妈如何做针对皮肤瘙痒的按摩

在涌泉穴上按3次，每次4秒钟。

向着对角线方向的输尿管反射区滑动按摩，重复9次左右。

在脚踝内侧的膀胱反射区上挤压3次，每次持续4秒钟。

在5个脚趾各自之间的淋巴反射区上用大拇指和食指一起挤按，每次4秒钟，重复4～5次。

在脚背上朝着箭头所示意的脚腕方向进行整体的滑动按摩。

细节07 准妈妈如何针对忧郁症进行按摩

用双手握住整个脚背，模仿掰开苹果的动作，重复4～5次。

用大拇指和食指依次抓住5个脚趾向上提拉。

握住脚底向后扳，重复这一舒展运动4～5次。

用大拇指在脚踝的侧边卵巢反射区依照逆时针方向画圆，通过这一动作达到按摩的效果。

用大拇指在涌泉穴上按下并挤压3次，每次4秒钟。

细节08 准妈妈如何针对鼻塞、流鼻血和过敏性鼻炎进行按摩

按下并挤压位于脚底中央的肾脏反射区涌泉穴3次，每次4秒钟。

在大脚趾上的大脑反射区位置用大拇指和食指一起按住4秒钟以上，重复4～5次。

用拇指按压鼻部反射区其进行刺激，重复4～5次。

第十二节 视觉胎教

细节01 什么是视觉胎教

尽管一直以来人们更为熟悉的是音乐胎教和童话胎教，但最近随着人们对胎教的关注程度不断上升，视觉胎教也终于出现在了大多数人的视野当中。对名画进行鉴赏、给图案上色等方法都属于通过接触色彩，训练胎宝宝感性能力的视觉胎教。准妈妈看到的东西越多，胎宝宝所能感受到的美觉体验就越多。

细节02 为什么说视觉刺激同听觉刺激同等重要

胎宝宝的听觉在怀孕早期不断地发育，并且会在怀孕24周时达到成人的水准，而相比之下，视觉的发育则要晚许多。在这种情况下，我们切不可因此而疏忽对胎宝宝进行的视觉刺激。

胎宝宝在视觉上接受的刺激也同样会对其在情绪上产生明显的影响。相对而言，人的视觉需要极为复杂的机能作为支持，而直到出生时为止，胎宝宝并没有完全具备这些机能。进一步说，小孩子要长到8岁才能获得与成人一样的视觉能力。人类视觉发育的周期如此之长，这就难怪胎宝宝只能分辨光线明暗的程度了。

照射到母亲眼睛里的光线会对一种叫做褪黑激素的物质产生调节作用，使胎宝宝的眼前也相应地产生明暗的感觉。当看到明亮物体的时候，褪黑激素的分泌量会下降，看到昏暗物体的时候上升，这一点使胎宝宝也具备了辨别外界事物明暗的本能。胎宝宝对外部的光线开始产生反应往往是在怀孕第7个月之后开始。

细节03 为什么要在床头贴婴儿图片

很多准妈妈都会在脑海中一遍遍幻想胎宝宝的模样：眼睛、嘴巴、眉毛、

还有小家伙欢快地从睡眠中醒来，伸脚动手打哈欠、伸懒腰那活泼可爱的样子。

准妈妈可以从画报、挂历、图片中找出一张最喜欢的幼儿画像，挂在卧室里，经常看看。然后将设计的婴儿形象确定下来了，经常联想，反复使这一形象具体清晰，并在心中不断地呼唤。久而久之胎宝宝就会按照准妈妈的意愿生长发育，接近或达到准妈妈理想的相貌。听着好像有点不可思议吧，不过这也是为什么有些孩子比父母长得漂亮的缘由之一。

此外，准父母还可以共同讨论，为胎宝宝做一个形象设计：取各人相貌中最理想而具有特点的部位，如准爸爸宽阔的额头、俊俏的剑眉，准妈妈善于传情的大眼睛、高高的鼻梁、轮廓分明的嘴唇等加以组合，想象成未来小宝宝可爱的形象。总之就是要多联想一些美好和期待的画面，这样才能达到期望中的效果。

细节04 刺激五感有什么益处

一般，当人们看到伦勃朗的《犹太新娘》，莫奈的《睡莲，水景系列》这样的名画时，心情会很自然地平静下来。这是因为这些画当中包含着画家的精神，以及某种可以使人感动的东西。

此外，准妈妈在观赏名画的同时对胎宝宝进行一定的讲述也可以增强刺激的效果。怀孕6～7个月之后胎宝宝已具有了五感，而美术正是能够有效刺激五感的胎教内容。胎宝宝的大脑在有所感受的时候才会快速发育，此时全面地刺激五感就能起到最显著的效果。

细节05 色彩对胎儿有什么作用

目前人们已经认识到，色彩能够影响人的精神和情绪。它通过人的视觉，给人以不同的感觉，从而影响人的情绪。可以说，不舒服的色彩如同噪音一样，会使人感到烦躁不安，而协调悦目的色彩对人则是一种美的享受。一般说来，红色使人激动、兴奋，能鼓舞人们的斗志；黄色明快、灿烂，使人感到温暖；绿色清新、宁静，给人以希望；蓝色给人的感觉是沉静、凉爽；白色显得干净、明快；粉红和嫩绿则预示着春天，使人充满活力。基于这一点，人们很早就已经懂得利用不同的色彩服务于人的不同精神要求。例如，中世纪哥特式的教堂，利用室内的色彩变幻，使人感受到神圣和神秘；医院的病房则多选用淡雅的浅绿色和淡蓝色，显得宁静柔和；而现代餐厅则往往选用橘黄色，使人胃口大开。根据这个道理，我们的胎教学说也可引进色彩理论。

相对地说，准妈妈因体内激素的变化，往往性情易急躁，情绪波动较大，因此，宜有意识地多接触一些偏冷的色彩，如绿色、蓝色、白色等，以利于情绪稳定，保持淡泊宁静的胎教心境，使腹内的小宝宝安然平和地健康成长，而不宜多接触红、黑等色彩，以免产生烦躁、恐惧等不良心理，影响胎儿的生长发育。因此，在布置孕期居室，选购日常生活用品，以及居家旅行时要有意识地注意这个问题。

细节06 什么是光照胎教

光照胎教是指自孕36周开始，当胎儿醒觉（胎动）时，用手电筒的微光一闪一灭地照射孕妇腹部，以训练胎儿昼夜节律，即夜间睡眠，白天觉醒的规律，这可促进胎儿视觉功能及脑的健康发育。

细节07 怎样对胎宝宝进行光照胎教

准妈妈每天用手电筒（4节1号电池的手电筒）紧贴腹壁照射胎头部位，一闪一灭进行光线照射，30秒钟一换，每日3次，每次持续5分钟左右。胎教实施中，准妈妈应注意把自身的感受详细地记录下来，如胎动的变化是增加还是减少，是大动还是小动，是肢体动还是躯体动。通过一段时间的训练和记录，准妈妈可以总结一下胎宝宝对刺激是否建立起特定的反应或规律。不要在胎宝宝睡眠时施行胎教，这样会影响胎宝宝正常的生理周期，必须在有胎动的时候进行胎教。光照时可以配合对话，综合的良性刺激可能对胎宝宝更有益。

第六章 孕晚期胎教指导

第一节　准妈妈的状况

细节01 孕8月准妈妈有哪些变化

此时准妈妈下腹部更显凸出，子宫底高27～29厘米。子宫将内脏向上推挤，心、肺、胃受到压迫，会感到呼吸困难，食欲不振。腰部更容易感到酸痛，下肢可出现浮肿，静脉曲张。此时是第二次孕吐出现的痛苦时期。

准妈妈腹部皮肤紧绷，皮下组织出现断裂现象，从而产生紫红色的妊娠斑。下腹部、乳头四周及外阴部等处的皮肤有黑色素沉淀，妊娠褐斑也会非常明显。

细节02 孕9月准妈妈有哪些变化

孕9月时准妈妈的子宫底上升到心窝下下方，子宫底高度为28～30厘米。胃的压迫感变得很强烈，会引起心跳、气喘、胃胀、食欲不振等。阴道分泌物更多。尿频更明显。

细节03 孕10月准妈妈有哪些变化

孕10月时，准妈妈的子宫底高30～35厘米。胎儿位置有所降低，腹部凸出部分有稍减的感觉，胃和心脏的压迫感减轻，膀胱和直肠的压迫感却大为增强，尿频、便秘更加严重，下肢也有难以行动的感觉。身体为生产所做的准备已经成熟，子宫颈和阴道趋于软化，容易伸缩，分泌物增加。子宫收缩频繁，开始出现生产征兆。

细节04 如何避免孕晚期流产

当先兆流产发生在孕早期并有明确原因时，如宫颈松弛或感染都可导致先兆流产，但这种原因造成的流产是可以避免的。如出现不规律的腹痛，持续时间小于30秒，应卧床休息；如为宫颈松弛，就在孕14～18周进行宫颈环扎术；如为感染，则应用抗菌素控制感染，必要时应在医生指导下服用解痉药物等。

细节05 如何减轻假宫缩带来的不适

到了孕晚期，准妈妈偶尔会觉得肚子一阵阵发硬发紧，这是假宫缩，不需要太紧张。假宫缩，也叫迁延宫缩，宫缩间隔的时间不等，可能十多分钟一次，也可能1小时以上一次，没规律，每次持续的时间也不相同，几分钟到十多分钟都有可能。尤其在准妈妈感觉疲劳或兴奋时，更易出现这种现象，是临近分娩的征兆之一，但与真正的产前有规律的宫缩不同，所以也称之为“假宫缩”，它在产前2～3周内会频繁出现。

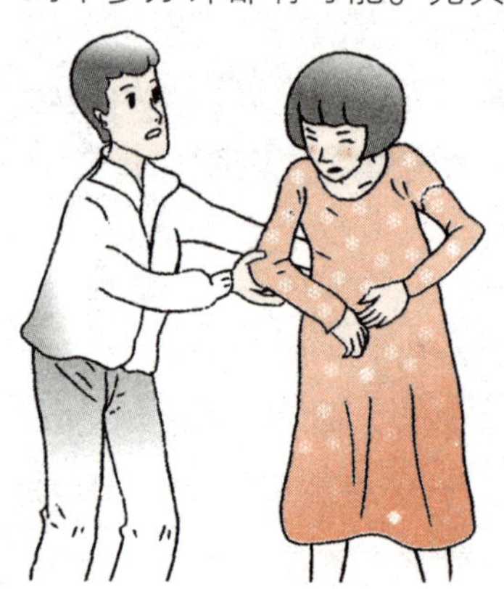

出现假宫缩时，准妈妈可以适当改变一下姿势，如果准妈妈一直站立可以稍微躺会；若之前一直坐着或卧着，可以起来走走。此外，可以喝1～2杯水，因为脱水可能会引起宫缩，也可以喝一杯温牛奶。如果这些措施依旧不能改善宫缩的痛苦，准妈妈可以咨询自己的妇产科医生。如果宫缩频繁，或者有疼痛感时，应立刻休息，必要时应及时去医院就诊。

细节06 准妈妈骨盆的大小对分娩有影响吗

每个人骨盆的结构都是一样的，但大小和形状却不完全一样。它对于女性非常重要，关系到是否能顺利分娩。骨盆的大小比形态更为重要。骨盆形

态正常也不一定就能顺利分娩，要是骨盆的内径线短，仍然有难产的可能。骨盆的形态异常，但只要骨盆内径线长，也不一定有分娩困难。骨盆的大小并非通过外观身材的高矮就能得知，有的人个子高，但臀部却不大，骨盆也就不大；而有的人个子不高，而臀部却很大，骨盆就大。骨盆狭窄是指骨盆结构形态异常或内径线比正常短，它不仅直接影响胎位，而且还直接影响胎儿的分娩。

细节 07　孕期子宫出血正常吗

怀孕期间，雌激素升高会导致宫颈轻度充血，引起“糜烂”，这一现象很普遍，分娩后可以恢复正常。少数情况宫颈会有少量出血，尤其在性交后。

如果出现宫颈涂片异常，出血来自宫颈，会更为严重，应立即就医。

当然，出血也可来自子宫内，如前置胎盘、胎盘早剥等。

细节 08　阴道炎会导致出血吗

阴道炎是阴道黏膜及黏膜下结缔组织的炎症，是妇科门诊常见的疾病。阴道炎临床上以白带的性状发生改变以及外阴瘙痒灼痛为主要临床特点，性交痛也常见，感染累及尿道时，可有尿痛、尿急等症状。常见的阴道炎有细菌性阴道炎、滴虫性阴道炎、霉菌性阴道炎、老年性阴道炎。

霉菌性阴道炎会引起阴道溃疡和疼痛，也会导致一个出血区域，尤其在性交后。尽管霉菌性阴道炎在孕期较常发生，但使用阴道栓剂或膏剂可进行治疗。

无论哪一种类型的阴道炎，一般都可以预防。首先，准妈妈要注意个人卫生，每天淋浴，换内裤，避免不洁性生活。其次，孕期减少性生活，孕早期应尽量避免。

细节 09　孕晚期为什么会出现静脉曲张

妊娠后盆腔血液回流到下腔静脉的血流量增加，增大的子宫压迫下腔静脉而影响血液回流，致使出现下肢及外阴静脉曲张。轻度静脉曲张不会引起任何症状，当其加重时，会出现沉重感和疲劳感。约有 1/3 的准妈妈会出现严重程度不等的下肢静脉曲张或微血管扩张。

细节10 准妈妈如何应对静脉曲张

（1）每天适度温和的运动。坚持锻炼有助于避免过量脂肪堆积、保持良好的血液循环并强韧血管。慢走、游泳都是不错的选择。

（2）不要穿紧身的衣服。腰带、鞋子都不可过紧，而且最好穿低跟鞋。

（3）控制体重。如果超重，会增加身体的负担，使静脉曲张更加严重。准妈妈应使妊娠期的体重增加控制在正常范围：10～12千克。

（4）睡觉时尽量左侧躺，避免压迫到腹部下腔静脉，减少双腿静脉的压力。建议准妈妈睡觉时用枕头将脚部垫高。

（5）尽量避免长期坐姿、站姿或双腿交叉压迫。休息的时候可将双腿抬高，帮助血液回流至心脏。

（6）可以在医生指导下，穿著渐进压力式的医疗级弹性袜来减轻静脉曲张症状。

细节11 孕晚期如何缓解抑郁症

这一时期准妈妈很容易被这样或那样的不安感所包围，往往会担心分娩时的痛苦和以后抚育孩子的问题，严重的会患上忧郁症。然而，只要我们能够事先了解这种疾病的原因，就可以采取一定的措施加以预防，从而使怀孕晚期的准妈妈从这种不必要的心理压力中摆脱出来。

忧郁症是准妈妈在适应怀孕和分娩所带来的各种变化时，可能发生的一种常见的精神疾病。它的致病原因一直被认为是会给准妈妈带来负担的各种环境因素。一般来说这种症状会在产后6个月左右自行消失，但假如恢复的过程很不顺利，就可能使准妈妈受到产后忧郁症的困扰。

准妈妈如果有了不良情绪，应该把这些事实告诉身边的人，尤其是要告诉自己的丈夫，这样就能够得到应有的关心和照顾，也只有这样准妈妈才可以轻松地摆脱忧郁症所带来的烦恼。

细节12 到了预产期就一定分娩吗

预产期是根据准妈妈的末次月经推算的，即从末次月经第一天算起，经过280天（40周）。由于月经期因人而异（28～30天），更由于排卵日期有个

体差异，分娩的动因至今还不是很清楚，所以婴儿出生日期与预产期有一定的差距。一般认为妊娠满37周到42周分娩出生的婴儿都是正常足月儿。如果不足37周分娩，所生的新生儿为早产儿；超过42周没有分娩为过期妊娠，分娩后的新生儿为过期产儿。因为早产儿和过期产儿并发症较多，所以医生一般会根据情况，尽量使准妈妈在怀孕37~42周之间分娩。

细节13 准妈妈出现早产征兆怎么办

准妈妈未满孕周却有“见红”并伴有规律宫缩、持续性下腹痛、下背酸痛、阴道有温水样的东西流出等异常情况出现，即为早产的征兆。

准妈妈一旦发现产兆，先放松心情（如深呼吸、听音乐）、卧床观察与休息（最好左侧卧）、补充水分，及时打电话到医院询问。若有落红及破水现象，应立刻就医。若使用以上方法经过半小时都无法改善的话，应立刻到附近设有“新生儿加护病房”的医院就诊（因为早产儿出生后再转院，会错过急救黄金时间），以便及早提供最完善的检查、确定治疗方向及必要的处理，缓解早产危机。

细节14 妊娠晚期出现类早孕反应怎么办

妊娠晚期，有些准妈妈又会出现类似早孕反应的症状，如恶心、呕吐、进食不佳等。这多是由于随妊娠月份增长，受内分泌激素的影响及子宫压迫，使胃肠蠕动减弱，消化能力降低所致，一般不需要特殊治疗。

症状较重者可采用饮食治疗，如少食多餐、选择一些易消化并适合自己口味的食物，也可适当服用一些助消化的药物，如消化酶制剂等。若有便秘，采取通便措施后亦会使症状得到改善。

妊娠晚期，多数的类早孕反应是一种正常生理现象。但要警惕急性肝炎或重度子痫前期等疾病，需要严密观察病情，并进行有关的实验室检查以排除病理情况，避免延误治疗。

细节15 为什么说孕晚期要注意护腰

在怀孕后期，准妈妈的体重增加迅速，再加上胎宝宝的重量，对腰部和膝关节都会造成不小的负担，而腰部又是承受胎宝宝重量的主要支柱，所以准妈妈一定要注意护腰。以下小动作可以帮助准妈妈增加腰部力量，缓解腰部的酸痛：

（1）仰卧，双腿弯曲，腿平放床上，利用脚和臂的力量轻轻抬高背部，可以减轻怀孕时腰酸背痛。每日5～6次。

（2）仰卧，双膝弯曲，双手抱住膝关节下缘，头向前伸贴近胸口，使脊柱、背部及臂部肌肉成弓形，伸展脊椎然后再放松，每天练数次。

（3）双膝平跪床上，双臂沿肩部垂直支撑上身，利用背部与腹部的摆动活动腰背部肌肉。

（4）双手扶椅背，在慢慢吸气的同时使身体的重心集中在双手上，脚尖立起，抬高身体，腰部挺直，使下腹部靠住椅背；然后慢慢呼气，手臂放松，脚还原。每日早晚各做5～6次。

细节16 羊水浑浊是怎么回事

在临床上，一旦发现胎膜破裂，有羊水自阴道流出，医生就要注意观察羊水的性状，并立即听胎心。正常情况下，羊水是清的，内含有胎脂、上皮细胞等。羊水混浊，在头先露时，认为是胎儿缺氧的表现。由于胎儿缺氧，迷走神经兴奋，肠蠕动亢进和肛门括约肌松弛，胎粪排出污染羊水，根据缺氧的程度不同，将羊水污染分为三度，即羊水混浊呈淡绿色、稀薄为Ⅰ度，深绿色，质稠为Ⅱ度，黄褐色，泥浆状为Ⅲ度。如果羊水混浊伴有胎心率减慢则胎儿窘迫严重，取胎儿头皮血测pH值，若低于7.25，则提示胎儿有危险。

细节17 准妈妈为什么会羊水过多

羊水过多大多发生在妊娠7～10个月，发生愈早，症状愈严重。羊水在短时间内很快增加者，称为急性羊水过多；若是在较长时间内慢慢增加者，称为慢性羊水过多。

羊水过多是如何产生的呢？引起羊水过多的原因比较复杂。羊膜上皮分泌力增强是主要原因之一。宝宝先天性畸形也往往伴有羊水过多，如宝宝患无脑畸形或脊柱裂者，因其脑膜或脊髓膜常暴露在外，使渗出液增加；同时

脑和脊髓受到过度的刺激又使宝宝尿量增加，胎尿混入羊水内，也增加了羊水量；在正常情况下，宝宝可吞咽大量的羊水，若宝宝患有先天性食管闭锁或者胃肠道闭锁时，因宝宝吞咽羊水发生障碍，也引起羊水过多；患糖尿病的准妈妈，由于羊水内含糖量高，刺激羊膜细胞，使其分泌羊水增加，所以常伴有羊水过多。

细节18　羊水过多对准妈妈和胎宝宝有什么危害

羊水如果增加过多、过快，对母体和胎宝宝都能产生不良影响。

对母体来说，羊水过多，使子宫极度增大，可引起肺部受压，发生呼吸困难，准妈妈常不能平卧，气喘，口唇发紫；胃部受压，引起消化不良，食欲降低，甚至呕吐、腹胀，准妈妈常腹痛难忍。由于腹腔内压力高，使静脉回流发生障碍，可引起下肢会阴静脉曲张或水肿。分娩时，由于子宫极度膨胀，可引起宫缩无力，发生难产和产后出血。如果羊水急速外流，宫腔内体积突然缩小，可引起胎盘早期剥离，对胎宝宝的影响也是很大的。宝宝浮动于羊水中，若活动范围过大，容易发生胎位异常。羊水多易发生早产，破水后还易发生脐带脱垂。由于羊水过多常伴有宝宝畸形，所以宝宝的死亡率比较高。

妊娠6~7个月以后，如果子宫增大比较快，应及时到医院检查，以明确子宫增大的原因。一般慢性羊水过多，若准妈妈仅略感不适，可继续观察，多数在短时间内可自动调节，不需特殊治疗，倘为急性羊水过多，准妈妈出现明显呼吸困难，而且应用利尿剂无效者则应及时去医院治疗。

细节19　准妈妈保持外阴清洁有什么重要性

进入孕晚期之后，很多准妈妈都会发现阴道的分泌物明显地增多，这个是正常的现象。因为孕期激素水平增加会使分泌物增加，这也是自我保护的情况。孕晚期分泌物特别多，主要是通过润滑阴道使分娩更顺利。

不过阴道分泌物增多会使菌群结构改变，产生细菌增生的场所，容易产生炎症。而且女性的外阴有许多皱褶，汗腺、皮脂腺，阴道的分泌物常常积存于这些皱褶之中，阴道口又位于尿道口和肛门之间，很容易受到污染。准妈妈在平时的时候一定要注意清洁，一般用清水清洗阴道就可以了，不要用任何冲洗器。如果准妈妈阴道有黄绿色的分泌物，或者是豆渣一样的分泌物，或者是有臭味、有痛的感觉，就要去医院进行检查了。

细节20 准妈妈的手指会一直肿胀吗

接近孕晚期，许多准妈妈会遇到手掌、手指、脚踝轻度肿胀的现象，这与水钠潴留有关。此时，如果戴有戒指，准妈妈最好摘掉戒指，做一些手部活动，并多抬高手臂，直到胎宝宝出生，肿胀消退。

一般来说，如果在一天中的傍晚才出现水肿，多半为正常现象。因为活动了大半天，水分集中下肢而产生水肿。但如果在早晨起床时发现脸、手、脚出现水肿，则有可能是不正常情形。尤其是准妈妈的水肿常发生于小腿、脚踝，如有全身性水肿，则需考虑为异常情形。

另外，如果发现体重快速增加（正常孕期体重增加，一星期不超过500克），比如一星期增加超过1千克以上，即要考虑到可能不是单纯的发胖，而有可能是病理性水肿，准妈妈就需要及时去医院就诊。

细节21 孕晚期为什么要进行骨盆测量

骨盆测量能够帮助医生了解骨盆的大小、形态，以便医生估计胎儿与骨盆的比例，从而判断能否自然分娩。因此产前检查时做骨盆测量是必不可少的。

骨盆测量有内测量和外测量两种，一般做的是内测量。内测量之前，医生会顺便用窥阴器检查一下阴道分泌物和宫颈的情况。测量时医生将手指深入孕妇的阴道，测量骨盆各个平面的宽度。孕妇会稍觉不适，但一定要放松，这样测量才会准确。如果你有先兆流产或早产史，则可以提醒医生暂时不要做内测量，可以先做外测量，大致了解一下骨盆的情况，到临产后再做内测量。外测量就是医生用一个特制的尺子从体外测量骨盆的大小，这种方法简便易行，但由于受到骨骼厚度和皮下脂肪肌肉等软组织的影响，不十分准确。

细节22 临产前有哪些症状

尽管随着医疗条件的改善，有不少准妈妈享受到了住院待产的种种便利，

但她们毕竟是少数的幸运者。绝大多数准妈妈还得在有了临产的迹象之后，才能匆匆忙忙地赶去医院。然而由于准妈妈及其家属对临产时会出现的各种迹象缺乏足够的认识，因而不能做好入院前的自我监护，结果是类似上述的急产（包括临时入院，医生来不及接生者）情况时有发生。那么临产时究竟准妈妈会有哪些表现呢?

（1）宫底下降 怀孕足月前后，位于上腹部的子宫底会从剑突（心窝）部下降至心窝与肚脐之间。这时，准妈妈自感上腹部胀满大为减轻，呼吸也较以前轻松，但盆腔内的坠胀感加重起来，行走不便，并出现大便秘结、尿频及尿急等症状。这是由于胎头下降入盆，压迫直肠和膀胱所致。

（2）见红 临产前24小时内，阴道会流出少量血性黏液，俗称见红。此系子宫颈口扩张，使接近宫颈内口的胎膜（包裹宝宝及羊水的一层薄膜）与宫壁下段分离出血，混同宫颈管内的黏液栓脱落的结果，表明分娩即将开始。

（3）规律性腹痛 怀孕的子宫呈间歇性的收缩和松弛，且有规律地进行。准妈妈感到一阵阵腹痛。如果本人或者家属将手掌平放在隆起最高的腹壁上，会明显地触到子宫收缩和松弛交替进行，即一硬一软交替出现。医生正是通过这种检查，算出每次收缩及放松（间歇）的时间。随着临产的到来，腹部胀痛的持续时间会越来越长（20~90秒），子宫变硬如板状，间歇时间越来越短（15~20分钟）。这种规律性腹痛的出现，表示正式分娩已经开始。

（4）阴道流液 多发生于见红或规律性腹痛之后。阴道流出的这种液体，在医学上称为“羊水”，量不多，无色无味。有些准妈妈，尤其头胎准妈妈分辨不清，常常误认为是尿液。如果同时伴有不由自主地向下屏气及排便感，那就意味着宝宝将于2小时内降生。

行将临盆的女性，离预产期1~2周时，就应对宝宝降生的四步曲开始留意，届时切勿迟疑，排除一切牵挂，及时到邻近医院就诊或请接生员到家检查，避免发生急产，以确保母婴平安。

细节23 为什么说孕晚期要避免性生活

进入孕晚期之后，准妈妈的腹部突然膨胀起来，腰痛，懒得动弹，而且性欲也有所减退。这段时间也是胎宝宝发育的最后阶段，胎宝宝生长迅速，准妈妈的子宫明显增大，对任何外来刺激都非常敏感。子宫在孕晚期容易收缩，因此要避免给予机械性的强刺激。夫妻间应停止性生活，以免发生意外。

此时胎膜里的羊水量也日渐增多，张力随之加大，在性生活中稍有不慎，即可导致胎膜早破，致使羊水大量地流出，使胎宝宝的生活环境发生变化而活动受到限制，子宫壁紧裹于胎体，直接引起胎宝宝宫内缺氧，引起早产，不利于胎宝宝的安全。即使在胎膜破裂后勉强保胎，也有可能引起宫腔内感染，使胎宝宝在未出生之前就饱受各种细菌的袭击，引起新生儿感染，轻者可以给婴儿后天的发育及智力带来不良影响，重者危及生命。尤其是在临产前4周或前3周时必须禁止性交。因为这个时期胎宝宝已经成熟。为了迎接胎宝宝的出世，准妈妈的子宫已经下降，子宫口逐渐张开。如果这时性交，羊水感染的可能性很大。

细节24 即将临产需要做哪些准备

眼看着准妈妈的产期就要临近了，都需要做哪些准备呢？让我们一起来看看吧：

（1）按时产检 一般到了孕晚期，体检的次数会变得频繁，准妈妈一定要坚持按时去体检，关注每一次检查的结果，以便及时发现异常，及时解决。

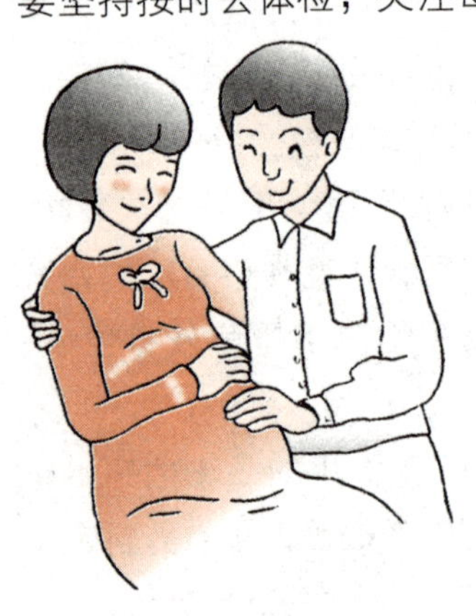

（2）学习分娩知识 准妈妈要多阅读与孕产相关的图书或参加产前培训班，全面客观了解分娩，保持轻松和自信的状态，迎接宝宝的降生。

（3）联系好住院事宜 为了防止医院妇产科的床位紧张，准妈妈必须要提前联系好住院事宜，那样才能有备无患。

（4）确定好去医院分娩的路线和交通工具 分娩的时间很难预测，必须准备一个万全之策，准父母一定要在之前就设计好去医院的几种方案，以便在紧要关头准妈妈能顺利平安的抵达医院。

（5）随身携带通讯工具 孕晚期准妈妈不要单独一个人外出，如果一定要单独外出，手机一定要随身带，以防有紧急情况出现的时候好与家人取得联系。

（6）准备好待产包 准妈妈要把之前准备好的物品装包，放在随取随用的地方，方便入院后取用。

细节 25 准妈妈的腹部经常发紧正常吗

在孕晚期的 3 个月里，准妈妈一天中会出现几次持续约 30 秒的腹部紧缩感，称为 BraxtonHicks 收缩（无效宫缩）。这表明准妈妈的腹部正在练习动产，而收缩并不意味准妈妈已临产或开始临产。真正的临产宫缩与这种感觉是不同的，它们是规律的，5 分钟左右一次，持续时间大于 30 秒，疼痛会逐渐加重，并不会消失。

这种规律宫缩在到达预产期时才出现。孕晚期腹部每天有几次发紧是正常的，此时准妈妈要做的就是放松，或者躺在床上，直到那种感觉消失。

第二节 胎宝宝的状况

细节 01 孕 8 月胎宝宝的发育情况是怎样的

妊娠 8 个月时宝宝的身长为 40～44 厘米，体重达 1500 克左右，从这时起，羊水量不再像以前那样增加了，迅速成长的宝宝身体紧靠着子宫，一直自由转动的宝宝，到了这个时期，位置也固定了。由于头重，一般头部自然朝下。

宝宝的主要器官已初步发育完毕，男胎的睾丸开始由腹内向阴囊下降。皮下脂肪开始丰满起来，但皮肤仍有皱纹，听觉神经已经发育完成，对声音开始有所反应。肌肉也发达起来，宝宝的活动更为激烈，有时可用脚踢蹬子宫壁。

假如在这个时期发生早产，如慎重保养，可以存活。因为肺等内脏器官和脑、神经系统都发展到了一定程度。

细节 02 孕 9 月胎宝宝的发育情况是怎样的

妊娠 9 个月时，宝宝身长 45～48 厘米，体重达到 2200～2500 克。宝宝开始变得漂亮了。象征着成熟的特征正一点点地出现，皮下脂肪增多，使得皮肤有了光泽和颜色，并且比以前光滑了，原来长满全身的胎毛逐渐消退，面部皱纹消失，指（趾）甲已达指（趾）尖。内脏已完全形成，肺和胃肠的功能已开始发达，具备了一定的呼吸和消化功能。

若是男婴，睾丸已下降到阴囊中；若是女孩，大阴唇隆起，左右两侧贴在一起，生殖器官基本形成。这时胎宝宝头部大都已朝下，是娩出的准备姿势。胎宝宝此时动作经常激烈，手和脚能将妈妈的腹部顶起来。若此时早产，虽然个头并不大，但只要精心养护，在暖箱中宝宝可以健康地成长。

细节03 孕10月胎宝宝的发育情况是怎样的

胎宝宝进入10个月，体重增加迅速，每天大约长30克。到10月末，胎宝宝已经长到48～50厘米，体重增加到3000～3500克。

胎宝宝皮肤呈粉红色，皮下脂肪发育良好，已无皱褶，外观体形丰满，圆圆胖胖的。头发密生，有3～4厘米长，手和脚的肌肉也很发达。

胎宝宝的心脏、肝脏、肺脏、肾脏等已经发育成熟。除肩、背外，其余地方的胎毛已脱落。指（趾）甲已超过指（趾）尖。男性宝宝睾丸已全部降入阴囊，女性大小阴唇发育良好。

此时胎宝宝头部已进入准妈妈的骨盆中，身体的位置稍稍下移，准备出世。若此时分娩，胎宝宝已经具备在体外生存的能力，而且哭声响亮，四肢活动有力，但吸吮力弱，有尿和胎便排泄出。

细节04 胎宝宝能记住羊水的味道吗

一项研究结果显示，将分娩时排出的羊水涂抹在产妇一侧乳头上，让新生儿接近产妇，大部分的新生儿都会选择吸吮抹上羊水的那一侧乳头，这证明新生儿仍记得羊水的气味。由此看来，胎宝宝是具有嗅觉的。

但是胎宝宝这种出色的嗅觉能力在出生1周以后就渐渐消失了。

正是因为胎宝宝对自己所处的子宫环境存在记忆，所以准妈妈要吃有益的食物，听柔和的声音，看优美的景象，这样才会对胎宝宝产生良好的刺激。

细节05 子宫变大是因为胎宝宝的努力吗

女性子宫的体积在怀孕之后竟然能够发生1000倍以上的增长。没有怀孕

的女性子宫体积仅有7~10立方厘米，而怀孕晚期时包含着胎宝宝、胎盘和羊水在内的子宫已达到了5000立方厘米。

这还是只怀一个胎宝宝的情况，如果怀的是双胞胎，子宫的体积还要再膨胀几乎1倍。

事实上，子宫变大是与胎宝宝自身的努力分不开的。怀孕12周之前子宫体积增加依靠的是母体激素的作用，在此时期以后则改由胎宝宝来承担这一重任。

从第13周开始，随着自身体积的增加，胎宝宝会尽一切努力使子宫变大，这可以被看作是胎宝宝的一种自力更生行为。

细节06 为什么有些宝宝会发育异常

造成宝宝发育异常的原因，除父母带给宝宝的遗传性疾病外，还有在受孕前及母亲怀孕期间等诸多因素。

（1）准妈妈疾病　准妈妈患糖尿病，其宝宝先天性畸形的发生率较高，为2.9%；准妈妈患苯丙酮尿症，可引起宝宝心血管畸形。

（2）食品添加剂　一些食品制作中加入防腐、着色、调味添加剂，其中有些化学物质有使宝宝发生畸形的可能。

（3）药物影响　准妈妈患病服药不当，尤其是在怀孕的头3个月，各系统尚未形成，受到药物影响而致畸。

（4）射线影响　如医疗上用的放射线对人体有侵害，还有工业放射性物质的污染等对人体均有不同程度危害。这些放射线对准妈妈有损害，可使宝宝死亡、流产以致出现小头症、无脑儿，心脏、泌尿道及眼畸形者。

细节07 胎宝宝会做梦吗

不仅准妈妈和准爸爸会做梦，胎宝宝也有做梦的可能。在怀孕第9个月时，对胎宝宝进行脑电波测试，就可以观察到胎宝宝脑电波会发生交叉，反映了胎宝宝在做梦。尽管人们无法了解那是一些怎样的梦境，但是胎宝宝会做梦这一事实已经被明确地证实了。

那么，准妈妈和准爸爸此时应该给予胎宝宝怎样的帮助呢？其实只要仔细想想自己做梦的情况就可以找到正确的答案。在心情愉快的日子里我们往往会在睡觉后进入美好的梦境，相反在心情沉闷的时候我们不仅很难入睡，还常常会进入到乱七八糟的复杂梦境当中。

胎宝宝的所有经历都是通过妈妈获得的，所以妈妈只有在生活中保持平和安定的心态才能对胎宝宝的梦境产生好的影响。

细节08 胎盘钙化是怎么回事

临近预产期的准妈妈，有时B超检查会报告胎盘钙化。胎盘钙化是由于妊娠晚期胎盘发生局灶性梗死引起的，梗死灶越多出现的钙化点就越多，B超下表现的较强光斑点就越多。可根据胎盘钙化斑点的分布大小及胎盘小叶的分支情况将胎盘成熟度分为3度，即Ⅰ度、Ⅱ度、Ⅲ度。B超诊断的钙化情况不一定与实际相符，确诊须通过产后检查胎盘钙化面积来断定。

细节09 胎盘钙化就表示胎宝宝有危险吗

胎盘钙化的不良后果是胎盘血流减少，胎盘功能减退，这是妊娠后期不可避免的现象。胎盘钙化并不一定会引起胎盘功能严重减退而危及胎儿。正常情况下，孕足月后B超检查均会发现胎盘Ⅱ～Ⅲ度成熟，这是胎儿已近足月的间接标志。只有当胎盘Ⅲ度成熟并伴有羊水过少时才提示胎盘功能不良，胎儿有危险，这时须提前住院分娩。

细节10 “七活八不活”的说法有道理吗

许多人都有此传统认识，认为7个月出生的新生儿能存活，而8个月出生的新生儿不能活，这是没有科学道理的。医学界认为，胎儿在宫内多维持一天，出生后存活的可能性就大一些。对正常的准妈妈来讲，胎儿肺的成熟大约发生在怀孕35周时，因此怀孕35周以后的胎儿出生后存活的可能性就较大。但有些情况，如准妈妈有妊娠高血压综合征、胎儿宫内发育迟缓等，胎儿的肺可能有早熟现象，在怀孕32～33周时即可能成熟，胎儿出生后就可能存活。现在医疗条件提高了，如应用一些能促进胎肺成熟的药物，也可提高早产儿存活的可能性。

细节 11　胎宝宝脐带绕颈怎么办

脐带绕颈是产科常见的并发症，它与脐带长度及胎动有关，如胎宝宝较多的自动回转或外倒转动，都可能导致脐带绕颈。绝大部分脐带绕颈在妊娠期不会对胎宝宝产生大的危害，所以准妈妈不必太过担心。

如果脐带绕颈过紧可使脐血管受压，致血循环受阻或胎宝宝颈静脉受压，使胎宝宝脑组织缺血、缺氧，造成宫内窘迫甚至死胎、死产或新生儿窒息。这种现象多发生于分娩期，如同时伴有脐带过短或相对过短，往往在产程中影响先露下降，导致产程延长，加重胎宝宝缺氧，危及胎宝宝。

要照顾好脐带绕颈的胎宝宝，建议准妈妈：

（1）坚持数胎动，胎动过多或过少（12 小时胎动少于 20 次，或较以往减少 50%）时，应及时去医院检查。

（2）坚持做好产前检查，及时发现并处理胎宝宝可能出现的危险状况。

（3）通过胎心监测和超声检查等间接方法，判断脐带的情况。

（4）要注意的就是减少震动，保持睡眠左侧位。

细节 12　如何预防胎宝宝缺氧

预防胎儿缺氧首先要做好孕期保健，积极防治妊娠期并发症，如心脏病、贫血、妊娠高血压综合征、肺结核等。其次要及时处理过期妊娠。分娩时，准妈妈应避免紧张、恐惧，防止因机体过度疲劳，引起产程延长、胎头受压过度而出现胎儿缺氧。

除此之外，在怀孕期间准妈妈要特别注意做好自我监护，胎动计数是一种简便的自我监护方法。如果胎儿缺氧时，早期会有躁动、胎动频繁等表现，这是胎儿因缺氧在挣扎。如果缺氧继续时，胎动将逐步减弱，次数逐渐减少。因此，如果准妈妈 1 日内感觉胎动次数过度频繁或逐渐减少，甚至 12 小时未感胎动时，均应及时到医院诊查，千万不可贻误，以防不良后果的产生。

细节 13　为什么有些胎儿在孕晚期长得特别快

妊娠 8 ~ 10 个月时，胎儿长得特别快，体重通常都是在这个时期增加的。大脑、骨架、筋脉、肌肉都在此时完全形成，各个脏器发育成熟，皮肤逐渐

坚韧，皮下脂肪增多。若准妈妈营养摄入不合理，或者是摄入得过多，就会使胎儿长得太大，出生时造成难产。

细节14 为什么有些胎儿会宫内发育迟缓

由于某种原因，影响宝宝在宫内生长发育，以及使其小于同等孕龄的宝宝，医学上称此种现象为宝宝宫内发育迟缓。

常见形成宝宝宫内发育迟缓的原因有：准妈妈患有妊高症、慢性高血压、慢性肾炎、心脏病、贫血等，致使胎盘功能障碍或母体缺氧，从而影响了母体对宝宝的供血、供氧，造成胎宝宝的营养障碍。准妈妈多胎，由于母体营养供应不足或营养不能充分分配给各个宝宝，可使多胎宝宝或其中某个宝宝发生宫内生长发育迟缓。如无以上并发症，其原因则主要是由于先天遗传因素，即父母身高、体重的影响。

细节15 如何防治胎宝宝宫内发育迟缓

首先准妈妈要定期进行产前检查，医生根据准妈妈腹围大小、子宫高度及B超等各项检查来进行早期诊断，一旦确诊即应积极治疗。治疗主要包括：一方面针对所发现的并发症如妊高征等进行治疗，另一方面准妈妈应加强饮食营养，保证热量的摄入，必要时进行高营养治疗，即静脉给予准妈妈葡萄糖、能量合剂、维生素等以改善母体及宝宝的营养状况，纠正宝宝营养障碍。

细节16 宝宝出生时的身高有计算标准吗

人的身体很多受父母遗传因素的影响，根据父母的身高可以预测孩子的身高，公式为：

男孩身高(厘米)＝(父亲身高＋母亲身高)×1.08/2

女孩身高(厘米)＝(父亲身高＋0.923×母亲身高)/2

孩子的身高也会受后天多种因素的影响，如营养、锻炼、睡眠、情绪等都对身高有影响。良好的营养、足够的锻炼、充分的睡眠、乐观的情绪都有助于孩子身体的发育。

第三节　胎教食谱

细节01　荷包鲫鱼

【原料】鲫鱼350克，瘦肉200克，油100克，葱、姜、酱油、盐、料酒、糖、味精各少许。

【做法】①鲫鱼从背脊开刀，挖去内脏，洗净，在身上剞几刀。②将瘦肉切成细末，加盐、味精拌匀，塞入鲫鱼背上刀口处。③片刻后将鱼下油锅，两面煎煮，放入料酒、酱油、糖、葱、姜、汤水。④加盖烧20分钟，启盖后加味精，淋少量油起锅。

细节02　赤小豆花生大枣粥

【原料】赤小豆60克，花生仁50克，大枣8枚，粳米100克。

【做法】①将赤小豆、花生仁分别洗净，用清水浸泡1小时后捞出，备用。②把大枣剔去核，用水冲洗干净，备用。③将粳米淘洗干净，直接放入洗净的煮锅内，加入清水、赤小豆、花生仁、大枣，置于火上，先用旺火煮沸，然后改用文火慢熬至成粥，以适量砂糖或木糖醇（糖尿病准妈妈适用）调味，稍煮片刻，即可进食。

细节03　麻雀粥

【原料】麻雀4只，籼米100克，葱、姜末10克，料酒10克，盐10克，味精2.5克，胡椒粉15克，麻油25克，清水1500克。

【做法】①麻雀去毛和内脏，洗净，放入碗中，加葱、姜、料酒、盐等，上笼蒸烂，除去骨、头、脚、翅等物。②籼米淘洗干净，下锅加清水烧开，熬煮成粥，再加入麻雀肉及汤汁、味精、胡椒、麻油等调料，稍煮片刻即可食用。

细节04 肥肠扒白菜

【原料】熟肥肠150克，白菜250克，精盐、花椒水、葱块、姜块、味精、鸡汤、植物油、湿淀粉、香油各适量。

【做法】①把白菜剥去老帮，去掉菜根和菜头，洗净再切成两瓣，放入开水内焯一下，捞出放凉。②把白菜顺刀切成12厘米长、1厘米宽的条（根部相连），整齐地码在盘内，再把熟肥肠切成斜刀厚片摆在白菜盘内。③勺内放油烧熟，用葱、姜块炝锅，添鸡汤加精盐、花椒水、味精，烧开后取出葱、姜块，把白菜、肥肠投入勺内盖严，移在小火上煨几分钟，再移在中火上，用湿淀粉勾芡，淋香油翻个出勺即成。

细节05 油焖大虾

【原料】对虾500克，葱末、姜末、青蒜、料酒、精盐、味精、白糖、熟猪油、高汤各适量，香油少许。

【做法】①将对虾剪去腿、须、尾，头部开一口，取出沙包，虾背剖开，抽去沙线洗净，切成段；青蒜洗净切段。②锅内放熟猪油，用旺火烧至六成热时下葱、姜末炝锅，下对虾翻炒，烹料酒，加精盐、白糖、味精。高汤适量，香油少许，烧开后移至微火上焖约5分钟，再改用旺火焖，待汤汁已浓，撒上青蒜即成。

细节06 鱼肉馄饨

【原料】净鱼肉125克，猪肉馅100克，绿叶菜50克，绍酒5克，葱花5克，干淀粉50克，味精0.5克，精盐1克，熟鸡油5克。

【做法】①将鱼肉剁成泥，加精盐0.5克拌和，做成18个鱼丸；砧板上放干淀粉，把鱼丸放在干淀粉里逐个滚动，使鱼丸渗入干淀粉后有粘性，然后用擀面杖做成直径7厘米左右的薄片，即成鱼肉馄饨皮。②将猪肉馅做成18个馅心，用鱼肉馄饨皮卷好捏牢。③旺火烧锅，放入清水1000克烧沸，下馄饨，用筷子轻搅，以免黏结，用小火煮至馄饨浮上水面5分钟左右，即可捞出。④在汤中加精盐和绍酒，烧沸后放入绿叶菜（韭菜、香菜均可），放入味精，倒入盛有馄饨的碗中，撒葱花，淋鸡油即可食用。

细节 07　柠檬煲鸭汤

【原料】鸭 1 只，鲜柠檬 1 个，姜 3 片，精盐适量，白糖半汤匙（或随意）。

【做法】①鸭放入滚水中煮 5 分钟，取出洗净。②柠檬洗净，切薄片。③将清水约 10 杯烧开，放入姜片和鸭，转慢火煲 2 小时。④将柠檬片放入，再煲约 30 分钟，放入精盐，白糖拌匀。即可趁热食用。

细节 08　海参炖鸡茸

【原料】水发海参 750 克、鸡脯肉 40 克、鳜鱼肉 20 克，酱油 30 克、料酒 20 克、盐 5 克、味精 20 克，葱、姜末各 5 克，蛋清 8 克、淀粉 20 克、高汤适量、白糖 5 克。

【做法】①将海参切条，轻焯以后倒出。②将鸡脯肉和鱼切成肉茸。放入碗中，加水冲开后，与蛋清、淀粉搅拌成粥。③将锅中倒入食用油，烧至 3 分熟，把鸡鱼茸倒入漏勺，漏在油里，如不漏，用手将勺压一压，等其漏完捞出。④用葱、姜炝锅，放酱油、料酒、汤、盐、味精、糖、海参，烧 2 分钟后勾芡，倒入肉茸中即可食用。

细节 09　黄鱼羹

【原料】黄鱼 500 克，精肉 100 克，韭菜 50 克，鸡蛋 1 个，酱油、料酒、味精、姜末、醋、淀粉各少许，食油 100 克。

【做法】①黄鱼去头、尾、骨头，留皮用清水洗净，放入盘内，上放姜片、料酒少许，上笼蒸 10 分钟，取出再理净小骨，弄碎备用；精肉切成丝。②锅烧热，放入食油 100 克，肉丝下锅煸炒，加入料酒、酱油，即将鱼肉下锅，加汤水 1 碗，滚后加入醋、淀粉，最后放打散的鸡蛋、韭菜、生姜末，加上熟油 50 克，出锅即成。

细节 10　蛋　面

【原料】面粉 500 克，鸡蛋 250 克，骨头汤、紫菜、淀粉各适量，香油、味精、精盐、香菜末、葱末、姜未各少许。

【做法】①把鸡蛋打在盆内搅匀，再加入面粉，揉拌均匀至光滑的面团，盖上湿布，饧好；用干淀粉作补面，擀成大张薄片，撒少许干淀粉，前后折叠起来，用刀切成细丝备用。②将骨头汤烧开，把面条下锅煮熟，撒入香菜末、撕好的小块紫菜、葱末、姜末，淋入香油，即可。

细节11 奶汁烤鱼

【原料】鲜河鱼1条，重约500克，黄油1块，牛奶1小杯，洋葱1个，胡萝卜3根，芹菜1棵，香菜少许，精盐、胡椒粉、味精各适量。

【做法】①胡萝卜、芹菜切丁在水里略煮一下，滤干，洋葱切丁连同上面蔬菜一起在黄油里煸炒，煸炒时加精盐少许，炒好备用。②鱼洗净，煎锅烧热放黄油，油热时放入鱼，煎黄后放入盘中，铺上炒好的蔬菜丁。③小杯牛奶内调入味精。胡椒粉后淋在蔬菜上，鱼上刷黄油，整盘入烤箱，烤20分钟，逸出奶油和鱼的香味即可出炉。食用时鱼肉上撒精盐、胡椒粉。

细节12 鱼香牛肝

【原料】牛肝200克，黄瓜片100克，精盐1克，白糖10克，酱油、食醋各10克，味精1克，肉汤25克，泡红辣椒、姜末、蒜末、葱花各15克，水淀粉20克，素油50克。

【做法】①将牛肝洗净，切成薄片，盛入碗内，加水淀粉10克，精盐0.5克拌匀。②另取1只碗，放入酱油、白糖、食醋、味精、肉汤和精盐0.5克，水淀粉10克调成芡汁。③炒锅加入素油，大火烧热，下牛肝片炒散，再放入剁碎的泡红辣椒炒出香味，放入姜末、蒜末和黄瓜片煸炒，淋入芡汁推匀，放入葱花翻炒均匀即成。

细节13 蘑菇炒青椒

【原料】蘑菇300克，青椒100克，洋葱50克，葱、蒜泥各5克、盐3克，料酒、辣椒油和芝麻适量，辣椒丝少许。

【做法】①剪掉蘑菇的底端，去除外皮之后分成4等份。②把青椒的子去除干净，分成4等份以后再按2厘米的长度切开。③把洋葱切成与青椒一样

的大小，再把小葱细细切碎。④在平底锅里倒入油，放进蒜泥和洋葱开始炒，再先后放入蘑菇和青椒继续炒。⑤在锅里倒入料酒和辣椒油并用盐进行调味，接着加入辣椒丝、芝麻粒和小葱后拌一下，即可食用。

细节 14 银耳拌芹菜

【原料】芹菜 400 克，银耳 200 克，盐 3 克，味精 3 克，花生酱 5 克，酱油 5 克，胡椒粉 3 克，醋 5 克，香油 15 克。

【做法】①将芹菜洗净摘取较嫩的枝干，银耳浸泡后洗净去根。②先将芹菜焯水后，捞出沥干，依次加入盐、味精、香油少许，拌匀，平摊盘中。③将银耳入沸水略汆捞起，盛入碗中。④另取一只碗，放入花生酱，加少许凉开水调成糊状，加入酱油、味精、胡椒粉、醋、香油调匀，倒入银耳中拌匀，放在芹菜上即可食用。

细节 15 炒肚片

【原料】熟猪肚 200 克，水发木耳 30 克，油菜 100 克，葱段、蒜片、姜汁、酱油、盐、黄酒、醋、淀粉、花生油、鲜汤各适量。

【做法】①将熟猪肚斜刀切成片，入沸水中烫一下捞出。油菜切成段。把酱油、黄油、盐、味精、醋、淀粉、葱和鲜汤调成芡汁。②锅内放花生油烧热，放入肚片稍炸，随即放入油菜、木耳略炸捞出，将锅内油盛出，放入肚片、油菜、木耳、芡汁翻炒一会儿即成。

细节 16 红根拌银芽

【原料】胡萝卜 150 克，绿豆芽 200 克，香油、精盐、味精、葱花各适量。

【做法】①胡萝卜洗净切细丝和绿豆芽分别放开水稍煮捞出，晾凉装盘。②将香油、精盐、味精、葱花掺兑一起，浇在胡萝卜丝和绿豆芽上，拌匀即成。

细节17 琥珀冬瓜

【原料】冬瓜2000克，山楂糕20克，白糖50克，冰糖100克，蜂蜜30克，熟猪油20克，糖10克。

【做法】①将冬瓜洗净、削皮去瓤，切成4厘米长、1厘米厚的菱形片。山楂糕切成薄片。②炒锅上火，舀入熟猪油烧至三成热，放入清水500克、白糖、冰糖、片糖、蜂蜜，烧沸后放入冬瓜片，用旺火烧约10分钟，再用小火慢慢收稠糖汁，待冬瓜缩小，呈琥珀色时，撒入山楂糕片，装入汤盘内即成。

细节18 脆皮豆沙

【原料】绿豆沙150克，面包75克，鸡蛋1个，面粉、植物油、青红丝少许，白糖150克。

【做法】①把绿豆沙做成10个球，裹一层面粉；面包切成丁；把鸡蛋打在碗内，用筷子搅匀；把裹面粉的豆沙球挂满鸡蛋糊，再滚上面包丁。②勺内放油烧至五六成热时，放入滚满面包丁的豆沙球，炸透时取出。③勺内放少量清水，放入白糖150克，糖溶化后，由浅黄色起大泡变成深黄色起小泡，能拔出丝来，倒入炸好的豆沙球，离开火口，颠翻均匀，撒上青红丝出勺，倒入抹油的盘中即成。

第四节 胎教内容

细节01 孕晚期如何把握饮食

这一时期，准妈妈在饮食上要增加对新鲜蔬菜和鱼类的摄入量。准妈妈可以适量补充以下这些食物：含有大量亚油酸、卵磷脂和维生素E的花生、核桃以及蛋白质、钙和铁含量丰富的鲍鱼、牛肉。五味子、芝麻、食醋以及香菇、柠檬、土豆、菠菜、芹菜、芦荟等新鲜蔬菜和水果对准妈妈也很有好处，还可以考虑增加对海藻类和鱼类食品的摄入量。

除此以外，富含维生素C的橘子，维生素E含量丰富的葵花子与杏仁，铁含量丰富的褐藻、鹿尾菜和钙含量丰富的虾和沙丁鱼等，都是准妈妈不错的选择。

当然，糙米以及可以补充人体赖氨酸的大豆、大豆胚芽和豆浆也同样具有很高的营养价值。

细节02　准妈妈大量补充维生素有什么坏处

准妈妈需要补充多种维生素，但只要准妈妈不挑食，从日常饮食中摄取的维生素量已经能满足准妈妈及胎宝宝的需求，如果准妈妈严重缺乏维生素，以至于出现了一些相应症状，可在医生指导下补充。如果超量使用维生素，其毒副作用对胎宝宝及准妈妈都有害：维生素E服用过多可使人出现疲倦、头痛、恶心和肌无力；维生素K超标可抑制凝血酶原的产生等。

细节03　孕晚期要补充维生素K吗

准妈妈应注意多食用维生素K含量丰富的食物，以预防产后新生宝宝因维生素K缺乏而引起颅内出血、消化道出血等症状。维生素K有“止血功臣”的美称，经肠道吸收，在肝脏能产生凝血酶原及一些凝血因子。若维生素K吸收不足，血液中凝血酶原减少，易引起凝血障碍，发生出血症。预产期前1个月的准妈妈，尤其应注意每天多摄食些富含维生素K的食物，如菜花、白菜、菠菜、莴笋等，必要时可每天口服维生素K 1毫克。

细节04　孕晚期强化肾脏机能应吃什么

孕晚期尤其是孕8月，母体的“足少阴经脉”控制着胎宝宝的生长，这是一条与肾脏有关的经脉。所以强化准妈妈的肾脏机能可以促进胎宝宝的性器官发育，并使骨骼变得结实起来。总而言之，这一时期的饮食宗旨就是帮助胎宝宝获得完整健全的身躯。

例如，红枣和五味子可以对准妈妈的肾脏起到补养作用，在保护胎宝宝的“精血”方面大有好处。橘子、山莓、栗子和黑豆也都是具有类似功效的食物。

细节05 全素食对准妈妈和胎宝宝有什么影响

有些准妈妈已经认识到孕期要控制体重的快速增长，因此杜绝吃荤，平时多以素食为主，结果形成了全吃素食。这种控制体重的方法不科学，对胎宝宝的生长发育也是不利的。

脂溶性维生素包括维生素A、维生素D、维生素E、维生素K等，这些营养素必须由脂肪携带才能被人体吸收利用。如果准妈妈只吃素食，将影响人体对维生素A、维生素D、维生素E、维生素K的吸收，造成人体维生素的缺乏，对健康十分不利。

另外，荤食中大多含有一定量的牛磺酸，再加上人体自身亦能合成少量的牛磺酸，因此正常饮食的人不会出现牛磺酸的缺乏。但对于那些只吃素食不吃肉食的准妈妈来说，由于需要牛磺酸的量比常人多，人体本身合成牛磺酸的能力又有限，加之全吃素食，极有可能缺乏牛磺酸。

细节06 为什么说孕晚期不宜服用药膳

中国传统的药膳绝不是食物与中药的简单相加，而是在中医辨证配膳理论指导下，由药物、食物和调料三者精制而成的一种既有药物功效，又有食品美味，用以防病治病、强身益寿的特殊食品。如不具备医药常识而盲目制作或食用药膳进补，难免会误入歧途。比如，临产准妈妈食用黄芪炖母鸡，易造成难产。这是由于黄芪有仕筋骨、长肉补血的功用，加上母鸡本身是高蛋白食品，两者起滋补协同作用，使胎宝宝骨肉发育生长过猛，造成胎宝宝过大，导致难产。黄芪有利尿作用，通过利尿羊水相对减少，以致延长产程。

细节07 孕晚期为什么要摄入足够的热量和脂肪酸

除了生长代谢需要热量之外，胎儿还开始在肝脏和皮下储存糖和脂肪。如果碳水化合物摄取不足，可能导致蛋白质缺乏或酮症酸中毒。不过，怀孕后期必须稍加限制碳水化合物的摄取，以免胎儿过大。另外，充分摄取脂肪酸，可以帮助胎儿大脑发育。

细节08 孕晚期喝蜂蜜时要注意些什么

蜂蜜是糖类物质精品，含有多种氨基酸、维生素A、维生素D、维生素E、泛酸及肌醇等营养素，不仅能补充准妈妈所需的营养素，还是大脑的天然增补剂。因为，大脑细胞所需的营养在蜂蜜中含量是最高的，同时还可有效预防或改善妊娠高血压综合征、妊娠贫血、妊娠合并肝炎、痔疮、便秘以及失眠等疾病。

在使用时，应注意用温开水冲饮，蜂蜜中的氨基酸、维生素及其他营养素在高温下会不同程度地被破坏。如果蜂蜜发酵了就不能再食用，其中的糖在微生物的作用下可产生酒精和二氧化碳，不仅失去了营养价值，且食后会引起消化不良，也会影响胎宝宝的发育。

细节09 孕晚期吃什么食物可以安胎

将红枣烤熟后食用可以起到安定神经和补养的作用。如果胎宝宝情况一直不安定或者准妈妈有出血症状，腰和下腹部有坠痛，食用松子可以获得意料之外的显著效果。还可以将南瓜柄炒熟之后裹上一层面粉，然后与糯米浆一起食用，或者服用南瓜藤煮成的汤，这些都具有显著的安胎效果。

莲根汁液和当归茶能补充B族维生素、维生素C、维生素E，同时能起到止血和保暖的作用。

细节10 孕晚期吃什么食物可强化膀胱功能

怀孕第10个月，母体的“足太阳经脉”控制着胎宝宝的生长，这是一条与膀胱有关的经脉。胎宝宝借助母体膀胱的机能在怀孕最后阶段获得了完整的骨骼和元气，然后才来到这个世上。

因此准妈妈一定要食用可以强化膀胱机能的食物，如海带、益母草。

细节11 准妈妈饥饱不一的坏习惯有什么坏处

我们知道人的饮食应该定时定量，肠胃才会适应。有些孕妇平时饮食就不讲究，在妊娠期仍会饥一顿饱一顿或暴食暴饮。

如有的孕妇遇上了自己喜欢吃的食品时，会敞开肚子大吃，吃得过饱，造成几天甚至更长时间的不舒服。一次吃得过多，人体大量的血液就会集中到胃里，造成其他组织和胎儿供血不足。也有的孕妇长期饮食过量，或者认为怀孕后胎儿需要营养，就猛吃猛喝，这不但会加重肠胃负担，而且还会造成胎儿发育过大，导致难产。此外，孕妇如果摄入热量或营养过剩，过剩的部分就会转化成脂肪在皮下堆积，产前产后由于身体的变化而又未采取相应措施，会逐渐形成肥胖症，进而导致许多疾病的发生。

同样，有的孕妇遇到不喜欢吃的食物或者由于妊娠反应，常干脆不吃或少吃一顿让肚皮挨饿。可能孕妇本人并没有饥饿感，但实际上身体却因得不到营养的及时供应，而使体内的胎儿受到伤害。也有的因故拖延吃饭时间，也会造成暂时饥饿，打乱机体的活动规律。由于胎儿“进食”是随着母亲的进食而进行的，胎儿的“饥饿”也会随着母亲的饥饿而出现，所以，孕妇应安排好自己的饮食，克服饥饱不一的坏习惯，做到饮食定时定量。

细节12 准妈妈吃饭狼吞虎咽有什么危害

有的孕妇吃饭时狼吞虎咽，这不是好的饮食习惯，对健康不利。食物未经充分咀嚼就进入胃肠道，主要有两方面弊端：

（1）使消化液分泌减少 人体将食物的大分子结构变成小分子结构，是靠消化液中的各种消化酶来完成的。咀嚼食物能刺激神经反射引起胃液分泌，胃液分泌又会进而促进其他消化液分泌，这无疑对人体摄取食物中的营养是有利的。咀嚼食物引起的胃液分泌，比食物直接刺激胃肠而分泌的胃液量要大得多，含酶量也高，持续时间也长。所以咀嚼食物对消化液的分泌起着重要的促进作用。

（2）狼吞虎咽不能使食物与消化液充分接触 食物未经充分咀嚼就进入胃肠道，食物与消化液接触的面积会大大缩小，这会影响食物与消化液的充分混合，进而不能充分地消化食物并使肠胃更好地吸收。长此以往，人体由于得不到足够的营养素，健康必然会受到影响。此外，有些食物因咀嚼不够，过于粗糙，还会加大胃的消化负担或损坏消化管道。

细节13 准妈妈过多服用鱼肝油有什么危害

准妈妈多服鱼肝油对自身及胎宝宝都没有好处，鱼肝油的主要成分是维

生素 A 和维生素 D。适量服用有利于胎宝宝发育，防止准妈妈缺钙抽筋。但如果用量太大，服用时间长，就会刺激胎宝宝骨细胞，引起严重的骨畸形。还可引起胎宝宝血钙过高，造成大动脉发育障碍及智力发育迟缓。

细节 14 孕晚期服用孕妇奶粉有什么好处

孕妇奶粉对准妈妈的好处多多，最好从孕前就开始补充。倘若以前服用过孕妇奶粉，那么到了这个阶段就要继续坚持下去，这是给自己及胎宝宝上的一份健康保险。

就营养成分来说，孕妇奶粉几乎涵盖了准妈妈所需的全部营养成分，而目前市售的鲜奶，大多只是强化了维生素 A 和维生素 D 或一些钙质等营养素。另外，孕妇奶粉服用后不容易引发便秘，这对于准妈妈来说十分难得。

细节 15 准妈妈如何正确服用孕妇奶粉

由于每个人的饮食习惯不同，膳食结构也不同，所以对营养素的摄入量也不完全相同。这就要求准妈妈在服用孕妇奶粉前先征求一下医生的意见，在专业人员的指导下服用，以免某些营养素过量，甚至引起中毒。另外，在服用孕妇奶粉时，应参考一下产品说明，按照指示去做。

细节 16 如何判断孕妇奶粉的优劣

（1）仔细看包装 正规厂家生产的孕妇奶粉，包装完整无损、平滑整齐、图案清晰、印刷质量高。同时，还会明确的标出商标、生产厂名、生产日期、生产批号、净含量、营养成分表、执行标准、适用对象、食用方法等。准妈妈在选购时，要逐一检查，如果发现其中任何一项内容标的含糊不清，都不能购买。

（2）选择大品牌 较大的品牌一般实力雄厚，各方面条件比较成熟，也更看重产品的信誉度，因此，他们的产品质量比较可靠，比较有保证。

（3）认真阅读营养素标注 购买孕妇奶粉前，一定要仔细查看产品说明，看看其是否适合、满足你的需要。孕妇奶粉的种类很多，不同厂家生产的孕妇奶粉所含营养素也不完全相同。

(4) 闻气味 优质的孕妇奶粉奶香味明显，含有淡淡的植物油味，无异味，并且甜度适中。

(5) 听声音 用手捏住包装袋轻轻摇晃，听听是否会发出“沙沙”的声音，并声音清晰。这也是鉴别产品优劣的方法之一。

(6) 观色泽 优质的孕妇奶粉颜色一般为乳白色或乳黄色，颗粒均匀一致，产品中无可见杂质，无结块现象。把奶粉放入杯中用。温开水冲调，静置数分钟后水与奶粉就会溶在一起，没有沉淀。

(7) 售价 由于孕妇奶粉所含的营养成分比较齐全，适当添加国家规定的特殊配方营养素，营养功效优于普通奶粉及鲜奶，能更好地满足准妈妈的营养需求。因此，销售价格一般不会太低，而市售的散装或小厂家出产的产品，价格较低，准妈妈在选购时需谨慎。

(8) 查看售后服务 正规厂家出产的产品，会在包装上印有咨询热线、公司网址等服务信息，以方便消费者咨询，或反馈意见，而小厂家或假冒伪劣产品则没有此项标注。

细节17 为什么提倡粗粮、细粮搭配饮食

大米、面粉等细粮内含蛋白质、糖类、矿物质、维生素等营养成分，但是大部分都含在稻和麦子的麦皮内，集中于胚芽周围。如果把米加工得过分精细，碾磨得特别白，就会使营养成分丢失很多。据有关部门统计表明，将糙米碾成精米，损失的糖类，丢失的维生素都很多。长期吃精米，不摄入其他含矿物质、维生素较多的食物，就会引起钙、磷等微量元素、维生素 B、烟酸、核黄素等的不足，从而导致骨质疏松、人体功能紊乱、智力下降、食欲减退、恶心、呕吐、烦躁不安、健忘、精力不集中、多梦、胸腹胀满、心跳增快、气喘、水肿，从而诱发神经炎、口角炎、睑缘炎、角膜充血、脂溢性皮炎等病症。

土豆、红薯、玉米等杂粮作物，虽然没有精米、白面口感好，可营养丰富，纤维素多，摄入后不仅可营养身体，而且可刺激肠蠕动，减少毒素的吸收，防止便秘和肠道肿瘤的发生，被营养学家誉为人类的平衡食物。兼搭着吃，有益于身体健康。实践证明，土豆、玉米、大豆、红薯等一类杂粮，有的营养成分高于主食和鱼、肉。如2千克红薯或土豆，所含的蛋白质、脂肪、糖类、矿物质、维生素，比0.5千克粳米或面粉要多得多，还能弥补粳米、

面粉中缺乏维生素C和胡萝卜素的弊病；玉米含有相当丰富的亚油酸、卵磷脂、维生素E，大大超过粳米和小麦；硒、镁等微量元素，有抗癌作用；赖氨酸，是人体必需的氨基酸之一，有利于人体新陈代谢和促使儿童的智力发育。因此，医学家认为，玉米可预防高血压、动脉硬化、冠心病、癌症等疾病。大豆的营养就更比米面食物丰富，蛋白质的含量高达36.3%，脂肪、糖类、钙、磷、铁和复合维生素B，都可与粳米、小麦相比拟，被营养学家称之“植物蛋白”之冠，受到发达国家人民的青睐。

细节18 准妈妈吃什么可以预防早产

一般来说，不足37周出生的情况称早产。准妈妈在平时经常摄取富含钙和维生素的食物可预防流产和早产。准妈妈还应该吃一些维生素E含量丰富的食品。维生素E的实际成分就是生育酚，如果在怀孕期间缺乏维生素E就很容易出现流产、早产等危险情况。在小麦胚芽、葵花子油和羊肉里含有比较多的维生素E。每500克的羊肉内含有45毫克的维生素E，还含有钙112毫克，铁21毫克和大量的维生素B_1、维生素B_2，因此羊肉对防止早产很有帮助。

细节19 临产前吃油性大的食物有什么危害

临产期间，由于宫缩的干扰及睡眠的不足，产妇胃肠道分泌消化液的能力降低，蠕动功能也减弱，吃进的食物从胃排到肠里的时间也由平时的4小时增加至6小时左右，极易存食。因此，产前最好不吃不容易消化的油腻食物，否则会加重胃部的不适。

细节20 临产或分娩时服用人参要注意什么

在临近产期及分娩时，不提倡服用人参，以免引起产后出血。其他人参制剂也应慎服。当出现头胀、头痛、发烧、舌苔厚腻、失眠、胸闷、憋气、腹胀、玫瑰疹、瘙痒、鼻衄等症状时，应立即停服。

细节 21 补锌有助于准妈妈顺利分娩吗

近年，国外有人研究表明，准妈妈分娩方式与其妊娠期间血液中锌水平的高低有极为密切的关系。他们测定一批准妈妈血锌浓度，然后按其后来的分娩方式分组对比研究，结果发现，自然分娩的准妈妈，妊娠期间血锌浓度最高，需要产钳帮助分娩的准妈妈次之，进行胎头吸引分娩的准妈妈又比产钳助产者低，而需要剖宫产的准妈妈，妊娠期间血锌浓度最低。

锌是人体必需的一种微量元素，对人的许多正常生理功能的完成，起着极为重要的作用。锌对分娩的影响，据专家研究，主要是锌可增强子宫有关酶的活性，促进子宫肌收缩，把宝宝驱出子宫腔。当缺锌时，子宫肌收缩力弱，无法自行驱出宝宝，因而需要借助产钳、吸引等外力，才能娩出宝宝，严重缺锌则需剖宫产。因此，准妈妈缺锌，会增加分娩的痛苦。此外，子宫肌收缩力弱，还有导致产后出血过多及并发其他妇科疾病的可能，这又影响准妈妈健康。

在正常情况下，准妈妈对锌的需要量比一般人多，这是因为准妈妈自身需要锌外，还得供给发育中的宝宝需要。因此，妊娠的女性，如不注意补充锌，就极易缺乏。所以，准妈妈要多进食一些含锌丰富的食物，如面粉类食品、牛肉、羊肉、蛋黄、芝麻、花生、豆类以及橘子、苹果等水果，以利于分娩及母子健康。

细节 22 孕晚期怎样注意饮食习惯

孕晚期要继续频繁地吃东西，每次少吃，要吃得有营养。喝水、牛奶和果汁来保持体内水分，不要喝碳酸饮料，会引起肿胀。

饮食习惯的改变也会影响孕期睡眠质量，均衡的饮食很重要。必须尽量避免食用影响情绪的食物，如咖啡、油炸食物等，尤其是食品中的饱和脂肪酸会改变体内的激素分泌，造成很多不适。

细节 23 准妈妈吃什么食物可促进乳汁分泌

到了怀孕的最后一个月，准妈妈需要提前为以后的哺乳做好准备。维生素 E 有促进乳汁分泌的作用，可使末稍乳腺血管扩张，血液供应增加，继而

增加乳腺分泌。维生素 E 主要存在于小麦胚芽、大豆、猕猴桃、坚果等食物中。

此外，从现在开始准妈妈就要比平时多补充维生素 C，为母乳喂养做准备，因为新生儿的出生会使产妇缺乏维生素 C。一篇研究论文中说，对怀孕第 10 个月的准妈妈血液当中的维生素 C 含量进行测定，发现这一数值甚至还未超过平时的 1/3，因此在怀孕过程中一定要坚持补充维生素 C，尤其在怀孕的最后一个月里更是如此。有打算母乳喂养的准妈妈要避免吃含有大量脂肪的食物。

摄取高脂肪食品容易使乳汁变得黏稠并对哺乳产生一系列的不良影响，因此准妈妈在摄取肉类时需尽量食用瘦肉部分，而且最好避免吃凉性的食物和过咸的菜肴。

细节 24　准妈妈在孕晚期如何补水

水是生命之源，是人体必需的六大营养素之一。水可从食物和饮料中补充，身体内代谢时也能产生部分“内生水”补充需要。

准妈妈选择什么饮品好呢？开水，对准妈妈来说，最好的饮品就是开水，尽管各地区水中含的物质不尽相同，但我们可以通过其他途径补充水中所缺的物质，故不会出现营养物质的缺乏。开水经过煮沸消毒，清洁卫生，所以开水可作为准妈妈补充水分的主要来源。

准妈妈不要喝生水，以防腹泻或被传染其他疾病。咖啡及浓茶具有较强兴奋性，应该少喝。矿泉水有许多微量元素，可以饮用。市场供应的许多饮料含糖分高，不宜多饮。夏天，西瓜是较好的饮料，既可补充水也可补充一些矿物质，又可消暑解热，准妈妈可吃。准妈妈不论喝什么饮料，均不宜冰镇时间过长，太冷的饮料对消化道有刺激，过急大量喝进去可使胃肠血管痉挛、缺血，以致发生胃痛、腹胀、消化不良等。

细节25 为什么说分娩前进食要具有灵活性

到了孕10月的时候，由于阵阵发作的宫缩疼痛，准妈妈的胃口受到了极大影响，往往会因为疼痛而食不下咽，有时甚至会出现恶心现象。尽管如此，也不能不吃或少吃，这样对即将到来的分娩有不利影响，准妈妈会因胃中缺食而乏力，进而导致产程的延长和其他异常情况的发生。因此，要学会宫缩间歇期进食的“灵活战术”。饮食以富含糖分、蛋白质、维生素，而且容易消化的饮食为好。可根据自己的爱好，选择蛋糕、面汤、稀饭、肉粥、点心、牛奶、藕粉、苹果、西瓜、果汁等多样食品。每天进食4～5次，少食多餐。

细节26 为什么分娩前要补充蛋白质类食物

母体需要蛋白质来供应生产的需要，胎宝宝也需要蛋白质来建造组织，所以蛋白质的量一定要增加。准妈妈每天要增加10克，如1杯牛奶+30克肉类或蛋、半碗饭+1个蛋、1份豆制品+1盘青菜等搭配。

细节27 为什么分娩前要补充含钙类食物

在营养良好的状况下，胎宝宝对钙质的需求并不会对准妈妈造成负面影响。若平时对含钙食物摄取不足，这时候就要选择含钙量丰富的食物，必要时可补充钙片。

细节28 为什么分娩前要补充含铁类食物

准妈妈因为全身血液循环量增加，为避免在生产时大量失血，所以要储备足够量的铁质，因为铁质是红血球中血红素生成的重要成分。此外，补充铁质也可预防缺铁性贫血及避免影响胎宝宝发育。含铁质丰富的食物包括：肝脏及深绿色青菜等。

但需要注意的是，钙与铁两者的吸收会相互竞争，所以含铁及含钙食物最好分开吃，尤其是铁剂与钙片。

细节29 维生素C可以降低分娩时的危险吗

有研究表明，准妈妈在妊娠期间如果适量服用维生素C，可以降低在分娩时遇到的危险。羊膜早破为准妈妈常见问题，羊膜过早破裂会给准妈妈带来危险。专家认为，维生素C能够帮助加固由胶原质构成的羊膜，在怀孕前和怀孕期间未能得到足够维生素C补充的准妈妈容易发生羊膜早破。实验表明，在分娩时，增量服用维生素C的准妈妈羊膜早破率比未服用维生素C的准妈妈要低5%。

在怀孕期间，由于胎宝宝的发育占用了不少营养，所以准妈妈体内的维生素C及血浆中的很多营养物质都会下降，并且水溶性维生素C在人体内存留的时间不长，未被吸收的维生素C会很快被排出体外。如果在准妈妈的饮食中加强维生素C的补给能够防止白细胞中的维生素C含量下降。专家建议，准妈妈不仅要增量服用维生素C药丸，同时还应当多吃一些富含维生素C的水果和蔬菜，如橙子和西蓝花等。

细节30 准妈妈在临产时吃些什么

准妈妈在临产前往往因子宫收缩带来的痛苦而不愿进食，这对增加产力、顺利分娩不利。正确的方法是少量多餐，吃些容易消化、高热量、少脂肪的食物，如稀饭、面条、牛奶、蒸鸡蛋羹等。临产前准妈妈要注意补充水分，多喝些红糖水或铁元素多的稀汤，为分娩时失血做贮备。

细节31 为什么说巧克力是最佳的分娩食品

现在很多营养学家和医生都认为巧克力可以充当“助产大力士”，并将它誉为“分娩佳食”。一方面是它营养丰富，含有大量的优质碳水化合物，而且能在很短时间内被人体消化吸收和利用，产生出大量的热能，供人体消耗。另一方面是它体积小，发热多，而且香甜可口，吃起来也很方便。据测定，每100克巧克力中含有碳水化合物50克左右，脂肪30克左右，蛋白质15克以上，还含有较多的锌、维生素B_2、铁和钙等，它被消化吸收和利用的速度是鸡蛋的5倍、脂肪的3倍。所以，准妈妈只要在临产前吃一两块巧克力，就能在分娩过程中产生更多热量。

第五节 语音胎教

细节01 准妈妈在孕晚期适宜听什么音乐

孕妇很快就要分娩，心理上难免会有些紧张，况且这时胎儿发育逐渐成熟，会使孕妇感到笨重。这时应选择既柔和而又充满希望的乐曲，如《梦幻曲》、《让世界充满爱》、《我将来到人间》，以及奥地利作曲家海顿的乐曲《水上音乐》等。《梦幻曲》是舒曼的钢琴套曲《童年情景》共13首曲子当中最脍炙人口的一支乐曲。

柔美如歌的旋律，各声部完美的交融以及充满表现力的和声语言，刻画了一个童年的梦幻世界，表现了儿童天真、纯洁的幻想。孕妇随着柔美平缓的主旋律，会犹如进入沉思的梦境，在梦幻中见到美丽的世界，并随梦幻升腾，就像是进入一层比一层更美丽、更奇异的梦境中，仿佛看见了一个圣洁的小天使，您那期盼了好久好久的可爱小宝宝正向您走来。随着"梦幻曲"旋律的变化，孕妇能在梦幻中从一幅图景又转入另一图景，然后在曲调渐渐安静下来的时候，腹内的胎儿也在这无限深情和充满诗意的曲子中安然地酣睡了。

细节02 准妈妈怎样给胎宝宝唱儿歌《两只老虎》

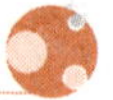

两只老虎，两只老虎，
跑得快，跑得快，
一只没有眼睛，
一只没有尾巴，
真奇怪，真奇怪。

胎教点读 动物园里的老虎像只大猫咪，安静、敏捷又充满斗志；童话中的老虎像国王，庄严、威武又充满智慧；歌曲中的老虎像小朋友，顽皮、可爱又充满灵气……你为宝宝唱起这首古老的法国童谣，是多么温馨的一幅画面。

细节03　准妈妈如何给胎宝宝讲《乌鸦喝水》的故事

有一只外出觅食的乌鸦，飞了很远的路，口很渴，想喝水。它四处张望，终于发现一只大水罐。

水罐里水不多，乌鸦很努力地把嘴往罐子里伸，可还是够不着。

它站在罐子边，想了好一阵之后，终于想到了一个办法。它合起翅膀，两腿用力一蹬，使出全身力气来推罐子，可是大水罐纹丝不动。

怎么办呢？乌鸦转来转去，不小心被一颗小石子绊了一下。它非常恼火，一把抓起小石子就想扔出去。

突然它灵机一动，想出了一个好办法：把小石子扔进水罐里，水罐里的水不就升上来了吗？

它叼来许多小石子，投到水罐里。水罐里的石子越堆越高，而水也渐渐升到瓶口来了。

乌鸦看着升上来的水，高兴极了，它趴在罐口上，痛痛快快地喝了个够。

胎教点读　这是一个大家都很熟悉的故事，故事虽小，道理却很深刻，那就是任何时候都不要放弃，办法总是会有的，哪怕它是突然想到的。准妈妈在胎教时，可以这样告诉胎宝宝：失望中往往孕育着希望，就像乌鸦终于喝到了水一样。

细节04　准妈妈怎样给胎宝宝讲《小蝌蚪找妈妈》的故事

暖和的春天来了，池塘里的冰融化了，青蛙妈妈睡了一个冬天，也醒来了。她从泥洞里爬出来，扑通一声跳进池塘里，在水草上生下了很多黑黑的圆圆的卵。春风轻轻地吹过，阳光照着大地。池塘里的水越来越暖和了。青蛙妈妈生的卵慢慢地都活动起来，变成一群大脑袋长尾巴的蝌蚪，他们在水里游来游去，非常快乐。有一天，鸭妈妈带着她的孩子到池塘中来游水。小蝌蚪看见小鸭子跟着妈妈在水里划来划去，就想起自己的妈妈来了。小蝌蚪你问我，我问你，可是谁也不知道。妈妈在哪里呢？

胎教点读　愉快优美的童话故事，可以让胎宝宝静静地聆听，感到安全、舒适，增进其语言发展潜能，同时也使胎宝宝感受到妈妈的浓浓爱意。

细节05 准妈妈如何给胎宝宝唱《摇啊摇》的儿歌

（一）

摇呀摇，摇到外婆桥，
外婆叫我好宝宝，
请吃糖，请吃糕，
糖儿糕儿莫吃饱，
少吃滋味多，
多吃滋味少。
摇呀摇，摇到外婆桥，
外婆叫我好宝宝，
买条鱼来烧，
头未熟，尾巴焦，
盛在碗里吱吱叫，
吃在肚里跳三跳，
跳啊跳，仍旧跳到外婆桥。
摇呀摇，摇到外婆桥，
外婆叫我好宝宝，
糖一包，果一包，
还有汤圆和年糕。
摇啊摇，摇啊摇，船儿摇到外婆桥。
外婆好，外婆好，外婆对我嘻嘻笑。
摇啊摇，摇啊摇，船儿摇到外婆桥。
外婆说，好宝宝，外婆给你一块糕。

胎教点读 这首儿歌民间有很多个版本，准妈妈可以挑一首熟悉的，用家乡话唱给胎宝宝听。其实很多的民间儿歌唱起来不仅琅琅上口，而且还非常的俏皮，准妈妈可以搜集一些，闲下来的时候念给胎宝宝听。

细节06 准妈妈怎样给胎宝宝听《打电话》的儿歌

两个小娃娃呀，
正在打电话呀，

"喂喂喂，
你在哪里呀？"
"哎哎哎，
我在幼儿园。"
两个小娃娃呀，
正在打电话呀，
"喂喂喂，
你在干什么？"
"哎哎哎，
我在学唱歌。"

胎教点读　《打电话》相信很多准妈妈都会唱，熟悉的音乐是否也让你想起来自己的年少时光？如今马上就要升级成为一个妈妈了，准妈妈心里一定有很多感慨。离预产期越近，准妈妈也一定越紧张，甚至可能会有些恐惧，其实胎宝宝带给你的幸福远远大于一切。听听这首曲调欢乐，充满童真的歌曲，放松心情，为自己加油吧！

细节07　准妈妈怎样给胎宝宝听《让世界充满爱》的音乐

轻轻地捧起你的脸
为你把眼泪擦干
这颗心永远属于你
告诉我不再孤单
深深地凝望你的眼
不需要更多的语言
紧紧地握住你的手
这温暖依旧未改变
我们同欢乐
我们同忍受
我们怀着同样的期待
我们共风雨
我们共追求
我们珍存同一样的爱

无论你我可曾相识
无论在眼前在天边
真心的为你祝愿
祝愿你幸福平安

这熟悉流畅的旋律有没有与你来自肺腑的声音产生共鸣呢？电子合成器细微的音响，在摇曳着和盘旋着，整个房间在这歌声的作用下充满了溟蒙的雾气，四下弥漫着。准妈妈可以将视线投向窗外，投向遥远的地平线，想象一下在橘红色的天幕下，广阔的原野上，升起一轮金红色的太阳，而你心目中的晨阳——宝宝，也在此时升起（成长），这是多么迷人的时刻。在这优美的旋律之中你是否感觉到满足呢？你是否隐约地听到莎士比亚的声音："爱并不因瞬息的改变而改变，它巍然矗立直到末日的尽头！"

胎教点读 十月怀胎已经接近尾声，也许明天就会有一个新的生命诞生，也许明天你就是一个可敬的母亲。准妈妈一定要用心去体会这个充满爱的世界，要学会坚强、勇敢、忍耐与宽容，告诉胎宝宝这个即将到来的世界有多美好，爸爸妈妈有多爱他，让他在这个充满爱的世界中呱呱坠地。

细节08 准妈妈如何教胎宝宝认识动物

准妈妈可以制作一些简单的图像卡片，或是去书店买些动物卡片（这些卡片在宝宝出生后还都可以继续使用）。通过深刻的视觉印象将卡片上描绘的图像、形状与颜色传递给胎宝宝。

比如，准妈妈可以拿出一张画有小猫的卡片，读给胎宝宝听，教胎宝宝辨认，再拿出一张画有小狗的卡片，也读给胎宝宝听。最后抚摸着肚皮问胎宝宝，"认得小猫小狗了吗？说说看，小猫小狗哪个更可爱？"这样，寓教于乐，达到了母子间感情的充分交流，对胎宝宝的身心发展大有益处。

细节09 准妈妈怎样教胎宝宝认识图形

现在胎宝宝的感官都已发育成熟，视觉、听觉、触觉等都已经具备，准妈妈可以对胎宝宝进行图形教育。

准妈妈可以用鲜艳的彩色硬纸，剪成几个不同颜色的正方形、长方形、三角形、圆形等图片。在跟胎宝宝描述的时候，不仅要把这个图形给讲述一

遍，最好能找到一个参照物，你可以深情地告诉胎宝宝："宝宝，你看妈妈手里拿的是黄颜色的正方形，正方形的4条边都是一样长的，4个角都是直角，你看我们家的餐桌是正方形的，电视机也是正方形的。宝宝，你再看这个，这是绿颜色的长方形，长方形是两个边长两个边短，4个角也都是直角。你看妈妈正在看的书，衣橱上的大镜子，它们都是长方形的。"然后把三角形和圆形也都如此讲一讲。胎宝宝边听边受准妈妈脑电波的刺激，就会初步记得这几个形状的特点，达到胎教的目的。

细节10　如何教胎宝宝学习爱，感觉爱

准妈妈可以将汉字"爱"制成一张闪光卡片，然后一边发音，一边用手指临摹字形，并且将注意力集中在字的色彩上，以加深印象。在这个过程中，准妈妈要保持平静的心情和集中注意力。

在学习之前，准妈妈应把呼吸调整得均匀而平静，然后闭上眼睛，在头脑中把"爱"的形状反复描绘。在学习的过程中，准妈妈也可以加入自己的想象，"爱"是什么呢？爱是一家人在一起其乐融融的情景，爱是看着宝宝熟熟睡去的模样，爱是妈妈甜美的笑脸……只要是准妈妈能想到的，都可以在脑中重现一遍，让胎宝宝和你一道去感受这股爱的暖流。

细节11　怎样选择阅读胎教的练习方式

阅读胎教的练习方式：选一则你认为读来非常有意思、能够感到身心愉悦的儿童故事、童谣、童诗，将作品中的人、事、物详细、清楚地描述出来，例如：太阳的颜色、家的形状、主人公穿的衣服，等等，让胎儿融入到故事描绘的世界中。故事要避免过于暴力的主题和太过激情、悲伤的内容。选定故事内容之后，设定每天的"说故事时间"，最好是夫妇二人每天各念一次给胎儿听，借说故事的机会与胎儿沟通、互动。

细节12　准妈妈在做阅读胎教时要注意些什么

（1）为了让母亲的感觉与思考能充分传达给胎儿，孕妇最好能保持平静的心境并保持注意力的集中。

（2）在念故事前，最好先将故事的内容在脑海中形成形象，以便比较生

动地传达给胎儿。

（3）如果没有太多的时间，只能匆匆地念故事给胎儿听，至少也要选择一页图画仔细地告诉胎儿，尽量将书画上的内容“视觉化”地传达给胎儿。“视觉化”就是指将鲜明的图画、单字、形象印在脑海中的行为。研究发现，每天进行视觉化的行为，会逐渐增强将信息传达给胎儿的能力。

（4）在选择胎教书籍时，不要有先入为主的观念，自以为宝宝会喜欢哪些书籍，应尽量广泛地选择各类书籍。

细节13 为什么提倡准妈妈要声情并茂地给胎宝宝讲故事

准妈妈应充满感情地跟胎宝宝讲话或给他讲故事，声音以欢快、明朗、柔和为原则，最好带着笑声，这样容易感染胎宝宝。准妈妈在向胎宝宝叙述事物时应选择自己熟悉的、能理解的，而且要声情并茂、绘声绘色地讲述，要注意追求形象性和形象美。

细节14 准妈妈给胎宝宝讲故事有哪些技巧

（1）将语言视觉化 不能照搬图书或画册上的文字内容，要把每段文字与具体的景物联系起来，描绘成一幅栩栩如生的画面，认真地讲给胎宝宝听。例如画册上画着金鱼，你就可以对胎宝宝说：“这叫金鱼，它有长长的尾巴，大大的眼睛，在水里快乐地游来游去……”这样，就把画面的内容视觉化了。

（2）情景交融 给胎宝宝讲故事或对话时，要把形象和情感融合起来，创造出情景交融的意境。例如你到野外去散步，一边走一边看，有一种安详、宁静的情绪荡漾在心头。这时，准妈妈可以通过语言，将感觉讲给胎宝宝听。

（3）声像结合 准妈妈给胎宝宝讲故事或对话时，应先在头脑中把所讲的内容形象化，像看到影视的画面一样，然后用动听的声音将头脑中的画面讲给胎宝宝听，这就是所谓的声像结合。例如给胎宝宝讲小猫钓鱼的故事时，准妈妈要将小猫兴冲冲地去钓鱼和在河边边捉蝴蝶边钓鱼的情景描述出来，然后在头脑中形成一个小猫捉蝴蝶的画面，这样，胎宝宝就

会和你一起进入了小猫的活动世界，一幅美丽的画面就通过声音传达到了胎宝宝的大脑里。

胎宝宝虽然不能看到画册上画的形象或外界事物的形象，但经过准妈妈仔细的描述，胎宝宝是可以用脑感受到的。准妈妈看东西时受到视觉刺激，这种视觉刺激通过生动的语言描述就形象化了，这种形象化的语言最容易让胎宝宝接受，而且会对外界事物产生一种感性认识。

第六节　运动胎教

细节 01　孕晚期运动会损伤胎宝宝吗

有些准妈妈担心活动会伤胎，而不敢参加适当的劳动和运动，这是不对的。适当的运动能使全身肌肉活动，促进血液循环，增加母亲的血液和胎儿血液的交换；能增进食欲，使胎儿得到更多的营养；能促进胃肠蠕动，减少便秘；还可以增强腹肌、腰背肌和骨盆底肌的能力，有效地改善盆腔充血，分娩时使肌肉放松，减轻产道的阻力，顺利分娩。运动胎教，能在胎儿发育中发挥出人意料的作用。

细节 02　准妈妈怎样锻炼足部及脚趾

（1）双脚交叉，脚尖朝上，并朝身体的方向弯曲伸直。每次练习 3 分钟。每天数次。

（2）站立或是坐在椅子上，脚趾向上弯曲。每次练习 3 分钟。每天数次。

细节 03　准妈妈怎样锻炼膝关节

（1）仰卧，双臂放松，稍稍离开身体；弯曲一侧膝盖，缓缓地向左或向右两侧轮流压下。晚上进行，左右膝各 10 次。

（2）仰卧，膝盖弯曲，脚掌着地。双手放松，稍稍离开身体。双膝并拢，左、右轮流摆腿。

细节04 准妈妈如何锻炼肩部力量

准妈妈在做肩部运动胎教时，首先将两腿大幅度分开，在站立的姿势下弯曲膝盖并呈90度角。然后用两手撑住双膝，一侧的手将膝盖向后推，另一侧则尽量使肩膀往里沉，扭动上半身以配合这一动作。

这样做可以解除准妈妈肩部和背部的紧张状态，并松弛大腿内侧的肌肉。

细节05 孕晚期如何做锻炼骨盆的体操

妊娠中往往会因为太过于保护身体，以致于产生运动不足的现象。还有些人会因为胎宝宝而吃得很多，发生过胖的情形，比较容易难产。妊娠中运动是最好的方法，可以帮助你控制体重。

通常妊娠体操是锻炼生产时必要的脚、腰以及肚子的肌肉，并促使产道周围的肌肉扩张，能使生产顺利地进行，妊娠体操可以说是为了训练肌肉而发明的体操。而且，准妈妈练习骨盆体操还能改善血液循环和水肿，在妈妈教室里，不仅会教授准妈妈体操，还会有呼吸法的指导。

(1) 盘膝端坐 ①盘膝而坐，背部肌肉伸直，双手放在膝盖上。②一面呼气，一面将膝盖压下。早晚共进行两次，开始时每次2~3分钟，习惯后每次10分钟。

需要注意的是双腿需尽量盘在一起，但实在无法做到时，也不必勉强。

(2) 背部后挺 一面弯曲膝盖，一面吸气，使背部向后挺直，一直到与地板的间隔只能放进手掌的程度。再一面呼气，一面还原。

在练此动作时，要注意安全。

(3) 猫形体操 ①四肢张开，趴在地上。一面吸气，一面将头探入双臂之间，并将背部拱起。②一面呼气，恢复四肢着地的跪姿。早晚各进行5次。

准妈妈的背部尽量拱起，额头与地面紧贴。

细节06 胎位不正如何处理

胎宝宝在子宫内的位置与骨盆的关系即为胎位。正常的胎位应该是胎宝宝的头部俯曲，枕骨在前，分娩时头部最先伸入骨盆，医学上称之为“头先露”，这种胎位分娩一般比较顺利。除此以外的其他胎位，如臀位、横位及复合先露等，就是属于胎位不正了。

如果准妈妈在孕7月前发现胎位不正，则不必处理，但是在孕8月时胎宝宝的头部仍未向下，应予以矫正。不过准妈妈不必太过担心和焦虑，因为胎位不正是正常事，平时多注意预防，避免久坐久卧，忌寒凉性及胀气性食品，如西瓜、螺蛳、豆类、奶类等。此外，还可以在医生的指导下进行以下的矫正：

（1）桥式卧位 准备前，准妈妈需要排空大小便，换上宽松、舒适的衣服。先用棉被或棉垫将臀部垫高30～35厘米，准妈妈仰卧，将腰置于垫上。每天只做1次，每次10～15分钟，持续1周。

（2）膝胸卧位 准备前，准妈妈仍需要排空大小便，换上宽松、舒适的衣服。将小腿与头和上肢紧贴床面，在床上呈跪拜样子，但要胸部贴紧床面，臀部抬高，使大腿与床面垂直，保持15分钟，然后再侧卧30分钟。每天早、晚各做一次，连续做7天。患有心脏病、高血压的准妈妈忌用此方法。

细节07 准妈妈怎样根据自己的身体状况调节运动

尽管这一时期的准妈妈已经受累不堪，但不能总是坐着或躺着，因为这样只会加重症状，使身体更加虚弱，不利于顺利分娩。对身体状况正常的准妈妈来说，妊娠8个月时仍然可以做一些不费力的孕妇体操和散步运动，这样可以起到锻炼肌肉，增加肺活量，帮助分娩的效果。如果在运动过程中感到腹部紧绷变硬，应该马上停止运动，进行休息。

细节08 孕晚期怎样练习呼吸操

呼吸操，是为了配合分娩而进行的一些呼吸动作。有过分娩经历的准妈妈都有这种体验，生产过程中如果呼吸得法，气用得适宜，全身就能放松，阵痛就会减轻，热量就不会白白地消耗，从而达到缩短产程、顺利分娩的目的。呼吸操一般在妊娠32周就应该开始练习了，根据情况可采用以下几种呼吸法：

（1）胸式呼吸法 胸式呼吸法一般用于阵痛开始发作后进行，这时准妈妈精神往往比较紧张，全身肌肉绷得很紧，这样势必加重了疼痛感和紧张感，不利于顺利分娩。具体方法：准妈妈在床上仰卧，双手放在胸前，用鼻子深吸一口气，吸满后，胸部鼓起，然后张开嘴，慢慢呼出，如此不断交替。注意节奏不要太快。

（2）轻快呼吸法 轻快呼吸法运用在出现强烈宫缩，宫口已经开大时进行，这就意味着分娩马上就要开始了。由于宫缩间隔时间很短，这时就需要进行有节奏地快速吸气、呼气交替，对减轻分娩阵痛很有帮助。大约每2秒钟1次，吸气不必太深。

（3）屏气 屏气是在分娩进行当中，胎宝宝正在产出时运用。先深吸气，屏住气，默念至10，然后再缓慢吐气。屏气时间尽可能延长，最好半分钟或更长。

（4）哈气 哈气是在胎宝宝将要产出，但还没有完全产出时运用。这对控制胎宝宝产出速度，防止产道撕裂有帮助。具体方法：呼吸节奏加快，大约1秒钟呼吸1次，半张嘴。

在掌握了这几种呼吸方式后，准妈妈可进行分娩时的实际练习。假设在产床上的姿势，背靠垫子或枕头，抬高上身，屈起双腿。由丈夫充当“医生”，准妈妈可根据“医生的指令”练习不同的呼吸法，经过实际操练，做到心中有数，既能熟练地运用，又能很好地配合“医生指令”，进而达到顺利分娩的目的。

细节09 孕晚期怎样练习促进分娩的运动

张开双腿（以不压迫腹部为宜），膝盖自然弯曲，坐下去再慢慢伸直站起。

蹲下，双腿张开与肩同宽，然后用手撑在地上，将臀部往上提，直到胳膊完全伸直。

自然站立，将一条腿用力提至45度，脚腕稍微向上翻。换腿，重复该动作。

细节 10　准妈妈如何做紧缩阴道的运动

准妈妈在做缩紧阴道运动胎教时，首先是吸气，同时慢慢地从肛门用力尽力缩紧阴道，注意不要把力量分散到其他部位，然后呼气，同时慢慢放松下来。吸气时数到 6，呼气时数到 8，重复 5 次之后放松休息。

细节 11　准妈妈如何做分腿运动的胎教

准妈妈在做分腿运动胎教时，首先要在平躺的姿势下将膝盖向上举。用嘴慢慢呼气的同时，按住膝盖并抬起上半身。然后用鼻子吸气并恢复平躺姿势，重复 5 次之后放松休息。

细节 12　准妈妈如何做找平衡的运动

在做找平衡运动胎教时，准妈妈首先要将两腿分开站立，用鼻子吸气的同时高举双臂。然后一边吐气一边放下双臂降到与肩同高，一条腿保持不动并尽力寻找平衡感，另一条腿稍稍向前抬起。再次呼吸之后将腿放下，变换方向，重复这一动作。

第七节　瑜伽按摩胎教

细节 01　瑜伽胎教可以安定身心吗

瑜伽的练习方法大致可以分为三类，即使身体得到锻炼并往健康方向发展的运动法，强化生命力的呼吸法，以及净化人的心灵并带来内在平和的冥想法。

运动法是借助瑜伽体操来均匀地伸展骨骼、肌肉等各个部位，从而起到锻炼整个身体的效果。

呼吸法是通过吸入和呼出等调节呼吸的手段来积蓄气息，在给身体带来活力的同时让内心变得平静。

冥想法要求端正心态，通过冥想变成自己心灵的真正主人，从而让自己的生活变得随意而自由起来。

瑜伽胎教正是采用了这 3 种方法使准妈妈的身体保持各方面的平衡和稳定，并能够迅速地进入良好的状态。

细节 02 做瑜伽胎教对胎宝宝有什么益处

准妈妈的健康与胎宝宝的健康息息相关，进行瑜伽练习可以确保胎宝宝在母体中有活动的空间，这一点将会对胎宝宝的成长及其头脑发育产生直接的正面影响。冥想和呼吸可以使人的精神变得十分清醒。

此外，练习瑜伽体操使身体内部的气息流动顺畅之后，这些气息也会对胎宝宝的脑部发育产生积极的作用。准妈妈的身体若能保持清爽舒畅，胎宝宝也会在腹中感受到妈妈情绪上的安定并健康地成长起来。

细节 03 如何做瑜伽的准备动作

（1）转动颈部 让自己的耳朵碰到肩部为止，让颈部缓缓地向左边旋转几圈。在此过程中要保持双眼一直睁开，并使眼球和自己的视线也跟着颈部一起转动。随后向反方向继续转动。由于这个动作可能引起头晕，所以最好坐下来慢慢地做，此外紧闭嘴唇也可以提高锻炼的效果。

（2）手与手腕的运动 肘部稍稍弯曲，重复握拳和松开的动作 10～30 次，这样做可以促进身体的血液循环和能量循环。

轻握自己的双拳，手腕向左侧旋转 10～20 次。然后换方向重复这一动作。

松开握住的拳头，就像要甩掉手上的水珠一样快速地向下面、上面和侧面甩手。这样做可以解除手指和手腕的疲劳感觉。

（3）膝盖运动 双脚合拢或双脚分开与肩同宽，站立。

两手各自抓住同侧的膝盖，重复做呼气时坐下、吸气时起立的动作。

（4）转动腰部 两脚分开，与肩同宽，保持站立姿势。

两手叉腰，腰部和臀部向两侧来回摆动，注意在摆动出去的时候呼气。

（5）脚趾与脚腕 两脚分开，与肩同宽，保持站立姿势，抬起左脚跟并转动脚腕。

用同样的方法转动右脚脚腕。

细节 04 适合孕晚期的蝙蝠瑜伽姿势怎么做

两腿完全伸直，尽最大可能向两侧分开，舒展脚后跟，同时注意自己的腰部保持挺直。

一边吐气一边让双手接近两侧地面，然后上半身缓缓向前俯下。

保持均匀的呼吸，持续 10～20 秒。

吸气的同时再缓缓抬起上半身。

双腿慢慢并拢，休息片刻。

蝙蝠姿势可以增加腿部内侧和后侧的肌肉力量，消除肌肉疼痛和肌肉痉挛的症状，增强骨盆的柔软性，使肝脏和肾脏的机能保持正常。

细节 05 适合孕晚期的猫势怎么做

手掌与膝盖着地，摆出爬行的姿势。双手之间和双膝之间都要保持与肩同宽。尽量使手臂和大腿都与地面成 90 度角。

一边吸气一边向后弯曲颈部，在注视屋顶的同时腰部自然下陷，臀部保持向上顶的姿势。伸直手臂的同时手掌和膝盖用力，持续做向下推的动作。

在吐气的同时低下头并曲起肩部，摆出注视自己腹部的姿势。

跪起坐下或用其他的舒适姿势放松身体。

怀孕之后，变大的子宫一直压迫着骨盆的血管和腰椎，此动作可以改善这一情况，并减轻腿部和肾部的血液循环障碍。强化腹部和脊柱附近的肌肉并促使其均衡发展，从而有效地支撑子宫的重量。

细节 06 如何做放松腿的瑜伽动作

垫高背部，在肩膀或头的下面垫一张垫子并平躺。把腿放在墙壁上让其与地面呈 45 度角，注意不要让背部太过僵硬，手臂可以放在身体的两侧或向外平伸。

这一姿势保持几分钟，但不要让脚有发凉或者发麻的感觉。闭上眼睛，舒服而有节奏地进行呼吸。

此姿势通过抬腿动作帮助血液顺利地流回到心脏，使准妈妈肿胀而疲劳的臀部和腿得到放松。此外还能自然地伸展腰肢，预防腰痛。

细节07 如何做预防早产的按摩胎教

丈夫与准妈妈对坐，准妈妈把脚放在丈夫的膝盖上。

用大拇指在脚底中央的涌泉穴上用力挤压2次。

用大拇指捏住大脑反射区所在的大脚趾位置，然后进行揉搓按摩，重复2次。

在位于脚后跟的生殖腺反射区上按逆时针方向画圆进行按摩。重复两次左右。

用大拇指和食指抓住脚腕，然后柔和地进行左右转动。

并拢食指、中指和无名指，然后用手指肚在准妈妈的脚踝周围按逆时针方向画圆。

细节08 准妈妈压力过大该怎样进行按摩

做针对压力过大的按摩胎教时，首先在脚底中心的涌泉穴上用大拇指缓缓按4～5次，按时要尽量用力。其次在小肠反射区从上向下进行滑动摩擦，重复4～5次。再次在脚后跟部位的生殖腺反射区上用画圈的方法进行按摩，重复2次。

最后用一只手抓住自己的脚，另一只手将5个脚趾一起向后扳动。

第八节　情志胎教

细节01 准妈妈参加社交活动有什么益处

有朋友的聚会，准妈妈不必都拒绝，让准爸爸陪着去参加。周末有空，可以去看看朋友，尤其是去有孩子的朋友家做客，实地感受一下家有“小天使”的氛围，会让自己更憧憬自己的宝宝早日到来。

细节02 怎样对胎宝宝进行行为培养

行为也是一种语言，只不过它是一种肢体的语言。准妈妈的行为通过信息传递可以影响到胎儿。我国古人在这方面就早有论述，古人认为，胎儿在母体内就应该接受母亲言行的感化，因此要求女性怀胎时就应该清心养性、守礼仪、循规蹈矩、品行端正，给胎儿以良好的影响。明代一位医生认为：

"妊娠以后，则需行坐端严，性情和悦常处静室，多听美言，令人诵读诗书，陈说礼乐，耳不闻非言，目不观恶事。如此则生男女福寿敦厚、忠孝贤明；不然，则生男女鄙贱不寿而愚顽。"今天虽然我们已经进入了高科技时代，但我国的古代胎教学说却一直被中外学者所重视。

细节03 准妈妈怎样和胎宝宝进行心理沟通

从怀孕之日起，孕妇便与体内的孩子相依为命。胎儿是妈妈的骨肉，妈妈是胎儿的依靠。胎儿既要从母体获取营养物质而发育生长，又要通过母体情感的心理活动与母亲进行心理沟通，以培养独立的个性。

因此，在整个孕期母子间便通过心理上的相互作用，以及听觉、视觉、动觉、触觉的相互感应而建立起密切的信息沟通。例如：怀孕6个月后，如母亲连续轻轻敲打腹部时，胎儿便会感到是在被呼唤，会将头转向被敲打的部位。再例如：虽然母亲与胎儿间没有直接的神经联系，但当母亲紧张、焦虑、愤怒、悲伤时，其情绪会通过神经系统的调节而影响内分泌系统，产生相关激素，使母亲的心脏搏动加快，血压升高。这些变化会通过胎盘的血液循环影响胎儿的情感与性格或心理的发育，特别是在怀孕早期，妈妈情绪的极端变化有可能造成胚胎分化异常，如：新生宝宝唇腭裂等畸形。

从怀孕开始，母子信息的沟通就已经建立。所以，每位计划怀孕的女性与已经怀孕的孕妇，都要注意自己的情绪与心理变化，特别要调整好自己的心理状态，以平和与稳定的情绪面对一切；丈夫也要注意行为举止，避免给予自己妻子不良的刺激，以保证妻子的情绪与心理处于最佳状态，使妻子与胎儿能进行最佳的信息沟通与情感交流。

细节04 孕晚期如何缓解紧张的情绪

当感到紧张的时候，为了立即放松，可用快速放松法锻炼：深深吸气，使肺部完全被气体充满，然后慢慢从口中呼出，让气流带着紧张情绪从头顶流向脚趾。当气流完全排出时再吸气，将肺充满。然后轻轻呼气，同时依次放松前额、肩、手、腹部和腿。呼气能清除身体的紧张情绪。无论任何时候，只要感到紧张就做深呼吸。

戴上耳机，调暗灯光，坐在舒适的椅子上或躺下——怀孕4个月后不能平躺，用垫子支撑着腹部侧卧。用一段时间平静下来，头脑中不考虑其他事情。

每当准备打哈欠、伸懒腰时，就慢慢坐起，准备做些其他事情。

伸展脚趾，感到牵拉力，然后慢慢放松，再摇动数下。

用力绷紧两膝和大腿肌，保持几秒钟，感到用劲后保持几秒钟，然后放松，让大腿向两侧摆动。绷紧腹肌，给胎宝宝一个大的紧缩力，然后尽量放松，使胎宝宝的活动空间加大。

握拳，保持一段时间，然后松开手指。尽量向上提肩，保持一段时间后再放下，反复进行，使双肩感到放松和舒适。

口微微张开，皱紧面部肌肉，然后放松，反复进行。

放松一会儿，体会身体的感觉。在深呼吸和静息时，胎宝宝会得到更多的氧气。

细节05 准妈妈自己动手作画对调解情绪有好处

在雪白的画纸上将自己的感情表达出来并不是一件容易的事情，对于认为自己完全没有美术细胞的人来说，更是如此。

事实上，做美术作业就像接受心理治疗一样，可以达到释放内心情绪的目的，这比鉴赏画作的效果高出数倍。不管怎么样，强迫自己作画是毫无意义的，所以请带着愉快、自愿的心情参与这项活动吧。

我们所画的并不是要拿给别人欣赏的作品，所以不一定要把它画得非常完美。比起作品完成得好与坏，我们更应该关心的是，在作画的时候自己是否做到了一直保持镇定，以及是否有与胎宝宝共同参与的感觉。

如果准妈妈平时就经常进行艺术鉴赏，这种习惯在进行胎教时就可以提供很大的帮助。准妈妈在生活中不仅要学会从普通的事物中发现美，还要想象如何用图画将这种美表现出来。

细节06 准妈妈绣十字绣可以锻炼胎宝宝的脑部吗

我们都知道锻炼手指可以使脑部变得发达。在进行手工作业时，手指上的神经会对脑部产生一定的刺激作用，所以一直以来，我们都非常注重让儿童参加动手的活动。

需要进行手工作业的活动有折纸、陶艺、缝纫和编织等，其中因技法简单、费用低廉而广受大众欢迎的则当属十字绣了。做十字绣可以使准妈妈的心情很快得以平静，对提高其注意力也有一定的作用。

细节07 准妈妈在绣十字绣时要注意些什么

绣十字绣使人眼部的神经都集中在了针尖那一点上，所以很容易产生疲倦的感觉；另外，准妈妈也不适合长久保持绣十字绣的姿势。因此，准妈妈最好把每次绣十字绣的时间控制在1小时之内。

此外，绣十字绣可以陶冶心态，平静心情，是一种修身养性的过程，不可当成任务，过于形式。最好在腰后垫一个垫子，在舒适的姿势下完成这项活动。

准妈妈还可以在绣十字绣的时候与胎宝宝聊天。可以说一说正在为其制作的东西，比如枕头、围兜和儿童被等，也可以说说对各种颜色的喜好，最好能在绣十字绣的同时达到胎谈的效果。

细节08 孕晚期整日闷在家里不愿外出有什么危害

到了孕晚期，很多准妈妈都不愿意外出，担心发生意外，从而错过了晒太阳的大好时机。研究发现，生命早期在阳光下暴晒能预防目前无法治愈的疾病，晒太阳是人类产生维生素D的主要方法。专家认为，居住在北方的人之所以缺乏维生素D，是因为缺乏日照时间，这增加了他们患多发性硬化症的危险。据多发性硬化症国际基金会估计，目前全世界有400万人左右患多发性硬化症，以女性居多，男女比例为2∶3，造成此疾病的病因尚不明确，但调查显示，离赤道越远的地方患此病症的人越多。

细节09 准妈妈如何做好分娩前的心理准备

虽然很多准妈妈都做了充分的准备去迎接这个新生命的到来，但是临近生产，难免还是会有这样或那样的顾虑和担心：能否顺利分娩、生产姿势会不会很难看，等等。

首先，准妈妈要相信自己的身体能够应付自然分娩，相信自己的分娩系统会正常运作。很多准妈妈都会害怕自己无法熬过自然分娩的过程，其实那只不过是心理作用而已，准妈妈的骨盆通道天生就是为了生下宝宝而形成的构造，准妈妈应该对自己有信心。其次，应与医生好好配合。在生产过程中，准妈妈看不到宝宝出生前后的具体情况，必须依赖医生的指导，知道什么时候开始用力，什么时候应该稍作控制等。分娩开始后，子宫的阵阵收缩会使准妈妈感到腹部发紧、疼痛和腰部不适，这是分娩中必须经历的，准妈妈应遵从医生嘱咐，冷静对待，切不可大喊大叫，扭腰转侧，徒耗体力。

最后，准妈妈要懂得放松情绪与身体。生产过程非常顺利的准妈妈往往很懂得如何放松自己，那些极度缺乏安全感的准妈妈浑身较劲，不能放松身体，这也是生产过程延长的重要原因。

细节10 居室的色彩应怎样进行搭配

色彩对人的心理起着较强的暗示作用。一般房间应该用淡蓝色和白色为基调布置，它可以使处于嘈杂、纷乱环境工作的孕妇回家后，很快恢复体力和精力，神经得以松弛。如果孕妇在紧张、安静、技术性高的环境中工作，家中不妨用绿色或粉红色为基调来布置，可使孕妇从单调的色彩环境、紧张的工作状态中回到生机盎然、轻松悦目的环境中，让紧张的神经得到放松。

细节11 准妈妈如何给胎宝宝做个小相册

宝宝出生后，爸爸妈妈会给他拍很多的照片，而且展示宝宝的照片也是很多爸爸妈妈的爱好，这样家里面就需要准备很多的相框来摆放照片。

下面给准妈妈介绍一种可以展示宝宝照片的小挂饰的做法，这种简单的宝宝照片挂饰，既可以挂在包上，也可以贴在墙上或是柜子上，只要爸爸妈妈愿意贴在哪里都是没有问题的。虽然现在还不知道胎宝宝以后的样子，但

是准妈妈从现在就可以开始练习，这样在胎宝宝出生后，就可以做一个精致的镶有宝宝照片的小挂件随身携带了。

（1）准备材料：两块不织布（不织布也可以用硬纸板代替）。不织布也叫无纺布，是指不经过平织或针织的传统编织方式制成的布，通常可以做DIY手工艺品，一般小饰品商店有卖。

（2）将不织布裁剪成圆形，大小随意，最好用花边剪剪出花边，也可以自己剪出小锯齿状。然后选择照片头像，应尽量在不织布中间位置。

（3）先用线缠X形，然后一直这样交叉缠下去。注意缠第一下时锯齿跨度越大，缠好后中间展示照片的空间越小。

（4）一直缠到起始的位置，最后将线头和线尾系在一起。

细节12　如何培养胎儿的情趣

要保持身心健康就要丰富人们的精神活动，如听音乐、看书、读诗、旅游或欣赏美术作品等，这些美好的情趣有利于调节情绪，增进健康，陶冶人的情操，而且对下一代也是非常重要的。胎儿和母亲是血肉相连的，胎儿与母亲之间有着微妙的心理感应。因此母亲的一言一行都将对胎儿产生潜移默化的影响。

科学家们还发现，广泛的情趣对改善大脑的功能有着极为重要的作用。有人认为，乐队指挥、画家、书法家等生活情趣较丰富的人，他们之所以具有创造力，与他们经常交替动用大脑在左、右半球，促进左、右脑的平衡，提高大脑的功能有关。因此母亲的生活情趣无疑对胎儿大脑左、右半球的均衡发育起着很关键的作用。

细节13　准妈妈如何进行装饰胎教

首先准妈妈可以养一些绿色植物，从而感受到自然的气息。在看到绿色植物时，准妈妈自然而然地会产生平静的感觉，而植物释放出的香气还可以起到使大脑更加清醒的效果。此外，换上不同颜色的窗帘和坐垫也可以起到调节气氛的作用。挂上名画或贴上以美丽风景为内容的明信片和照片也是很好的方法。有的准妈妈还喜欢把漂亮宝宝的照片放在家中。

除此之外，悬挂具有特殊意义或是能感动和教育宝宝的作品则是最佳的选择。

细节14 准妈妈适合阅读哪类书刊

从胎教的角度看，准妈妈适宜阅读那些趣味高雅、给人以知识启迪、使人精神振奋、有益于身心健康的书刊，例如名人传记、名言警句，优美的抒情散文、诗歌、游记，有趣的童话故事，艺术价值高的美术作品，有关胎教、家教、育婴方面的书等。

第九节 综合胎教

细节01 准妈妈提高自身修养有助于胎教的实施吗

研究发现，准妈妈在学识、礼仪、审美、情操等方面，对胎宝宝均有某种程度上的影响，尤其是妊娠后期，胎宝宝已具备了听觉、感知等能力，并能对其作出一定的反应，因而孕期加强情操言行修养，是一件很有必要的事。

如果准妈妈的文化知识多一点，文学修养高一点，多看一些优秀的文学作品，便会从中汲取无尽的营养，充实、丰富、美化语言和内心。如果准妈妈经常用诗一般的语言、童话一般的意念向腹中的宝宝描述祖国的伟大，人间的真、善、美，就会激发他的生长，培养他的美感，那么他出生后将会更加聪明，更加可爱。

细节02 孕晚期如何进行综合胎教

妊娠晚期，胎宝宝的各个系统已经发育得比较完善了，此时各种胎教方法对胎宝宝均可以使用，所以，准妈妈在这时要将各种胎教方法综合进行，灵活应用。

具体的做法是：每天清晨起床，都要轻轻拍着腹中的胎宝宝，对他说一些关于天气或问候的话语；接着到户外散步，可以边散步边对胎宝宝进行抚摩和说话；晚上睡觉前则进行音乐胎教，一边听音乐一边抚摸胎宝宝。当然，每个准妈妈也可以根据自己的实际情况来选择适合自己的胎教方法，只要是对胎宝宝有益的都可行。另外，在进行胎教时，应按照各种方法提出的要求进行，这样做，收效会更大。

细节03 孕10月也要坚持胎教

“瓜熟蒂落”，这是世间常理，到了怀胎第十个月，就要一朝分娩。胎宝宝马上就要降生和妈妈见面了，这是多么令人喜悦、使人振奋的事情啊！可随着产期的临近，准妈妈也往往越发不安，有许多这样那样的忧虑。这时准妈妈应该知道，只要胎宝宝还没有降生，你肩负的养胎、护胎与胎教的任务就还没有完成，一定要振奋精神，全身心地坚持到养胎、护胎与教育胎宝宝的最后一刻。

细节04 胎教要持续进行才有效

进入到怀孕晚期，准妈妈常常动作笨拙、行动不便，所以许多准妈妈因此而放弃了孕晚期的胎教训练，这样不仅影响前期训练对胎儿的效果，而且影响准妈妈的身体与生产的准备。

此阶段，胎宝宝各器官、系统发育逐渐成熟，对外界的各种刺激反应更为积极。所以，准妈妈在孕晚期最好不要轻易放弃自己的运动以及对胎宝宝的胎教训练。适当的运动可以给胎宝宝躯体和前庭感觉系统自然的刺激，可以促进胎宝宝的运动平衡功能。为了巩固胎宝宝在孕早期、孕中期对各种刺激已形成的条件反射，孕晚期更应坚持各项胎教内容。

细节05 怎样在宝宝出生后巩固胎教的成果

在宝宝出生后，妈妈如果把曾用于胎教的实物，再次摆在他面前，这时他在胎内学过的东西，就会逐渐反馈回来，并将做出令你吃惊的反应。所以，宝宝出生后，妈妈仍然需要重复之前的胎教内容，不要让宝宝把这些美好的记忆忘掉。

（1）给他读读过的故事，听听过的音乐　把那些在孕期说给胎宝宝听的小故事，再一次的说给宝宝听，以加深他的印象，说不定他还会露出满意的表情呢。还有那些胎教音乐，在宝宝出生后，妈妈可以继续放给宝宝听，这样有助于唤醒宝宝最初的记忆。

（2）让宝宝看到在胎儿期“看”到的物品　准妈妈在教宝宝数数的时候，可以把曾经用于胎教的实物拿出来，比如闪光卡片、玩具等，摆放在宝宝的面前，这样他在胎内学过的东西有可能会慢慢的反馈回来，也许会做出令你吃惊的反应呢！

准妈妈经常哼唱的歌曲和孕期唱过的一些简短的儿歌，宝宝出生后，准妈妈可以继续唱给宝宝听，你会发现宝宝听到这个熟悉的声音之后，会表现出对你更加亲近。

细节06 孕10月还要进行光照胎教 

这个月还应该对胎儿进行光照胎教，因为孕妇这个时期的腹壁、子宫壁已变得较薄，光线易透过，用不刺眼的柔和光线可以增加胎儿对于明暗的感觉和节奏，以此提高胎儿对光的敏感度，初步促进生物钟的建立，对大脑的发育和成熟有利。

具体的做法是：每晚在听音乐之前和之后，用一号电池的手电筒，将玻璃光罩直贴在腹壁上，约在宫底以下三横指处对胎儿进行照射，每次照射2～3分钟。

下篇

早教篇

第一章　早教是胎教的延续

第一节　宝宝的大脑

细节01　人类大脑发育是从何时开始的

人脑发育起源于卵子受精后1周内。受精卵不断分裂，一部分形成大脑，其余的则形成神经系统。在母亲尚未注意其月经推迟时，胚胎的大脑就已经开始发育了。下面分几个步骤进行说明。

妊娠18天之前，胎儿的大脑就会形成管状的神经管，神经管头端会变厚形成3个膨大物，中间部分会发育成为脑，另一端日后则会发育成脊髓。

妊娠2个月之前，神经管头端的3个膨大物会不断重叠、弯曲，并区分为间脑、小脑以及以后成为大脑皮层的端脑，还形成了聚集脑脊液的脑室。

妊娠4～5个月，端脑会逐渐变大形成大脑半球，同时脑部的神经系统也开始发育，首先出现感受触觉和气味的感觉区，脑内部也开始形成感受快感和不快感的领域。

妊娠9～10个月，大脑半球表面层开始发育，包裹间脑和小脑而形成大脑皮层。其中前方的皮层特别厚，形成额叶，听觉和视觉的神经回路也逐渐形成。

妊娠6～7个月时，胎儿大脑皮层的细胞分裂已达到高峰，表面褶皱也开始形成，到9个月时，胎儿的脑细胞会达到140亿个，与成人基本相同。

细节02 大脑是怎样构成的

脑是神经系统发达的产物，是从早期胎儿的神经管不断发育，直到形成头盖骨和脊骨包裹下的脑和脊髓。神经系统按照其解剖位置的不同，大概分为中枢神经系统和周边神经系统。中枢神经系统包括脑与脊髓。周边神经系统则是由脊髓所发出的31对脊神经及其分支组成。末梢神经又分为接受外界刺激传到脊髓的感觉神经和将脑的指令由脊髓传到肌肉等的运动神经，以及不太接受中枢神经指令的自主神经。

而由神经衍生出的脑，可分为大脑、间脑、小脑和脑干。其中掌控人体机能的总司令是大脑皮质，大脑的外形由两个椭圆形的大脑半球汇合在一起，大脑表面有很多，凸起的皱褶和凹陷的沟槽，并将大脑区隔出前面的额叶、外侧的颞叶、头顶的顶叶、后面的枕叶，间脑位于两个大脑半球之间，故有此名，间脑往下依序为中脑、桥脑和延髓，三者合称为脑干，小脑位于头部后侧的后颅凹内。

细节03 为什么说脑的结构决定了脑的功能

脑的结构决定了脑的功能，其部位不同，功能也就不一样，尤其是覆盖在表面的大脑皮层承担了大脑的大部分功能。大脑皮层分为左、右半球，进而由浅沟分为4个脑叶，各个脑叶的功能不同。目前，我们已经清楚地知道了运动区、视觉区、听觉区以及集合了触觉的躯体感觉区的功能。

另外，其他脑的结构也具有非常重要的意义，如小脑参与保持身体平衡、调控交替迈脚等无意识运动功能，即参与本能的身体运动，间脑是情绪变化的中枢；脑干负责人体的呼吸、血压、心跳，并且也是大脑与全身各处讯息传递的必经通道，可以说是人体的生命中枢；而位于脑干的下丘脑和延髓可通过各种神经对内脏、血管等体内环境加以控制、调节。

第二节　关于早教的理念

细节01 如何理解“感觉学习”

新生宝宝的大脑是极不成熟的，必须经过无数次丰富的“感觉学习”，即通过视、听、嗅、味、触、平衡等六种感官刺激，才能使大脑把多种感觉信息统合起来，由不协调向协调发展。“感觉教育”越早，内容越丰富，宝宝的神经系统发育得就越快，进步的速度也会日新月异。

细节02 如何正确树立早教与胎教的关系

胎宝宝的大脑不是一张白纸，而是一个储存了各种优良信息的“计算机软件”，并且为出生后的智力开发奠定了坚实的基础。因此，宝宝出生后的教育训练是培养宝宝成才的必由之路，务必与胎教衔接。

宝宝出生时，大脑的大小和重量已经达到了成年人的1/3。但是，神经元网络还很稀疏（儿童期变密，成年人更密），所以，出生后继续训练宝宝的听觉、视觉及触觉等，更多地对感觉器官进行良性刺激，使神经元兴奋，从而促进脑功能的发育。

宝宝出生后至6个月内，是宝宝大脑细胞增殖的又一个高峰期。对待新生儿，除了保证优质的母乳喂养及科学的护理外，应继续给予语言、音乐及运动的信息灌注和锻炼，以保证宝宝神经系统的完善发育。

细节03 早教，多早才算早

许多家长在宝宝刚刚会说话时就教唱儿歌、背诗等，进行早期教育，以期早日开发智力。其实，这还不算早，在宝宝处于婴儿期，只知道吃和睡的时候就应该进行智力开发了。

细节04 为什么说正规的早教始于母婴交流

日本医学博士高桥悦二郎对此进行研究后发现，正规的早期教育，应始于母婴间的四种交流。

（1）触觉交流 母婴间的触觉交流，最常见的是妈妈为宝宝授乳。因为，授乳已不单是为宝宝提供生长发育的营养，而且为宝宝大脑的触觉产生和发展提供条件。宝宝以其最为敏感的口角、唇边和脸蛋，依偎着妈妈温暖的乳房，能在大脑中产生安全、甜蜜的信息刺激，这对其智力发育起催化作用。妈妈经常抚摸、拥抱宝宝所产生的肌肤接触，也会获得同样的效果。高桥的研究发现，一生下来就失去上述交流的宝宝，在成长过程中会表情冷淡，发育迟缓，性格孤僻而难以与同龄儿和睦相处。

（2）视觉交流 宝宝出生1个月左右，视网膜已经形成，但中心凹尚未发育成熟，故其可见距离不会超过40厘米，可见区限于45°，几乎只能见到眼睛正前方。不过，此时他们对于人脸，特别是人眼已有识别能力。妈妈在授乳时，总会发现宝宝边吃边用眼睛直视着自己的眼睛，这是宝宝情感发育过程中的视觉需要。因此，这种视觉交流，宝宝可在吃奶速度和进奶量上，达到所需要的标准。如果失去这种交流，其吃乳时会频繁转身摇头，甚至烦躁不安。当然，除授乳以外，平时多与宝宝做对视交流，大多会得到宝宝甜蜜的微笑，从而有益于其心理健康发育。对人工喂养的宝宝，妈妈在使用奶瓶授乳时，更应有这种视觉交流。

（3）嗅觉交流 生物学研究证实，人类在视觉相当发达后，嗅觉便开始退化了。但是，宝宝的嗅觉却相当灵敏。刚出生几天的宝宝，便能闻出气味的好坏。在试验中，如果把浸过母乳的布片靠近宝宝一端，宝宝会顿时止哭而做出寻乳的姿态。由于宝宝能嗅出是不是妈妈，故高桥提出，婴儿期由妈妈陪睡可产生良性刺激，有利于其智力发育。他指出，那种不停更换陪睡者的宝宝，心理常处于紧张状态，睡眠时间和质量均大幅度下降。这对其身心发育不利，严重者可导致宝宝发育迟缓和幼儿期心理障碍。

（4）听觉交流 研究表明，宝宝出生1周后，即能分辨出人声或物声。这是因为，宝宝自出生起，便有声响需求，并能从各种声响中产生“诱发效应”，从而很快以声音辨别是不是妈妈。可别小看妈妈与宝宝间毫无意义的“对话”，细心的妈妈会发现，在对宝宝说话时，他会动手动脚，一副满足的模样。更重要的是，多与宝宝“对话”，可使大脑正处在急剧发育中的

宝宝，很快牙牙学语，为日后语言发展奠定良好的基础。事实上，缺乏母婴语言交流的宝宝，说话均迟于有母婴语言交流的同龄儿，且发音不清，表情不活泼。

第三节　早教提升的内容有哪些

细节01　哪些因素会影响宝宝智力的发育

（1）中枢神经系统损伤对宝宝智力的影响　脑组织受到直接或间接的损伤，会影响宝宝的健全发育，并使智力发育受到影响。影响的程度取决于脑组织损伤的程度。因此，加强妈妈孕、产期保健，积极防治宝宝早期易致中枢神经系统损伤的疾病，以利其大脑的健全发育，对宝宝日后智力的正常发育十分重要。

（2）爸爸妈妈的文化程度与职业对宝宝智力的影响　爸爸妈妈的文化程度与职业作为构成家庭智力环境的基本因素，对宝宝智力发育起着不可忽视的作用。爸爸妈妈不仅通过自身的文化素质对子女产生潜移默化的作用，还通过对子女教育的形式与投资产生影响。爸爸妈妈职业对宝宝智力发育的影响，主要是由其文化程度决定的。因此，提高爸爸妈妈的文化素质，对宝宝的智力充分发展是十分有利的。

（3）心理行为偏异对宝宝智力的影响　儿童心理行为偏异对宝宝智力发育是不利的，此类问题的发生率达50%以上，应引起足够的重视。心理行为偏异是由多种因素造成的，主要可归为两大因素，即宝宝自身的因素和环境因素。因此需从这两方面入手，采取综合措施，积极防治。

细节02　如何及早发现宝宝智力的发育异常

宝宝的智力发育是否正常，在婴幼儿时期就可以发现。老人们常常称赞那些不哭不闹、不给大人添麻烦的宝宝为“乖”，殊不知这正是宝宝行为障碍的表现之一。这种乖是他们对周围事物缺乏兴趣，注意力和反应能力较差的表现。由于家长们的误解，致使这些宝宝在早期没有及时得到训练，直到宝宝上学后才发现跟不上学习进度，智力存在问题。但随着年龄的增长，用训练来提高宝宝智力方法则越来越难以奏效。所以早期观察宝宝的智力发育情况非常重要。

细节03 智力异常的宝宝通常有哪些表现

婴幼儿智力障碍的行为表现主要有：

各种生理功能（听觉、视觉、嗅觉、咀嚼、运动等）发展晚，社会活动能力（注意他人谈话、对外界事物反应）落后。

另外，智力低下宝宝多表现为多睡和无目的的多动。

除了观察上述行为以外，对于两岁以上的宝宝，心理医生可以用心理测验的方法来测查宝宝的智力发展水平。

细节04 游戏对于宝宝的智力开发有哪些积极作用

游戏可以从各个方面开发宝宝的智力，包括语言能力、观察能力、记忆能力、思维能力、想象力等。

（1）游戏促进宝宝观察能力的发展 宝宝在游戏活动中无时无刻不在观察着周围的环境和事物，在游戏中获得丰富的知识。游戏使宝宝直接接触玩具和各种材料，通过具体的操作活动发展各种器官的感知能力、动手操作能力和观察能力。游戏成为发展宝宝观察能力的有效手段。

（2）游戏促进宝宝思维能力的发展 在游戏活动中，怎样确定主题，多个角色之间如何共同行动，如何把过去的经验与当前的情境结合，都需要宝宝积极思考，不断去解决问题。由于宝宝游戏包含想象成分，因此游戏中宝宝的发散性思维表现得特别明显。

（3）游戏促进宝宝记忆能力的发展 在游戏中，宝宝是以记忆表象的方式保存过去的经历的。由于大多数游戏反映宝宝经历过的事件，因此需要宝宝不断地、有意识地回忆或追忆过去的事件，从而加深对知识的理解，起到巩固记忆的作用，由于扮演角色的需要，宝宝必须自觉地、积极地、有目的地去记忆某些游戏规则或追忆事件的情节，这样就发展了宝宝的有意识记忆能力。

（4）游戏促进宝宝想象力的发展 游戏的情节、行动方式都没有什么固

定模式。在角色游戏中，宝宝可以把自己想象成另外一个人，并可以不断地变换身份等。这种游戏的假象性为宝宝的想象提供了广阔的天地，极大地发展了他们的创造力。

(5) 游戏促进宝宝语言能力的发展 游戏使得宝宝彼此之间交谈的机会增多，因为大多数游戏不是宝宝独自一人玩，而需要一定的合作和交往。在游戏的全过程中，宝宝都要用语言交流思想、商量办法，有利于宝宝口语表达能力的培养。

第二章 0～1个月宝宝

第一节 视听能力训练

细节01 黑色白色对对看

【益智目标】黑白图形，对新生儿的视觉最具有刺激性。

【这样做】在床栏的侧面，挂上父母自己画的黑白脸形，大小可以和人脸相仿，先画出与妈妈脸形相似的图形，让宝宝可以在睡醒状态下观看，还可以观察和记录下宝宝集中精神观看图形的时间。

【妈妈须知】待宝宝将一幅一图形看熟了以后，可以换新的，注视时间缩短到3～4秒钟以后就换新图形，一般新图形会引起宝宝注视7～13秒钟。图形可以换用男、女脸形、竖形条纹、斜条纹、棋盘状、果形等多种形状，供宝宝睡醒时观看，同时要陪伴宝宝说话、逗笑，以缓解疲劳。

细节02 看彩色绒球

【益智目标】宝宝通过追视红球，可训练其视觉能力及注意力。

【这样做】在距新生儿大约10～20厘米处，用彩色绒线球慢慢抖动，引起宝宝注意，再慢慢地移动彩球，让宝宝追视。

【妈妈须知】在做此类游戏时，妈妈开始时速度要慢，待宝宝适应一段时间后再慢慢加快速度。

细节03 玩具悬挂

【益智目标】此游戏通过训练宝宝的眼睛追逐移动的物体，以培养宝宝的视觉反应能力。

【这样做】拴一根彩绳，彩绳上每隔10～12厘米吊一个小玩具（或用过的小盒、小线团等）。保证悬挂的玩具要在宝宝的视线内，而且可以移动，最好能够发出声响。家长可以移动玩具吸引宝宝来看，以发展宝宝的视觉能力。

【妈妈须知】妈妈应该注意的是悬挂的玩具不要固定在一个地方，以防宝宝发生对视或斜视。

细节04 红光在这里

【益智目标】让宝宝的视线追随和捕捉红色光线，来练目光固定和眼球协调转动的能力。

【这样做】妈妈准备一只小手电筒，外面包上一块红布，距新生儿20厘米左右，给宝宝看红光，并且上下、左右慢慢地移动电筒，速度以每秒钟移动3厘米左右为宜，大约每分钟摇动12次左右，每次摇动距离在30～40厘米之间。

【妈妈须知】此游戏不可长时间做，最好一天做一次，每次60秒。

细节05 听音乐

【益智目标】促进宝宝的听觉能力发展，并训练宝宝的韵律感。

【这样做】妈妈在给宝宝喂奶时，将录音机或音响的音量调小，播放一段旋律优美、舒缓的乐曲。此活动在宝宝出生几天后即可进行。

【妈妈须知】妈妈需要注意的是不要给宝宝听很多不同的曲子，一段乐曲一天中可以反复播放几次，每次十几分钟，过几周后再换另外一段曲子。

细节06 面对面呼唤

【益智目标】通过轻微、细小的声音来促进宝宝视听能力发展。

【这样做】在宝宝睡醒状态下，妈妈可以在宝宝的耳边距离10厘米左右，轻轻呼唤宝宝，让宝宝听到声音后，慢慢转送移动头部位置来注视自己的脸孔，设法吸引宝宝追随妈妈的脸移动。妈妈还可以把能发出柔和声响的吹塑玩具、彩色旋转玩具、色彩鲜艳的球悬挂在新生儿的床头，吸引宝宝听和看的兴趣。

【妈妈须知】在做游戏时，妈妈的嘴要和宝宝的耳朵保持适当的距离，以免引起宝宝不适而产生厌烦感。

细节07 铃铛叮当响

【益智目标】让宝宝经常接触声音、习惯声音，从而提高宝宝的听觉记忆能力。

【这样做】妈妈准备好大小合适的铃铛并将铃铛系在宝宝的手上或脚上。宝宝自己动手或动脚使铃铛响起。或者妈妈一边轻轻摇动宝宝的手和腿，使铃铛轻响，一边说："宝宝听，什么响？宝宝听，铃铛响。铃儿铃……"

【妈妈须知】铃铛不能太响，以免刺激宝宝的耳膜。注意铃铛上不能有毛刺，以防划伤宝宝。在宝宝睡觉时解下铃铛，以免宝宝醒来突然听到声音会到受到惊吓。

第二节 语言能力训练

细节01 无声的交流

【益智目标】通过宝宝和妈妈的对视，培养宝宝的注意力和模仿能力。

【这样做】在宝宝情绪较好、睡醒状态下，母子面对面，相距约20厘米左右，让宝宝紧紧盯着妈妈的眼睛。目光遇到一起的时候，即妈妈和宝宝对视，进行无声的语言交流，并且，随着宝宝的注意力集中，做出各种面部表情，如张嘴、伸舌、呲牙、鼓腮、微笑等，引导宝宝模仿。

【妈妈须知】妈妈在做表情时，要做正面，积极的表情，千万不能做凶狠、恐吓等表情，否则宝宝会大哭不止。

细节02 逗宝宝

【益智目标】经常逗宝宝有助于宝宝语音的形成，延长发音可以强化宝宝正在形成的语音，有助于左脑语言能力的提高。

【这样做】让宝宝仰卧于妈妈怀里或躺在床上，妈妈做出各种表情，并发出简单欢快的声音，引起宝宝的反应。

当宝宝喃喃自语，发出“O——O——O”这样的音时，妈妈可以重复并拉长其发音“O——O——O”。

【妈妈须知】在逗宝宝时，妈妈发出的声音不要太大，以免宝宝受到惊吓，也不要急于求成而发出太过复杂的音。

细节03 诱导发音

【益智目标】通过诱导声音，让宝宝体会到发音的兴趣，为以后的学说话作铺垫。

【这样做】宝宝啼哭的时候，妈妈可以发出与宝宝哭相同、相似的声音，宝宝会试着再发出哭声，几次回声对答以后，宝宝会喜欢上这种游戏似的回声，渐渐地学会了发出叫声而不再是哭声。会叫以后，妈妈可以把嘴张得更大一些，用“啊”字来代替叫声诱导宝宝对答，渐渐引导宝宝发出第一次元音“啊”。

【妈妈须知】在游戏中，如果无意中出现另一个元音，无论是“噢”，或“咿”、“哎”，都及时给予肯定，继续诱导，用回声给予巩固和强化。

第三节　动作能力训练

细节01 小手动一动

【益智目标】通过舒展宝宝的小手，使其手指更加灵活，增强对外界刺激的敏感度。

【这样做】宝宝躺在床上，妈妈对宝宝微笑，跟宝宝说说话，亲亲宝宝。拉起宝宝的小手，轻轻按摩宝宝的手指，并把小手张开、合拢。妈妈边按摩边跟宝宝说话，或者唱歌给宝宝听，或者念些儿歌，引起宝宝愉快的情绪。

【妈妈须知】按摩手指时，妈妈动作要轻柔，要面带微笑，多和宝宝说话，或者唱歌，让宝宝保持良好的情绪。

细节02 手的自由活动

【益智目标】通过看、动等刺激，促进宝宝精细动作能力。

【这样做】妈妈把宝宝平放在床上，使宝宝能够自由地挥动小手，能够看到自己的小手，自由地玩手、吸吮手指。还可以经常为宝宝做手部的轻轻抚摸。

【妈妈须知】保持宝宝手部的清洁，否则宝宝在吸吮手指时，很容易吞下大量细菌，会引起宝宝肠胃不适。

细节03 抓一抓，握一握

【益智目标】通过练习抓握，进一步促进精细动作能力的发展。

【这样做】妈妈轻轻抚摸宝宝的小手，然后将手指放在宝宝手心里，让他握住。也可以把光滑的小棍或好看玩具的柄放在宝宝的手心，让他练习抓握。

【妈妈须知】游戏时，最好是用妈妈的手指帮助宝宝练习抓握。抓握时妈妈可以同宝宝说说话，逗他笑一笑。如果是用玩具柄或小棍，需注意物体的光滑。

细节04 换完尿布翻翻身

【益智目标】锻炼宝宝的身体和四肢，提升运动能力。

【这样做】给宝宝换好尿布，然后让宝宝躺在松软的地方，再慢慢将宝宝翻过来。在帮宝宝翻身之后，可以顺便为宝宝按摩一下，宝宝会更舒服。

【妈妈须知】帮宝宝翻身时一定要慢慢来，以免使宝宝晕眩。另外，每次帮宝宝换完尿布后都可以玩一玩翻身的游戏。

细节05 四肢体操

【益智目标】促进宝宝四肢运动能力。

【这样做】在宝宝觉醒状态下，把宝宝置于稍硬一点的床上，保持室内空气新鲜，用双手轻轻握住宝宝的小手或脚，随着音乐节拍做一做四肢运动，使宝宝感觉到舒适、愉快。如果说宝宝有烦躁表现，可以先轻轻抚摸皮肤，使宝宝放松和适应。

【妈妈须知】注意音乐声音不要太大，以免刺伤宝宝耳膜。

第四节　触觉能力训练

细节01 摸摸宝宝

【益智目标】通过触摸，传递妈妈对宝宝的爱，促进宝宝触觉能力的发育。

【这样做】在洗澡前后或换完尿布后，将宝宝平放在床上。一边对宝宝说话，一边从肩到手抚摸宝宝双臂、从脚到臀部抚摸宝宝的双腿。从上到下摸摸胸，摸摸宝宝的脸蛋、眉毛、额头、小眼睛、小鼻子，同时说："宝宝真乖！""揪揪小鼻子。"把宝宝抱起来，用手抚摸宝宝的背部、颈部和头部。

【妈妈须知】妈妈的动作应该轻柔，饱含爱怜之情，同时面带笑容，不断地对宝宝说话。

细节02 摸掌心

【益智目标】宝宝的手掌心感觉最敏感，妈妈多些接触宝宝的手掌心，可以刺激宝宝的触觉系统。

【这样做】将宝宝放在妈妈腿上，摊开宝宝的小手，以手指在其手掌心上轻轻扫，并在扫的时候对宝宝说话或唱儿歌。

【妈妈须知】若宝宝对游戏感兴趣，可尝试以手指轻扫脚底，同样也可以训练触觉系统。

第三章 1～2个月宝宝

第一节 视听能力训练

细节01 够蓝天

【益智目标】用鲜艳的颜色刺激宝宝的视觉，让宝宝熟悉颜色，从而提高宝宝的右脑视觉记忆能力。

【这样做】将一张颜色鲜艳的蓝天图案贴在床顶。

妈妈抓着宝宝的手，轻柔地举过头顶，再轻轻放下，嘴里说："上！下！我们向上够，我们向下够，让我们一起来摸摸蓝天！"

多次重复之后，抱着宝宝，鼓励宝宝自己伸手去触摸"蓝天"。

【妈妈须知】妈妈还可以在宝宝的小床上方挂一个会动的玩具，大约离宝宝头部43厘米；或使用一些色彩鲜艳的卡片和物体，使宝宝躺着时就能看到。

细节02 玩具跑了

【益智目标】训练宝宝逐渐学会用眼睛追随在视力范围内移动的物体，有助于宝宝视觉能力的提升。

【这样做】拿出一个体积较大、色彩鲜艳的玩具，如彩色气球。在宝宝的睡床上方约7.5厘米处拴一根彩绳，彩绳吊一个玩具，如彩色气球。悬挂的玩具要在宝宝的视线内，而且可以移动，最好能够发出声响。妈妈一边用手触动气球，一边缓慢而清晰地说："宝宝看，大气球！"或"气球在哪儿？"

【妈妈须知】 悬挂的物品不要过重或有尖锐的边角，以防不慎坠落时伤着宝宝。另外，悬挂的玩具或物品还应定期更换花样。

细节03 黑白棋布

【益智目标】 黑白分明的东西，会刺激宝宝的视觉神经，提高宝宝的视觉能力。

【这样做】 准备1张黑白相间的棋布。将棋布放在小宝宝视线范围内25～30厘米处，妈妈可以抱着宝宝看，也可以让宝宝躺着看，还可以让宝宝触摸棋布。

【妈妈须知】 可先由远距离约60厘米处开始给宝宝看，当宝宝的集中力减弱时，可慢慢缩短距离至25厘米，除了刺激视觉神经外，还可以增强宝宝对空间和距离的感觉。

细节04 辨别声音

【益智目标】 听音乐可以锻炼宝宝的声音辨别能力。

【这样做】 妈妈一边播放古典音乐，一边与宝宝一起躺下，闭上眼睛听音乐。如果宝宝很难听懂音乐的含义，就将宝宝抱在腿上，告诉宝宝音乐声像什么，像雨、像风、像潺潺流水，或是像鼓风机或汽车的声音。

【妈妈须知】 爸爸妈妈可以轮流描述音乐。

第二节　动作能力发展

细节01 抓玩具

【益智目标】 进一步促进宝宝用手抓握各种物体的能力。

【这样做】 用被子或枕头将宝宝围好，靠坐在沙发上，也可躺着。妈妈拿着小花铃棒或带响的玩具在宝宝眼前摇晃，吸引宝宝伸手来抓。有时候宝宝可能抓不到，妈妈可将小花铃棒或带响的玩具递到宝宝手里，让他握住玩一会儿，以满足他的需要。

【妈妈须知】所用的花铃棒或带响玩具不宜过大，以宝宝能握住为准。另外，玩具要清洁，不带尖棱角。

细节02 竖着抱

【益智目标】通过竖抱练习，可以锻炼宝宝颈部的肌肉。

【这样做】妈妈喂奶后，将宝宝竖着抱起，让他靠在妈妈肩上，然后轻轻拍打他的后背，使其打出空嗝，以免宝宝漾奶。然后妈妈将宝宝抱正，让他的头有片刻时间自我竖直，这样可以反复练习几次。

【妈妈须知】在喂奶后竖抱练习抬头时，一定先拍打后背使其打嗝，以免宝宝漾奶。

细节03 俯卧抬头

【益智目标】通过让宝宝俯卧，训练宝宝的颈部肌肉。

【这样做】在宝宝清醒的状态下，妈妈仰卧，将宝宝俯卧在自己胸腹上，两手轻轻扶住宝宝，逗其抬头。

【妈妈须知】宝宝也可在爸爸的胸腹趴着，感受父爱。

细节04 举高高

【益智目标】开发宝宝右脑。通过控制身体的平衡，来纠正宝宝的过分敏感，提高宝宝的肢体协调能力。

【这样做】在宝宝开心的时候，拉拉宝宝的手，摇摇宝宝的腿，使宝宝的身体活动开。爸爸仰卧在床上，将两只脚举高，膝盖微微弯曲。接着妈妈将宝宝放在爸爸的脚面上，妈妈用手扶住宝宝，爸爸用脚微微地摇动宝宝。妈妈也可扶着宝宝的腰部，让宝宝站在爸爸的腰部或膝盖上，注视着宝宝的脸庞，然后前后左右地轻轻摇晃。

【妈妈须知】游戏时要注意动作要轻要稳，以免惊吓宝宝。

细节05 升上去，降下来

【益智目标】通过诱导宝宝多做抓握动作，提升手部能力，并能借此建立

亲子关系。

【这样做】宝宝躺在床上，家长把双手的拇指塞进宝宝的小手内，他会自然地握着。当感觉到宝宝的握力渐渐增强，可慢慢把双手提升，宝宝会自然跟随，再轻轻把仰躺的宝宝拉起来，让他坐着。每次维持数秒。

【妈妈须知】当宝宝的握力渐渐增强，并与家长建立默契后；家长可试着把宝宝拉高一点，像玩单杠游戏般，维持约30秒。

细节06 平举操

【益智目标】锻炼宝宝双手，提升运动能力，从而提高宝宝的右脑自然能力。

【这样做】宝宝仰卧，双手与脚面垂直放在身体两侧。爸爸扶着宝宝腰部，让宝宝站立，妈妈拉着宝宝的双手，轻轻平举至他身体的两侧。把平举变为向上举起，高过宝宝的头部。双手回到平举至身体两侧。双手回到与脚面垂直至身旁两侧。

【妈妈须知】游戏时动作要轻柔，不能伤到宝宝。

第三节　交往能力训练

细节01 转圈圈

【益智目标】伴着妈妈欢快的歌声，培养宝宝与人交往的能力。

【这样做】抓住宝宝的一只手，并让他的手张开，用另一只手在他掌心画圆圈，接着用两根手指顺着宝宝的手臂往上移，边做动作边唱下面的儿歌：

一只胖胖毛毛熊，围着花园转呀转。

一步、两步，三四步，就在这儿蹭痒痒！

当儿歌唱完时，在他下巴下挠痒痒。

【妈妈须知】妈妈给宝宝唱歌时的语调要欢快积极，同时动作要轻柔缓慢。

细节02 跳跳舞

【益智目标】培养宝宝的节奏感，注意力和与人交往的能力。

【这样做】妈妈准备一首四三拍的曲，抱起宝宝随音乐共舞。妈妈做出各种不同的动作：前跨步、后甩头、旋圈，仰抱，竖抱或让宝宝趴在妈妈怀里。如果宝宝表现一些姿势或增加一些难度，同时不断地鼓励宝宝："宝宝真棒，宝宝加油！"

【妈妈须知】游戏中间要有停顿或休息，以免宝宝疲倦而丧失兴趣。

第四节　嗅觉能力训练

细节01 闻香香

【益智目标】刺激宝宝嗅觉的发展。

【这样做】妈妈准备一些带香味的物品。例如将烧好的菜放进小盘子里，让宝宝闻闻，然后问他："香不香?"或者把还没有用过的香皂让宝宝嗅，告诉他："香皂真香。"也可以让宝宝嗅嗅鲜花，告诉他："花真香。"

【妈妈须知】在让宝宝嗅鲜花时，鲜花要离宝宝的鼻子远一些，以防宝宝花粉过敏。

第四章 2～3个月宝宝

第一节　视听能力训练

细节01 找声源

【益智目标】训练宝宝的听力，增强其反应能力。

【这样做】妈妈拿一只拨浪鼓或者哗啦棒，在距离宝宝前方30厘米处摇动，宝宝注意到响声源头后，对宝宝说："在这儿！"让宝宝的视线紧紧盯着玩具，并且张开手想抓。

然后，再分别把发声的玩具拨浪鼓或哗啦棒慢慢地移动到宝宝能够看到的左边、右边，继续摇动。

【妈妈须知】妈妈要多注意观察宝宝眼睛、耳朵和手部的动作，观察宝宝对于声源的反应程度，以便下个月更好地实施听觉训练。

细节02 响指游戏

【益智目标】用响指和拍手游戏，有利于锻炼宝宝的听觉，训练宝宝对于声音节奏感的感知能力。

【这样做】让宝宝仰卧在床上，妈妈坐在身边，微笑着注视宝宝，让宝宝关注妈妈的表情，表现出愉悦情绪。妈妈用拇指和中指，在宝宝面前弹几下响指，发出清脆响亮的声音，吸引宝宝的注意力。

响指游戏进行几次以后，妈妈可以继续微笑地看着宝宝，开始有节奏、轻轻地拍手，吸引宝宝的注意力，拍手游戏可以进行三四次。

在一侧弹响指、拍手2～3分钟以后，可以换到宝宝的另一侧，继续重复，让宝宝把头转到响侧，眼睛也随着转动。

【妈妈须知】3个月的宝宝对声音反应开始具有目标性，妈妈平时可以多做这样的游戏，循序渐进地促进宝宝听觉的发育。

细节03 什么掉了

【益智目标】引导宝宝分辨不同物品落地时发出的声音，引发宝宝对声音的好奇。

【这样做】妈妈故意把不同的东西掉在地上，让宝宝听到不同的声音，注意声音不可太刺激，以免惊吓到宝宝。对声音敏感的宝宝会发现有些东西很响，有些东西没有声音，这时他会逐渐产生好奇，从而更注意观察，积累经验。

【妈妈须知】妈妈要选择不易碎，不怕摔的东西来玩此游戏，以免带来不必要的经济损失。

细节04 哪儿来的声音

【益智目标】通过听音找物或找人，培养宝宝的听觉能力，进而提高视听能力。

【这样做】妈妈用手拿着摇铃。刚开始时，要在宝宝的眼前、背后、左侧、右侧发出声音，让宝宝竖起耳朵朝着妈妈发出声音的地方转过头去。玩一会儿后，在宝宝看不到的地方发出声音。当宝宝对声音的反应渐渐敏感时，听觉便有所发展。

【妈妈须知】宝宝的听觉较视觉先发展。同理，若是以听觉的方式表达妈妈的爱，宝宝也会先感觉得到。在这个时期，对宝宝而言，听觉的训练比其他感官的训练要来得重要。

细节05 录音机的声音

【益智目标】培养宝宝对声音的注意力和判断力，对于声音的远、近感受能力。

【这样做】家长准备一个小微型录音机或录音笔，放到宝宝面前20厘米远处，让宝宝伸手就能拿到。然后，引导着宝宝的手触摸录音机，打开放音键，放出音乐。

让宝宝听一会儿以后，关掉录音机，就这样，一会儿打开，听一会儿又关掉，反复进行几次，在开关的同时，告诉宝宝：录音机在唱歌了！或：录音机不唱了，声音没了！让宝宝能判断清楚，歌声是从录音机里传送出来的。

【妈妈须知】最好选择比较简单的录音机，按键太多会扰乱宝宝感觉思维。

细节06 奇妙的镜子

【益智目标】培养宝宝的视觉、感觉和触觉能力，同时对树立自我意识也有作用。

【这样做】妈妈可以把宝宝抱到镜子前面，让宝宝在镜子里看到自己的形象。宝宝笑的时候，镜子里的宝宝也在笑，妈妈拉着宝宝小手去摸镜子，镜子里的宝宝也同样会伸手摸。妈妈对着镜子里做鬼脸，镜子里的妈妈也做鬼脸。

宝宝会用头去碰镜子，用身体去撞，用小脚去踢，在镜子前面做各种动作。可以告诉宝宝：这是宝宝，这是妈妈！让宝宝明白和认识到自己的形象。

【妈妈须知】要尽量多地让宝宝做各种可爱的动作，感觉世界的美好。

第二节　语言能力训练

细节01 你好，宝宝

【益智目标】促进宝宝发音，从而提高宝宝的左脑语言能力。

【这样做】妈妈带宝宝照镜子，拉着宝宝的手摸镜子，对他说：“镜子，光光的、滑滑的。”然后，妈妈对着镜子中的宝宝打招呼：“你好，宝宝。”并做招手动作，表示向宝宝问好，或用一个有声的玩具娃娃配合妈妈的话：“宝宝，你好。”逗引宝宝愉快地笑。

【妈妈须知】妈妈要注意宝宝的表情，不要让宝宝感到疲倦，每天可练习2~3次，每次约5分钟。

细节02 模仿发声

【益智目标】逗引宝宝发出声音，增强宝宝的模仿，发声的能力。

【这样做】妈妈要经常和宝宝说话，逗引宝宝发出声音，妈妈对于宝宝发出的声音，给予不同的表情反应，如轻声和蔼、命令式短促、激动的喊叫，使宝宝能对不同的声音有不同的回应。

曾经做过呼唤胎教的宝宝，在听到有人呼唤自己的名字时，能回头寻找，并能发出拖长的单元音或连续的两个音来回应，如“啊呜”、“啊嗯”等，渐渐地也能模仿妈妈的口型，发出声音来。

【妈妈须知】需要注意的是，刚开始时要说一些简单的，最基本的，待宝宝稍有进步时再增加难度。

细节03 宝宝听儿歌

【益智目标】让宝宝感受到语言优美的旋律、明快的节奏，给予良好的语音刺激，帮助宝宝记忆儿歌中有趣味、合辙押韵的元音，对于语感、表现力、音准的感受都很有益。

【这样做】爸爸、妈妈要多收集一些儿歌，空闲时间陪着宝宝一边摇一边给宝宝唱儿歌。比如传统儿歌：小老鼠，上灯台；偷油吃，下不来；喊妈妈，妈不在；找奶奶，唤猫来——“喵喵喵”，骨碌碌，滚下来！这样的儿歌经典。

【妈妈须知】在选择歌曲进要注意选择一些节奏鲜明，押韵上口的，利于宝宝学习。

细节04 看口型发音

【益智目标】诱导宝宝发出不同的声音，以表达不同的要求，从而初步培养宝宝的语言能力。

【这样做】用亲切温柔的声音，面对着宝宝，使他能看得见口型。试着对

他发单个韵母 a（啊）、o（喔）、u（呜）、e（鹅）的音，逗着宝宝笑一笑，玩一会儿，以刺激他发出声音。

【妈妈须知】口型一定要做对，以免误导宝宝。

第三节　动作能力发展

细节01 够玩具

【益智目标】训练宝宝的手部力量，同时也可锻炼宝宝的手眼协调能力。

【这样做】妈妈把一件玩具悬挂在宝宝容易触摸到的高度，轻轻晃动一下玩具，让宝宝注意到玩具。宝宝有伸手去够的动作即可。

【妈妈须知】悬挂的玩具要安全，保证不会伤到宝宝。

细节02 我的小手

【益智目标】通过看、玩小手，让宝宝感知手与手指，并促进宝宝手的精细动作能力的发展。

【这样做】洗净宝宝的双手，并为宝宝将指甲修整齐。妈妈拉住宝宝的小手，吸引宝宝看自己的手、玩自己的手。

【妈妈须知】可以在宝宝的手上拴块红布或戴个能发出响声的手镯，激发宝宝看手和玩手。

细节03 找爸爸

【益智目标】扩大宝宝的视野，发展头部动作的灵活性，提高宝宝的运动能力。

【这样做】游戏前先逗宝宝高兴，调动起宝宝的情绪。妈妈抱着宝宝，爸爸躲在妈妈的身后轻轻叫宝宝的名字。当宝宝听以声音后，爸爸要主动来到宝宝面前，这样宝宝会很高兴。这时，爸爸可抱住宝宝转个圆圈以表示亲昵。

【妈妈须知】在玩过一次找爸爸的游戏后，可以再玩一次找妈妈的游戏。

细节04 俯卧转头

【益智目标】通过左右转头，进一步锻炼宝宝的颈部肌肉。

【这样做】让宝宝自己俯卧在床上，用鲜艳带响的玩具在他头的左右转动，同时喊他的名字，逗引他转头和片刻抬头。在宝宝练习俯卧抬头时，也可以推他的两只脚，试图让他练习向前爬。

【妈妈须知】俯卧抬头练习要在喂奶之前，不要在喂饱之后进行，以免压迫漾奶。

细节05 彩光好漂亮

【益智目标】锻炼宝宝的大动作技能，提高肢体协调能力。

【这样做】将手电筒灯罩用彩纸包住。妈妈使彩色光束移动地照在地板上、墙上或低矮的家具上，爸爸抱着宝宝去追光，边走边说："好漂亮的光啊，宝宝来抓。"进行多次重复后，妈妈再使彩色光束移动，爸爸抱着宝宝先不动，宝宝自己会伸手去抓光。

【妈妈须知】妈妈移动光束不要太快，以免宝宝的眼睛反应不过来。

细节06 拍吊球

【益智目标】增强宝宝四肢的力量，促进手眼协调性。

【这样做】在宝宝的小床上方吊起1～2个小玩具，一个有声音，一个颜色鲜艳。妈妈握着宝宝的小手去拍打它，以使玩具前后晃动发出声音，吸引宝宝自己去拍打。要经常更换玩具的种类和位置，以保持宝宝的新鲜感，并且避免过度开发宝宝的某一侧肢体。

【妈妈须知】宝宝玩过后要及时把玩具收走，别让宝宝长时间盯着看，以免引起宝宝对眼。

细节07 90°大翻身

【益智目标】让宝宝把翻身动作从无意上升到有意，由身体重心偏移翻身到自主翻身。

【这样做】让宝宝仰卧，把他喜欢的玩具放在他身体的左侧，同时妈妈也

站在左侧同宝宝说话。当宝宝将上身转向左边，伸右手够取玩具时，妈妈可伸手到宝宝后面轻轻推宝宝的臀部，这样宝宝就能翻身变成面向左侧的侧卧。几次以后，宝宝就能学会从仰卧翻成侧卧。

【妈妈须知】要左右两边轮流训练，不能只训练一侧。

细节08 搭飞机

【益智目标】锻炼宝宝的身体和四肢，提升宝宝的运动能力。

【这样做】让宝宝躺下，弯曲其膝盖，然后轻轻将屁股往上提。妈妈以躺着的姿势，将宝宝放在膝盖上，然后像搭飞机一般，将膝盖一曲一伸，将宝宝抱着站起，然后摇晃宝宝的身体。同时配合各种音乐，有时慢慢地，有时像跳舞般地移动。

【妈妈须知】运动结束后，妈妈和宝宝都会感到疲惫。让宝宝躺在妈妈的胸口，闭上眼睛休息。

第四节　身体平衡能力发展

细节01 快马奔跑

【益智目标】让宝宝感觉到空间的移动，增强其身体平衡能力。

【这样做】爸爸抱起宝宝，一手托着他的屁股，一手放在他的腋下，让他面向外，看到四周景物。然后爸爸在屋内像一匹马一样跑来跑去。宝宝会因此感到满足和愉快；相反，若宝宝少有刺激活动，会显得闷闷不乐，对学习也提不起兴趣。

【妈妈须知】爸爸刚开始跑时，速度不要太快。

细节02 逗逗飞

【益智目标】训练宝宝的协调能力，促进手的精巧发展。

【这样做】让宝宝仰卧在小床上，妈妈用两手分别拿往宝宝的双手，用食指和拇指抓住宝宝的食指。教宝宝将两个食指的指尖对扰又分开，对扰时对着宝宝说："逗，逗"分开时说"飞"。每说一次，食指尖对扰一次。

【妈妈须知】握宝宝手指的力度要适合，不要弄疼宝宝。

细节03 游泳喽

【益智目标】刺激平衡智能，有助于形成愉悦的心情，从而在一个轻松快乐的环境下提高宝宝的肢体协调能力。

【这样做】在浴缸里放入适量的温水。把浴缸暂时变为宝宝的小游泳池，一手托住宝宝的脖子和肩膀，一手托住他的屁股，慢慢放入水中。托着宝宝"仰泳"，任他踢打嬉戏。

【妈妈须知】要牢牢托住宝宝的身体，不让他呛水、碰到浴缸四壁。

第五节　亲情培养能力训练

细节01 玩跷跷板

【益智目标】通过训练，促进宝宝和父母之间情感的自然交流，提高宝宝的右脑人际交往能力。

【这样做】①家长先放一些舒缓的音乐。②家长在椅子上端正地坐好，双脚并拢，脚跟着地。③宝宝坐在家长的脚背上，爸爸或妈妈拉住宝宝的双手，同时双脚有节奏地跷一跷，并读儿歌："跷跷板，跷啊跷，一上一下，跷跷跷。"

【妈妈须知】在训练中，父母既可以和宝宝一起念儿歌，也可以和宝宝聊聊天，增加亲子间的交流。

细节02 爸爸给宝宝唱歌

【益智目标】增强爸爸与宝宝之间的感情。

【这样做】①爸爸抱着宝宝，让他的头靠着爸爸的下颌，等宝宝再大一

些，则让他靠着爸爸的肩膀。②爸爸也可以在宝宝临睡前给他唱《摇篮曲》之类的歌曲。通过爸爸浑厚的声调唱出这类歌曲，效果会很不同。③如果宝宝对某些曲子比较感兴趣，把它们记下来，反复唱给宝宝听，次数越多越好。

【妈妈须知】宝宝可能会喜欢一些自创的歌曲。

第六节　触觉能力训练

细节01 摸一摸

【益智目标】训练宝宝用手触摸物品，提高触觉敏感度，发展宝宝右脑的能力。

【这样做】准备一些不同触感的东西，如硬的、软的、毛茸茸的物品等。

①爸爸或妈妈带着宝宝伸手去摸物品。②轮流拿起每一个物品，并且说："盒子好硬，宝宝摸摸看。" "小兔子毛毛的，好舒服，宝宝摸摸看……"③再拉着宝宝的手去摸一遍。

【妈妈须知】让宝宝摸的物品要干净，以免宝宝的手沾上脏东西，又把手放进嘴里。

第五章 3～4个月宝宝

第一节 视听能力训练

细节01 分辨颜色

【益智目标】刺激宝宝的视觉，从而培养宝宝右脑的视觉记忆能力。

【这样做】准备一些干净的单色彩的食物。妈妈拿起1根胡萝卜，放在宝宝眼前30厘米处，让他注视6秒钟，告诉他："这是橘色的胡萝卜。"换根葱，同样让他看6秒，然后告诉他："这是绿色的葱。"多次重复后，将胡萝卜和葱放在一起，再告诉宝宝这两个事物的名称和颜色。

【妈妈须知】一次准备的颜色不要太多，否则宝宝容易混淆。

细节02 追视惯性车

【益智目标】让宝宝学会远距离追视，为以后追着玩和爬行做准备。

【这样做】①抱宝宝坐在有大镜子的梳妆桌旁，妈妈在桌上推动一个惯性车。②等从镜子上看到宝宝用眼睛甚至动手去追惯性车时，让宝宝俯卧在地垫上，趁他用手支撑上身时，在地垫上推动惯性车，让宝宝做远距离的追视。

【妈妈须知】惯性车最好是带声响的，这样宝宝会更有兴趣。

细节03 小鼓叮咚响

【益智目标】训练宝宝的听力和手眼协调能力及控制力。

【这样做】①给宝宝准备一只小鼓（或者圆饼干盒）和一只鼓槌。②妈妈先敲给宝宝看，然后让他拿着敲。③一开始，妈妈可手把手教，慢慢他自己就会敲了。听到发出响声后，他会非常高兴。

【妈妈须知】注意给宝宝用的鼓槌的安全问题。

细节 04 手电筒照天花板

【益智目标】训练宝宝的视觉追踪能力。

【这样做】宝宝仰卧在床上，妈妈用手电筒照射天花板，用手指向光照射的地方让宝宝看，等宝宝看到后，再移动手电筒灯光，让宝宝的视线跟着灯光移动。

【妈妈须知】一次玩的时间不要太长，5～10 分钟即可。

第二节　语言能力训练

细节 01 逗你你就笑

【益智目标】此游戏可以提高宝宝的语言理解能力。

【这样做】选择两顿饭之间的时间。妈妈放松，把宝宝抱在怀里，告诉宝宝：“宝贝，听妈妈给你唱歌啦！”

小宝宝怀里抱，（咯……）

我一逗你就笑，（咯……）

我再逗你还笑，（咯……）

我不逗你不笑，（严肃）

我老逗你老笑。（咯……）

一边唱，一边不时地挠宝宝的痒痒。

【妈妈须知】挠痒时间要短，动作轻柔，注意宝宝的反应。要注意根据儿歌的词义做动作。训练不要在刚吃完饭后进行，因为刚吃完饭的宝宝容易犯困。

细节02 教宝宝发辅音

【益智目标】鼓励宝宝发出辅间，为以后称呼“爸爸”“妈妈”作准备。

【这样做】①把会叫妈妈的娃娃放在宝宝的小床上，或在床边放妈妈说话的录音，让宝宝能够经常听到并且进行模仿。②妈妈平时无论替宝宝做任何事，都要经常说“妈妈给你吃奶”、“妈妈给你换尿布”、“妈妈来同你玩”……不断重复使宝宝学会模仿发出“妈妈”的声音。③当爸爸下班回家时，妈妈应抱着宝宝去迎接：“爸爸回来了”、“让爸爸抱一会儿”，不断重复“爸爸……”的声音。④有时宝宝自己躺着玩会突然发出“妈妈”或者“爸爸”的声音。这时的发音并不是他有意去称呼大人的，只是无意发出的声音。但是会发出这种声音，是为以后真正称呼爸爸妈妈打基础的，因此应当积极鼓励。

【妈妈须知】妈妈要有意无意地经常和宝宝对话，这样效果会更好。

细节03 听儿歌《太阳》

【益智目标】培养语感，提高语言能力发展。

【这样做】妈妈给宝宝唱“太阳”。

太阳

太阳红，太阳亮，
照得家里亮堂堂，
照在身上暖洋洋。

星星

小星星，亮晶晶，
一闪一闪放光明，
眨眨眼睛数不清。

月亮

月亮圆，月亮弯，
弯弯月儿挂天边。

【妈妈须知】要选择简单的儿歌，尤其是要重复多遍，让宝宝随声慢慢和。

第三节　动作能力发展

细节01 拉皮筋，弹棉球

【益智目标】训练宝宝手的精细动作能力，以提高宝宝左脑的自然能力。

【这样做】妈妈准备两个棉球和一根皮筋。先将两个棉球系在皮筋两头。妈妈抓住一个，让宝宝抓住另一个，妈妈轻轻地拉开皮筋一点儿，然后弹回去。多次引导宝宝去拉皮筋，多重复几遍。

【妈妈须知】注意控制拉皮筋的力量和皮筋拉伸的长度，防止弹伤宝宝。

细节02 宝宝站起来

【益智目标】有助于刺激宝宝的本体感觉，促进身体活动的协调能力。

【这样做】①妈妈的手放在宝宝的腋下，让他的脚尝试踏地板，但并非要他双脚真的用力。②宝宝停留站立1～2秒后要让他坐下，可重复做30次。

【妈妈须知】家长切记当宝宝双脚踏地的时候，要用双手扶着，以免宝宝用力站立时伤其关节。当宝宝双脚有力站起来的时候，很喜欢做站立的动作，这时候可以让宝宝踏踏地板。

细节03 拍泡泡

【益智目标】训练宝宝的视觉反应能力和身体运动能力，提高宝宝的右脑自然能力。

【这样做】妈妈准备水、洗衣粉、少许甘油。用水、洗衣粉、甘油的混合物搅出泡泡，并将它们扇到半空中，一边为宝宝示范用手拍泡泡，一边说："宝宝，看妈妈拍泡泡啦。"拉着宝宝的手也去拍泡泡，重复几次，再鼓励宝宝自己去拍。

【妈妈须知】注意不要让泡泡进入宝宝的嘴里，更不要让宝宝接触洗衣粉、洗洁精。

细节04 伸伸手

【益智目标】手指运动能刺激宝宝的脑部，加速中枢神经的活动发展。

【这样做】①让宝宝坐在妈妈的膝盖上面。②妈妈一边说“伸手手”，一边摇动宝宝的手。③如果观察宝宝仍没反应，妈妈可抓宝宝的手，使其手指弯曲再打开。④妈妈先对宝宝做“合拢、张开”的手势动作，让宝宝跟着模仿，并配合一定的速度，使宝宝产生韵律感。

【妈妈须知】也可以一边听古典音乐、童谣，一边玩这个游戏。

细节05 拉坐游戏

【益智目标】锻炼宝宝腰、髋、四肢的力量。

【这样做】在宝宝仰卧时，顺好两条腿，然后拉住宝宝的双手，轻轻地拉起上半身，达到坐姿，并且保持一定的时间。拉坐起来以后，应当用衣物或者靠垫放到宝宝身体后面，支撑住背部，使宝宝的腰部尽可能挺直，髋部逐渐形成垂直的90度角，看宝宝能否坚持坐一会儿。

【妈妈须知】注意拉宝宝双手时，用力要均匀，动作要慢。

细节06 拉大锯

【益智目标】锻炼腰、背部肌肉、骨骼和手臂部的支撑力量，有利于身体强壮，同时也有益智作用。

【这样做】让宝宝仰卧姿势躺在小床上，先为宝宝轻轻地揉一揉胳膊，让双侧上肢放松。然后，握住宝宝的两只胳膊，慢慢地趁势拽拉宝宝到坐姿，一边拉一边吟唱“拉大锯，扯大锯，姥姥家里唱大戏，妈妈去，爸爸去，小外孙子一起去！”，反复做拉起——放下的动作。

【妈妈须知】注意用力要均匀、缓慢，不宜猛烈用劲。每一次做游戏，可以重复做3～5次。

细节 07 那是谁呀

【益智目标】训练宝宝最初的注意力和观察力，锻炼颈部肌肉和上肢的力量。

【这样做】①让宝宝仰卧在大床上或地垫上，头顶处放一面大镜子。②在宝宝体侧用发响的玩具吸引他去抓，让宝宝在够玩具的过程中自然翻身呈俯卧状。③当宝宝趴在床上抬头时，就会看见镜子中的自己，他会感到惊奇并用手去摸，他会花较长的时间观察镜子中的人。

【妈妈须知】①妈妈应侧躺在宝宝身旁，逗引和观察他。②宝宝趴卧抬头练习，时间不宜过长，因为宝宝的颈部肌肉尚没有足够的力量。开始时只需数秒或十几秒钟，不能操之过急。

细节 08 滚滚球

【益智目标】刺激宝宝的触觉，发展宝宝四肢的力量，锻炼协调性。

【这样做】①宝宝仰卧在床上，妈妈拿充气的软皮球或充气的气球（皮球大小一般直径 15～18 厘米较好），在宝宝的身上从上到下转滚（从腿部经胸部，接近头部时再往回转滚）。②转滚时宝宝可能会用小手抓球，或用小脚去碰踢球，这都表明宝宝在欢快地玩。

【妈妈须知】转滚时，球的运转速度不要太快，同时，要与宝宝说话，有感情交流。

第四节　数学能力训练

细节 01 走台阶

【益智目标】宝宝在不知不觉中熟悉数字的顺序，提高宝宝数学能力。

【这样做】妈妈抱着宝宝到整洁安静的楼梯间。先告诉宝宝：“我们上楼梯了。”上一个台阶数 1 个数，有节奏地从 1 唱到 10。妈妈抱着宝宝下楼梯，下一个台阶数1个数，有节奏地从1唱到10，反复唱给宝宝听。

【妈妈须知】每次抱着宝宝上下楼梯时都可以唱数，唱数时要有节奏，要配合妈妈的动作。唱数训练也可以融入妈妈和宝宝的日常活动，如妈妈帮宝宝做体操时，就可以唱“一二三四，五六七八”。

细节02 敲一敲

【益智目标】通过反复练习敲击，让宝宝逐渐明白敲一下和敲两个的区别，为以后认识“1”和“2”作准备。

【这样做】①宝宝会单手拿物后，先学单手敲击，学会跟着妈妈每次敲一下。熟练后，再让宝宝练习双手敲击，随便哪一只手先敲。②练习一段时间后，宝宝自己也会敲两下，并能逐渐学会分开一下一下敲和两下两下敲，还知道在每两下之间留小小间歇。

【妈妈须知】再敲击时，尽量让宝宝多用自己的右手。

第五节　亲情培养能力训练

细节01 摸妈妈的脸

【益智目标】增强宝宝的触觉感知能力，培养和妈妈的感情。

【这样做】妈妈平时抱着宝宝，要经常对宝宝保持微笑，对宝宝说话。可以拉着宝宝的小手，来摸妈妈的耳朵、脸，一边摸一边对宝宝说：“这是妈妈的耳朵”、“这是妈妈的脸”，还可以发出“咩咩”“喵喵”的声音，逗宝宝高兴，宝宝会对摸妈妈的脸很感兴趣。然后，带着宝宝一起照镜子，让宝宝看到在镜子里摸到妈妈的脸。

【妈妈须知】如果宝宝兴致较高，爸爸也可以参与其中，享受一家人的快乐。

细节02 藏猫猫

【益智目标】让宝宝能够熟悉表情，并且做出相应的反应。

【这样做】妈妈拿一块手帕，把自己的脸蒙上，俯身在宝宝面前，让宝宝把手帕拿下来，然后对宝宝学猫叫“喵——儿”，宝宝听到后开始会惊异，然后很开心。做几次以后，宝宝也会把小脸藏在被子或衣服里，和妈妈做游戏。

【妈妈须知】玩藏猫猫游戏，可以有意识地用不同的面部表情对着宝宝，包括微笑、咧嘴、鼓腮等。

细节03 捉迷藏

【益智目标】锻炼宝宝整体知觉能力，增加宝宝与父母的感情。

【这样做】妈妈抱着宝宝，让宝宝在自己的怀里坐直，双手扶持宝宝保持平衡。爸爸躲藏在妈妈背后，从妈妈腋下伸出一只手，让宝宝一只手抓住爸爸的手指，另一只手抓住妈妈的胳膊。然后，爸爸一边摇晃被宝宝抓住的手，从妈妈背后的另一侧向前伸出头来，呼叫宝宝的名字，让宝宝看到自己以后，再躲到妈妈身后，换方位从另一侧伸出头，出现在宝宝视线内。

【妈妈须知】注意换方位不要太快，要给宝宝留下充足的寻找和适应时间。

细节04 妈妈的味道

【益智目标】让宝宝熟悉妈妈的气息，以促进宝宝与妈妈之间的亲情关系。

【这样做】①找一件妈妈不打算再穿的旧棉布衬衣，把衣服剪成几片，注意要让妈妈的味道留在这些布片上。②将其中一块放在宝宝面前，让他闻一闻，并且告诉他：“宝宝闻一闻，这是妈妈的味道。”③重复几次后，再取几块别的布和妈妈的衬衣布放在一起，看宝宝是否能将那块布挑出来，如果不能，就再多训练一段时间。

【妈妈须知】妈妈的旧衬衣一定要干净。

细节05 哥哥姐姐一起玩

【益智目标】经常请小朋友来和宝宝一起玩，可以培养宝宝合群、开朗、活泼的好性格。

【这样做】①请一些2～5岁的小朋友来家里玩，对宝宝说："你长大了也会变成这么可爱的哥哥、姐姐喔！"②小朋友看见宝宝，会觉得非常惊奇和喜爱，可以让他们抱着宝宝，也可以亲亲宝宝。③宝宝看到这么多喜欢他的小哥哥、小姐姐，也会高兴得手舞足蹈，忙不迭地和他们"哦啊"地"谈话"。

【妈妈须知】现在的宝宝，兄妹和朋友都不多，所以如果经常和妈妈玩，就无法很快交到朋友。因此，可以让宝宝多和邻居的哥哥、姐姐们一起玩。为了避免哥哥、姐姐因为好奇心而打或者抓宝宝，家长应在旁边看着。

第六章 4～5个月宝宝

第一节　视听能力训练

细节01 厨具辨音

【益智目标】让宝宝多听各种不同的声音，熟悉生活周围的声音，从而提高宝宝辨别声音。

【这样做】妈妈准备一些干净的、能发声的厨房用具。用汤匙轻敲空的玻璃杯，会发出清脆悦耳的叮叮声，很容易吸引宝宝的注意力。敲几下后，妈妈告诉宝宝："这是汤匙敲玻璃的声音。"两个锅盖互相碰撞，会发出类似钹的声音，宝宝听后，可以告诉他："这是碰锅盖的声音。"

【妈妈须知】家长可利用其他厨具发声，只要宝宝觉得好玩，他都会用心听。不要用可能造成危险的物品，如刀等。

细节02 滴滴答答小闹钟

【益智目标】锻炼宝宝的听觉记忆能力。

【这样做】拿一只能发出"滴答"声响的小闹钟，不要太大，以宝宝能拿到手中玩为度，并且定好时间，给宝宝玩。

让宝宝看到彩色的闹钟，放到耳边，听闹钟走动的"滴答滴答"声，接近闹钟定时响起之前几分钟，提醒宝宝，"滴答滴答的声音好听吗？它快要唱歌了！"等到闹钟准时响起来的时候，宝宝会感到很新奇、有趣。

【妈妈须知】闹钟的响声要柔和，不要猛然间响起来，以免吓着宝宝。

第二节 语言能力训练

细节01 听懂“灯”

【益智训练】让宝宝听懂第一种物品“灯”的名称，并能把声音与物体相联系。

【这样做】妈妈可抱着宝宝坐在桌子旁，用手拧开台灯。为吸引宝宝注意到台灯，妈妈可不停地开关台灯，让它一会儿亮，一会儿灭。在此过程中要注意吸引宝宝的视线。等宝宝的目光注视台灯时，妈妈要说：“台灯”，并拿着宝宝的手摸摸灯罩。即使宝宝没有反应，妈妈也要不停地重复。让灯亮着，妈妈抱着宝宝离开桌旁，当宝宝的视线离开灯时，妈妈再说“台灯”，看宝宝是否回头看着灯。如果成功，要在当时再练习几回，并让宝宝在房间的不同角度用视线找到灯。

【妈妈须知】妈妈也可以选择其他比较容易理解的东西，比如“门”“电视”等。

细节02 模仿发声

【益智训练】多鼓励宝宝主动发声，多做练习，有利于早一些学习说话，更有利于语言能力的发展。

【这样做】妈妈和宝宝面对面坐着，用愉快的口吻和微笑的表情，引导宝宝发出“wu－wu”、“ma－ma”、“ba－ba”等重复音节，要把发声时的口型做得夸张一些、慢一些，让宝宝注意到口型和发声方法，引导宝宝模仿，跟着妈妈发声。每发出一个重复音节以后，稍做停顿，要给宝宝留出观察、体会、模仿的机会。

【妈妈须知】这个月龄的宝宝，正处在语言积累时期，开始试着模仿发声，并且能听懂，一些较简单、与自己生活密切相关的词汇，称为“前语言积累”期。

因此，妈妈平时要多说一些简单的字。

第三节　动作发展能力训练

细节01 抬起来

【益智目标】训练宝宝的四肢运动能力，通过增加肌肉灵活性协助宝宝控制四肢的能力。

【这样做】①让宝宝平躺在床上，由妈妈和宝宝玩这个游戏。②轻轻抬起宝宝的一条腿说："一、二，抬起来，一、二，放下。"同时，把宝宝的腿放下来。③换另一条腿再重复一遍。④换成手臂也同样试试看。

【妈妈须知】在宝宝洗澡的时候，也可以玩这个游戏。只是平躺的姿势要有所变化：妈妈的一只手托着宝宝的屁股，一只手握着宝宝的手臂或者大腿运动。需要注意的是，不能让水进到宝宝的嘴里。

细节02 转手指

【益智目标】通过游戏可以强化宝宝的腕力，更能增进宝宝与妈妈的亲子关系。

【这样做】①将手指放到宝宝手中，宝宝会紧紧抓住妈妈其中一根手指。②此时，请妈妈将手指向左、右摇晃。③宝宝会因为不想放开妈妈的手指而抓得更用力。④请妈妈转动手指画圈。

【妈妈须知】动作要轻柔、缓慢，以免惊吓到宝宝。注意要用胳膊护住宝宝，以免宝宝摔倒。

细节03 练直立

【益智目标】锻炼腿部肌肉组织力量，促进平衡知觉和协调能力的发展。

【这样做】双手扶持着宝宝腋下，站立在妈妈腿上，让宝宝保持直立姿势，并尽量扶持着宝宝双腿来回跳动，每天都练习几次直立。

【妈妈须知】也可以在床上让宝宝练习直立，锻炼腿部力量。通常，爸爸的胳膊劲大，喜欢让宝宝在自己的手上做直立，但要特别注意安全，防止意外摔着宝宝。

第四节　指认能力训练

细节01 看和指

【益智目标】锻炼手、眼协调能力，利于早期识物的启蒙教育。

【这样做】小床是宝宝活动较多的地方，可以在宝宝床边的墙上粘贴一些颜色鲜艳的水果、蔬菜和小动物的图画，每天指着画教宝宝看图识物。虽然宝宝不会开口说话，但宝宝却处在听觉和语言积累潜在模仿阶段。

引导宝宝把视线的寻找，换为用手指点，问到“香蕉在哪儿?”宝宝用目光看到香蕉的画片以后，引导用手去指点。

【妈妈须知】每次教宝宝指认一两种就可以了，待宝宝有记忆后，再指认第三种。

第五节　亲情培养能力训练

细节01 亲密接触

【益智目标】增进亲子间的感情，培养宝宝的人际关系能力。

【这样做】①将宝宝的床清理干净。②将宝宝放在床上，边唱儿歌边给他按摩。如果想同时锻炼宝宝的其他能力，家长可有意选择带数字的儿歌，以及节奏感非常明显的儿歌等。③当唱到数字时，每唱一个数就轻摸一下宝宝的鼻子或轻拍一下他。而唱节奏感明显的儿歌时，则可按节拍来拍打宝宝。

【妈妈须知】可以在宝宝临睡前做这个游戏，利于宝宝甜蜜入睡。

细节02 亲亲妈妈

【益智目标】增强母子感情。

【这样做】妈妈从外面回到家里，见到正在玩的宝宝，要告诉宝宝："妈妈回来了，亲亲妈妈！"妈妈亲一亲宝宝以后，要抱一抱宝宝，并且有意识地引导宝宝发出"mama"的音节，给宝宝提供良好的亲子情绪氛围的同时，增加交谈、发音的语感。

【妈妈须知】要注意给宝宝的撒娇以温暖的回应，让宝宝拥有甜蜜稳定的依恋情感，这对于宝宝以后的心理成长健全有深远的影响。

第六节　学习能力训练

细节01 学习"1"

【益智目标】通过训练，让宝宝初步认识数字"1"。

【这样做】①妈妈拿来洋娃娃、苹果以及宝宝喜欢的其他东西，给宝宝1个，并竖起食指告诉宝宝："这是'1'。"让宝宝模仿妈妈的动作。②几次后，宝宝再要东西的时候，妈妈要求宝宝先竖起食指，才把"1个"物品给他。

【妈妈须知】这个阶段，宝宝并不真正了解"1"的含义。因此，在每次训练中，妈妈都要强调"1"表示什么。这个小训练要在生活中完成，并随时随地进行。

细节02 认识大小

【益智目标】通过比较大小的练习，培养宝宝的观察力及对大小的认识。

【这样做】准备几个大小不一的苹果（也可以是宝宝喜欢的其他水果）。将宝宝抱在桌前，桌子上放着一大一小两个苹果。家长拿起大苹果，同时告诉宝宝："这是大的。"接着拿起小苹果，同时告诉宝宝："这是小的。"经过几次训练后，家长可以让宝宝拿起大苹果或小苹果，看他是否能拿对。拿对了，家长要赞扬、鼓励。

【妈妈须知】在宝宝疲倦之前结束训练。

第七节　空间智慧能力训练

细节01 抓小球

【益智目标】锻炼抓握能力，培养宝宝的空间智慧能力。

【这样做】宝宝现在已经能够自己玩，也能坐稳一会儿，可以递给宝宝一个乒乓球，让宝宝、伸手抓住。

宝宝看着自己手中的乒乓球时，妈妈可以轻轻用手指从上向下捅，使球从宝宝手中掉下来。然后，再捡起来放进宝宝小手中。拿住后，再捅掉，再捡起来让宝宝拿住。

【妈妈须知】这个游戏玩几次就好，玩多了宝宝会失去兴趣。

第七章　5～6个月宝宝

第一节　语言能力训练

细节01 模仿发音

【益智目标】通过游戏训练宝宝的语言能力。

【这样做】妈妈与宝宝面对面，用愉快的口气与表情发出“wu－wu”、“ma－ma”、“ba－ba”等重复音节，逗引宝宝注视妈妈的口形，每发一个重复音节应停顿一下给宝宝模仿的机会。接着你手里拿个球，问他“球在哪儿”时，把球递到宝宝手里，让他亲自摸一摸、玩一玩，告诉他“这是球!”，边说，边触摸、注视、指认，每日数次。

【妈妈须知】注意和宝宝交流时发音与口形要准确。

细节02 哦啊对话

【益智目标】训练宝宝发音，增强母子情感。

【这样做】妈妈在逗宝宝玩时，宝宝会发出“哦、啊”的说话声，妈妈应该对他微笑，并发出赞许声，跟他“哦、啊”对语。妈妈要用愉快的声音和宝宝说笑，诱导宝宝发出“哦、啊”的声音。宝宝经常这样练习发声，慢慢就能和妈妈对话了。

【妈妈须知】5～6个月的宝宝“哦，啊”的发音也是与人交流的一种方式，妈妈要有意识地对宝宝进行锻炼。

细节03 听指令

【益智目标】听声拿玩具锻炼宝宝言语能力，增强手、耳协调能力。

【这样做】在玩具箱前玩，一大堆玩具里面，宝宝能辨别常玩的几种玩具。妈妈对宝宝说："布娃娃！"能够从玩具箱里准确无误地拿出娃娃来，听到"大象"，能拿出塑胶大象玩具。

如果宝宝还不懂得指令，可以多练习几次，让宝宝在面前的几件玩具中，找到妈妈说的玩具。对常玩的几种玩具的名称很快熟悉起来。

【妈妈须知】在让宝宝拿玩具时，要选择宝宝比较感兴趣的几种进行训练。

细节04 和宝宝对话

【益智目标】帮助父母和宝宝建立亲密的感情联系，可以鼓励宝宝表达，提高宝宝的语言交流能力。

【这样做】准备好各种情况下说的话。

(1) 当宝宝哭时：

家长：哎哟！宝宝哭喽！宝宝饿了，是吗？

（停顿）假设宝宝在回答。

家长：宝宝不饿啊！那是怎么了？

（停顿）假设宝宝在回答。

家长：噢！宝宝是尿湿了呀！让妈妈看看！

家长：噢，真的尿湿了呀！

家长：小坏蛋，给你换尿布。哦！不哭了！

（停顿）假设宝宝在说话。

家长：哎！宝宝可真乖，这回舒服喽！

(2) 当给宝宝穿衣服时：

家长：今天穿什么衣服好呢？嗯？

（停顿）假设宝宝在回答。

家长：穿黄色的呀？好吧！那就穿黄色的（拿起黄色的衣服）！

（停顿）假设宝宝在回答。

家长：不穿黄的呀？黄的不好看？那好，穿什么颜色的？

（停顿）假设宝宝在回答。

家长：嗯！好吧！穿白色的！宝宝最喜欢这件白色的衣服了（拿起白色的衣服）！

【妈妈须知】说的语言要简单，与情景相连。

第二节　观察思考能力训练

细节01 开盖子

【益智目标】训练宝宝的观察与思考能力，开发宝宝右脑。

【这样做】妈妈准备一个可以装许多不同物品的盒子，盒子上应有用铰链连接的盖子，装一些宝宝比较感兴趣的物品。

①向宝宝展示：打开盖子，合上盖子，多重复几次。②然后将准备的东西，如苹果、小球或他喜欢的任何别的东西，依次放入盒中，盖上盖子。③鼓励宝宝自己打开盖子，寻找东西。

【妈妈须知】一开始如果宝宝打不开盒子，家长不要着急，可以帮助宝宝一起打开，再让他自己完成。

细节02 敲敲打打

【益智目标】提供更多的材料让宝宝通过视听、敲打、触摸来认识不同质地的物品，有利于提高观察能力和思考能力。

【这样做】找来一些空盒子、空罐子，包括旧塑料瓶、空奶粉铁桶等不同材质、易发出响声的废品，用小木棍或筷子当作工具，给宝宝做示范动作，敲打空盒、空罐，发出不同的声音。然后，让宝宝也模仿着敲打，敲打出声响以后，还可以模仿宝宝敲打出的声音："咚咚——当当！"

【妈妈须知】敲打的材料一次不宜过多，一两件就行，随着宝宝能力的增加，不断替换被敲打物品的种类。

细节03 换手拿玩具

【益智目标】锻炼宝宝思考问题的能力。

【这样做】练习换手拿玩具，可以在宝宝坐在床上或童车中的时候，递给宝宝一块积木，等到宝宝拿住以后，再向宝宝的另一只手递另一块积木，看看宝宝是不是把原来拿到的积木换到另一只手，再来接递过来的积木，或者直接用另一只手伸出来接积木。

如果宝宝把手中已经接到的积木扔掉，再来拿妈妈递的新积木，就要引导宝宝学着换手，把手上的积木传递到另一只手上后，再来拿妈妈递的另一块。

【妈妈须知】一般说来，半岁左右的宝宝，能出现两只手各拿一个玩具玩、换手拿玩具的能力。应当注意观察宝宝在什么时候学会两只手拿东西和换手的能力。

细节04 滚圆筒

【益智目标】学习辨认和命名常见物体，提高宝宝的观察思考能力。

【这样做】取一只圆铁桶，放进一些纽扣、木珠、玻璃球、小积木等，盖好放倒。

①家长一边用手拨动铁筒，使其滚来滚去发出声响，一边对宝宝说:“咦，这是什么声音?”“哪来的声音?”“里面是什么?”②当宝宝想看时，打开圆筒，把东西倒出来，倒出一样讲一样:“噢，是球!”“是积木!”“是纽扣!”并让宝宝一一辨认。

【妈妈须知】铁桶中的东西不要有边缘锋利的，以免划伤宝宝。同时父母应做好看护，以免宝宝误吞。

细节05 玩具哪去了

【益智目标】通过训练，培养宝宝的表象记忆和观察能力，开发宝宝右脑。

【这样做】一条软毛毯，一些宝宝喜欢的玩具。

①当着宝宝的面，将宝宝喜爱的玩具一部分藏在毯子下。②问宝宝："宝宝的玩具哪里去了？"然后掀开毯子说："原来在这里呀。"多重复几次。③再将玩具藏到毯子下，然后边发问边引导宝宝将毯子翻开，把玩具拿出来。

【妈妈须知】控制时间，不要让宝宝感到疲劳。

细节06 这是书

【益智目标】让宝宝观察到不同物体的区别，以提高宝宝的观察思考能力。

【这样做】妈妈准备一本图案简单的画册。

①让宝宝背靠在妈妈怀里坐着，妈妈一手扶宝宝一手拿着一本书翻给宝宝看。②妈妈指着图片告诉宝宝："宝宝，你看。这是车子，这是花。"③过一会儿，把整本书合上，告诉宝宝："这是一本书，宝宝的书。"

【妈妈须知】和宝宝说话时，眼睛要看着宝宝。

第三节　动作能力训练

细节01 爬一爬

【益智目标】锻炼宝宝的爬行能力。

【这样做】把宝宝放在地毯上，收拾好周围的用品，收起地上的电源插座等危险品。把宝宝喜欢的玩具放在够不着的地方，但不要太远，宝宝想要拿，需要往前移动，先翻身俯卧，然后伸手够。开始时，宝宝肚皮贴地往前移，前肢后肢都用不上力。妈妈可以在此时推动宝宝的脚，鼓励宝宝用力向前爬。渐渐地，宝宝就能学会用上肢支撑身体，用下肢使劲儿蹬，协调地向前爬行。

【妈妈须知】学爬是一个过程，妈妈要有耐心，每天都和宝宝玩一会儿，宝宝会逐渐熟练起来。

细节02 撕纸片

【益智目标】训练宝宝手部动作的精确性、感觉的灵敏度。

【这样做】妈妈可以拿上些干净的废纸让宝宝撕着玩，纸张可以由薄到厚，由小到大。玩过几次以后，妈妈可以把纸撕成三角形、圆形、方形，摆在面前给宝宝看，尽管宝宝还不能理解这些形状的意义，但作为视觉经验的储存，对于扩展脑部记忆区来说，这项活动也益于智力发育。

【妈妈须知】要找一些干净的纸让宝宝撕，以免宝宝撕完纸后将手放到嘴里，吞下细菌。

细节03 练习蛤蟆坐

【益智目标】让宝宝练习蛤蟆坐，以促进其颈肌和胸椎的曲度形成，从而为坐稳做准备。

【这样做】①让宝宝靠在枕头上坐起来，前面放几个宝宝喜欢的玩具。②当宝宝伸手去拿时，由于宝宝头太重其身体会前倾。这时宝宝自然会用双手支撑上身，使身体与床成45°，如同蛤蟆一样称为蛤蟆坐。③5～10分钟后，妈妈要及时帮宝宝改为俯卧位，以便能让宝宝得到休息。④1～2周后，宝宝就能从双手撑起变为单手撑起。再过几天，宝宝就能慢慢学会用双手去拿玩具。再之后，宝宝就能坐稳了。

【妈妈须知】中间要适度休息，以免太劳累。

细节04 过隧道

【益智目标】培养宝宝自己想办法突破障碍的能力，同时还能锻炼宝宝的运动能力。

【这样做】用椅子等组成一个小通道，再将枕头和毯子放在通道上当隧道和障碍物。

①爸爸妈妈分别站在通道的两头，爸爸在一头用宝宝喜欢的玩具逗引宝

宝，并让宝宝爬过来拿玩具。妈妈在另一头鼓励宝宝爬过去拿玩具。②当宝宝遇到障碍时，妈妈要加强鼓励，让宝宝爬过障碍。宝宝爬“隧道”和“人行道”时，妈妈要做出说明，如：“宝宝过隧道喽！”

【妈妈须知】家长要注意保护宝宝，障碍不要设得太高，以防宝宝摔跤。

细节 05 蹬蹬踢踢

【益智目标】训练宝宝腿部力量和能量的发展。

【这样做】宝宝仰卧在床上，妈妈轻轻抚摸宝宝全身，跟宝宝说说话，然后手掌托着宝宝的脚底，微微推动一下，这时宝宝就会用力踢、蹬。也可用硬纸板垫上一层软布，放在宝宝脚下，接触脚掌后，宝宝会立即蹬踢。或者将一个球放在宝宝脚旁，然后让他的脚接触到球，他立刻会蹬踢，球跑了再拿回来给他踢。这时宝宝会欢喜地笑，手舞足蹈，全身都在动，非常可爱。

【妈妈须知】早上起床时做此游戏可活跃一天的气氛，效果最好。

第四节　平衡能力训练

细节 01 高高低低

【益智目标】为宝宝提供大量的前庭刺激，培养他精确的前庭平衡感。

【这样做】①先准备一个比宝宝大一点的枕头，然后把宝宝放在上面，爸爸妈妈各抓住枕头的两角，一个在右方，一个在左方，一个拉高，一个拉低，使宝宝左右或前后摇晃着，维持 30 秒。②然后转另一种玩法，爸爸妈妈分别蹲在宝宝的前方和后方，再用手抓住枕头的两角，一个抬高，另一个维持动作不变，这样使宝宝产生前后升高和落下的感觉。

【妈妈须知】只可维持 30 秒至 1 分钟，绝对不能持续太久，以免累到宝宝。

第五节 手眼协调能力训练

细节01 用勺子吃饭

【益智目标】锻炼宝宝的手眼协调能力。

【这样做】①让宝宝坐在专用的小椅子上，戴上围嘴。②小桌上放宝宝专用的小饭碗、小勺、擦嘴小毛巾。③妈妈坐在宝宝对面，用眼睛看着宝宝，让宝宝有安全感。妈妈给宝宝一个小勺，让宝宝抓握小勺。④宝宝可能会挥动小勺，也有可能将小勺丢到地上。如果小勺被宝宝丢到地上，就再给他一个干净的小勺。⑤妈妈可以帮宝宝用小勺从碗里盛出食物，让宝宝将食物放进嘴里。宝宝有可能放不到嘴里，弄得满脸都是饭，这时妈妈一定要坚持让宝宝自己吃饭，经过反复练习，宝宝的方位知觉发展了，逐渐就会自己吃饭了。⑥吃完饭，妈妈帮宝宝擦干净嘴，并对宝宝说："妈妈帮宝宝擦干净。"

【妈妈须知】当宝宝能独立吃几口时，大人应及时鼓励，增强宝宝自己吃饭的兴趣和自信心。宝宝不张嘴时不要强迫他吃，强迫会造成宝宝的抵触情绪。

细节02 拉绳取物

【益智目标】刺激宝宝视觉发展，增强手眼协调能力。

【这样做】将用线系着的玩具或圆环在宝宝面前晃动几下，吸引宝宝的注意。然后将玩具放到旁边宝宝够不着的地方，同时将线伸向宝宝容易够到的地方，训练宝宝拉过线取到玩具。

【妈妈须知】注意不要放得太远，以免宝宝丧失兴趣。

细节03 手上套环

【益智目标】训练宝宝手眼协调能力。

【这样做】①给宝宝准备几个小塑料环。②宝宝坐在床上，教宝宝一只手拿环往另一只手腕上套。套上一个环，妈妈立刻表扬说："真棒！真棒！真能干！"接着鼓励宝宝再套一个环。③如果宝宝能在手腕上套两三个环时，妈妈可教他举起手摇晃，环与环之间会碰撞出响声，这时宝宝会更加高兴，有成就感。

【妈妈须知】往手腕上套环较难，因为被套的手要五指并拢稍弯曲，往往宝宝不会，这时妈妈要做示范，手把手教，把宝宝的小手先并拢，再往另一只手上套。妈妈先套一个环给宝宝看，促使他感觉到自己会玩、能明白玩具和自己动作的关系。

第八章 6～7个月宝宝

第一节 数学能力训练

细节01 推高楼

【益智目标】让宝宝熟悉数字的顺序，为培养宝宝数的概念做准备。

【这样做】首先拿出准备好的积木、套碗和套杯，让宝宝随意摆弄，观察宝宝的不同玩法。

当宝宝把积木搭高时，妈妈可边帮他搭“高楼大厦”，边有节奏地念儿歌《数高楼》：“一层楼，二层楼，三层、四层、五层楼，六层楼、七层楼，八层、九层、十层楼。”然后推倒积木，让宝宝产生兴奋感，引起他数高楼的欲望。

还可让宝宝给积木排队数数。这样的游戏可反复进行。

【妈妈须知】家长抱宝宝上下楼梯或扶着他走路时，可有节奏地从1数到10。

细节02 选糖果

【益智目标】让宝宝理解数字的概念，培养宝宝对数字的兴趣，从而提高宝宝的左脑数学能力。

【这样做】准备两张干净的纸，一些带包装的糖果。在宝宝的注视下，用一张纸把一块糖包起来，打开，再包上，然后引导宝宝打开，说：“宝宝拿到糖了，真棒！糖是你的啦。”把糖给他。另外再取4块糖，分成1块和3块两

堆，并告诉宝宝："这是1块，这是3块。"将它们分别用两张纸包上，再打开让宝宝注视5秒钟后包上（两包的位置不要变），再让宝宝把两包糖打开，看他要哪一包。几次之后，如果宝宝总是要3块的那包，说明他已经能区别1和3了。再用两张纸分别包2块糖和3块糖，照样让宝宝选择，以区别2和3。

【妈妈须知】在此训练中，不要给宝宝吃糖，以免影响宝宝的牙齿发育。

第二节　语言能力训练

细节01 模仿打电话

【益智目标】做打电话游戏，能调动宝宝主动学习语言的积极性，促进言语能力的发展，帮助宝宝认识和理解人际交往的形式，有益于社会能力的发展。

【这样做】宝宝平时在日常生活中能经常见到父母打电话，也会很喜欢模仿打电话的样子。准备两个玩具电话，一个给宝宝，一个自己拿起来，对着说："喂喂，你好！是宝宝吗?"，然后，把另一个玩具电话的听筒给宝宝，拿到耳边，让宝宝也咿咿呀呀地"说话"。

【妈妈须知】爸爸可以在宝宝旁边，协助宝宝开口说话。

细节02 宝宝学押韵

【益智目标】通过听押韵儿歌，熟悉语言特点，培养宝宝的语言表达能力。

【这样做】选一首父母最常教宝宝念的儿歌，而且每句最后一个字要押韵。如"小娃娃，嘴巴甜，喊妈妈，喊爸爸，喊得奶奶笑掉牙……"念时，故意加重每句最后一个字的语气，并将前面的字拉长，念成"小娃——娃"，以强调最后那个押韵的字。妈妈紧接着说："宝宝，说'娃'"。然后再念一遍"小娃——"故意不说出"娃"字，等宝宝说出来。这样反复进行。

【妈妈须知】家长发音要准确、到位。另外，要注意宝宝的反应，在宝宝疲倦之前停止训练。

细节03 听懂自己的名字

【益智目标】通过游戏让宝宝理解自己的名字，增强语言理解能力。

【这样做】①拍拍手，叫宝宝的小名，引宝宝回头。多重复几次。②不再拍手，叫宝宝的小名，直到宝宝回头。③曾做过胎教的宝宝在5个月前后就能听懂自己的小名，未作过胎教的宝宝在6～7个月时就能听懂别人叫自己的小名。

【妈妈须知】如果宝宝到7个月时还未能听懂别人叫自己，就要小心鉴别其是否有听力或智商上的问题。

细节04 听懂“不”

【益智目标】让宝宝听懂“不”，理解“不”的含义，同时学会抑制自己的行为。

【这样做】①把一杯较烫的水端到宝宝面前（注意不要过烫，以免发生意外烫伤宝宝），妈妈做动作，在宝宝前摇手说：“烫，不能动”。②如果宝宝不懂，还想伸手，妈妈可拉着宝宝的手，让他的食指轻轻碰一下杯子，让他感觉到什么是烫，从而使他不再伸手去摸杯子。这样，以后你再说“烫”时，他便不会伸手了。

【妈妈须知】生活中要有意识地训练。

第三节　动作能力训练

细节01 坐得稳

【益智目标】训练宝宝往左右转身或前倾后仍能坐稳。

【这样做】①宝宝已经能坐稳，并能用双手拿玩具而不必再用手支撑身体后，妈妈可从宝宝的左右给宝宝送去一个玩具，以使宝宝接过玩具后仍能坐稳。②从宝宝的后方同宝宝说话，让宝宝把身体转到一侧，训练宝宝在这种体位下能坐稳的能力。③把玩具推到宝宝前方，让宝宝前倾来拿玩

具，然后再坐稳。

【妈妈须知】也可以增加训练的难度，在宝宝的身后摇带响的玩具，使宝宝坐着转身拿玩具。

细节02 捧杯喝水

【益智目标】让宝宝学习自己喝水，锻炼手部力量，为以后不再用奶瓶做准备。

【这样做】①给宝宝系上小围裙，告诉他妈妈准备让他自己喝水了。②找一个双耳杯，让宝宝用双手捧着杯的双耳，再由妈妈托着杯底练习捧杯喝水。③每次只倒入杯中不多于1/4的水，以免宝宝洒漏。④宝宝对用新工具进食很有热情，并且很喜欢尝试，但目前只能让他喝水或者试喝一些蔬菜汁、水果汁，注意每次都要鼓励宝宝喝干净并且尽量少洒漏。如果宝宝完成得不错，妈妈要及时予以表扬或奖励。

【妈妈须知】宝宝完全学会用杯子喝水和喝奶一般需要训练几个月。妈妈可争取让宝宝在周岁前学会用杯子自己喝水，在1岁半前完全不再用奶瓶。

细节03 双手拿球

【益智目标】训练宝宝手指的抓握及手腕的活动能力。

【这样做】准备中等大小的皮球或自制的海绵实心球、彩色塑胶球。

妈妈双手拿球站在宝宝面前，给宝宝示范双手拿球的样子，然后将球递到宝宝手中，让宝宝练习双手拿球。

【妈妈须知】最后选用质量较轻的球，不会给宝宝太大压力。

细节04 摆一摆

【益智目标】锻炼宝宝的腹背肌和脊柱的灵活性，同时训练宝宝的听觉，为以后说话打下基础。

【这样做】①妈妈和宝宝都朝一个方向站立，妈妈两手插到宝宝的腋下扶住。②然后将宝宝轻轻提起来，使其两脚悬空（离地），随儿歌的节奏左右摇摆，如“小宝宝，摆一摆，左摆摆、右摆摆，左摇摇、右摇摇，一摆摆到天空上”，当说到“天空上”时可将宝宝举高，臀部接近妈妈头部。

【妈妈须知】①左右挥动时，一定要轻，幅度不可过大，高举时要稳举宝宝。②左右摇摆次数不宜多，每次4－6下，可休息一会儿再重复。

细节05 连续翻滚

【益智目标】练习连续翻滚，增强宝宝对身体的控制力。

【这样做】拿宝宝喜欢玩的玩具放到宝宝一侧，让宝宝翻过身来拿，再移到头侧，引导宝宝俯卧后，再移到前方，引导宝宝翻滚一周。然后，可以把玩具扔得远一点，轻轻扶着宝宝的肩膀和臀部推动，帮助宝宝连续翻滚几周拿到玩具。反复几次后，只要把玩具扔到宝宝附近，宝宝就会连续翻滚着去拿取。

【妈妈须知】宝宝在连续翻滚时，会捂起头来防止自己的头碰到地面，如果宝宝头抬得不够高，妈妈可以用手扶持一把，帮助宝宝抬头。

细节06 骑大马

【益智目标】训练宝宝动作的灵活性，促进肢体协调能力。

【这样做】爸爸平躺在地毯或大床上；宝宝坐在爸爸身上，大手握小手；坐稳后拉着宝宝做骑马奔跑“得儿得儿”——爸爸忽而上下颠动身体，忽而左右摇晃身体，嘴里发“得儿”声，感受着颠簸和晃动，宝宝会感觉很开心。站在马背上“得儿得儿”，先保持身体不动，让宝宝在爸爸的肚子上站一会儿；适应了再开始颠簸摇晃，由慢到快，晃动幅度由缓和到剧烈。

【妈妈须知】根据宝宝的情况掌握调整动作幅度，自由发挥；尽量鼓励宝宝主动做动作，如伸曲膝盖、摇晃身体、爬上坐下；保持欢快的气氛，让宝宝玩得开心。

第四节　平衡能力训练

细节01 飞起来

【益智目标】锻炼宝宝的腹背肌肉和颈部力量及前后平衡能力。

【这样做】①妈妈（爸爸）的一只胳膊从宝宝的两腿之间伸到体前，用手牢牢托住宝宝的胸腹部和大腿，另一只手从腋下撑住宝宝的双臂，使宝宝紧贴住妈妈（爸爸）的身体。②然后说儿歌："小飞机，飞呀飞，飞到东，飞到西，一飞飞到太空中！"随着儿歌的节奏，前后轻轻悠动宝宝。这时宝宝会努力抬头，观看周围，并有欢快的情绪。

【妈妈须知】前后悠时动作一定要稳，让宝宝感到愉快。

细节02 小鸟倒飞

【益智目标】练习平衡，感受速度，锻炼宝宝的胆量。

【这样做】爸爸或妈妈双臂凌空托起宝宝仰面朝天，或俯身面下；前后、左右来回晃动宝宝，"小鸟飞高高，小鸟飞低低！""小鸟倒栽喽！"双手抓住宝宝的脚踝，让宝宝头朝下倒栽；宝宝习惯以后，还可以提着的脚慢慢地上下摆动，宝宝会玩得很开心。

【妈妈须知】做倒栽的动作，要循序渐进，确保安全。

细节03 慢慢爬

【益智目标】促进宝宝前庭平衡系统的发展，并且可以训练宝宝的视觉能力，同时还可以锻炼宝宝的颈肌和背肌。

【这样做】准备软胶垫或睡床以及小玩具。先让宝宝俯卧在床上或铺上软胶垫的地上，让宝宝慢慢俯爬，再用小玩具吸引宝宝的视线，诱导他稍稍抬起头，身体向左右转动。家长可以用手托着宝宝的一只脚，帮助他向前撑。然后，再将手换到宝宝的另一只脚，同样帮助他向前撑，使他的身体往前移动一点。

【妈妈须知】习惯了仰躺的宝宝，要改俯爬可能会哭，家长通常不忍心就会放弃训练。这是宝宝一时不适应的反应，让他哭一会，不必担心。

第五节　感觉能力训练

细节01 宝宝玩水

【益智目标】训练宝宝触觉和感观的敏感性，增强感觉能力。

【这样做】①给宝宝准备两盆不同温度的水，一盆凉些，一盆温热些。②让宝宝用手去玩水，把手放在不同的盆里会感到温度的差异。③鼓励宝宝舀、泼和倒水玩，在玩的过程中，宝宝就会体验到水在皮肤上流动的感觉，发现水是可以流动的。

【妈妈须知】给宝宝准备的稍热些的水千万不能用开水，以免烫伤宝宝。

细节02 伸手抱抱

【益智目标】加强亲子之情，鼓励宝宝正确表达情感，促其养成开朗活泼的性格。

【这样做】①奶奶或姥姥平时照料宝宝，在妈妈回家时，宝宝会马上伸手搂住妈妈的脖子，让妈妈抱自己。这时妈妈应该对宝宝表示亲热和欢迎。②爸爸下班回家时，也应得到宝宝同样的欢迎。但有些宝宝怕爸爸，只愿意躲在妈妈怀中，而不愿意主动找爸爸抱。这时爸爸可以提出做一些游戏，如“坐飞机”、“转大圈”、“举高高”等游戏以吸引宝宝让爸爸抱。③如果宝宝因为长期见不到父母而不能主动对父母表示热情和依恋，爸爸妈妈也不必着急，可以拿着玩具玩给他看，以让他因好奇而接近父母。同时尽量利用周末的时间多给宝宝做一些生活料理或带他到户外玩耍。同样，爸爸也要多同宝宝做一些活动量大的亲子游戏，以使宝宝最起码对自己不感觉陌生和害怕。

【妈妈须知】平时更多地与宝宝接触是让宝宝感受亲情的最佳方式，父母应尽量多陪宝宝。

细节03 小鸭子

【益智目标】 玩水，可以让宝宝获得关于流动、漂浮等感性知觉，对宝宝的智力发展有利。

【这样做】 在一只大浴盆中，装满温水，把宝宝放在盆里，让水能漫到腹部以上。给宝宝准备一只塑料充气玩具小鸭子，让宝宝在水中玩，一边引导宝宝玩，一边可以为吟唱儿歌："小鸭子，叫嘎嘎，嘎嘎叫，找妈妈！"注意玩水的时间不宜太久，以5～10分钟为宜。

给宝宝洗澡时，也可以水盆里放一些软木塞、塑料玩具、小皮球之类的玩具，让宝宝坐在水里边洗边玩。

【妈妈须知】 这一类玩具因为与宝宝洗澡时的皮肤接触，一定要干净、无锐角、不会伤着宝宝。

第九章 7～8个月宝宝

第一节 动作能力训练

细节01 抓豆豆

【益智目标】引导宝宝学习抓钳动作，锻炼宝宝手指的精细动作能力。

【这样做】准备各种各样的豆子，如蚕豆、豌豆、赤豆和小篓。

①妈妈将蚕豆、豌豆、赤豆等放在垫子上，让宝宝随意摆弄。②对宝宝的各种摆弄，妈妈都要给予鼓励，并边示范边引导宝宝抓钳小物体，如：“妈妈抓小豆豆啦！”以吸引宝宝完成抓钳动作。③当宝宝尝试着用大拇指、食指、中指去抓钳时，妈妈要及时给予肯定，并引导他抓起各种小豆豆放入自己的篓内。

【妈妈须知】家长应及时阻止宝宝将小豆豆放入嘴中，如：“宝宝不能吃，我们一起抓吧！”家长应经常提供不同的材料，让宝宝有更多的抓钳机会，以提高其手指的灵活性。

细节02 送动物回家

【益智目标】发展宝宝的精细动作、手眼协调能力和空间感。

【这样做】把纸盒装饰成的动物小房子（盒盖上留有一道窄缝），拿出用磁卡制作的小动物图片若干。

①妈妈同宝宝一起指认图片上的小动物，并用引导性的语言告诉宝宝："这些小动物的家在这个盒子里，我们送它们回家吧！"然后帮助宝宝将图片从细缝中塞入盒子里，以表示"送小动物回家"。②妈妈打开纸盒，取出所有的图片，让宝宝模仿妈妈的动作，再次单独完成"送小动物回家"；也可以由妈妈先塞一张，宝宝再把其他的图片往盒子里塞。

【妈妈须知】注意不要让宝宝太累，让宝宝一直保持新鲜感。

细节03 手指捅洞

【益智目标】训练宝宝精细动作能力。

【这样做】①在报纸或布上剪一排小洞，最多不超过5个，洞的大小视宝宝的手指粗细而定。②妈妈先在洞上用食指向下捅，按次序一个一个捅，边捅边说："这是一个小洞。"③宝宝在妈妈的示范下，逐步学会模仿着用手指捅洞。

【妈妈须知】待宝宝捅洞的动作较熟练时，慢慢增加剪小洞的数量。

细节04 扶物站立

【益智目标】训练宝宝扶物站立能力，为以后独立站立做准备。

【这样做】①在宝宝玩耍的地垫四周围上摆放一些家具，如椅子、凳子、茶几、沙发、桌子等。也可让宝宝扶着婴儿床栏杆站立起来。②当宝宝滚到这些家具旁时，引导他用双手扶着家具，用下肢把身体撑起来。③如果开始时宝宝站起有困难，妈妈可稍帮他一下，直到他能完全靠自己扶物站立。

【妈妈须知】不要让宝宝扶着尖锐的物体，要保证宝宝的安全。

第二节　视听能力训练

细节01 小小录音机

【益智目标】训练宝宝的听力及注意力，帮助宝宝发音。

【这样做】妈妈可以和宝宝互为“录音机”，一方“录音”，随意模仿一声动物叫或说一个词，另一方“放音”，把对方的话复述出来。时常做反复训练，宝宝的听力会在不知不觉中得到提高。

【妈妈须知】“录音”时不可太复杂，否则宝宝接受不了，影响效果。

细节02 自由落体

【益智目标】刺激宝宝的听觉能力，同时促进宝宝的平衡能力，并使宝宝在感情上存在着期待的情绪。

【这样做】选择几首熟悉的歌谣。妈妈坐在地板或床上，伸直双腿，让宝宝坐在自己的膝盖上。妈妈一边唱歌，一边缩回小腿、抬起膝盖，当膝盖抬到最高点时，妈妈停止唱歌，看看宝宝，说：“1、2、3！”妈妈数到3时，同时把腿放平，并发出“哇！”的音效。

【妈妈须知】假如宝宝的反应良好，可以重复几次。

细节03 投　球

【益智目标】培养宝宝的动手能力以及宝宝的视觉搜寻能力，同时刺激宝宝的听觉能力。

【这样做】准备几个洗净的饮料纸盒，几种小型的、安全的玩具及胶带。家长先把纸盒上下挖空，之后以胶带固定在墙面上，高度应该与宝宝坐下时鼻子的高度平齐。抱着宝宝坐在纸盒前面，家长示范把小玩具分别丢进各个纸盒中，玩具落下时，可加上好玩的音效，如“哇！”以达到夸张的效果。轮

到宝宝玩了，玩具掉落后，家长可协助宝宝捡回来再丢。

【妈妈须知】注意发出的声音夸张些，但不要过大，否则会影响宝宝听觉器官的发育。

细节04 手指布偶

【益智目标】训练宝宝的视觉灵敏度和移动能力，从而提高宝宝的右脑视觉能力。

【这样做】提前准备一个能套在手指上的小布偶。

①父母任意一方把它套在食指上，嘴里叫着宝宝的名字。②让布偶上下移动，或试着让布偶绕圈子，看宝宝的视线是否能跟着动。运动形式可以变换。

【妈妈须知】注意移动时动作不要太快。

第三节　感觉能力训练

细节01 亲亲手亲亲脸

【益智目标】让宝宝产生欢乐情绪，理解语言和动作的联系。

【这样做】宝宝坐在妈妈怀里，妈妈逗他玩，和他讲话，亲亲他的手说："亲亲宝宝手，亲亲脸。"逗引宝宝"咿呀"发音，作出愉快反应。渐渐地，他自己会主动伸手让妈妈亲。

【妈妈须知】家人多和宝宝做此游戏，有利于感情的培养。

细节02 小猴变变变

【益智目标】攀爬有助于宝宝改变视觉角度，感觉到空间概念。

【这样做】家长坐在沙发上，扶着宝宝的腋下，让宝宝双脚站在自己的腿上。

①唱“小猴，小猴，蹬一蹬”，同时让宝宝站在家长腿上。②唱“小猴，小猴，跳一跳”，同时把宝宝举高。③唱“小猴，小猴，肩上走”，同时鼓励宝宝向家长肩上攀登。④唱“小猴，小猴，我瞧瞧”，同时与宝宝面对面对瞧。

【妈妈须知】训练时，扶稳宝宝，防止宝宝摔伤。

第四节　社交能力训练

细节01 分享玩具

【益智目标】通过训练，让宝宝懂得交流与分享。

【这样做】妈妈手中拿一个宝宝喜欢的玩具，对宝宝说：“宝宝把爸爸的书拿来，给宝宝玩具!”听明白妈妈的意思以后，宝宝会很愿意从爸爸手里拿来书，递给妈妈，换取自己的玩具。在和宝宝一起玩的时候，也可以把球滚到宝宝面前，让宝宝把球拿起来，递给妈妈，宝宝做到了，要及时鼓励和赞扬。

【妈妈须知】开始做的时候，要拿宝宝更喜欢的东西来交换，重复做几次以后，能够做好交换手中物品，就可以练习让宝宝拿到东西交给妈妈，或者把东西传递给爸爸。

细节02 与小朋友接触

【益智目标】鼓励宝宝与其他宝宝接触，这样在促进宝宝语言理解能力的同时，还能提高社会交往能力。

【这样做】①常带宝宝到人群聚集的户外活动，如公园等。②如果有机会，就让宝宝和别的母亲抱着的宝宝相互接触，看一看或摸一摸别的宝宝，或在别人面前表演一下自己的新技能，或观看别的宝宝的本领。③可让宝宝和其他同龄婴儿在铺有席子的地上互相追随爬着玩，或抓推滚着的小布球，或和大一些的幼儿一起玩。

【妈妈须知】如果宝宝出现抓别人脸或抢别人玩具的行为时，要及时制止。

细节03 传球球

【益智目标】通过传球，让宝宝学会分享与给予，从而增强社交能力。

【这样做】①摇摇宝宝的手，扭扭宝宝的腰，让宝宝先热身，然后再准备一个充气小球。②把球传给宝宝，让他接住，并且对宝宝说："小宝宝，快快来，接住妈妈的小球球。"③宝宝接住球之后，妈妈伸手向宝宝要球，并同时说："乖宝宝，递球球，给妈妈。"④如果有其他家人在，妈妈可请更多的人与宝宝一起来玩这个游戏。⑤与自己的家人玩熟练以后，妈妈可让宝宝到公园、游乐园等小朋友多的地方跟更多的宝宝一起玩，以增强宝宝与他人交往的能力。

【妈妈须知】经常玩此游戏还可锻炼宝宝的反应能力。

第五节　自我意识能力训练

细节01 理解日常用语

【益智目标】帮助宝宝开始学习和理解日常词汇。

【这样做】平时，给宝宝穿衣服、洗澡的时候，妈妈都可以用一些简单的词语来对宝宝说，例如"伸手"、"抬腿"、"闭眼"、"张嘴"等，宝宝会逐渐懂得和记住妈妈常常说的短语的意义。经过一段时间锻炼就能理解妈妈的一些常用语。

【妈妈须知】刚开始时妈妈可以说两个字，比较简单的，慢慢地可以延伸至三个字或小短语等。

细节02 找鞋子

【益智目标】学会找自己的新鞋子，能增加宝宝的自我意识，理解鞋子和自己的关系，提升分析判断能力。

【这样做】给宝宝穿上新买的鞋子，问："宝宝的新鞋子呢?"宝宝会伸出小脚丫让父母看，然后，可以夸奖新鞋子好看："新鞋子真好看，好漂亮!"做几次以后，遇到家里的其他人，宝宝也会把小脚丫伸出去，给人看自己的新鞋子。

鞋子脱掉以后，问一问："新鞋子去哪儿了?"宝宝会自己寻找新鞋子。

【妈妈须知】妈妈也可以给宝宝看自己的鞋子，或者把家人的鞋子拿出来让宝宝分辨。

第六节 生活能力训练

细节01 便盆大小便

【益智目标】让宝宝认识便盆，知道便盆是排泄的用具，为他会走以后自己找便盆做准备。

【这样做】①让宝宝直接坐在便盆上大小便，妈妈坐在矮板凳上扶着宝宝，帮助他使劲。便完后马上帮助宝宝擦净穿好裤子，再把便盆马上带走，清洗干净备用。②宝宝坐盆排便时要让他专心一些，不能让他一边玩玩具一边排便，更不可允许他边吃东西边排便。③坐盆时间如果超过5分钟，就让宝宝起来，别让他长久坐在便盆上。

【妈妈须知】给宝宝擦屁股要从前向后擦，尤其是女孩，以防粪便污染阴道和尿道口而造成继发感染。

家长料理宝宝大小便后应彻底洗手，也应领着宝宝洗手，以帮宝宝养成大小便后洗手的卫生习惯。

第十章 8～9个月宝宝

第一节　动作能力训练

细节01 爬斜坡

【益智目标】让宝宝学会向上爬行，从而使其从手、足、膝爬提高到手、足爬。

【这样做】①将一块半米宽的木板放在一个矮箱子上或放在2～3级的楼梯上。②将一个被绳子牵着的玩具放在斜坡的上方，且让宝宝几乎伸手可及，以引诱宝宝爬上斜坡。③宝宝在爬斜坡时，会自然地用手和足协同来爬，因为这样他的身体才会更加平衡，而且不会滑下去。④一旦宝宝学会用手和足来爬行，妈妈就要不断地把绳子拉高，以引导宝宝爬得更快些。

【妈妈须知】游戏时要注意宝宝的安全。

细节02 搅杯子

【益智目标】培养宝宝的观察力和模仿能力，训练宝宝手指的抓握能力及手腕的活动。

【这样做】①妈妈用小勺在杯子中搅动，发出声响。②然后把杯子和小勺分别放在桌子上，让宝宝模仿着拿小勺在杯中搅动。

【妈妈须知】①杯子最好是用玻璃杯或瓷杯，会比塑料杯的声音更好听。②开始时，宝宝由于手眼协调能力较差，可能会敲打杯子或拿小勺在杯中前后摇动，这些都没关系，宝宝需要经过不断练习才会有搅拌的手部动作。

细节03 爬山喽

【益智目标】锻炼宝宝动作的灵活性。

【这样做】妈妈搂着宝宝顺势平躺下来，让宝宝从一侧爬越妈妈的身体到另一侧，“宝宝爬山喽！”“宝宝好厉害！”然后妈妈侧躺，不断增加“山”的高度和爬的难度，还可以把卷紧的被子卷放在妈妈身体的一侧。约距伸展一臂的距离，让宝宝在被卷上和妈妈的身体之间来回爬，上下爬。妈妈躺在一边保护宝宝，并为宝宝加油鼓劲。

【妈妈须知】选择在地毯上玩比较安全、宽敞，玩起来也更自在，多多鼓励，能激发宝宝继续玩的意愿。

细节04 食指套环

【益智目标】训练宝宝手部的精细动作，提高其手眼协调性。

【这样做】①准备比几个手指稍粗的彩环。②妈妈竖起左手食指，用右手把塑料的小环套在自己的食指上。然后让宝宝也把左手食指竖起，妈妈把小环套在宝宝的食指上，一面套一面给宝宝一个小环，让他练习自己套手指。③等宝宝学会把小环套在自己的食指上后，再让他练习把小环套在妈妈的食指上。

【妈妈须知】注意套环要大小适中。

细节05 找布娃娃

【益智目标】进一步提高宝宝手的活动能力和对语言的理解能力。

【这样做】拿出平时宝宝喜欢的布娃娃以及一些足够大的纸。妈妈当着宝宝的面，用纸把一个布娃娃包起来，然后交给宝宝说：“娃娃哪儿去了？宝宝把娃娃找出来！”宝宝会翻弄纸包，把纸撕破，最终看见娃娃出现了，宝宝会非常开心。然后妈妈再用另一张纸把娃娃包好，然后慢慢打开纸包，把娃娃拿出来。多次重复这一动作，给宝宝看，让宝宝学会不撕破纸，就能取出娃娃。

【妈妈须知】要在宝宝情绪好的时候做这个游戏。

第二节　平衡能力训练

细节01 小狗追大狗

【益智目标】练习变换方向爬行，训练平衡能力，增进亲子情感。

【这样做】妈妈扮成大狗爬着追小狗宝宝，或者小狗追大狗。可以假装爬得很慢，或者中途突然加速，或者“汪汪”叫，可用各种变化增加游戏的气氛。抓住宝宝，或者被宝宝抓住了，妈妈可以把宝宝抱起来，“妈妈大狗被抓住啦，小狗真厉害！”“宝宝爬得真快，妈妈好不容易才抓住宝宝呢！”

【妈妈须知】爬行时，宝宝可以抬头转颈四处看，不仅颈部肌肉得到锻炼，接受环境刺激的机会增多，而且能促进大脑发育。

细节02 玩“保龄球”

【益智目标】锻炼下半身，增强宝宝的平衡感。

【这样做】准备3个干净的中型塑料瓶。大人先将塑料瓶依序摆好，间距不要太大；然后扶着宝宝面对瓶子站好。接着由大人扶握宝宝腋下，并抱起离地悬空，前后轻轻摇晃，好像荡秋千一样。当宝宝习惯了摇晃的感觉，大人可稍微用力，并在往前时，协助宝宝踢倒瓶子。瓶倒了，大人要抱着宝宝高声欢呼，并观察其表情。

【妈妈须知】如果宝宝喜欢玩，不妨重复进行，并试着增加瓶数或调整瓶子之间的距离。

第三节 语言能力训练

细节01 学儿歌

【益智目标】帮助宝宝学习语言、积累语言。

【这样做】经常对宝宝诵读一些节奏欢快、押韵上口的简短儿歌，以加深对语言的感觉，渐渐地，宝宝就能跟着妈妈念的儿歌，一起发出儿歌每一段最后一个押韵的字音来，这是提高语言能力的重要方式。

如“小鸭嘎嘎，爱说大话，嘴会唱歌，脚会画画。画把雨伞，没有伞把，唱歌跑调，呀呀——呀——呀！”如果天天听，宝宝就渐渐地能跟着妈妈诵读的节奏，开口跟上“……嘎……话……画……把……呀！”

【妈妈须知】妈妈诵读时，配合以丰富的表情和动作，最后的几个字，宝宝会和妈妈一起做出夸张的表演动作，玩得非常开心。

细节02 妈妈唱儿歌

【益智目标】提高宝宝的发音能力及左脑语言能力。

【这样做】选择宝宝精力比较充沛的时候。

抱住宝宝，或者宝宝仰卧，妈妈坐在旁边，跟宝宝说：“乖宝宝，好宝宝，听妈妈唱儿歌。”如：

（1）小老鼠

小老鼠，上灯台，
偷油吃，下不来，
吱吱吱地叫奶奶！

（2）小鸭子

嘎嘎嘎，门前走过3只鸭。
呱呱呱，门前走过3只蛙。
啦啦啦，谁家宝宝唱歌呢？

【妈妈须知】如果宝宝兴致较高，可以给宝宝多唱两遍。

细节03 宝宝想要

【益智目标】让宝宝用单音节词来表达自己的意思，在提高自主说话能力的同时，也锻炼了宝宝的左脑。

【这样做】①家长拿着皮球在宝宝面前晃一晃，并说："宝宝想不想要啊？"②宝宝往往会想要皮球，并发出："啊！啊——"的声音（朝着皮球的方向使劲儿）。家长问："想要什么啊？要什么？"宝宝："要——"③家长："要什么？这是什么？这是什么？"（可以引导说"球"）宝宝："球！"家长："哦，宝宝想要皮球啊！给宝宝！"

【妈妈须知】训练时要选择宝宝喜欢的玩具。宝宝说完以后，父母要给以鼓励，把玩具给宝宝，不要打消宝宝的积极性。

细节04 听故事

【益智目标】提高宝宝对语言的理解力。

【这样做】①找一本字数少的图画故事书给宝宝看。②开始时只让宝宝认识故事的主角，让宝宝看图猜猜他在干什么，以引起他的兴趣。③翻开画有另一个角色的页面或翻到图中的其他事物图片，让宝宝逐一记住。④给宝宝朗读每一页的文字，并指着相应的角色、动作或事物。

【妈妈须知】可以多重复几遍，直到从宝宝的表情中看出他听懂了为止。

细节05 叫妈妈

【益智目标】增强宝宝的语言表达能力，学会叫妈妈。

【这样做】①宝宝第一次叫出"妈妈"或"爸爸"时，及时给予奖励，以使他感觉意外。②在宝宝饥饿时拿着奶瓶逗引宝宝，告诉他："叫妈妈就给你"，这样宝宝就容易叫出"妈妈"以得到食物。③当给宝宝喜欢的玩具时，对他说："叫妈妈。"不停地重复，以此鼓励宝宝。

【妈妈须知】待宝宝学会叫妈妈后，逐一教宝宝认识"爸爸、奶奶、爷爷"等。

第四节　嗅觉能力训练

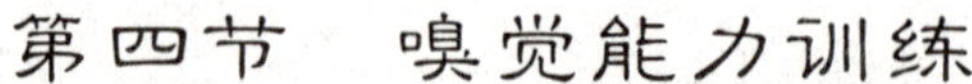

细节01 嗅一嗅

【益智目标】促进嗅觉功能。

【这样做】妈妈可以收集数个盒子，里面装上不同气味的液体，如香水、花瓣、胡椒粉、酱油、水果等。然后，分别和宝宝一起闻一闻味道，并鼓励宝宝表达自己的感受，如喜欢、不喜欢等。

【妈妈须知】注意不要选择具有刺激性气味的气体或液体，以免宝宝产生过敏。

第五节　视觉能力训练

细节01 拍娃娃头

【益智目标】在刺激宝宝视觉的同时，手的运动也会刺激宝宝把动作和效果联系起来，从而达到开发宝宝右脑的目的。

【这样做】把几个不同表情的绒布娃娃头缝合在一起，中间缝一根吊带，把娃娃头吊在宝宝手能够到的地方。

①妈妈先做示范，用手去碰触不同表情的娃娃头，同时做出与每个娃娃相应的表情。②握着宝宝的手去碰触娃娃，同时做出所碰娃娃的表情。③让宝宝自己拍打，观察他喜欢什么表情的脸。

【妈妈须知】娃娃的表情不要过于夸张，以免吓到宝宝。

细节02 找爸爸

【益智目标】在培养视觉记忆能力的同时，也可训练宝宝的推测能力，从而达到开发宝宝右脑的目的。

【这样做】①把宝宝放在床上或者地毯上。②爸爸全身躲在被单下，并说“宝宝，爸爸不见了?”③探出一小部分脸，问：“宝宝，爸爸在哪里?”观察宝宝的反应，诱导宝宝找到爸爸。然后说：“找到啦！爸爸在这里！”

【妈妈须知】一开始宝宝会出现不安的表情，随后就会自己爬着找爸爸了。当他来到爸爸身边，爸爸要发出赞许的声音让他看到自己，并抱起他。

细节03 认水果

【益智目标】让宝宝初步感知物体特性，提高宝宝的右脑视觉记忆力。

【这样做】①家长拿着香蕉和苹果先后在宝宝眼前晃动，并说出物品的名称：“香蕉、苹果。”②反复几次后，让宝宝接触这些物品，感知物体的特性，并给他描述：“香蕉，长长的，黄黄的。苹果，圆圆的，红红的。”并多次重复。③然后把香蕉、苹果放在桌子上，逗引宝宝去抓握，不论抓到哪个，都要加以鼓励，并告诉他抓到的是什么：“呀，宝宝抓到了1个苹果！”“哇，宝宝好聪明，抓到了1个香蕉！”

【妈妈须知】不要让宝宝抓握一些过大、过重或尖锐的物品。没有尖角的、颜色亮丽的较轻物品更能引起宝宝的兴趣。

细节04 看图画

【益智目标】通过声音帮助宝宝记住图片，提升宝宝的右脑视觉记忆能力，为发展宝宝的视觉能力及图像认知能力做准备。

【这样做】妈妈给宝宝选择一本图案简单、色彩鲜明、尺寸不小于13厘米×13厘米的图片或图书。每天选择一个安静的时刻，搂着宝宝，用手指着图片上的图案，说：“看，这是小猫，这是白云，多美呀！”

【妈妈须知】说话和翻书的速度都不要过快，以免宝宝反应不过来，注意把握训练时间，不要造成宝宝视觉疲劳。

细节05 捉迷藏

【益智目标】在培养视觉记忆能力的同时，也可训练宝宝的推测能力以及四肢协调能力。

【这样做】妈妈提前准备4张椅子、床单或薄被、安全玩具数样。先检查场地是否安全，最好有足够的空间。先把四张椅子两两一组相对放好，中间留一个通道。接着将床单或薄被铺在椅子上，形成隧道，并在里面放一些玩具。把宝宝抱到隧道一端，大人走到另一端，趴下，从洞中看着宝宝，并叫他的名字，鼓励宝宝想办法找到大人。有的宝宝会穿过隧道，有的可能从旁边爬过去，这两种方式都可以，全凭宝宝自己选择。宝宝快找到大人时，大人可试着躲到一旁，让宝宝找找看。当宝宝找到大人了，要记得给宝宝赞美和拥抱喔！

【妈妈须知】游戏时要保证宝宝的安全。

第六节　触觉能力训练

细节01 冷热湿干

【益智目标】促进宝宝触觉的发展，积累触觉经验。

【这样做】找一只大一点的空包装箱子，里面可以分别放上热毛巾、冰箱里凉过的冷毛巾、湿毛巾和干毛巾，然后引导宝宝把小手伸进箱子里，告诉宝宝："热"、"冷"、"湿"、"干"。多做几次，宝宝就能够用表情来分别表达，关于这几个触觉经验的感觉。

【妈妈须知】如果宝宝对此无兴趣，可以把毛巾换成大小不等、质地不同的玩具。

细节02 钉马掌

【益智目标】通过伴有音乐的训练，培养宝宝的乐感及触觉能力。

【这样做】①让宝宝背对着妈妈，妈妈用双手从后面环抱着他，抓住他的两只脚踝，并按下面儿歌的节奏轻轻地将宝宝的两脚相互拍打。"小马驹，钉马掌，吧嗒，吧嗒，又吧嗒。这儿一下，那儿一下，钉不上，光脚丫。疼啊疼，疼啊疼，疼啊疼！"②每当念到"疼啊疼"时，轻挠他的脚掌。③如果宝宝喜欢大人念儿歌，训练完毕后，妈妈也可给宝宝念一些其他的儿歌。

【妈妈须知】动作要轻柔，语调要欢快。

第七节　逻辑思维能力训练

细节01 认大小

【益智目标】通过外形比较、分门别类的游戏，让宝宝分辨出物品的大小，建立事物外形大小空间的认知概念，增强逻辑思维能力。

【这样做】把父母的物品和宝宝用的物品，包括袜子、鞋子等小件衣物，大小分明的东西，并列放到一起，然后从中拿起最大的一件，告诉宝宝："这是大的"，再拿起最小的一件，对宝宝说："这是小的"。

带着宝宝到户外活动，也要有意识地教给宝宝大小的概念，如看到汽车，分别可以告诉宝宝："这是大卡车，这是小轿车"。

【妈妈须知】可以把玩具、日常用品等也这样排列出来让宝宝进一步认识。

细节02 认识身体器官

【益智目标】让宝宝认识身体器官，促进思考能力的发展。

【这样做】①抱宝宝坐在镜子前，拿着宝宝的小手指着自己的眼睛说："眼睛"，再指着宝宝的眼睛说："眼睛"。②母子二人相对，妈妈问宝宝："耳朵呢?"，让宝宝分别摸两人的耳朵。

细节03 比多少

【益智目标】促进思维能力，增强数学能力。

【这样做】在宝宝面前伸手能够到的地方，摆放两堆数量明显能看出多和少差别的糖块，引导宝宝认识哪一堆是"多"，哪一堆"少"，拿来一只碗，和宝宝一起动手，把其中较少的一堆捡起来放进碗里。然后，再捡拾多的一堆，告诉宝宝，这一堆"多"，把多的一堆装起来，放入另一只碗中，再把两个碗拿到一起，在宝宝面前比较，让宝宝看碗里糖的多和少，分别指出哪一个多，哪一个少。

【妈妈须知】宝宝现在的注意力以无意识注意为主，以学习模仿自主，需要及时对宝宝进行数量“多”、“少”的感知概念，随着思维能力、生理和心理的发展，而提高察觉和分辨力。

细节04 哪个在外面

【益智目标】让宝宝了解“里”“外”等空间概念。

【这样做】找一只上方开口的大盒子，在里面和外面分别贴上不同的图画卡片。然后，把盒子拿到宝宝面前，给宝宝指点每一个图案，告诉宝宝：“小鸡在里面，小猴子在外面；大苹果在里面，香蕉在外面……”指点一两次以后，就问宝宝：“小鸡在哪里?”

【妈妈须知】这个游戏玩熟了以后，还可以继续拓展到“前、后、左、右、上、下”等空间方位概念的认识区别中。

细节05 哪条绳子

【益智目标】初步训练宝宝分辨事物的能力，促进宝宝思考。

【这样做】①妈妈抱宝宝坐在桌前，桌上放着两条绳子，一条绳子系着玩具，一条绳子什么也没有，让宝宝自己选择拉哪一条绳子。②经过多次练习，宝宝可以分辨出哪一条绳子上有玩具，哪一条绳子上没有玩具。

【妈妈须知】训练中可以渐渐增加绳子和玩具的数量。

细节06 自己玩

【益智目标】锻炼宝宝的独立性，增强克服困难的勇气。

【这样做】①给宝宝一个套塔让他打开，然后练习自己再套上，或者给宝宝一些积木让他自己垒着玩。②如果宝宝先前未曾接触过这些游戏，妈妈可先行示范。然后就可以坐在房间内做自己的事，如看报、看书、打毛衣、缝衣服等。③只要妈妈在房间里，宝宝能看见妈妈，他就能安心地玩。妈妈也应该用这种方式来让宝宝独立操作，使其通过自己操作来不断思考总结经验，学习技能。

【妈妈须知】家长不要总是陪在身边，那么宝宝就会一有困难就找妈妈解决，这样他就不可能学会自己思考，自己解决问题。

第十一章 9～10个月宝宝

第一节　动作能力训练

细节01 牵手走步

【益智目标】让宝宝练习向前方迈步，为独立行走做准备。

【这样做】妈妈双手牵着宝宝，两人都面向前方。妈妈向前迈左脚，并引导宝宝也跟着迈左脚；妈妈向前迈右脚，同时引导宝宝也向前迈右脚。妈妈可一边迈步一边数数。

【妈妈须知】要注意安全，不要让周围其他尖锐的物体碰到宝宝。

细节02 摇摇拨浪鼓

【益智目标】让宝宝学会转动手腕，为以后的画画书写做准备。

【这样做】①妈妈先转动手腕把拨浪鼓打响，然后把拨浪鼓递给宝宝。②如果宝宝不能让拨浪鼓两边的小球打在鼓上，妈妈可再次示范，并明确要摇动手腕拨浪鼓才会响。

【妈妈须知】如果宝宝还是不会，也不要着急，耐心地教宝宝。

细节03 捡宝贝

【益智目标】捡拾又细又软的物品能有效训练宝宝的精细动作能力，锻炼手的灵活性。

【这样做】妈妈提前准备一些小盒子、皮筋、发夹、毛线或卡片。

①选择一些需要同时运用拇指和食指才能捡拾的小物体，散放在清洁的地板上。②把小盒子递给宝宝，让他替妈妈把地上的东西收拾好，然后放在盒内。

细节04 放进去倒出来

【益智目标】训练宝宝腕部肌肉和手指灵活性，发展双手协调活动能力和手眼协调能力。

【这样做】①准备一个小皮球，大小以宝宝的手能握住为宜。②再准备一个透明的大塑料瓶，瓶口要能放进小皮球。③让宝宝手拿皮球，将皮球放进瓶中，再将球倒出来，反复做这个动作。

【妈妈须知】宝宝玩得较熟练时，可以增加难度，用正方形的小包装纸盒自制教具，在盒子的不同面上分别挖出正方形、三角形、圆形小洞各一个，让宝宝拿相同形状的积木往洞中放。

细节05 滚筒游戏

【益智目标】锻炼宝宝手部力量，手、眼协调能力得到发展，同时还可让宝宝认识物体。

【这样做】把圆柱形的滚筒玩具或者把饮料瓶子放在地上，让宝宝用双手推动圆筒向前滚动。等到宝宝做熟练以后，再让宝宝改用单手推动滚筒，滚到指定的地方。宝宝做正确了以后，要很高兴地给予鼓励。

【妈妈须知】游戏时要注意不要让宝宝用蛮力，要有技巧地推动圆筒向前滚。

细节06 蹲捡物品

【益智目标】锻炼平衡身体、促进全身各部位协调能力发展。

【这样做】通常捡物体时，宝宝会用一只手扶持着稳定身体，用另一只手去捡玩具，然后缓缓地站起身来。

也有的宝宝不敢蹲下，妈妈也不要勉强，可以牵着宝宝的一只手，引导宝宝用另一只手去学捡拾，先让宝宝适应蹲下和站起来的动作以后，渐渐地宝宝自己就能独自扶持下蹲或站起来，并完成下蹲捡拾动作。

【妈妈须知】蹲下捡拾物品，需要上肢、下肢、腰背部协调，并且需要手、眼配合，是比较复杂的综合动作，如果宝宝一时学不会也不要着急，只要耐心地引导，宝宝过些时间就能学会。

第二节 自理能力训练

细节01 摘帽子

【益智目标】训练宝宝从有意识地摘掉帽子开始学会脱去衣物。

【这样做】①妈妈和宝宝都戴上一顶帽子，然后故意当着宝宝的面摘掉帽子，挂到衣帽钩上。②如果宝宝只是看着妈妈，而不知道去模仿，妈妈则可再示范一次，并用语言提示宝宝模仿自己。③宝宝准确地摘掉帽子时，妈妈要及时表扬和奖励宝宝，并在此后的日常生活中鼓励宝宝学习每一种自我服务的小事。

【妈妈须知】在每次回家后都做这种游戏，能让宝宝更快地学会。

细节02 刷牙

【益智目标】帮助宝宝养成正确的生活习惯，在游戏中学习生活自理能力。

【这样做】提前准备好玩偶、杯子和牙刷。

①父母假装用牙刷帮玩偶刷牙，并假装用水冲掉。②然后说："刷牙会变得更漂亮喔！"③让宝宝帮玩偶刷牙。④刷完牙之后，也假装用水冲掉。

【妈妈须知】把玩偶当成宝宝的朋友、教育的道具。看到父母为玩偶做的事之后，宝宝就会想要跟着做。由此，宝宝从玩偶的身上看到自己的影子。

细节03 学洗手

【益智目标】训练宝宝自己学会饭前洗手。

【这样做】教宝宝洗手的时候，可以配合语言训练，比如一边教宝宝洗手，一边说“一二三，搓手心，三二一，搓手背”，让宝宝把洗手当做游戏，会很高兴地学会自己洗手的动作。

【妈妈须知】让宝宝洗手，宝宝会很感兴趣，因为宝宝一般天生爱玩水。

当然，刚开始学自己洗手时，会弄湿衣服袖子，这不要紧，不要斥责宝宝，要更加耐心地教宝宝怎么样正确洗手，怎么样把手洗干净。

细节04 捧杯喝水

【益智目标】继续锻炼宝宝自己捧杯喝水，益于宝宝独立性的培养，锻炼自理能力。

【这样做】准备一个轻巧好拿、光滑不硌手的卡通水杯子，要杯子里装上宝宝的饮料递给宝宝，让宝宝自己拿起来，向嘴巴边喂。妈妈在必要时帮助宝宝把杯子扶持正，对准嘴巴，并且帮着控制角度和方向，然后引导宝宝自己喝水。

【妈妈须知】宝宝自己喝水的时候，一定要在旁边看着，以免宝宝控制不好杯子的角度呛着自己。

第三节 人际交往能力训练

细节01 请小姨吃水果

【益智目标】培养宝宝与人的情感交流，增强社交能力。

【这样做】①用叉子叉了水果后，拿给宝宝，并且跟宝宝说：“给小姨，

拿给小姨吃。”②由于宝宝第一次迷迷糊糊的，会不知道怎么做，所以请妈妈抓着宝宝的手，将水果递给小姨吃。③家长可称赞说：“宝宝好乖，长大了！”宝宝也会因为受到称赞而满心欢喜。

【妈妈须知】经由这个游戏，宝宝将会懂得和别人亲近的方法，产生与人分享的意识。日常的生活中，家长有机会就应该注意培养宝宝，让宝宝拿东西给爸爸、妈妈以外的长辈吃，能够教导宝宝慷慨地分享自己的东西。

细节02　帮帮忙

【益智目标】让宝宝对物品名和人的称呼做出快速反应，并使其愿意帮妈妈做事，养成乐于助人的好习惯。

【这样做】①妈妈坐在宝宝旁边，奶奶坐在宝宝对面，奶奶假装在择菜，妈妈则可装作看书。②奶奶叫宝宝递一个小筐过来，然后妈妈请宝宝把另一本小书递过来。③妈妈假装看到了非常有意思的一段，所以请宝宝递书给奶奶看。而奶奶需要放大镜才能看得见，因此又请宝宝爬到抽屉旁找放大镜给奶奶。

【妈妈须知】如果宝宝能够准确无误地完成“指令”，大人们一定要及时表扬和赞美他，以使他更具积极性。

细节03　身体语言积累

【益智目标】让宝宝学会用多种动作来表示语言，从而便于他同大人和同龄宝宝交往。

【这样做】①日常生活中，父母要经常用身体语言同宝宝对话，并且告诉宝宝自己所用的动作的含义，如招手、点头、碰碰头等都是同人打招呼的，展开双臂表示“飞翔”，双手的食指相互点点再分开代表“逗逗飞”，拍肚子表示“吃饱了”；用手指划面颊表示“没羞”；用手在鼻前扇扇表示“臭”等等。②学会做多种身体语言后，宝宝会越来越乐于与人交往，也能更好地懂得别人的意思。因为每当宝宝做出一种动作时，对方的父母或宝宝就会很高兴地同宝宝一起玩，并且会让宝宝听到不同的赞美声：“真逗”、“真好玩”、“太可爱了”等等。这样宝宝就会更加乐于同人交往。

【妈妈须知】此游戏玩得过多还可促进宝宝语言能力的发展。

第四节 视觉能力训练

细节01 看电视

【益智目标】刺激宝宝的感官，促进宝宝的视觉发育，同时锻炼宝宝的视觉记忆力。

【这样做】妈妈逗宝宝高兴，之后打开电视机，将电视节目调到幼儿频道，选择一个宝宝感兴趣的节目，妈妈陪宝宝一起看。在观看过程中，不管宝宝能不能看懂，妈妈都要给宝宝讲解里面的内容，这样做一是可以帮助宝宝理解电视节目内容，二是促进宝宝说话。

【妈妈须知】宝宝看电视的时间不宜过长，以免损伤视力。

细节02 玻璃球

【益智目标】将图像和声音结合起来，有助于增强宝宝的视觉跟踪能力。

【这样做】将几个色彩鲜艳的小玻璃球放入小塑料瓶中，盖上盖子。

①妈妈倾斜翻转小瓶，让宝宝看到玻璃球是怎样运动的，同时说："宝宝看，球球转！听，球球响。"②换个方式摇动小瓶，让宝宝观察，宝宝的视线会跟着玻璃球一起动。

【妈妈须知】在进行训练时，要注意安全，妈妈要始终在一旁照看，以免宝宝吞食玻璃球。

细节03 认颜色

【益智目标】培养宝宝的色彩意识。

【这样做】妈妈多提供一些丰富的色彩，可以在宝宝的居室里贴上一些色彩协调的画片挂历，在宝宝的小床上经常换上一些颜色温柔的床单和被套，小床的墙边可以画上一条七色彩条。在宝宝的视线内还可以摆放些色彩鲜艳的彩球、塑料玩具等。

当宝宝能盯着某种颜色或转动头部看到别的颜色时，可以指着这些玩具对宝宝说："这是红气球"、"那是小白兔"、"这是黄花"等语言加以描述，加深宝宝对颜色的感知能力。

【妈妈须知】宝宝对颜色的认识不是一下子就能完成的，要经过不断训练和培养。

细节04 玩具掉下来了

【益智目标】训练宝宝视觉移动，并上下左右转动头部，以提高宝宝的右脑视觉反应能力。

【这样做】准备一个彩色、会发声的玩具。

①让宝宝背靠在妈妈的胸前，妈妈从后面伸出手，用玩具逗宝宝，并将玩具分别分上、下、左、右举，然后让玩具自然落在地上。②这时，宝宝会随着玩具的方位变化而上下左右转动小脑袋来找玩具。玩具落地后，妈妈可对宝宝说："玩具掉下了！宝宝找到了！"

【妈妈须知】妈妈的动作不要太快。

细节05 妈妈说宝宝指

【益智目标】让宝宝认识最基本的红色。

【这样做】指着几种颜色的气球问"哪只是红气球，哪只是蓝气球?"让宝宝用手去指，指对了就亲一亲表示鼓励，说"宝宝真乖，这是红气球。"如指错了就说："再看看，哪只是红气球?"宝宝如果还是指不出，要反复指着红气球说"这是红气球。"让宝宝认识红色以后，再认识绿色。

也可以变换说："这是红气球呢，还是绿气球?"让宝宝学发"红、绿、蓝"的音。还可以放上各种颜色的玩具，让宝宝按要求拿出相同颜色的玩具。

【妈妈须知】虽然宝宝还不能完全理解关于颜色的游戏，但是，应当及早给予色彩意识概念的熏陶，以利于以后识别色彩。

细节06 抓　球

【益智目标】训练宝宝的视觉反应能力和身体运动能力，促进宝宝自然能力的发育。

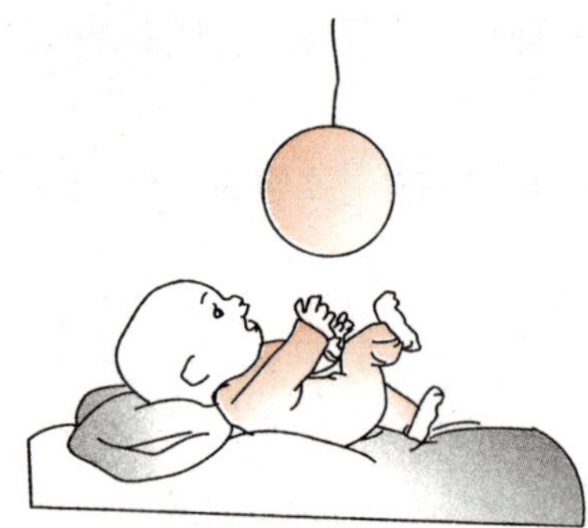

【这样做】将球绑在绳子上左右摇晃。

①让宝宝仰卧，双手垂直放在身体的两侧。②请在宝宝可以抓到球的距离里，让球晃动。此时宝宝为了抓住球会伸出手来。③让球渐渐荡到较远的地方，而宝宝想要抓到球，就要移动自己的身体。④如果宝宝抓到了球，就请妈妈跟他玩“拔河”游戏——互相拉扯球，并且故意输给宝宝，然后说：“我们的宝宝力气好大啊！”来鼓励宝宝。

【妈妈须知】将球换成宝宝喜欢的玩偶也可以。

将球往宝宝面前滚去。刚开始可往宝宝所在的方向滚，渐渐地可往远一点的地方投去。

细节07 画图画

【益智目标】帮助宝宝建立初步的色彩印象，并加深宝宝对手的认识。

【这样做】①妈妈画两张画，一张画的树上只有树干及少量叶子，另一张画的树上长满了叶子。②妈妈对宝宝说：“花儿开了，小草变绿了，树上长满了绿色的叶子，多漂亮呀！可是这一棵树上的叶子太少了，宝宝来加上几片好吗?”③把绿色广告颜料涂在宝宝手上，教宝宝印在树上，然后把印有小手印的画贴在墙上，让宝宝欣赏。

【妈妈须知】可用红色、黄色颜料让宝宝印手印，从而丰富宝宝对色彩的印象。

第五节 语言能力发展

细节01 你 好

【益智目标】让宝宝见到外人时会说“你好”，并培养宝宝的语感。

【这样做】①妈妈将宝宝抱在怀里，一只手拿一个小动物玩具，对着宝宝说“小熊来了”或“小狗来了”，然后叫宝宝名字说“XX，说你好，你好”，反复说“你好”。②也可让宝宝握住玩具，妈妈在旁边说“你好”。③抱宝宝有意地与外人接触，并教宝宝说“你好”，慢慢宝宝就会理解见人要说“你好”了。

【妈妈须知】妈妈可以带宝宝去有同龄孩子的朋友家串门，让宝宝们共同学习。

细节 02 交朋友

【益智目标】培养宝宝对语言的模仿能力和理解能力。

【这样做】①妈妈拿出会说话的洋娃娃和宝宝打招呼，激发宝宝的兴趣。②妈妈鼓励宝宝与娃娃打招呼：“你好！”并以洋娃娃的身份送给宝宝礼物，说：“这是送给你的。”教宝宝拿着礼物说“谢谢”。③妈妈鼓励宝宝主动与别的宝宝打招呼，并互赠糖果、交换玩具，同时学习礼貌用语“谢谢”。在游戏结束时，引导宝宝说“再见”，并做出相应的手势。

【妈妈须知】家长可根据宝宝的实际情况，选择不同的游戏方法。

细节 03 宝宝回话

【益智目标】让宝宝学会主动回应，锻炼语言能力。

【这样做】①叫宝宝的小名，让宝宝转头去看谁在叫自己。②当宝宝回过头来看自己时，妈妈帮助他回答：“哎”，并鼓励宝宝也说出“哎”。③多叫几次宝宝的小名，以让他多次作答。这样以后凡是有人叫他的名字，他都会出声作答。

【妈妈须知】待宝宝学会主动回应后再叫宝宝的大名。

细节 04 宝宝叫人

【益智目标】让宝宝学会称呼周边的人，增强模仿能力和语言理解能力。

【这样做】黄昏，爸爸、妈妈带着宝宝去户外散步时，先一遍又一遍地教宝宝分别叫“妈妈”、“爸爸”。宝宝模仿父母的声音叫出声来以后，一定要高声应答，并且要及时鼓励宝宝继续学习和保持兴趣。

在宝宝学会叫爸爸、妈妈以后，逐渐增加对家庭成员的称呼，爷爷、奶奶、姥姥、姥爷相对要更加难学一些，因此，教宝宝学会称呼人，要特别有耐心。叔叔、阿姨、姐姐、哥哥、妹妹、弟弟这些称呼，都可以在户外活动的时候，对遇到的熟人或者小朋友们练习。

【妈妈须知】注意发音要准确、缓慢，易于被宝宝模仿。

细节05 宝宝该这样做

【益智目标】增强语言理解能力。

【这样做】父母开始训练宝宝把尿时，如果宝宝服从把尿的动作，顺利地排泄小便，就应该高兴地对宝宝说“宝宝真乖!”并亲一亲小脸蛋，宝宝看到父母愉快的表情，听到亲切的赞扬，享受到一个甜甜的亲吻，会知道父母喜欢自己这样做，以后反复的把尿动作，就会形成条件反射，养成把尿的习惯。

宝宝把掉在地上的东西捡起来，父母以愉快的表情说一声“谢谢!”看到父母的笑脸，宝宝会明白父母喜欢自己这样做。

【妈妈须知】每次宝宝出现做正确的行为，父母都以赞赏的态度对待，则会使宝宝的正确行为得到强化，也会增强宝宝的语言悟力。

第六节 思维能力训练

细节01 找图片

【益智目标】训练宝宝在众多的图案中找出相同的图案，以提升宝宝右脑的形象思维能力。

【这样做】 ①妈妈拿一张复写纸放在两张白纸之间。②妈妈在白纸上画像，任意画，一边画一边说："乖宝宝，看妈妈画什么呀？小狗、小猪、小熊、小兔子……"多做几次，得到许多相同的图案。③将它们打乱，找出两张同样的图片，对宝宝说："看，妈妈找到了两个苹果。"接着随便拿出一张图片跟宝宝说："聪明的宝宝，赶快找到另一个小球吧。"然后按照同样的方法让宝宝多找几次。

【妈妈须知】 画完之后，将复写纸收好，以防宝宝吞食。

在训练中如宝宝不能找对，不要急躁。

第十二章 10～11个月宝宝

第一节　数学能力训练

细节01 数指偶

【益智目标】促进宝宝数学能力的发展，同时也可增强宝宝的语言理解能力。

【这样做】妈妈准备5个动物指偶（小鸡、小鸭、小猫、小狗、小老鼠）。

①让宝宝坐好，妈妈边演示指偶边讲故事。宝宝会产生注视的兴趣，双眼会随着小动物的一个个出现而移动。②家长可伸出五个手指，边和宝宝一起数数，边念儿歌："一、二、三、四、五，上山打老虎。打到几只虎？让我数一数。数来又数去，一、二、三、四、五。"③也可让宝宝伸出手指偶，妈妈讲故事。活动可反复进行。

【妈妈须知】妈妈讲故事时表情要丰富，充分调动起宝宝听的兴趣。

细节02 数一数

【益智目标】培养宝宝的语言能力，促进学习能力。

【这样做】在日常生活中要利用每个环节帮助宝宝熟悉数数，比如，走楼梯（台阶）时，宝宝迈一个台阶妈妈就说："一"，然后"二、三、四……"；宝宝吃饼干时，妈妈可以说"一块、两块、三块……"；抱宝宝到户外玩时，妈妈可以指着大树说"一棵树、两棵树……"。

【妈妈须知】①妈妈一定要利用可利用的机会教宝宝数数，给宝宝数的概念。②妈妈更要利用这个机会教宝宝说话，如“大树”、“饼干”、“星星”、“小狗”等，虽然宝宝说不出，但也要不厌其烦地对他说。

细节 03 一样多

【益智目标】增强宝宝的动手能力，头脑中形成数字的概念。

【这样做】妈妈提前准备一些瓶子盖和扣子。妈妈摆出 3 个瓶子盖，让宝宝摆扣子。先把扣子摆在瓶子盖里面，数上一数，看一看是不是一样多。再要求宝宝把扣子摆在瓶子盖下面，一个对一个地摆齐，反复练习，让宝宝知道，3 个瓶子盖和 3 个扣子一样多。

【妈妈须知】还可以为宝宝专门制作一些教具，可以在卡片的一面写上数字，背面涂上相对应的圆点，让宝宝从少到多，逐步形成数字的概念，用以引导宝宝对数的认识由感性到理性，由具体到抽象。

细节 04 “1 个”和“2 个”

【益智目标】分清“1 个”和“2 个”，增强学习能力。

【这样做】吃饭的时候，对宝宝说话，让宝宝从抽屉里拿出 1 把小勺子。如果宝宝一次拿多了，要纠正，然后，告诉宝宝重新拿，“拿 1 把勺子！”如果做正确了，要夸奖：“宝宝真棒，这就是 1 把勺子！”每次吃饭前，都可以让宝宝做，宝宝很快就懂得妈妈让拿出 1 把勺子的意思。

然后，告诉宝宝：“拿 2 根筷子！”拿出 2 根筷子，反复给宝宝强调：“拿 2 根筷子，这是 2 根！”也可以伸出 2 个手指头示意给宝宝看。渐渐的，宝宝也能很快适应，能够听着妈妈的指令，渐渐地区分开“1 把勺子”和“2 根筷子”的区别，懂得伸出一个手指和两个手指的差别。

【妈妈须知】妈妈要鼓励宝宝拿自己的勺子和筷子，这样宝宝的兴致会更高。

细节 05 玩套环

【益智目标】让宝宝初步认识 1、2、3、4、5，并锻炼手眼协调能力。

【这样做】准备一根铅笔、一块橡皮泥、细铁丝、彩色布条及针线。

①把铅笔插进橡皮泥里固定，做成一个套环用的柱子，找5个彩色塑料圆杯，如无，可用铁丝拧5个直径为5厘米的环，每个环用不同颜色的布条缠好，再用针线固定一圈。②给宝宝示范将环套在铅笔上，边套边数："1个、2个、3个、4个、5个。"套完后，再一个一个数着取出来。③握着宝宝的手重复几次，再引导宝宝自己完成套环、取环。

【妈妈须知】铁丝一定要用布缠好。铅笔不要削，以免伤到宝宝。

第二节　模仿能力训练

细节01 跟我学

【益智目标】宝宝模仿妈妈的口型、发音，增强宝宝的模仿能力和发音的准确度。

【这样做】逗宝宝高兴，调动起宝宝的情绪。准备一本动物画册。

①妈妈指着小狗说："这是小狗！跟妈妈说，'狗'！"宝宝："狗！"妈妈："跟妈妈学，小狗，汪——汪——"宝宝："汪——汪——"②妈妈指着牛："这是牛！跟妈妈说，'牛'！"宝宝："牛！"妈妈："跟妈妈学，牛，哞——哞——"宝宝："哞——哞——"③宝宝学完后，家长要给予夸奖说："宝宝真聪明！"

【妈妈须知】若刚开始时宝宝模仿地不好爸爸妈妈也不用着急，经常练习，宝宝肯定会学会的。

细节02 宝宝动手拉玩具

【益智目标】通过训练，锻炼婴儿的观察模仿能力，并尝试实践。同时增强宝宝"物体永存"的观念。

【这样做】找一个宝宝喜欢的玩具（能系绳），一根彩色纱线。

①在玩具上系上彩色纱线，并向宝宝演示以下动作：将这个玩具从桌上扔下，又拉回。多重复几次。②家长让宝宝拉住纱线，握住宝宝的手将玩具扔下，再拉起。重复几次后，让宝宝自己试试。

【妈妈须知】扔和拉时，注意动作幅度，不要让玩具砸着宝宝。另外，注意时间，不要让宝宝感到疲倦。

细节03 小棍取物

【益智目标】通过模仿妈妈做动作，逐步增强宝宝模仿他人动作的能力。

【这样做】和宝宝一起玩皮球，然后，有意识地把皮球放在宝宝能看见、却又拿不到的地方，拿来一根细长的小棍子，给宝宝做示范，用小棍子把皮球够取到自己的面前来，拿到皮球。通过示范，宝宝也应当能尝试着使用小棍子把皮球够取到自己跟前来。

【妈妈须知】不必苛求宝宝一定要准确无误地用小棍子把皮球够到手，只要宝宝有利用小棍子的长度来够取自己拿不到的东西的举动就行，如果宝宝多次够取都拿不到球，妈妈要帮助宝宝把球拿过来，不要让宝宝失去耐心。

细节04 模仿声音

【益智目标】通过让宝宝自主地制造声音，增强宝宝的模仿能力。

【这样做】在宝宝洗澡的时候，家长拍一下澡盆里的水，让宝宝听见“啪啪”的声音。然后轻轻地抓住宝宝的小手，再拍一下澡盆里的水，鼓励宝宝自己拍起水花。逐渐加强节奏性。

【妈妈须知】在拍水发出声音的同时，爸爸妈妈要刻意模仿“啪啪”的水声。注意训练时间和水温，不要让宝宝着凉。

第三节　视听能力训练

细节01 辨声音

【益智目标】 训练宝宝的听觉和头部运动能力，并学会辨别声音的方向，从而提高宝宝的左脑声音记忆能力。

【这样做】 ①宝宝仰卧，妈妈在宝宝的一侧，轻轻地呼叫宝宝的名字，宝宝听到妈妈呼唤会转动头部至妈妈的一侧，妈妈再转至宝宝的另一侧，以同样的方式呼叫宝宝。这样反复练习，直至宝宝熟悉妈妈的声音。②爸爸竖抱宝宝，妈妈在宝宝的另一侧，轻轻呼叫宝宝的名字，宝宝转动头部至妈妈呼叫的一侧；妈妈转至宝宝的另一侧，再轻轻呼叫宝宝的名字，宝宝会转动头部至妈妈呼叫的一侧。这样反复练习，宝宝会将妈妈与呼叫声对应起来。

【妈妈须知】 宝宝熟悉妈妈的声音后，可以换成家中其他亲人。

细节02 镜子里的宝宝

【益智目标】 让宝宝在镜子里记住自己的五官和样子，培养宝宝的右脑视觉记忆能力。

【这样做】 先捏捏宝宝的五官，使他有准备。

①抱着宝宝站在镜子前。②指着宝宝的脸说："这是谁呀?"、"这是宝宝!"③指着宝宝的鼻子说："这是什么？这是宝宝的鼻子。"这样依次给宝宝指认五官。

【妈妈须知】 与镜子保持约50厘米的距离，不要太近，以免刺激宝宝的眼睛。训练时间长短要适当。

细节03 涂涂画画

【益智目标】 逐步锻炼视觉和综合能力，引导思维能力的发展。

【这样做】 宝宝可能画出一些不规则的线条，也可能只是在纸上乱涂一

气，妈妈不要着急，这也是宝宝学习的表现。

【妈妈须知】为宝宝准备一张白纸、一些颜色和类型不同的画笔，鼓励宝宝在纸上涂涂画画。开始可以引导着宝宝的小手，画一个圆形圈，告诉宝宝："画一个圆圆的太阳！"画一个长长的直线，说："画一棵高高的树！"然后，让宝宝自己动手画。

细节04 区分声音

【益智目标】在游戏中分辨噪声和乐音，锻炼宝宝的听力。

【这样做】①家长拿积木敲桌子，示意宝宝："这是不好听的声音"，并对着宝宝皱皱眉头。②家长轻敲木琴，让宝宝倾听，告诉宝宝"这是好听的音乐"，并对着宝宝笑笑。③播放或用实物玩具制造一种轰隆隆的声音，再告诉宝宝"这是不好听的声音"，并皱眉。④播放一小段音乐，让宝宝倾听，告诉宝宝"这是好听的音乐"，并对宝宝笑笑。

【妈妈须知】游戏时注意观察宝宝的表情，看宝宝能否和妈妈一样做出喜欢和厌恶的表情。

第四节　动作能力训练

细节01 吊单杠

【益智目标】增强宝宝的体力及上臂的力量，提高宝宝的身体协调能力。

【这样做】先帮助宝宝站立起来。将细棒固定在宝宝用手能抓住、脚却够不着地的高度，让宝宝抓住细棒自己吊单杠。

【妈妈须知】细棒要固定好，防止宝宝掉落受伤，可用父母的手臂代替。在宝宝抓住单杠时，父母应在旁边扶住，待宝宝抓牢后再松手，但也不可离得过远。宝宝吊住时，父母可在一旁轻轻说："宝宝用力抓住，加油！嗯，宝宝真棒！"

细节02 爬隧洞

【益智目标】锻炼宝宝四肢的力量，增强感知能力。

【这样做】找一只大纸箱，用胶带把纸箱两边开口的翻盖粘成“隧洞”状，最好在箱子中铺一点质地柔软的铺垫。把一个玩具放在“隧洞”的另一头，让宝宝爬过去拿到。

【妈妈须知】爬着过隧洞也是捉迷藏的一种方式，人忽然不见了，又忽然出现了，像变魔术一样，对宝宝来说，是一个令人激动的游戏。

细节03 爬越障碍

【益智目标】锻炼宝宝四肢协调能力及解决问题的能力。

【这样做】在地毯上设置简单的障碍物，如较大的枕头、沙发垫、大的绒布玩具、纸箱隧洞、可以从下面钻过去的椅子等。鼓励宝宝沿着设置好的障碍一个一个地翻越：爬过这个枕头，绕过那个玩具动物，从这把椅子下面钻过去，再通过那个隧洞。当宝宝全部完成后，要给予鼓励。

【妈妈须知】游戏时也可以用一个宝宝喜爱的玩具引路，在每一个障碍物前晃动这个玩具，让宝宝努力追上、抓到。

细节04 学翻书

【益智目标】可以培养对图书的兴趣，训练精细动作能力。

【这样做】让宝宝在情绪愉快时坐到妈妈的怀里，打开一本宝宝常看的图书。先打开书中宝宝认识的一种小动物图画，引起兴趣，再当着宝宝的面合上，说“小猫藏起来了，我们把小猫找出来吧！”然后示范一页一页翻书，翻到后显出兴奋的样子：“找到了！”然后再合上书，让宝宝模仿妈妈的动作，打开书，找小猫。

开始时，宝宝只能打开、合上，渐渐地能学会一次翻好几页。

【妈妈须知】这项游戏要求宝宝食指、拇指配合较熟练。

第五节 思维能力训练

细节01 魔术箱

【益智目标】提高宝宝利用视觉辨别不同物体的能力，有助于刺激宝宝逻辑思维能力的发展。

【这样做】妈妈提前准备1个箱子，围巾或者毛线。

①请在有图案的箱子上，钻一个拳头大小的洞。②然后在箱子里放入容易抽得出来的细长的东西。③将多条围巾连结成长条状，也可以放入毛线。④让宝宝将手伸进箱子里，抽出东西。⑤即使一直抽都不断有东西出来，宝宝会觉得很神奇。

【妈妈须知】"从未知的世界里能抽出什么呢?"此种趣味游戏能给宝宝的头脑不小的刺激。

细节02 透明的窗

【益智目标】培养宝宝解决问题的能力，促进思维的活跃。

【这样做】拿1个空纸盒，将其中一面裁掉，然后贴上透明片，并在纸盒另一面开一个洞口。

①将宝宝喜欢的玩具放进纸盒内，让宝宝可以通过透明片看到他的玩具。②左右摇动盒子，盒子内的玩具发出的声音，吸引宝宝伸手来抓，当宝宝伸手碰到透明片而无法取出盒里的东西时，可以引导宝宝再拍拍或摸摸透明片，让宝宝明白其中有东西阻隔着。③再摇动盒子，观察宝宝能否想办法取出盒子内的东西，可以示范从另一个洞口伸手入内拿东西，引导宝宝也伸手从洞口中拿取东西。

【妈妈须知】如果宝宝懂得在洞口拿走玩具，家长可给予掌声鼓励。

细节03 拼装玩具

【益智目标】初步建立整体——局部——整体的概念，刺激宝宝思考问题。

【这样做】①准备一个可以拆装的小汽车玩具（或其他简单的拼图）。妈妈先做示范，将汽车一部分一部分地拆开再拼好，同时说："汽车拆开了"，"汽车又拼好了"。②并鼓励宝宝自己去拼装。

【妈妈须知】在宝宝疲倦之前停止游戏。

细节04 盖盖子

【益智目标】使宝宝掌握物体之间、物体特性之间的最简单联系，启发宝宝的思维活动。

【这样做】妈妈准备一只杯子和三个大、中、小各异的盖子，只有一个能正好盖在杯子上。然后，教宝宝做盖杯子的动作。这个月龄的宝宝，很快就能完成把盖子盖到杯子上的动作。然后，要把三只杯子盖都交给宝宝，启发宝宝："用哪个盖子盖上杯子好?"宝宝在反复盖上、拿下的过程中，最终会选择到最合适的那一只，要给予赞扬和鼓励。

【妈妈须知】当宝宝能熟练地盖好时，可以增加盖子的个数。

第十三章 11～12个月宝宝

第一节　语言能力训练

细节01 教宝宝说话

【益智目标】让宝宝学会简单的发音。

【这样做】妈妈可以从训练宝宝认识人的称呼开始教话，先从家庭成员做起，妈妈、爸爸、奶奶、爷爷、姥姥、姥爷等，还可以用照片引导宝宝认识和发音结合起来。

认识五官和身体，一边指着器官或肢体，一边教宝宝说鼻子、眼睛、嘴巴、耳朵、手、脚丫等。

结合具体场合，一边做手势，一边教宝宝说“是”、“不”、“拿”、“要”等词汇，反复练习以达到熟悉程度。

【妈妈须知】将这项游戏融入日常生活中。

细节02 跟着做

【益智目标】锻炼宝宝的语言节奏感，增强语言理解能力。

【这样做】妈妈准备几首简单的儿歌，做做热身运动，使宝宝活跃起来。

①妈妈和宝宝相对而坐，妈妈边做动作边念儿歌，让宝宝也做同样的动作。儿歌词为：“请你跟我这样做，我就跟你这样做，小手指一指，眼睛在哪里？眼睛在这里（用手指眼睛）。”“请你跟我这样做，我就跟你这样做，小手摸一摸，鼻子在哪里？鼻子在这里（用手摸鼻子）。”依次认识五官。“请

你跟我这样做，我就跟你这样做，小手指一指，小手在哪里？小手在这里（用手摇两下）。”②可先和爸爸示范一下。如妈妈说：“请你跟我伸伸手。”边说边做伸手的动作。爸爸接着说：“我就跟你伸伸手。”边说边做伸手的动作。在宝宝参与的时候，可以让爸爸带着宝宝一起做，然后慢慢地让宝宝单独做。可做各种各样的动作，让宝宝学说：“伸伸手”、“弯弯腰”、“喂小猫”、“种种花”等短语。

【妈妈须知】念儿歌的速度慢一点；宝宝反应需要一段时间，可以多做几次，让宝宝逐渐开始模仿。儿歌可以随时编创，只要能调动宝宝的兴趣即可。可用比较自由的形式调动宝宝的参与热情，激发宝宝的说话愿望。

细节03 分水果

【益智目标】教宝宝认识各种水果的名称，并且学习简单的语言，促进宝宝语言能力的发展。在游戏中教宝宝学会分享，培养与人合作的精神。

【这样做】准备一些常见的水果（如苹果、香蕉、橙子等）、一个篮子、玩偶。

①将一个盛着各种水果的篮子放到宝宝面前。②拿一些玩偶，由妈妈抱着，然后对宝宝说：“小熊要吃苹果，宝宝请帮它拿一个。”③随意说出篮子内的水果叫宝宝拿。

【妈妈须知】当宝宝熟悉游戏的玩法后，可以增加水果的种类。可角色互换，由宝宝发出指示。

细节04 听说话做动作

【益智目标】发展宝宝语言理解能力和手脑协调能力。

【这样做】妈妈说出宝宝稍微能理解的话，让宝宝听到妈妈的话并做出相应的动作，如妈妈说“拍拍手”，宝宝就拍手。以后还可以将拍手和“欢迎”结合起来，家里来客人时，妈妈可以说：“欢迎、欢迎！”这时宝宝就拍手笑着欢迎。“皮球在哪儿？”宝宝会用手指皮球。“爸爸在哪儿？”宝宝会转头看爸爸，用手指爸爸。

【妈妈须知】如果宝宝已经做到不在妈妈的示范下就能做出动作，说明宝宝对这些词开始能听“懂”了。

细节05 骑大马

【益智目标】初步训练宝宝语言表达能力。

【这样做】让宝宝面朝外坐在妈妈腿上，妈妈一边可以上下颤动两腿，一边可以念自编的歌谣、如：

骑，骑，骑大马，
骑得高，跑得快，
一跑跑到大门外，
小鸟见我喳喳叫，
小狗见我尾巴摇，
我给它们唱首歌，
妈妈夸我好宝宝！

【妈妈须知】与宝宝做这个游戏时，边说边动能引起宝宝极大的兴趣，有节奏的语句也能培养宝宝的语感。

第二节　生活自理能力训练

细节01 戴帽子

【益智目标】让宝宝在自己力所能及的范围内练习自理能力。

【这样做】①给宝宝一顶鸭舌帽。②妈妈自己也拿一顶帽子，然后当着宝宝的面戴在头上。③鼓励宝宝也像自己一样戴帽子。④宝宝熟练掌握上一步后，妈妈可故意把宝宝戴好的帽子拉歪，看他是否知道自己拉正。如果宝宝知道并且动手把帽子拉正了，妈妈要及时给予表扬；如果宝宝不知道，妈妈可带宝宝到镜子前，然后指点他帽子应该戴成什么样子，从而使他之后每次都能准确地戴帽子。

细节02 喂妈妈吃饭

【益智目标】训练宝宝手的活动能力，同时培养宝宝的自理意识。

【这样做】①妈妈喂宝宝吃饭。②吃完后，握住宝宝的手，让他拿起匙喂给他自己一匙，并说："宝宝乖，自己吃饭。"再让宝宝喂妈妈一匙，同时说："宝宝真不错，也喂妈妈一匙。"可以多次重复。

【妈妈须知】在宝宝疲倦之前停下来。

细节03 用勺吃饭

【益智目标】让宝宝学习自己用勺子舀饭吃，从而为他早日自己吃饭做准备。

【这样做】①吃饭时，妈妈可递给宝宝一只小勺子，引导他自己拿勺子吃几口饭。②当宝宝经过练习已经会用勺子舀到食物，并且能自己送到嘴里时，妈妈要及时地称赞他。③平常宝宝饥饿时，也可以让他先自己吃几口，等到宝宝累了时再由妈妈接着喂，或者也可让他先稍事休息再接着自己吃。

【妈妈须知】当用勺子不方便时，宝宝很容易尝试用手抓着吃，所以饭前监督宝宝彻底洗手十分重要。

第三节　动作能力发展

细节01 走　步

【益智目标】通过练习走步，锻炼宝宝全身的力量，促进肢体协调能力。

【这样做】刚刚开始学走，可以让宝宝扶着栏杆站立好，妈妈在前面，用玩具引逗宝宝，使婴儿身体向着妈妈的方向摆动。在宝宝快要接近妈妈时，妈妈要随着宝宝前进的方向再退出一段距离，宝宝会接着朝前移动。逗引宝

宝往前走几次后，一定要把玩具给宝宝，否则宝宝会失去兴趣。等到宝宝站一会儿后，妈妈慢慢再后退，促使宝宝向前再迈步。

【妈妈须知】练习时，可以在公园或草坪上练习。宝宝如果摔倒了，要鼓励自己爬起来，培养勇敢、经受挫折的良好品质。

细节02 开　门

【益智目标】训练宝宝的手眼协调能力，增强宝宝精细动作能力。

【这样做】每次进门开锁时，都要让宝宝看到，引起宝宝的好奇心。之后让宝宝拿着钥匙，手把手地帮他把钥匙插进锁眼里。反复几次后，鼓励他自己做。也可用小一些容易插钥匙的锁，让宝宝手拿着钥匙，家长拿着锁配合插锁眼。一旦插入，家长就把锁打开，使他高兴，并亲吻宝宝说："宝宝真棒！"

【妈妈须知】训练结束后，不要让钥匙在宝宝手中停留太久，以防宝宝吞食。

细节03 放球入瓶

【益智目标】提高宝宝的手部精细动作能力和手眼协调性。

【这样做】①准备一只瓶口直径两三厘米的瓶子和三五个直径略小于瓶口的小球。②由妈妈示范把小球放入瓶中，然后握着宝宝的手将几个小球放入瓶内。③鼓励宝宝单独放球入瓶，并渐渐由开始的稍加帮助过渡到由宝宝自己完全控制游戏。④在放球的过程中，妈妈还可伴随着数小球的个数，以同时开发宝宝的数学能力。

【妈妈须知】该游戏也可以拿其他小型物品和小口瓶来玩，但切记不要拿直径小于2厘米的小东西，以免宝宝吞食。

第四节　视听能力训练

细节01 萝卜、饺子、鸡蛋

【益智目标】伴着动作，增强宝宝的节奏感，加强宝宝对儿歌的记忆，从而达到增强宝宝左脑听觉记忆能力的目的。

【这样做】①宝宝手掌心朝上，放在妈妈（或爸爸）的左手上。②一面唱童谣，一面配合着节奏做动作（父母右手的动作）。炒萝卜，炒萝卜（同时在宝宝手掌上做炒菜的动作），切——切——切（在宝宝胳膊上做刀切状）。包饺子，包饺子（将宝宝的手指往掌内弯），捏——捏——捏（轻捏宝宝的胳膊）。煎鸡蛋，煎鸡蛋（在宝宝手掌上翻转手心手背），砍骨头（伺机向宝宝搔痒）!

【妈妈须知】在训练中，家长的动作一定要轻柔缓慢。

细节02 敲一敲，听声音

【益智目标】教宝宝认识声音的起因，同时让宝宝了解因果关系，增强宝宝的左脑声音记忆能力。

【这样做】准备一把尺子或小棒，一些可敲打的东西，如带盖的小罐子、奶粉桶或咖啡罐等。

①妈妈拿着小棒敲一敲各个物品，示范给宝宝看，同时提醒宝宝注意听。②握住宝宝的手，让他拿小棒去敲，同时说：“宝宝也来敲一敲。”还可以模仿“咚、咚、咚，当、当、当”的声音。③鼓励宝宝自己敲一敲。

【妈妈须知】敲的声音不要太大，以免刺激宝宝的听觉器官。

细节03 小消防员

【益智目标】通过动作加强宝宝对儿歌的记忆，同时加强情感联系方式，这也有利于宝宝体质的发展。

【这样做】妈妈仰卧，屈起膝盖，让宝宝坐在膝盖上，面对妈妈。

①妈妈抖动小腿并念诵儿歌："几个小小消防员，夜黑睡成一排排，听到'叮叮'铃儿叫，顺着杆子滑下来，我们赶紧救火去！"②念至"叮叮"时，妈妈模仿火警铃声，念至"滑下来"时，慢慢地让宝宝倚着你的腿往下滑，最后给宝宝以拥抱和亲吻。

【妈妈须知】妈妈反复念几遍儿歌宝宝便会有兴趣。

第五节　记忆能力训练

细节01 记数字

【益智目标】强化数字概念，增强记忆能力。

【这样做】在日常生活中，多和宝宝一起做一做数数字的游戏，上、下楼梯时，可以一起数台阶，从1数到10，在户外散步时候，也可以数地上铺的方砖块，同样从1数到10。数得次数多了，宝宝就能按照妈妈的提示，数数字到10。

【妈妈须知】到1岁左右，宝宝对1、2、3已经比较熟悉，可以顺势加以引导，增加数字印象，从1数到10，熟悉数字大小排列顺序，强化数字的概念。

细节02 识记游戏

【益智目标】增强宝宝的记忆能力。

【这样做】每天晚上临睡前，可以给宝宝读一段小故事，童话、寓言故事都可以，要短小、有趣，内容浅显，适合低龄婴儿听。常讲的故事内容，宝宝很快就能记得住，而且，通常宝宝会特别喜欢反复听一些内容相同的故事，很兴奋、很期待地等着有趣的情节出现。如果把故事内容读错了，宝宝会睁大眼睛，盯着妈妈，表示自己知道"出错了"，能用话语表达时，会马上出声，表达反对意见。

【妈妈须知】这个阶段的宝宝，记忆方式属于机械性模式记忆，以无意识记忆为主，睡觉前听习惯了故事，会当成临睡前的固定程序，要求读了故事再睡，这样做，不仅能增加识记能力、语言积累，还能调节情绪，有助于养成规律生活的良好习惯。

细节03 了解动物特征

【益智目标】通过了解特征来认识事物，强化自然识记能力。

【这样做】和宝宝一起看图画卡片，一起识别不同的动物的个性特征。1岁的宝宝看图画，不能仅仅看颜色和知道动物名称，要指出各种动物的特征给宝宝识别："小兔尾巴短、耳朵长，大象的鼻子长……"看完图画卡片以后，向宝宝提问："什么动物的尾巴短、耳朵长？什么动物的鼻子长？"

【妈妈须知】以前宝宝认识这些动物，是在妈妈指导下留下了大概印象，通过进一步的练习，有利于加深宝宝的观察力、记忆力。

细节04 记名字

【益智目标】让宝宝有意识地记住别人的名字，从而为其与人交往提供便利。

【这样做】①在公园或在家附近遇到同龄的宝宝时，妈妈可引导宝宝主动与对方的宝宝打招呼。②妈妈这时可以顺便问一问对方宝宝的小名和月龄，然后再介绍两位宝宝互相认识。③提醒宝宝记住对方宝宝的名字，并在此后的几天内经常向宝宝提起，以加深宝宝的印象。这样，等以后再见到那位宝宝时，自己的宝宝就能主动地叫出对方的名字了。

【妈妈须知】不要短时间内让宝宝记很多名字，否则会让宝宝感觉很混乱。

第六节 思维能力训练

细节01 开盖取物

【益智目标】训练观察和思考能力。

【这样做】当着宝宝的面把一件小玩具放进盒子里，盖上盒子盖。然后打开盒子盖，把玩具拿出来盖好盒子。做完以后，把盒子、玩具都交给宝宝，引导宝宝做一遍前面示范的动作：打开盒子盖放入玩具，再盖上盒子。打开盖子，取出玩具，再盖上盒子。

也可以把玩具换成宝宝喜欢吃的食物，宝宝成功打开盒子盖，拿出食物以后，奖励给宝宝吃一些，激励继续玩下去的兴趣。

【妈妈须知】反复做此游戏，还可锻炼宝宝记忆、分析能力。

细节02 玩 水

【益智目标】培养宝宝的创造能力。提升宝宝的右脑创造性思维能力。

【这样做】妈妈准备旧海绵、油性笔、塑料袋、瓢。

①用手拍打水面，溅起的水花会让宝宝得到一种快乐的体验。②两手交握，把水储存在手中，用力一挤，就成了一把手指头水枪。也可以给宝宝一把小水枪玩。③在旧的洗澡海绵上用油性笔画上脸的样子，用力挤压就可以变出各种各样奇怪的表情，保证会让宝宝哈哈大笑。④在塑料袋上戳几个小洞，装满水后，往高处一挂就变成好玩的莲蓬了。⑤洗澡的时候，可以将瓢放在浴缸里，让宝宝自己玩舀水或倒水的游戏。

【妈妈须知】水温不能太低，提醒宝宝不能喝水，不要把水弄到鼻子里。在保证安全的情况下，让宝宝大胆、开心地玩。